2022
上海职业教育事业
蓝皮书

VOCATIONAL EDUCATION
IN SHANGHAI 2022

主　编　周汉民
副主编　胡　卫　张　岚　毛丽娟

上海科学技术文献出版社
Shanghai Scientific and Technological Literature Press

图书在版编目（CIP）数据

2022上海职业教育事业蓝皮书/周汉民主编． —上海：上海科学技术文献出版社，2022
ISBN 978-7-5439-8652-7

Ⅰ．①2… Ⅱ．①周… Ⅲ．①职业教育—教育事业—研究报告—上海—2022 Ⅳ．① G527.51

中国版本图书馆CIP数据核字（2022）第162353号

责任编辑：于学松
封面设计：冯祖忻

2022上海职业教育事业蓝皮书
2022 SHANGHAI ZHIYE JIAOYU SHIYE LANPISHU
主编　周汉民　副主编　胡卫　张岚　毛丽娟
出版发行：上海科学技术文献出版社
地　　址：上海市长乐路746号
邮政编码：200040
经　　销：全国新华书店
印　　刷：上海展强印刷有限公司
开　　本：720mm×1000mm　1/16
印　　张：22
字　　数：427 000
版　　次：2022年10月第1版　2022年10月第1次印刷
书　　号：ISBN 978-7-5439-8652-7
定　　价：98.00元
http://www.sstlp.com

编撰委员会名单

主　编：周汉民
副主编：胡　卫　张　岚　毛丽娟
编　委：郭　扬　马庆发　苏　海　刘旭东　毕鹏宇
　　　　马建超　李　鹰　张　晨　雷正光　徐　朔
　　　　王　琴　董　奇　施蔷生　罗尧成　匡　瑛
编　辑：方孟梅　王黎明　黎同炎　何朝霞　黄婷婷
　　　　朱　懿　谢轶成　朱松杰　王茹婷　包　晨

序

从抗疫先进社员身上汲取前进动力 铸就上海中华职教社新的荣光
——在上海中华职教社"守护城市 抗击疫情"
先进个人表彰大会上的讲话摘编（代序）

（2022年7月15日）

周汉民

今天，我们在这里隆重举行上海中华职业教育社（以下简称上海中华职教社）"守护城市 抗击疫情"先进个人表彰大会。"守护城市，抗击疫情"这8个字，真切地反映了有105年历史的中华职教社的上海全体社员，为打赢大上海保卫战所作出的努力和贡献。

5位先进个人代表的发言，让我们感同身受地重温今年3月以来上海这座城市所遭遇的空前严峻的疫情、空前严峻的挑战、空前艰难的任务。记得在疫情极为严重的时候，我以为这是极为艰难的防疫战，需要全体市民的无比坚韧、众志成城，付出极为艰巨的努力。在这场斗争中，上海中华职教社没有辜负前辈先贤的教诲。我们闻令而动，坚决贯彻以习近平总书记为核心的党中央和中共上海市委的决策部署，动员一切可以动员的力量投入抗疫斗争。我相信，历史会记上一笔，上海中华职教社为了上海这座城市，为了生活在这里的人们，千方百计，排除万难，积极奉献，展现了百年社团新的时代风采。

首先，历史将会铭记，我们以凡人微光，照亮城市，温暖你我。我们都是凡人，发出的光芒甚至微不足道，但是我们"不厌其小，而求其实"。刚才有位代表在发言中谈到，如何和学生共患难同坚守，如何把转运车当作战场，如何调动社会资源解学校师生之困，矢志践行众志成城、共抗疫情的为民情怀。这无数凡人微光汇聚起来，就如同火炬一样照亮我们未来前进的道路。

其次，历史将会铭记，我们是在"抗疫情，促发展"的两个战场上同时开打。

具体地说，一个战场是众志成城抗疫情，一个战场是千方百计促发展。一方面，无论你是留守在小区，还是在学校，或者其他什么机构，我们都投身全市抗疫洪流，测核酸、运物资、搞团购，一个也不能少；另一方面，你还是校长，是老师，是企业家，是社区工作者，是医务工作者，等等。你有自己的本职工作，你要为组织的正常运转尽心竭力。因此，我们能够做到不慌不忙、不乱不散，这就是相当了不起的成就。

第三，历史将会铭记，职教社社员真正做到了有钱出钱、有力出力、有智献智。在这波疫情期间，上海中华职教社捐款捐物总价值超过180万人民币，社员向党和政府撰写的建言20余篇。更加不容易的是，上海中华职教社有这么多团体社员，而团体社员中绝大多数是学校，相当数量的学生封控在校几个月。我们不能踏进校门，就架设起空中的桥梁，开启了线上公益讲座。我本人领衔第一讲，题目就是《众志成城抗疫情，千方百计促发展》，27所学校上线听课。目前这项活动还在继续，接力棒不断往下传。

最后，借此机会，我对上海中华职教社下一阶段工作提出三方面建议：

第一，发扬光荣传统，争取更大进步。中华职教社前辈先贤所作出的努力，我们念兹在兹，永远铭记。上海中华职教社各级组织，要发扬传统，进行大走访、大排查，并把这作为首要任务。中共上海市委李强书记明确要求，上海4套班子领导带头，大走访，大排查，在6月底前至少要去1家企业。从6月到现在，我本人调研企业18家。现在这件事交到职教社手里，走访可以采用两种方式，线下和线上相结合，要做到"三个深入"，即深入基层、深入调研、深入了解并解决问题，对了解到的企业困难必须解决，决不可拖着不办，我会专门指定部门进行督办。

第二，要奋勇追赶时间，如期完成年度工作计划。我们每年都有年度计划，但今年却十分特殊，几乎半年时光悄然溜走。今年的蓝皮书编撰工作在胡卫同志的努力下，在各位编委、相关工作人员的大力协作下，不仅要如期出版，而且要专门反映职教社人的"抗疫篇"。"中华杯"职业技能竞赛，时间不变，承办开幕式和闭幕式的单位不变。越是在此关键时刻，越是要把工作往前推，把我们对未来的信心表现出来，把社会对职教事业的信心激发出来。

第三，我们要突出工作重点，凝聚力量。工作重点我前面已经讲了两个，一

为大走访大排查，二为"中华杯"技能竞赛。接下来我们要说，三为公益讲座。演讲嘉宾选得很好，要继续坚持。不仅要充分利用自身资源，还要广泛调动社会资源，将此项目做成常项工作，作为老三篇新三篇再三篇之后再加的一篇。四为装修一新的社址大楼的教育功能。社大楼焕然一新，硬件好起来了，软件要迅速匹配，接下来把现在的社史陈列室变为长项教育的组成部分，以之继承和弘扬中华职教社的百年光荣传统，激发我们干事创业的信心和雄心。

总而言之，我们今天举行抗疫先进个人表彰会，就是希望同志们从受表彰的先进分子身上汲取力量，学到有价值的东西。要如孟子所言，有恻隐之心，有是非之心，有羞恶之心，有辞让之心。要把这些牢记心中，不断提高自身觉悟，为中华职教社的未来，乃至中华民族的未来，作出上海职教人应有的贡献。

目 录

第一部分　上海职业教育改革发展报告

一、上海职业教育发展概况 / 4

　　（一）中等职业教育 / 4

　　（二）高等职业教育 / 5

　　（三）职业技能培训 / 8

二、上海职业教育发展的成就与经验 / 10

　　（一）落实立德树人根本任务，构建"三全育人"新格局 / 10

　　（二）完善现代职业教育体系，促进职业教育高质量发展 / 12

　　（三）深化产教融合，增强职业教育适应性 / 13

　　（四）完善教师培养培训制度，打造专兼结合高水平"双师"队伍 / 14

　　（五）推进课程教材建设，提升人才培养质量 / 16

　　（六）建立区域优质资源共享机制，推动长三角职业教育协同发展 / 17

　　（七）多领域开展中外合作，培养国际化技术技能人才 / 19

　　（八）高质量推进世界技能博物馆建设，引导广大青年选择技能成才之路 / 20

三、筑牢思想基础，职业教育在新时代背景下"大有可为" / 22

　　（一）党的十九大以来职业教育的主要变化 / 22

　　（二）迎接党的二十大职业教育发展的新契机 / 23

（三）新时代下职业教育"大有可为"的领域 / 25

四、助力"十四五"开局，职业教育在破解问题中"实现作为" / 29

（一）开展职教科学定位，助力五大新城建设 / 29

（二）优化院校专业结构，增强服务产业能力 / 30

（三）夯实职教改革基础，推进职教体系建设 / 30

（四）发挥赛事载体作用，提升职教社会形象 / 31

（五）促进教育数字转型，保障人才培养质量 / 32

（六）直面改革发展问题，推动职教攻坚克难 / 32

五、弘扬黄炎培职教思想，上海职教改革在新时代"奋发有为" / 34

（一）弘扬"大职教观""实业教育"，职业教育全方位全程服务经济社会发展 / 34

（二）坚持"敬业乐群""德技并举"，职教人才培养全面融入职业道德的要求 / 36

（三）倡导"手脑并用""劳工神圣"，营造职业技能人才成长的良好社会氛围 / 37

第二部分　上海职业教育专题研究

一、认真学习，深入改革，推动现代职业教育高质量发展 / 41

（一）优化"类型教育"的性质定位 / 41

（二）坚持"五个面向"的工作要求 / 43

（三）推进"职教体系"的健康发展 / 45

（四）建设"双链对接"的专业体系 / 46

二、推动上海现代职业教育高质量发展重在强化类型特色 / 48

（一）建设更高质量职教体系，助力上海城市软实力全面提升 / 48

（二）从"贯通"到"一贯"：上海谋局布篇构建现代职教体系 / 51

（三）加强课程与教材建设，服务上海职教人才贯通培养 / 55

（四）链接：突出类型教育特点，建设新形态职业院校教材 / 57

三、产教融合背景下多元主体参与上海职业院校治理的现状分析 / 61

（一）多元主体参与上海职业院校治理的主要机制 / 61

（二）多元主体参与上海职业院校治理的基本模式 / 64

（三）上海职业院校治理面临的问题与建议 / 68

（四）链接：国外职业教育治理方面的一些经验策略 / 69

四、基于"类型教育"定位的职业院校专业群建设之攻略 / 77

（一）对接产业链的组群逻辑 / 77

（二）构建能力本位的课程结构体系 / 80

（三）体现类型特点的课程与教材建设 / 81

（四）推行面向真实生产环境的任务式培养模式 / 82

（五）链接：高水平专业群建设的关键绩点 / 84

五、稳步发展职业本科教育，完善现代职业教育体系建设 / 88

（一）发展职业本科教育具有适应技术革新和职教形态变化的时代意义 / 88

（二）发展职业本科教育对高质量服务新发展格局具有重要的实践意义 / 89

（三）聚焦高标准、高起点、高质量，加快推进职业本科教育稳步发展 / 90

（四）从课程开发和教学实施层面切实探索职业本科教育稳步发展 / 91

（五）链接：加强上海职业本科建设的对策建议 / 93

六、加强职业人才培养针对性，对接上海九大产业专业群 / 95

（一）上海九大产业领域人才供求问题 / 95

（二）上海九大产业领域人才培养错位问题 / 96

（三）对接上海九大产业的专业群布局策略建议 / 97

2022上海职业教育事业蓝皮书

七、上海规划建设一批高水平技师学院的必要性和可行性 / 99

    （一）目前上海技工教育面临的新机遇和新挑战 / 99

    （二）上海为什么要有技师学院 / 100

    （三）上海如何建设高水平技师学院 / 102

八、上海精准帮扶喀什地区职业教育实现跨越式发展的实践探索 / 103

    （一）"十三五"上海职业教育援疆的探索及其反思 / 103

    （二）国家有关部门对扶贫领域存在作风问题的研判 / 104

    （三）上海精准帮扶喀什地区职业教育的实践创新 / 104

    （四）上海"刚柔并济"职业教育援疆模式的成效 / 106

第三部分 上海职业教育案例分析

  一、课程思政篇 / 111

    中职思政课教学现状的调查研究 / 111

    中等职业学校劳动教育的现状及对策探究——基于对上海市3069名中职学生的调查分析 / 118

    青藤励志　系统赋能　梯度育人——中职校文化育人的创新实践 / 125

    尊重也是一种爱 / 135

    依靠集体的力量规范自己的行为——一堂职业道德课的教学案例 / 139

    基于中职思想政治学科核心素养的议题式教学 / 143

  二、抗疫保学篇 / 149

    《仓储作业实务》在线开放课程建设探索与实践 / 149

    疫情期间化工安全与清洁生产课程线上教学研究 / 156

    疫情背景下基于超星学习通平台的网络课程建设探索——以液气压系统安装与调试课程为例 / 160

    基于"超星学习通"平台的《防疫安全公益课》在线课程建设 / 166

利用互联网与多媒体助力在线特殊教育——疫情下特殊教育的思考与实践 / 170

三、教学改革篇 / 174

基于MATLAB 的《电力电子技术》课程辅助教学软件开发的研究 / 174

中职应用文写作教学与专业相结合的实践探索——以电气工程与智能控制专业应用文《求职信》为例 / 181

高职院校公共英语教学的困境及对策 / 188

基于"任务驱动、项目导向"的识图类课程教学改革的研究——以《建筑给排水施工图识读》课程为例 / 196

探究式教学在职业教育中的实践研究——以"盐溶液的酸碱性"为例 / 200

传承京剧"茹派"武生艺术表演特点及教学规律研究 / 206

中职智力障碍学生心理健康教育课堂分层互动教学模式的实践 / 212

四、产教融合篇 / 220

牵手特综区物流巨头 深化新片区产教融合——中职学校产教融合校企合作实践探索 / 220

基于产教融合的化工物流虚拟仿真实训项目开发及应用 / 227

1+X 证书制度下书证融通的教学改革思考——以机械工程制图职业技能等级证书为例 / 232

"1+X"书证融通视野下中职数控专业能力模块化课程体系构建 / 236

现代学徒制下课程建设探索与实践——以建筑智能化设备安装与运维专业为例 / 243

五、职教发展篇 / 248

高职院校"三段式"学生管理工作模式的探索 / 248

"五位一体、虚实融合"学习场的构建——上海市西南工程学校信息化应用标杆校创建实践探索 / 256

中本贯通培养模式下中职化工仪表课程的教学改革探索 / 266

浅议中职商务英语教学中后进生的转化对策 / 272

浅谈"三扶"视角下的学生教育管理——以上海石化工业学校沪滇办学为例 / 278

深化大赛效能　推动教学改革　建设特色专业 / 284

中职《网络营销实务》课程中直播营销教学存在的问题及破解 / 289

第四部分　上海中华职业教育社事业报告

一、抗击疫情，投身大上海保卫战 / 300

　（一）闻令而动，在病毒肆虐面前体现组织担当 / 300

　（二）逆行出征，在抗疫一线绽放人生光彩 / 300

　（三）守望相助，在抱团守"沪"中彰显无私大爱 / 301

　（四）笑对疫情，在漫漫居家期坚持乐观奋进 / 302

二、职业教育思想理论及政策研究 / 303

　（一）出版《2021上海职业教育事业蓝皮书》 / 303

　（二）深化调查研究和建言献策工作 / 303

三、推进职业教育高质量发展的实践 / 308

　（一）着力推进"中华"品牌实践 / 308

　（二）多管齐下提升职业教育质量 / 310

四、上海中华职业教育社自身建设 / 312

　（一）环境建设——软硬兼顾 / 312

　（二）队伍建设——质量并举 / 313

　（三）功能建设——主次协同 / 314

附录 / 315

后记 / 335

第一部分

上海职业教育改革发展报告

新华社北京 2021 年 4 月 13 日电：中共中央总书记、国家主席、中央军委主席习近平近日对职业教育工作作出重要指示强调，在全面建设社会主义现代化国家新征程中，职业教育前途广阔、大有可为。要坚持党的领导，坚持正确办学方向，坚持立德树人，优化职业教育类型定位，深化产教融合、校企合作，深入推进育人方式、办学模式、管理体制、保障机制改革，稳步发展职业本科教育，建设一批高水平职业院校和专业，推动职普融通，增强职业教育适应性，加快构建现代职业教育体系，培养更多高素质技术技能人才、能工巧匠、大国工匠。各级党委和政府要加大制度创新、政策供给、投入力度，弘扬工匠精神，提高技术技能人才社会地位，为全面建设社会主义现代化国家、实现中华民族伟大复兴的中国梦提供有力人才和技能支撑。

2021 年 4 月 12—13 日，全国职业教育大会在京召开，要求深入贯彻习近平总书记关于职业教育的重要指示，落实李克强总理批示要求，坚持立德树人，优化类型定位，加快构建现代职业教育体系。2021 年 7 月 31 日，中共中央办公厅、国务院办公厅印发《关于推动现代职业教育高质量发展的意见》，对强化职业教育类型特色、完善产教融合办学体制、创新校企合作办学机制、深化教育教学改革、打造中国特色职业教育品牌等重要工作作出全面部署。2021 年，也是国家和上海市"十四五"规划的开局之年。上海提出，到 2025 年，教育现代化要全面深入推进，实现上海教育更加包容、更具活力、更大开放、更高品质发展，高质量教育体系总体建成，教育事业发展和人力资源开发主要指标接近全球城市先进水平，并要求强化职业教育服务上海产业结构升级能力，深化产教融合、校企合作，培养更多高素质技术技能人才。

一、上海职业教育发展概况[1]

（一）中等职业教育

2020年，上海共有中职学校89所。其中：职业高中23所，普通中等专业学校50所，技工学校6所，成人中专学校10所。全日制在校生10.48万人，相比2019年增加0.48万人；招生总数3.96万人，普通高中招生5.97万人，职普比为4∶6，符合"保持高中阶段教育职普比大体相当"的要求。

对接上海"十四五"上海经济社会发展特别是产业发展战略，上海职业教育加强区域有需求、行业有地位、国内有影响的专业（群）建设。加紧布局人工智能、生物医药、集成电路、航空航天、汽车制造、船舶制造等战略性新兴产业与先进制造业，以及家政、养老、护理、学前教育、酒店管理等民生事业领域和现代服务业领域聚焦的重点产业和社会民生专业，增强职业教育对城市建设的支持力和贡献度。

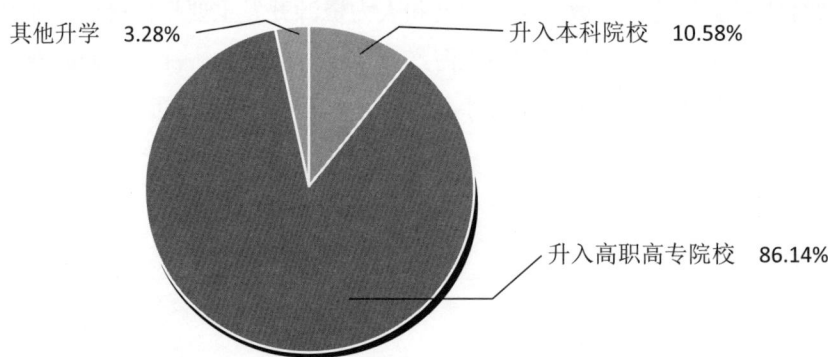

图1　2021年上海中职学生就业（含升学）结构[2]

2021年，上海中职学校毕业生28712人，就业（含升学）人数为28060人，就业率97.73%，总体保持稳定。就业（含升学）学生中，升学19635人，占比70%；直接就业8425人，占比30%。

2021年，上海中职学校毕业生的平均起薪为3835.84元，与上一年度持平，其中60%以上的学生起薪范围在3000—5000元。[3] 就业单位对上海中职学校毕业生的职业素养满意度为96.13%，对上海中职学校毕业生的职业技能满意度为96.38%，较去年略有提升。

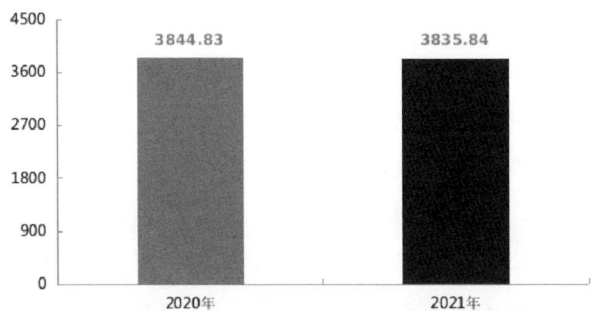

图2　2020-2021年上海中职直接就业学生起薪

在2021年全国职业院校技能大赛中，上海代表队在国赛赛项参与率、获奖率、金牌数等方面都有新的突破，赛项参与率达95%，赛项获奖34项，获奖率达89.5%；共有74名选手获得奖项，其中11枚金牌，获奖率达92.5%，较上一届提升14.72%。上海市"星光计划"第九届职业院校技能大赛共涉及信息技术、创意设计、电子信息等22个大类，覆盖全市所有的中高职院校，共有66313名学生参与中职组初赛，其中1604名选手获得奖项，17名中职教师获得"星光金牌指导教师"称号。

（二）高等职业教育

2021年，上海共有21所独立设置的高职院校，其中，1所为本科层次职业技术大学，1所为中国特色高水平高职学校建设单位，上海市一流高职院校建设单位3所、培育单位4所。全日制在校生总数为11.68万人，校均5563人。上海高职院校生均教学科研仪器设备值27165.33元/生，较去年增长15.29%。生均校内实践教学工位数0.78个，较去年略有增长。教学计划内课程总数12551门，线上开设课程数5316门,校园网主干最大带宽达到1万兆,校园网出口带宽超过1500兆。

对接三大先导产业、六大重点产业集群,上海不断调整优化专业布局和院校布局。上海高职院校新增大数据与会计、跨境电子商务、融媒体技术与运营、智能网联汽车技术、大数据工程技术、航空发动机装配调试技术、人工智能技术应用、虚拟现实技术应用、学前教育、智能制造装备技术等专业点45个。上海进一步推进国家"双高计划"和上海高职"双一流"建设,59个一流专业初步形成支撑上海"五个中心""四大品牌""3+6"重点产业发展的格局。

2021年,上海市高职院校积极应对疫情影响,加强疏导和帮扶,高职院校毕业生基本恢复到疫情前平均水平。2021年高职院校毕业生3.58万人,就业3.48万人,总体就业率为97.35%,比2020年提高3个百分点,其中71.97%的毕业生留在上海就业,成为上海经济高质量发展的生力军。高职院校理工农医类专业毕业生工作岗位与所学专业的相关度为68.15%,比2019年下降近3个百分点。公办高职院校毕业生专业相关度分别为73.22%,民办院校为66.90%。2014—2021年,上海市高职院校毕业生入职半年后平均月收入总体呈上升趋势,由3251元增至4834元。上海高职院校毕业三年职位晋级比例达到43.80%,比2020年提高近9个百分点。公办院校和民办高职院校毕业三年职位晋级比例分别为45.57%和37.07%。

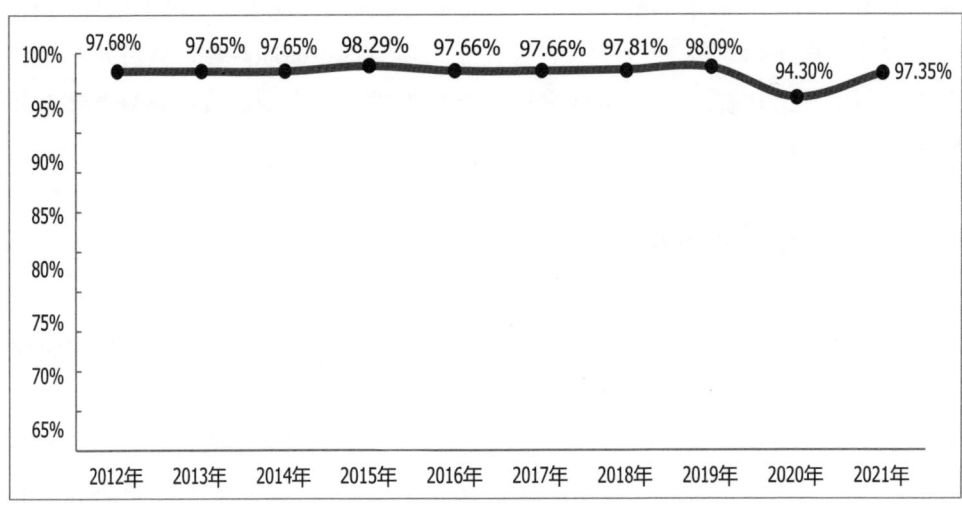

图3 2012-2021年上海高职院校毕业生半年后就业率

在上海市政府部门和各高职院校的大力扶持下，高职毕业生自主创业人群规模快速增长。随着新冠肺炎疫情防控局面稳定，高职毕业生自主创业比例有所回升，平均创业率为 1.37%。民办院校毕业生自主创业比例连续 7 年高于公办院校。2021 年，民办院校学生的创业比例总体为 2.14%，公办院校毕业生的创业比例为 0.79%，均较 2020 年有所提高。

上海高职院校参与第七届中国国际"互联网+"大学生创新创业大赛（上海赛区）选拔赛暨第九届上海高职高专大学生创新创业大赛市级决赛，来自 20 所院校的 44 个项目脱颖而出，入围市级决赛。

2021 年，上海有 12 所高职院校组队参与了全国职业院校技能大赛，共斩获了 30 个赛项的奖项，其中一等奖 2 项，二等奖 12 项，三等奖 16 项（见表 1）。

表 1　2021年全国职业院校技能大赛上海高职院校一、二等奖获奖情况

序号	参赛项目	选手姓名	工作单位/就读学校
一等奖			
1	园艺（团体）	张潆蟒、孙毅	上海农林职业技术学院
2	健康与社会照护	季旭	上海城建职业学院
二等奖			
3	关务技能（团体）	伍依依、潘雅洁、刘畅	上海东海职业技术学院
4	智能财税（团体）	张觊璇、纪和静、沙天乐、罗文耿	上海城建职业学院
5	花艺	杨丹超	上海城建职业学院
6	餐厅服务（团体）	张东皓、李凯	上海城建职业学院
7	机器视觉系统应用（团体）	吴鹏、贺宇豪	上海电子信息职业技术学院
8	英语口语	钱佳欣	上海工商外国语职业学院
9	建筑工程识图（团体）	王壮、王缦卿	上海城建职业学院
10	养老服务技能	朱佳慧	上海城建职业学院
11	数控机床装调与技术改造（团体）	代宇豪、武建豪	上海工程技术大学高等职业技术学院
12	导游服务	许梓欣	上海城建职业学院
13	鸡新城疫抗体水平测定（团体）	郑潇雨、孙婧	上海农林职业技术学院
14	农产品质量安全检测（团体）	衣菲菲、王义羚	上海农林职业技术学院

（三）职业技能培训 [4]

上海严格落实《关于开展本市职业院校育训结合激励计划的指导意见》，依托96个职业教育开放实训中心，广泛开展先进制造业、现代服务业为主的职业技能培训，打造了一批覆盖重点专业领域的"工匠之师"。依托设立在职业院校中的职业技能鉴定站，开展模具工、钳工等各类职业技能鉴定。进一步推动本市职业院校服务产业工人队伍建设，加强职业教育和职业培训供给，服务产业工人培训需求，为产业工人队伍建设提供重要支撑。

上海制定出台各项补贴培训政策。一是制定出台劳动者职业技能提升补贴政策，对本市劳动者参加技能等级认定、取得职业技能等级证书的，给予职业技能提升补贴。二是延续实施企业线上培训补贴和以工代训补贴政策，扩大线上培训补贴范围、明确补贴标准、完善经办要求，同时延长以工代训政策期限到2021年底。三是修订出台地方教育附加专项资金培训补贴政策，扩大政策受益面。

2021年完成补贴性职业技能培训118.9万人次，开展企业新型学徒制培训1.6万人，超额完成培养万名企业新型学徒市政府实事项目，以及人社部年度培训任务。深入推进职业技能提升行动，落实"互联网+职业技能培训计划"，有52.24万人次参与"就地过大年、技能免费学"活动，会同市就业促进中心累计向社会征集推荐24家线上培训平台。

做好本市高技能人才评选表彰和国家级高技能人才评选表彰的推荐工作。表彰第十一届上海市杰出技术能手10人、上海市技术能手90人；资助上海市技能大师工作室30个、首席技师99个。会同市人社局工资处、市委组织部等部门研究完善本市高技能人才表彰奖励机制方案，拟提高表彰层次、加大奖励力度。

全面推进企业技能人才自主评价工作。会同相关行业主管部门及各区人社部门，持续推进用人单位技能人才自主评价，累计认定企业职业技能等级机构已达129家。

稳慎开展社会化职业技能等级认定工作。发布社会化技能评价目录，公开征集遴选两批社会评价机构，两批39家社会评价机构80个职业（工种）已陆续启动开展评价工作。落实推进职业技能等级认定的政策要求。落实人社部工作部署，制定出台相关政策文件，支持企业开展特级技师评聘试点、用人单位直接认定职工技能等级、职业院校学生申报技能等级认定。

参考文献

[1] 本部分所有内容和相关数据除有专门注明来源之处以外，均直接引自《2022 上海中等职业教育质量年度报告》和《2022 上海高等职业教育质量年度报告》.

[2] 数据来源：2021 年上海市中等职业学校毕业生就业情况.

[3] 数据来源：2021 年上海市中等职业学校毕业生就业情况.

[4] 资料来源：上海市人力资源和社会保障局提供.

二、上海职业教育发展的成就与经验

（一）落实立德树人根本任务，构建"三全育人"新格局

2021年，上海修订《上海市中等职业学校学生综合素质评价实施办法》，倡导五育并举，坚持以德为先、能力为重、全面发展。各中职学校严格落实国家关于促进学生全面发展的各项政策要求，在体育、美育、劳动教育方面积极探索。组织开展星光艺术巡演、星光合唱团、星光舞蹈团、艺术作品展演等活动，为学生提供展示舞台，激发学生技能成才、技能报国的信心。

全面落实立德育人根本任务。上海中等职业教育深入推动习近平新时代中国特色社会主义思想进教材、进课堂、进头脑，推进理想信念教育常态化、制度化，落实《新时代爱国主义教育实施纲要》和《新时代公民道德建设纲要》，加强党史、新中国史、改革开放史、社会主义发展史教育和爱国主义、集体主义、社会主义教育，以建党100周年为契机，组织开展"少年工匠心向党 青春奋进新时代"主题教育活动暨2021年上海市文明风采活动、《走进艺术宫》等多项活动，举办上海中职学生德育论坛、沪滇职教联盟德育论坛、中职学生时政知识大赛、宪法知识竞赛、中职校班主任基本功大赛、优秀班主任评选等论坛、比赛，推动立德树人落地落实。

扎实推进思政课程和课程思政建设。上海所有中职学校都配备了思想政治课专任教师，各校落实《上海市中等职业学校课程德育指导意见》，将思政教育全面融入人才培养方案和专业课程，积极推进四门思想政治课新课标、新教材实施，形成了一批课程思政优秀教学案例。推进用好《习近平新时代中国特色社会主义思想学生读本》，开展市级骨干培训。着力推进中职德育工作队伍建设，鼓励学

校从企业中聘请劳动模范、技术能手、大国工匠、道德楷模等担任兼职德育教师。

上海市高职院校推动思政课程和课程思政同向同行，把全员全过程全方位育人理念纳入学校事业发展规划和战略全局，结合不同专业人才培养特点和专业能力素质要求，梳理各门课程蕴含的思想政治教育元素，发挥专业课程承载的思想政治教育功能，动员全体教职员工协作开展课程思政教育教学改革。

深入开展劳动教育。上海中职学校将劳动教育纳入人才培养方案，设立劳动教育必修课程，严格落实职业精神、工匠精神、劳模精神等专题教育不少于16学时的规定，通过设立技能大师工作室、邀请劳模开设讲座、开展校内外公益劳动和社会实践等方式，加强职业道德、职业素养、职业行为习惯培养，推动劳动教育落实落地。2021年，上海各中职学校设立校内公益劳动岗近5000个，校外学生社会实践基地近600个，成立志愿服务团队数量1000余个。

上海高职院校秉持"教育与劳动相结合"的马克思主义教育思想和劳动观，以日常生活劳动、生产劳动和服务性劳动为主要内容，建设适应教育现代化要求的高职院校劳动教育体系，积极探索具有上海高职特色的劳动教育模式，引导学生树立劳动最光荣、劳动最崇高、劳动最伟大、劳动最美丽的思想观念。

弘扬工匠精神，开展劳动教育

上海市信息管理学校将劳动教育与专业教学相融合，紧跟科技发展和产业变革，依托徐汇区"人工智能高地"建设，引导学生感受新时代劳动工具、劳动技术、劳动形态的新变化，并加强与社区学校、社区街道及社会相关单位的联系与共建，形成了社会化的学生实践模式，2021年被评为"上海市中小学（中职校）劳动教育特色校"。

上海市杨浦职业技术学校结合专业特点开展劳动教育，分年级编制劳动教育读本、专业劳动手册，邀请行业企业专家学者、世赛冠军等优秀校友走进校园，弘扬工匠精神，让学生从心底里做到崇尚劳动、尊重劳动、热爱劳动，从而培育学生精益求精的工匠精神和爱岗敬业的劳动态度，2021年被评为"上海市中小学（中职校）劳动教育特色校"。

上海城建职业学院自2007年以来，连续承办14次上海市"劳模（工匠）精神进校园""大国工匠进校园""百名劳模与百名入党积极分子结对子""百名劳模风采展""与劳模面对面"等系列活动，与市总工会等合作编写《匠心

筑梦——大学生眼中的劳模》《劳模精神导论》《劳模精神与劳动教育》等读本，牵头发起成立"长三角职业院校劳模精神与劳动教育联盟"，探索建设具有职教特点、学校特色的劳动教育工作坊。

上海中侨职业技术大学实践探索"五维四驱"劳动教育模式，将劳动教育分别与"思政教育、就业能力、生活技能、公益志愿、创新创业"等"五维"融合，拓展劳动教育的场域，探索"课程、实训、生活和活动"等四个驱动，丰富劳动教育的实施途径和渠道。在校内建立蔡蕴敏、吴文巍、王军等劳模（工匠）育人工作室，开设"劳模大讲堂"主题讲座，开展"劳模进班级"面对面等活动。

（二）完善现代职业教育体系，促进职业教育高质量发展

扩大中高职贯通、五年一贯制等专业试点。2021年，上海对接产业经济升级需要，进一步完善贯通培养机制，稳步扩大贯通培养规模，新增31个中高职贯通、5个中本贯通、6个五年一贯制专业试点。建成第一批30个左右中高、中本贯通高水平专业，形成100个贯通专业建设的典型案例。

持续扩大"专科高等职业教育—应用型本科教育"人才贯通培养试点范围，启动第五批11个试点专业。颁布并实施首批23个中高职贯通专业教学标准，启动第二批10个中高职贯通专业教学标准开发，研制并颁布中高职贯通数学、英语、信息技术3门公共基础课课程标准，建成第一批贯通高水平专业；增设6个专业点开展职业教育五年一贯制人才培养模式。

探索新型（五年一贯制）职业院校建设。2021年，上海市教委会同市人社局、市发改委、市财政局、市国资、市编办共同研制《关于做好新型高等职业学校建设与管理的指导意见》，进一步规范新型高职建设，促进新型高职发展。目前，上海南湖职业技术学院已于4月正式揭牌，上海科创职业技术学院、上海闵行职业技术学院、上海现代化工职业学院、上海建设管理职业技术学院等4所学校已于9月完成首批专业设置申报及评审。

推进高水平优质中职学校建设。2021年，推进上海信息技术学校、上海市材料工程学校、上海市杨浦职业技术学校、上海市商贸旅游学校、上海市建筑工程学校、江南造船集团职业技术学校、上海市信息管理学校、上海市贸易学校、上海商业会计学校、上海市工程技术管理学校、上海音乐学院附属中等音乐专科学

校、上海第二工业大学附属浦东振华职业技术学校、上海市新闻出版职业技术学校等13所优质校建设,并组织开展优质校建设的跟踪检查与过程监测。

持续推进一流专科高职教育建设工作。开展一流专科高职教育建设预验收,组织专家组赴各院校听取主要领导汇报一流院校/专业建设计划执行、建设成效、经费执行等,督促院校按时完成建设任务,指导建设成效梳理和总结。组织开展新一轮一流院校/专业建设计划申报工作,重视对标教育部关于职业教育高质量发展的新要求,对标发展本科层次职业教育。

(三)深化产教融合,增强职业教育适应性

2021年,上海市教委等5部门印发《上海市深化产教融合协同育人行动计划(2021—2025年)》(沪教委高〔2021〕64号),对支撑上海国家级产教融合型城市建设,建成政策供给及时有力、协作机制高效通畅、校企合作活力迸发的协同育人体系作出整体部署,包括形成国内产教融合协同育人的示范高地、打造国内外协同育人优质资源的汇聚中心、建设国内有影响力的协同育人创新平台等。上海持续完善产教融合企业认证制度,已建设116个上海市产教融合型企业,成立多家产教融合联盟机构。

上海高职院校积极拓展校企合作的深度与广度,不断增强与行业企业岗位的贴合度。上海市发改委、教委共同确定116家企业(其中第一批32家,第二批84家)为上海市产教融合型试点企业。上海高职通过与腾讯、商飞、中芯国际、东湖集团等行业头部企业共建产业学院、校外产教融合基地,正在探索形成"校企双元育人"新机制。

校企共建产业学院,培养行业企业急需人才

上海农林职业技术学院与华维节水科技集团股份有限公司等6家企业共同成立智慧农业产业学院,采用1+X运行机制,以项目任务为驱动,创新引企入校保障机制,创新人才培养模式和创新师资队伍建设,将校内教育链、教学链、人才链与企业的产业链、行业链、岗位群对接,推动双向提升能级。

上海城建职业学院紧贴产业发展新趋势,与广州超竞教育投资有限公司共

同建立上海首个电竞产业学院,校企双方围绕电竞产业链,重点聚焦电竞人才培养模式创新、电竞专业课程体系构建和教学资源开发、电竞专业一体化实践教学基地共建,以及共享科研与社会服务等领域展开深度合作,培养高素质电竞产业技术技能人才,服务于区域电竞产业发展。

现代学徒制试点规模不断扩大。2021年,上海有32所中职学校试点现代学徒制,其中上海海事大学附属职业技术学校、上海市杨浦职业技术学校、上海信息技术学校、上海电子工业学校、上海市建筑工程学校等5所学校被确立为教育部现代学徒制试点学校。现代学徒制试点专业数达50个,涉及加工制造、交通运输、轻纺食品、旅游服务、商贸财经和文化艺术等领域。上海建立了现代学徒制质量评价体系,注重对培养过程的全方位监督和评价,并探索在中高职贯通、五年一贯制专业中开展现代学徒制和订单班。研制企业课程开发指引,开发出10门企业课程和10个企业课程实施案例。

上海高职继续在技术性、实践性较强的专业推行现代学徒制试点,现代学徒制试点高职院校已达15所,试点专业数达52个。高职院校订单培养人数达到6742人,占在校生总数的5.82%。上海电子信息职业技术学院扎根临港新片区,与上海建桥学院签订战略合作协议,面向临港新片区集成电路、人工智能、先进制造等产业领域,共建高水平专业化产教融合实训基地、新一代信息技术科创中心。上海农林职业技术学院创新"订单定向""现代学徒制""1+X 制度试点"等校企合作人才培养新机制,为上海现代农业培养"下得去、用得上、留得住、干得好、能发展"的高素质技能型人才。

(四)完善教师培养培训制度,打造专兼结合高水平"双师"队伍

上海严格落实企业实践制度,2021年共有1356名专任教师参加企业实践,实践总时间超过4万人日。上海每年开展新进教师规范化培训,中职学校校长领航班,骨干教师培训,信息化素养、班主任和教师下企业实践等专业(项目)培训,开展劳动教育、课程思政、创新创业等专题培训,每年举办中职教师教学能力大赛、班主任基本功大赛。每年组织开展特聘兼职教师推荐活动,2021年资助836位特聘兼职教师(团队),其中个人452位、团队101个共384位。

每年举办上海市中等职业学校教师教学能力大赛,注重信息技术在解决教学问题中的应用,创新教学思维和方式方法,系统优化教学过程,推动教学质量提升。以市级示范性培训项目为引领,采用线上与线下培训相结合的模式,开展教师信息技术应用能力培训。

2021年,上海中职学校专业教师总数为4343人,"双师"素质专任专业教师总数为3105人,"双师型"教师占专业课教师比例为71.5%,与上一年度持平,超过《国家职业教育改革实施方案》(国发〔2019〕4号)提出的"'双师型'教师(同时具备理论教学和实践教学能力的教师)占专业课教师总数超过一半"要求。共有国家级职业教育教师教学创新团队7个、上海市职业教育技能大师工作室30个,"十四五"期间将遴选、打造50个市级职业教育名师培育工作室。中职学校共聘请1847名兼职教师,占专任教师总数的23%,其中340余名教师具有技师及以上国家职业资格证书,160余名教师具有行业、企业高级资格证书,形成了专兼结合的高水平"双师"队伍。

2021年,上海高职院校持续打造"双师型"教师队伍。以培育劳模工匠精神为核心,加强教师思想政治教育统筹协调、教师劳模精神学习传播、高标准师德师风体系建设。开展2021年上海高职院校市级教师企业实践工作,21所高职院校144名老师参加;实施"上海市高校教师专业发展计划",选派50名专业骨干教师国内外访学、研修、产学研习践。2021年,上海高职院校双师素质专任教师比例63.72%,高级专业技术职务专任教师比例26.22%,较去年均有一定比例的提高。

多措并举　提升教师专业素质

上海食品科技学校开展"青品"系列师资队伍提质活动,抓实"青品"校本培训,发挥骨干示范引领作用,打造"匠心匠艺"优质课堂,教学团队在上海市中职学校教师教学能力比赛中获一、二等奖,教师获得教育部青年教师课题、上海市中职"匠心匠艺"优质课堂建设等研究项目。

上海市大众工业学校注重教师科研能力提升，每年编印《上海大众职教拾萃》收录教师文章，本年度共收录50篇；"大中小学思政课一体化建设背景下有效开展中职校思想政治课教学的策略研究"成功获得市级一般课题立项；教学成果在嘉定区首届教学成果奖评选中获特等奖1项，一等奖2项，二等奖2项。

上海石化工业学校通过"外引内培"等多项举措优化教师队伍结构，现拥有国家级教学创新团队1个，全国行业职业教育教学指导委员会教师5名，省部级以上教学名师5名，市级名师培育工作室2个，金山区领军人才后备1名，金山区"第八届明天导师"工程学科导师1名，金山区骨干教师16名。

（五）推进课程教材建设，提升人才培养质量

2021年，上海以市级课程标准开发、规划教材建设为基础，优化市级在线开放课程立项、开放及共享机制，完善市级在线开放课程平台"教学测评研"功能，提升课程建设质量，课程上线总量达178门。探索基于虚拟现实、增强现实等技术的体验式实训教学，鼓励教师团队对接职业标准和工作过程，探索分工协作的模块化教学组织方式。本年度上海中职学校共完成工业机器人等12个专业教学标准的开发，完成第一批22个中高职贯通教育专业教学标准、407门专业课程标准开发，研制中高职贯通数学、英语、信息技术3门公共基础课课程标准。

加强教材建设与管理。2021年，严格落实国家要求，上海中职学校在一年级全部使用《习近平新时代中国特色社会主义思想学生读书》；市教委印发《关于上海市中等职业学校公共基础课程教材选用工作的通知》（沪教委职〔2021〕34号），要求中职学校统一使用思想政治、语文和历史国家统编教材，确定数学、英语、信息技术、艺术、体育与健康、物理（通用类）、化学（通用类）等7门公共基础课程选用教材；研制《上海市职业院校教材管理实施细则》，明确市教育行政部门、院校主管部门以及院校相应职责。依托15个市级规划教材基地，完成第一批20本左右市级规划教材编写工作，开展移动机器人等13个世赛项目转化教材的编写工作，23种教材被认定为首批上海职业教育与继续教育类精品教材，39种教材入选"十三五"职业教育国家规划教材。

完善开发机制　打造精品教材

上海市医药学校紧贴产业、彰显医药教材特色，建成任务引领型教材33本、优秀市级校本教材12本，在上海市中职学校第五届校本教材展示交流评比活动中荣获"优秀组织奖"，19名教师作为主编或编委参加全国医药中等职业教育药学类专业"十四五"规划教材编写，《医学基础》被评为首批上海职业教育与继续教育类精品教材。

上海市商贸旅游学校注重发挥精品教材的示范引领作用，该校主编的《旅游地理（第二版）》《中式点心制作》《计算机录入技术（第3版）》入选"十三五"职业教育国家规划教材书目，《旅游地理》被认定为首批上海职业教育与继续教育类精品教材。此外，作为上海市职业教育教材研究基地，该校持续推进《酒吧服务》《西点制作》两本市级规划教材的开发编写工作。

上海市青浦区职业学校严格教材选用与开发机制，成立了教材工作领导小组，加强党对教材工作的绝对领导，制定了《教材管理办法》。学校严格选用教育部指定教材；自选教材的选用由专业教研组把关，经教学处审核，报主管教学校长审批通过后，由专门的教材管理人员通过严格的采购程序进行采购。

2021年，上海立项建设上海高职高专院校市级精品在线开放课程35门，获评教育部首批课程思政示范课程3门，63本教材（第一主编单位为上海的院校、行业企业等）入选教育部"十三五"职业教育国家规划教材。上海出版印刷高等专科学校、上海旅游高等专科学校、上海城建职业学院、上海工商外国语职业学院4所高职主编或参编的教材获全国优秀教材奖（职业教育与继续教育类）二等奖。

（六）建立区域优质资源共享机制，推动长三角职业教育协同发展

2021年，上海市中等职业教育主动对接长三角区域经济发展需要，推进区域内优质职教资源共享。开展长三角示范区职教一体化招生工作并完善资助政策，青浦区2所中职学校，挑选6个中高职贯通专业，开展跨省招生工作。探索建立跨区域产教融合、校企合作联动机制，进一步优化跨区域联合职业教育集团（联盟）建设，推动院校跨区域开展专业设置、课程开发、师资队伍、实训基地等方

面交流互鉴。

落实《长江三角洲区域一体化发展规划纲要》提出的"努力提升配置全球资源能力和增强创新策源能力,建成我国发展强劲活跃增长极"的要求,上海市高职院校牵头成立创新创业、智能建造、旅游等多个职教联盟,共同开展专业建设、教师培养培训、职业培训、专项研究等,为长三角区域一体化发展贡献高职力量。上海民远职业技术学院发挥毗邻迪士尼乐园和张江高科技园区优势,该校经济管理学院为上海及周边省市酒店业、旅游业输送基层工作人员及管理人员。

推动优质职教资源共享　服务长三角区域一体化

上海市逸夫职业技术学校牵头成立"长三角中职美术教育联盟",包括开设美术与文化艺术类相关专业的中职、高职、本科院校,以及设计协会(沙龙、联盟)、设计企业、文创企业等30余家单位,共同制订了中职学校艺术类专业(群)的教学标准,致力于打造高水平产教融合平台。

上海市材料工程学校联合长三角地区本科、高职、中职院校,以及中国广告协会、上海联合电子商务研究所、上海广播电视融媒体中心、联合利华数字化内容平台等单位,举办网络直播产教融合论坛暨1+X项目启动会。论坛聚焦网络直播产业,共同探讨如何开展区域性合作,深化产教融合,进一步将产业链、人才链、教育链、创新链相结合,优化人才培育途径和质量,推动产业发展,助力长三角一体化发展。

上海城建职业学院牵头成立"长三角地区职业院校创新创业实践联盟""长三角绿色智能建造产教协同创新联盟""长三角城市智慧管理研究所""长三角职业院校劳模精神与劳动教育联盟"。2021年4月,该校与安徽省蚌埠市政府签署《安徽省蚌埠市人民政府　上海城建职业学院战略合作框架协议》,双方将发挥各自区位、人才、教育、资源优势,

围绕论坛共办、基地共建、人才共育、产教共融、发展共研等方面，不断加强战略合作、深化产教融合。

上海旅游高等专科学校牵头成立长三角旅游职教联盟，疫情期间组织专场在线招聘，为长三角 200 家旅游院校提供 3600 多个岗位；举办第五届中国休闲与旅游发展论坛，发布《2020 长三角城市休闲化指数报告》《2020 长三角文化竞争力报告》；牵头开展"联盟"院校课程共享，试点学分互认，参加学分互认的 3 所"联盟"成员单位（江苏旅游职业学院、浙江旅游职业学院和上海旅游高等专科学校）打破院校间"围墙"，以超星数字化学习平台为载体搭建"长三角旅游职业教育联盟学分互认课程平台"，目前已推出 21 门精品在线课程。

（七）多领域开展中外合作，培养国际化技术技能人才

自 2012 年起，上海市教委启动开发国际专业教学标准任务，截至目前共开发完成汽车运用与维修、护理、制药技术等近 100 个专业的国际水平专业教学标准，涉及 15 个专业大类，分别对接德国、美国、英国等 9 个发达国家和欧盟等国际组织的相关职业能力标准，形成了既体现国际水平又贴近本土实际的标准体系和人才培养方案。

引入国际通用职业资格证书。经过多年国际合作的积淀，中职学校引入了一批国际权威的职业资格证书，包括德国双元制项目、英国 IMI 资格证书项目、澳大利亚 TAFE 证书项目、法国蓝带项目、芬兰创业项目、赴澳开展商务汉语专业项目等，涉及 12 所中职学校、23 个专业，已有 3000 余名学生取得了 22 类国外权威职业资格证书。

为培养具有国际视野的教师队伍，上海已开展多年的国际化教师培训工作，一方面，通过国内教育机构，引进德国、英国、芬兰等国际先进师资培训课程和职教专家，对本市教师进行专题培训；另一方面，选派教师短期进修，包括组织管理干部赴英国、德国、俄罗斯等国家参加办学模式创新与国际化视野拓展相关培训，组织教师赴国外考取国际通用资格证书等。

高职院校携手国外院校、跨国企业等，开展多形式、多领域、多层次的交流与合作，通过引进国（境）外先进的职业教育理念、培养模式、教学方法、教材、课程标准、师资等优质资源，开展中外合作办学，协同推进国际化人才的培养，

提升职业教育的办学质量和竞争力。上海思博职业技术学院重构护理专业人才培养模式，引入国际护士执业水平标准（ISPN），融入欧盟通用能力31条，注重核心素养的培养，同时满足中国本土护理专业考证的要求。上海济光职业技术学院拓展与高等教育发达国家高等院校和机构的深度合作，与中东欧地区的捷克布拉格建筑学院签订"3+2"专本衔接的合作办学，联合培养高素质的建筑设计国际化专门人才。上海出版印刷高等专科学校与法国国际音像学院（3IS)合作建立现代传媒技术与艺术学院，合作办学项目系统引进法国、美国的教学体系、教育理念、专业课程和国际师资等优质国际教育资源，构建专业链状工作坊，探索视觉传媒创新创意国际化人才培养新实践。培养的2021届毕业生目前有1/3升入国内本科或跨入国外高校继续深造，其余毕业生全部就业，学生在各类国际专业赛事中屡获大奖。

上海出版印刷高等专科学校现代传媒技术与艺术学院开展国际化工作坊式教学

（八）高质量推进世界技能博物馆建设，引导广大青年选择技能成才之路

世界技能博物馆由人力资源社会保障部、上海市人民政府和世界技能组织三方共建。其定位为永久开放的公益性博物馆，将免费对观众开放，并致力于打造成为世界技能展示中心、世界技能合作交流平台、国际青少年技能教育基地，以及世界技能组织的官方文献中心。

与世界技能组织沟通确认六大展区设计方案，深化序厅、多功能厅设计方案，启动互动体验区和展项设计工作。建立常态化征集工作机制，优化展品清单，完善展品管理。截止至2021年底，已征集国际展品696组，国内展品共登记藏品信息3860组开展展品研究，挖掘展品背后的技能故事，对6个展区共计803项展品展项、70余项多媒体影像资料等内容进行了研究。

世界技能博物馆开馆后，除长期陈列展外，每年计划定期策划不同主题的临展活动；在共享时代的社会背景下，举办面向世界各地交流展，推动藏品共享；不定期召开国内/国际研讨会及论坛，为各类技能专业领域搭建沟通平台，增进与社会各界的融合；策划组织年轻人喜爱的公共教育活动，进一步向全球青少年传递"技能成就梦想，技能改变人生"的理念；寻求与社会机构的合作共赢，以此促进技能交流、技能共享、知识共享、文化共享。

联合国大会于2014年12月将每年的7月15日设立为"世界青年技能日"，旨在通过技能开发，解决青年中大量存在的失业和就业不足问题，为他们创造更好的社会和经济条件。上海第46届世界技能大赛组织委员会主办的"迎世赛 点亮技能之光"暨7·15世界青年技能日主题推广活动在北京、上海、广东、天津、重庆、湖北、湖南、江西等八省市同步举办，共同宣传推广"一技之长，能动天下"的世赛理念，营造全民参与迎接世赛的良好氛围，引导广大青年选择技能成才之路。上海有700余名青少年在浦东图书馆、国际乒联博物馆、世达科创中心，以及中国（上海）高技能人才公共实训中心等4个分会场参加了一场场别开生面的技能体验活动，世赛金牌选手、一流高校、知名企业均加入这场"技能嘉年华"中。

三、筑牢思想基础，职业教育在新时代背景下"大有可为"

（一）党的十九大以来职业教育的主要变化

党的十九大以来，在以习近平同志为核心的党中央的坚强领导下，我国职业教育改革发展进入新时代。新时代背景下职业教育在发展定位、体系与内涵建设、服务国家发展战略作用等方面发生了诸多重要变化。

1. 职业教育改革发展被摆在更加突出的位置

《国家职业教育改革实施方案》鲜明地指出："职业教育与普通教育是两种不同教育类型，具有同等重要地位。"这是首次在国家政策文本中明确职业教育在国家教育体系中的重要地位。随着我国进入新的发展阶段，产业升级和经济结构调整不断加快，各行各业对技术技能人才的需求越来越紧迫，职业教育重要地位和作用越来越凸显，职业教育的改革发展被摆在更加突出的位置。"1+X证书制度""本科层次职业教育改革试点""双高计划"等系列改革措施在职业教育领域稳步推行，着重提升职业教育在促进经济结构调整、满足社会发展对高素质人才需求的能力。上海"十四五"规划明确了职业教育的重要定位，即推动"四大品牌"持续建设，加快建立以现代服务业为主体、战略性新兴产业为引领、先进制造业为支撑的现代产业体系。

2. 职业教育体系的建设与内涵发展同步推进

近年来，职业教育体系建设取得可喜成效，主要表现在：第一，建立健全国家职业教育制度框架。职教改革聚焦产教融合、校企合作，健全多元化办学格局，推动企业深度参与协同育人，扶持鼓励企业和社会力量参与举办各类职业教育，着重推进国家资历框架建设。第二，基本形成国家教学标准体系。教育部先后发布了包括专业目录、专业教学标准等在内的国家教学标准，这些标准与教师专业标准、高等职业学校设置标准等共同组成了较为完善的国家职业教育标准体系。在职业教育内涵建设方面，完善职教招生考试办法，建立"职教高考"制度，完善"文化素质＋职业技能"的考试招生办法，为学生接受高等职业教育提供多种入学方式和学习方式。完善学历教育与培训并重的现代职业教育体系，加快推进职业教育国家"学分银行"建设，探索建立职业教育个人学习账号，实现学习成果可追溯、可查询、可转换，畅通了技术技能人才的发展通道。在纵向的职教体系建设上，目前上海中高职贯通培养已达到中等职业学校专业点的30%以上，中本贯通培养占到中等职业学校专业点的10%，较好地满足了技能人才成长的多样化需求。

3. 职业教育服务国家发展战略能力明显提升

我国正在经历经济结构调整和产业发展模式的转型升级，努力实现由"中国制造"向"中国智造"转型，迫切需要职业教育在其中发挥重要的推动作用。积极实施职业教育"走出去"战略，打造一批高水平国际化的职业学校，推出一批具有国际影响力的专业标准、课程标准、教学资源。此外，通过积极承办职业教育的各类国际性会议，形成一批教育交流、技能交流和人文交流的品牌。上海要以世界技能大赛的承办为契机，全方位践行世界技能组织2025战略，加强与联合国教科文组织等的合作，探索高技能人才培养的"上海经验"。此外，还应鼓励开放大学建设海外学习中心，推进职业教育涉外行业组织建设，提升职业教育包容性，实施职业学校教师教学创新团队、高技能领军人才和产业紧缺人才境外培训计划，服务好国家重大发展战略，持续提升职业教育品牌影响力。

（二）迎接党的二十大职业教育发展的新契机

作为国家教育体系的重要组成部分，我国职业教育自觉承担起了新时代背景下的重要历史使命，在促进国家经济结构转型升级、培养大批高技能人才、推动技能型社会建设等方面发挥了重要作用。

1. 以职业教育政策为保障深入推进职教类型体系建设

党的十九大以来，党中央、国务院，以及教育部等相关部门推出了一系列推动职业教育改革发展的重大举措，集中体现在《国家职业教育改革实施方案》《职

业教育提质培优行动计划（2020—2023年）》《关于推动现代职业教育高质量发展的意见》3个重要文件之中。从政策文本的内容结构上看，3个文件存在紧密的逻辑关系，遵循从深化改革到提质培优，再到高质量发展的逻辑主线，既相互衔接，又逐级递进，明确了"十四五"期间职业教育改革发展政策框架。职业教育的政策制定聚焦"提高质量"和"提升形象"两大任务，在推进政策的完善和政策实施上为职教体系的建设提供支持保障。回顾改革开放以来我国职业教育发展历程，沿着规模与内涵两个维度同时发展，在"十四五"国家建设高质量教育体系的进程中，职业教育是短板，更是关键。立足上海职业教育改革实践，在坚持完善宏观政策设计的同时，应充分考虑上海职业教育区域特色，着眼辐射长三角的经济发展，切实做好政策配套措施，完善职业教育体系建设，注重政策完善与职教改革的协同性。

2. 以各类技能大赛为契机提升职业教育的品牌影响力

近年来，国家人社部、教育部、中华职教社组织的一系列职业技能赛事，有力地提升了职业教育的社会影响。在上海筹办世界技能大赛，这是我国职业教育改革发展历程中的大事件。《上海市职业教育改革和发展"十三五"规划》明确提出，"共建共享100个开放实训中心和一批世界技能大赛选手培训基地"，打造职业教育品牌专业和课程、"星光计划"技能大赛系列品牌活动、"璀璨星光"中职校园文化活动、品牌开放实训中心、品牌职业教育集团等五大品牌。从实施进程看，上述建设目标已基本实现，为世界技能大赛的举办奠定了坚实基础。世界技能大赛为中外职业教育的交流互鉴搭建了重要的交流平台，将为我国职业教育改革发展积累宝贵的经验，也将进一步提升国家职业教育品牌的影响力。

3. 以技能型社会建设为目标深化职业教育的内涵发展

中共中央办公厅、国务院办公厅印发的《关于推动现代职业教育高质量发展的意见》鲜明地提出了建设技能型社会，弘扬工匠精神培养更多高素质技术技能人才、能工巧匠、大国工匠，为全面建设社会主义现代化国家提供有力人才和技能支撑的重要目标。现代职业教育体系是技能型社会建设的一项"充要条件"，没有高质量职业教育和高水平现代化的职业教育体系，技能人才培养目标也就无法实现。构建现代职业教育体系，是"培养更多高素质技术技能人才、能工巧匠、大国工匠"的基础。无论是理论意义还是实践需求，开展技能型社会建设的研究与讨论都显得尤为迫切。技能型社会与发展现代职业教育、构建现代职业教育体系以及发展职业本科等命题密切相关。因此，在进行技能型社会建设过程中，要着力发挥职业教育的重要作用，以建成技能型社会为目标，倒逼职业教育体系的建设和内涵发展。要以世界技能大赛在上海的举办为载体，营造崇尚技能、尊重技能、学习技能的浓厚社会氛围，为技能型社会的建设提供"上海方案"。

（三）新时代下职业教育"大有可为"的领域

职业教育是国民教育体系和人力资源开发的重要组成部分，肩负着培养多样化人才、传承技术技能、促进就业创业的重要职责。在全面建设社会主义现代化国家新征程中，职业教育前途广阔、大有可为。

1. 服务国家重大战略

新时代我国职业教育改革发展既是国家战略的重要组成部分，也是主动服务国家战略的具体行动。当前我国高职教育国际化正处于蓬勃发展时期，面临路径依赖的惯性和路径创造的突破两种不同选择。面对"一带一路"倡议赋予的机遇和使命，高职教育国际化已经具备创造性突破的条件，亟须探寻其创新发展的路径。在"一带一路"沿线国家工业化进程加快亟须技术技能人才的背景下，加强中国与沿线国家在职业教育与培训领域的深层交流与合作，推动中国职业教育配合企业"走出去"，为走出去的中国企业提供人才保障，为国家培养经济建设需要的人才，是新时代我国职业教育国际化发展的新使命。作为构建人类命运共同体的重要力量，我国高职教育国际化需要从本土转向全球，实现全球维度下命运共同体观念的内化，以承担起时代所赋予的使命，即确立外向国际化驱动内向国际化的理念，从"中国问题—国际经验—解决方案"的国际化模式向"国际问题—中国经验—解决方案"转变，形成具有中国特色的高职教育国际化理论。在这一过程中，应坚持全球性与自主性兼顾的发展理念，建立顶层设计与基层探索相结合的制度体系，构建政府主体与多元融资的经费投入机制，实施品牌建设与协同推进的实践策略，提升职业教育对接和服务国家重大发展战略的能力。

2. 加速产业结构升级

职业教育与产业结构关系紧密、二者相互影响，共生共利、互为因果，通过不断变化和调适关系共同推动经济发展。从内容层面来看，产业结构影响职业教育专业人才培养。职业教育是以产业需求为导向的教育，产业生产所需要的劳动力人员很大程度上来源于职业教育培养，尤其是现代化大生产需要的高技能技术人员，因此，培养大批"适销对路"的技术技能人才是职业教育契合产业结构和变迁的需要，是职业教育承担社会功能的一项重要职责。职业教育为产业持续提供大量劳动力资源。职业教育的职业性属性决定职业教育培养的劳动力主要是针对产业的某些技术岗位和技能需要，因而职业院校的专业结构是按照产业结构中劳动力市场的需求设置，其较强的针对性使这些劳动力很好地适应了职业岗位。职业教育是为劳动力市场提供劳动力资源的供给方，劳动者劳动效率和技能水平的高低既影响产业的生产效率，也影响劳动者的就业和收入。当前，我国职业教育与经济结构调整总体上匹配，但区域间差异较显著，具体体现在某些专业的招生数量变化上，存在与产业发展导向不一致的情况。随着职业教育体系完善和教育资源持续投入，职业教育将在高技能人才培养、引领行业技术更新等层面释放更大活力。

3. 助力乡村振兴计划

《中华人民共和国国民经济和社会发展第十四个五年规划和2035年远景目标纲要》将"脱贫攻坚成果巩固拓展，乡村振兴战略全面推进"作为"十四五"时期经济社会发展目标，全面推进乡村振兴已经成为我国新发展阶段"三农"工作的重心，是全面建设社会主义现代化国家的重要组成部分。在国家教育事业中，职业教育是同经济社会发展联系最紧密的教育类型，可以直接或间接地融入产业振兴、人才振兴、文化振兴、生态振兴、组织振兴，助力乡村全面振兴。城乡融合发展阶段，职业教育不再单向服务于工业化和城市化，而是兼顾乡村振兴与新型城镇化的双向协同发展。由此，职业教育就需要转变过去的工作思路，在继续服务新型城镇化基础上，将工作重心转移到乡村振兴中，发挥人才培养、技术研发、社会服务等功能，支持技能型乡村建设。在实施路径上，可以通过培养复合型技术技能创业人才引领乡村产业发展、研发与应用绿色技术维护乡村生态系统良性循环、开展返乡人员培训助新技术下乡为乡村赋能增效等路径加速实现乡村振兴。上海通过定点帮扶，为帮扶村提供定点招生名额，培养了一大批推动乡村振兴的高技能人才。结合实际来看，高校定点招生专业可以进一步扩大招生覆盖面，以技能人才培养输出为主线，助力乡村振兴。

4. 传播优秀传统文化

推进优秀传统文化与高等职业教育的深层次融合，既是扎根中国大地办教育、发展高质量高等职业教育的题中之意，也是深化职业教育教学改革、全面提高人才培养质量的重要途径，更是践行立德树人根本任务、涵养社会主义核心价值观，实现文化自信、民族振兴的必然遵循。在职业教育发展过程中，可将优秀传统文化与专业内涵建设相结合，融入课程体系。以专业建设为抓手，明确课程建设中传统文化转化为学生内在品格、核心能力和综合素养的应然逻辑，通过课程来寻求实现传统文化创造性转化和创新性发展的教育路径。与师资队伍建设相结合，融入教学活动。制定以提高教师传统文化素养为目标的师资培训规划，夯实文化知识素养，加深对优秀传统文化的认知，提升教师辩证看待优秀传统文化时代局限与现实意义的审思能力。与校园文化建设相结合，融入学生活动。深入挖掘其中优秀传统文化因子所蕴含的道德意蕴、育人价值和人文精神，并与各类校园学生活动关联贯通。与人文素养相结合，融入社会实践。搭建人文素质养成与优秀传统文化教育实践之间的桥梁，以爱岗敬业、大国工匠、精益求精的职业精神释义、社会实践活动等途径促进二者的互融互通，将优秀传统文化与学生人文素质养成的各个社会实践环节结合起来，融入学生的日常生活并转化为精神力量和文化涵养。

5. 增进学生心理健康

从宏观层面来看，随着国家创新驱动战略的实施，传统产业向新兴产业的快速转型，优质人才的培养标准也将展现出新特点、新变化，高等职业教育不仅要培养具备丰富职业知识与职业专长的高技能型人才，还要培养具备较高专业理念与人文素养的高素质人才，即不仅需要培养精于一技的工程师或是能够胜任某种职业生产的高级技师，还应当培养出身心健康、心灵充盈、能够拥有幸福人生的大写的人，在"成人"的基础上"成才"。从微观层面来看，虽然高职学生心理发展渐趋稳定，但自我意识发展尚不十分成熟，会表现出较为明显的心理矛盾性的特征，特别是理想我和现实我、主观我和客观我之间的矛盾。这一心理特点使得高职生的自我体验呈现出强烈性、波动性特征，只有加强心理疏导和心理关怀，才能保障高职生身心的顺利成长。因此，培育他们自尊自信、理性平和、积极向上的社会心态，已成为促进高职生心理健康与人格健全的重要标志。

6. 回应学生发展诉求

长久以来，职业教育被认为是一种"断头教育"，职业教育始终被孤立在高等教育体系之外，没有与高等教育类型有效衔接，无法为受教育者提供畅通的向上发展的通道。职业教育发展带有鲜明的职业面向，这是职业教育区别于其他教育类型的鲜明特征。新时代背景下，职业教育不能单纯地以"就业"为根本导向，还要更加关注学生的向上发展问题。经济结构的快速调整迫切需要职业教育能够提供具备丰富实践技能和相应学历水平的高技能人才，这也是职业教育持续发展面临的必须回应的现实问题。因此，在强化职业教育内涵建设过程中，也要进一步畅通技能人才专业发展通道，在办好职业本科试点工作的基础上，完善"职教高考"内容及体系建设，同时，积极探索职业教育专业学位研究生教育改革试点，从而有效满足职业院校学生"升学＋就业"的双重诉求。

四、助力"十四五"开局,职业教育在破解问题中"实现作为"

(一)开展职教科学定位,助力五大新城建设

《上海市城市总体规划(2017—2035年)》指出,在上海选取位于重要区域廊道上、发展基础较好的嘉定、松江、青浦、奉贤、南汇等5个新城,将其建设成为长三角城市群中具有辐射带动作用的综合性节点城市。在推动这一规划建设目标的实现上,职业教育在其中发挥着重要作用。第一,提供高素质技术技能人才,支撑新城制造业的发展。一方面,在人才的供给上,通过建设一批"中职—专科高职—应用型本科"贯通专业和五年一贯制新型高职院校,引入有影响力的行业龙头企业建设应用型民办高校,以及探索引进国外高水平职业院校,鼓励发展本科层次职业教育,畅通人才的成长通道;另一方面,在"首席技师""技能大师工作室"评选资助中给予政策倾斜,鼓励新城的行业企业建立高技能人才培养基地,推动企业现有工人的技能发展。第二,创新职业教育服务形式,提供多元化社会技能服务。支持新城积极探索建设若干所基于信息技术,以学习者为中心,智能化、个性化、开放式、创新性的"未来学校"。使各个人群都能有机会接受教育,面向社会积极举办各类技术培训,使更多的人享受平等的技能学习机会。第三,优化职业院校专业设置,助推行业产业的能级提升。通过职业教育的改革发展,夯实新城制造业的发展基础,推动先进制造业的提质发展,通过优化专业群建设,加快构建系统完善的产业创新生态。职业教育专业结构要与新兴专业相结合,着力数字化、智能化相关专业建设,助力产业数字化转型。此外,要以满足新城居民高品质需求为导向,加强相关专业建设,提升生活性服务业的能级。

（二）优化院校专业结构，增强服务产业能力

上海"十四五"规划提出，要落实全市集成电路、生物医药、人工智能三大先导产业，以及电子信息、生命健康、汽车、高端装备、先进材料、时尚消费品六大重点产业，在产业细分领域形成特色化、品牌化发展，生产性服务业加快集聚，关键核心技术取得突破，为全市产业高质量发展提供重要增长支撑。要在第六代通信、下一代光子器件、脑机融合、氢能源、干细胞与再生医学、合成生物学、新型海洋经济等方面，加强科技攻关与前瞻谋划。此外，全面提升核心数字产业能级，加速推进下一代信息通信技术突破，加大5G、物联网、工业互联网等产业投资建设。技术的重大变革促使产业转型升级，产生了对技术技能人才的新需求，职业院校要通过院校专业结构的优化，增强职业教育服务产业的能力。一是专业设置以"目标岗位群的人才需求"为导向，通过提炼岗位群能力要求相应开展专业结构的调整。二是根据专业集群的专业覆盖范围开展专业结构调整。专业布局中既设置宽口径基础专业，培养复合创新型技术技能人才，也设置核心或龙头专业，培养精专特殊技术技能的应用型人才。三是将大数据技术嵌入专业结构调整决策依据之中，增强市场调研分析的精度，使专业技术技能人才的可持续需求预测变得更加精准。

（三）夯实职教改革基础，推进职教体系建设

目前，上海在纵向贯通、横向融通的现代职业教育体系建设上已取得可喜成绩，下一步的推进建设，还应从落实职教规划、服务产业需求，以及推进职教改革等诸多方面发力。一是落实职教发展规划，突出职教类型定位。上海通过加强顶层制度设计和试点探索，已初步构建起"中职—高职—应用型本科—专业硕士"的纵向贯通体系，建成中高职贯通专业点183个、中本贯通专业点61个、高本贯通专业点16个，试点举办新型职业院校，推动上海现代职业教育体系建设基本成型。下一步要以《上海市教育发展"十四五"规划》为指导，完善现代职业教育体系，优化技术技能人才培养，稳步推进贯通培养模式，通过建设更高质量的职业教育体系，凸显职业教育的类型特征，推动上海职业教育迈入新的发展阶段。二是服务行业产业需求，提升服务产业能力。作为国家产教融合型试点城市，

产教融合体现了上海职业教育体系建设的鲜明特征，上海职业教育改革发展着眼专业建设与经济社会发展的协调互动，主动对接经济社会发展的产业地图。上海在自贸试验区临港新片区等重点区域建设新型职业院校，促进人才培养供给侧和产业需求侧深度对接，进一步增强职业教育适应性，强化职业教育服务上海产业结构升级能力。三是抢抓职教改革机遇，重塑职业教育价值。上海职业教育改革发展已取得明显成绩，但仍存在诸多亟待解决的问题。面对新形势、新挑战，要以"做精中职、做强高职、建设若干新型职业院校，稳步发展职业本科教育"为指导思想，深化教师教材教法"三教"改革，构建职前职后一体化、校企双主体的职业院校教师培养培训模式，探索以学生为中心的教法创新。通过完善现代职业教育体系建设，助力职业教育提质培优、增值赋能，推动上海职业教育实现格局性变化。

（四）发挥赛事载体作用，提升职教社会形象

提升职业教育的社会形象是职业教育的一项重大改革任务，本市举办的各类职业技能竞赛，尤其是世界技能大赛在上海的举办，对于提升技能人才地位、鼓励年轻人学习技能、技能报国具有重要意义。在过去的一段时间中，国家人社部、上海世赛执行局通过一系列的宣传活动，如世界技能大赛会旗成功登顶珠穆朗玛峰、"上海世界技能大赛"号火箭搭载首颗探日卫星的成功发射、十八般技能助力北京冬奥成功举办、彩绘全球首架第46届世赛"空中名片"的"上海世赛号"飞机、聘请"亚洲飞人"苏炳添担任世界技能大赛推广大使、在第七个世界技能青年日举办的"迎世赛，点亮技能之光"活动，招募上海世赛推广宣传小使者担任世赛会旗接旗仪式的小护旗手，以及打造富有上海特色的世赛名片塑造世赛技能文化，建设世界技能博物馆，发挥陈列展示、教育传播、国际交流、收藏保管和科学研究的功能，营造浓厚技能氛围，打造未来中国工业文明的新地标。通过在校园、社区推广宣传上海世赛，在青少年群体中进一步扩大上海世赛的影响力，掀起青年关注世赛、崇尚技能、追逐匠心的风潮。后续，要进一步发挥世赛的宣传带动功效，建立世赛获奖选手的技能工作室，通过政策和制度的保障，优化技能人才的职业发展环境、提升他们的社会经济地位，在全社会营造了解世赛、迎接世赛良好氛围的同时，更应把握世赛宣传契机，在提高质量的基础上，改变社

会对职业教育的刻板印象，提升职业教育社会形象。

（五）促进教育数字转型，保障人才培养质量

新冠肺炎疫情期间，上海职业院校充分利用信息化手段推动学校线上教育，确保了教学工作的有序正常运行。在数字化学习背景下，为整体性推进教育数字化转型，贯彻落实《上海市教育数字化转型实施方案（2021—2023）》等文件精神，有效提升了新时代上海市职业教育信息化发展水平，主要的改革做法包括：第一，建设优质线上共享教学资源。持续推进上海市级、校级专业教学资源库建设，将德育、工匠精神和传统文化等融入数字教学资源。依托"上海微校"打造泛在教研时空，进一步加强网络课程、精品课程、在线开放课程、专业素材库等建设。同步开发市级职业院校在线开放课程平台集"教""学""研""测""评"五大功能于一体，有效提升了优质教学资源使用效率与辐射范围。第二，有效提升职教师资的信息化素养。市教委以市级示范性培训项目为引领，采用线上与线下培训相结合的模式，开展教师信息技术应用能力培训，助力教师应用信息技术优化课堂教学、转变教与学方式，将信息技术与专业知识深度整合，实现信息化与教育教学深度融合。第三，推进虚拟仿真实训资源建设。开发了基于职场环境与工作过程的虚拟仿真实训资源，打造适应上海重点产业发展、有标杆作用、高质量的虚拟仿真实训室与实训基地。积极探索智能化实训流程与资源建设路径，开展信息化环境下的实训教学模式创新研究与实践，开发建设适应信息化教学需求的实训课程体系。通过教育的数字转型，创设了学生成长的良好环境，尤其是推动了个性化人才培养进程，为一大批未来数字经济所需的各类人才培养奠定了良好基础。

（六）直面改革发展问题，推动职教攻坚克难

过去一年中，职业教育的改革日益走向深入，国家和上海出台了一系列的政策文件，并且编制发布了教育"十四五"发展规划，对于职业教育改革发展中面临的问题进行了理论探讨与实践探索。这些问题包括：（1）中等职业教育的发展定位与"普职分流"问题。新的时代背景下，中等职业教育究竟是着眼就业，还

是注重升学；在全面改革高中阶段教育模式的背景下，如何实现普职融合发展，有专家提出放弃"普职分流"，加快建设综合高中，这一举措是否符合实际，这值得进一步研究和实践。（2）职教高考问题。职业教育需要加速建立与普通高考并行的职教高考制度，在制度定位上，职业教育高考应该是和普通教育高考是同等地位的考试制度；在招生对象上，招生对象主要以职业院校在校生为主，同时还包含社会各类考生；在考试内容上，严格设计"文化素养＋职业技能"的考试内容，防止以文化成绩为唯一标准的招生方式模糊职业教育与普通教育的属性边界。（3）职教本科标准建设问题。标准决定了办学质量，而当前职教本科专业教育标准未完善，还未制定出职业本科教育的专业教学标准，与国家职业技能标准的协调性与融合性还不够，而如何科学地制定职业本科标准，要加强与行业产业的联动，鼓励标准制定过程中的多方参与，同时，要对接职业教育体系，注重与中职、高职专业教学标准的对接。同时，要处理好国家、地方、高校在标准建设中的角色和作用，加强顶层设计，各司其职。（4）五年一贯制院校建设的问题，这些问题具体包括：法律地位尚未认可、发展存在竞争、上升通道不够通畅、缺少理论的深入研究、特色项目不够多、基础要素条件不足等。下一步的建设发展中，明晰院校人才培养目标，完善教育治理体系，优化课程体系变得尤为重要。（5）坚持学历教育与职业培训并举的问题。要大力发挥职业院校的培训职能，充分利用职业院校的开放实训中心，面向社区、行业、企业开展中短期职业培训和鉴定工作，通过完善培训内容、创新培训方式、优化评价方式，完善培训体系，进一步彰显职业院校的培训职能，更好地发挥其社会服务作用。

五、弘扬黄炎培职教思想，上海职教改革在新时代"奋发有为"

黄炎培是我国近代职业教育的奠基者和推动者，他的职业教育思想和实践极具系统性、丰富性和深刻性，极大地推动了当时中国职业教育的发展。同时，对解决我国当前职业教育发展乏力、人才供需结构性矛盾、深化产教融合等现实问题具有积极的指导意义，为现代职业教育的可持续发展提供了有效助力。首先，黄炎培职业教育思想重视对"与时俱进"理念的实践，其"大职业教育"思想能够有效促进我国职业教育适应社会发展和经济转型。其次，黄炎培职业教育思想注重职业道德教育，培养"敬业乐群"的品格，坚持"德技并举"的育人理念，有助于学生树立正确的职业观和道德观，增强学生的职业责任感和服务社会意识。这也是落实立德树人根本任务、以社会主义核心价值观引领职业院校教学改革的重要举措。此外，黄炎培职业教育思想强调以"手脑并用、双手万能"作为职业教育的标志，提倡"劳工神圣""做学合一"的劳动理念与教学原则，保障学生在职业教育学习过程中真正做到学以致用、掌握职业化知识和专业型技能，有利于复合型技术技能人才的培养。

1917年5月6日，中华职业教育社在上海创立。其主要以倡导、研究和推行职业教育，改革脱离生产劳动、脱离社会生活的传统教育为职志，以"使无业者有业，使有业者乐业"为宗旨，开创了我国近现代职业教育的先河。2022年是中华职业教育社成立105周年，结合当前时代发展背景，重温黄炎培职教思想内涵，对上海职业教育改革发展具有重要价值。

（一）弘扬"大职教观""实业教育"，职业教育全方位全程服务经济社会发展

遵循"终身性"职教理念，将职业教育贯穿人生全程。终身学习是"大职教观"

的重要内涵。黄炎培先生认为职业教育是一个连贯性、发展性的过程，并把职业教育作为一项长期性、系统性的工作贯穿于受教育者人生的各个阶段。在他看来，完整的职业教育应分为3个阶段：第一是小学阶段，这一阶段重视职业陶冶，培养习惯、兴趣和实践能力。第二是中学阶段，注重对学生进行职业指导，引导其树立正确的职业观，帮助其获得职业知识和职业技能。第三是职业阶段，在这一阶段中，依据岗位、社会的需要对就业个体进行职业训练。注重终身学习是《中国教育现代化2035》提出的推进教育现代化的八大基本理念之一，在"大职教"视域下的终身性职业教育学习，为上海构建学习型社会、促进学生终身学习职教理念的建立奠定了基础，上海推进"1+X证书制度"试点工作，建立学分银行制度，落实学分转换，推进国家职业资历框架建设等工作正是落实职业教育终身性理念的体现。黄炎培将教育区分为普通教育和实业教育两类，指出普通教育发展速度远高于实业教育，将会导致大批受过普通教育的学生涌向社会，而不能在社会中发挥应有的作用，指出：要改革普通教育，加强学校教育与个人生活和社会需要之间联系。

遵循"社会化"办学方针，增强职业教育的社会适应性。职业教育的社会化是"大职教观"的核心，也是黄炎培大职业教育主义思想的主旨。黄炎培曾说，"办理职业教育，必须注意时代趋势和应走之途径，社会需要某种人才，即办某种学校"，即以社会经济发展需求为导向培养人才。其认为，"职业教育的目的乃在养成实际的、有效的生产能力。欲达到此种境地，需要手脑并用"。他反复强调，"单靠读书，欲求得实用的知识和技能……是万万学不成的"。走校企协同、工学结合的育人道路成为职业教育人才培养的必然要求。上海职业教育改革发展坚持人本取向，强化应用牵引，以深入推进教育教学模式改革为核心，加快推动虚拟实训资源和平台建设，高质量、深层次、全方位地推进职业教育数字化转型工作，赋能上海职业教育高素质技术技能人才的培养。市教委的职业教育工作要点也指出，严格遵循"社会化"办学方针，深化产教融合校企合作，推动上海产教融合型城市建设，支持鼓励学校与头部企业深度合作，推动现代产业学院的成立及现代学徒制试点。可以说，上海职业教育坚持走"社会化"发展道路，加快了职业教育体系建设对标区域产业结构和技术结构的调整和发展，在推动上海区域经济社会发展，提升行业产业建设能级上发挥了重要作用。

遵循"全人"职教改革思想，培养职教学生的健全人格。注重个人的全面发

展是"大职业教育主义"思想的重要内容。黄炎培先生曾反复强调,"职业教育要促进学生个体的全面发展,在办学实践中,他亦将其作为实用技能型人才培养的基本原则,提倡注重培养学生健全的人格。"他曾说:"仅仅教学生职业,而于精神的陶冶全不注意,是把一种很好的教育变成'器械的教育',只能是改良艺徒培训,不能称之为职业教育。"在推进职业院校全人培养目标的实现上,上海高职高专文化素养教育教学指导委员会开展了大量的工作,如通过举办古诗文朗诵大赛,教师企业践习活动,评选一批优秀的"战疫课堂"案例,公开出版课程思政高质量的研究论著等,加强了对职业院校学生职业精神、劳动教育、红色文化教育,确保文化素养与职业教育的有效对接,并使之走向常态化和制度化。

(二)坚持"敬业乐群""德技并举",职教人才培养全面融入职业道德的要求

黄炎培职业道德教育彰显其职业教育教学思想的特色与价值。黄炎培在创办中华职业学校之初,把"敬业乐群"4个字作为校训,并把其作为学校的基本道德规范加以要求。所谓"敬业",就是指"对所习之职业具嗜好心,所任之事具有责任心";所谓"乐群",就是指"具有优美和乐之情操及共同协作之精神"。黄炎培通过制订《置业训育标准》,把"敬业乐群"具体化为11条共同修养和农工商家事等各科特殊的修养标准,即公共的职业道德和各科专门的职业道德。另外,他注重选择"敬业乐群"的教师,希望借助教师的人格来感化学生,使学生在潜移默化中形成自己的人格。同时,也极力鼓励青年学生要树立"利居众后、责在人先"的奉献精神。可以看出,黄炎培所提倡的"敬业乐群"有助于学生树立正确的职业观和道德观,增强学生的职业责任感和服务社会意识。其对学生职业道德教育的重视,也进一步强调突出了黄炎培"以人为本"的职业教育价值取向,深化了"以人为本"的理念在其职业教育思想中的内涵,为确保职业教育人才培养质量确立了前提条件。另外,爱国主义教育也是始终贯穿于黄炎培职业教育教学思想的一个重要主题。他认为职业教育所包括的农、工、商、家事等,不仅是为个人谋生的,并且是为社会服务的。因此,他号召学生"人人须勉为一个复兴国家的新公民,人格好,体格好,人人有一种专长,为社会国家效用",并始终将爱国主义贯穿于职业教育人才培养过程中。

黄炎培倡导敬业乐群与赤诚爱国的教育思想，在职业教育教学中发挥着重要的引领作用，其内涵价值对于当前上海职业院校思想道德教育仍具启发和借鉴意义。新时期，上海职业教育始终以立德树人为根本任务，以社会主义核心价值观引领职业院校教学改革，坚持"德技并举"，形成协同育人效应，引领职业院校教学发展。另外，强调推进构建职业教育"三全育人"格局：推动习近平新时代中国特色社会主义思想进教材、进课堂、进头脑，推动高职院校以多种方式开设《习近平新时代中国特色社会主义思想概论》课。培育一批课程思政示范课程、教学名师、教学团队和教学研究示范中心，提高专业课教师课程思政育人能力，将思政教育全面融入人才培养方案和专业课程。建立职业教育德育工作联盟，加强对职业学校德育工作的指导和支持。鼓励从企业中聘请劳动模范、技术能手、大国工匠、道德楷模担任兼职德育导师。育人过程突出德育实效、提升智育水平、强化体育锻炼、增强美育熏陶、加强劳动教育，推进"五育"融合育人体系。

（三）倡导"手脑并用""劳工神圣"，营造职业技能人才成长的良好社会氛围

黄炎培把"尊重劳动"作为职业教育所奉行的重要信条，把"劳工神圣"作为中华职业学校的校训。蔡元培先生倡导"四民皆工"，第一个在中国近现代史上呐喊出"我们要自己认识劳工的价值。劳工神圣！"的口号，推动近代劳动观念和劳动价值观的转变与实践。为改变当时盛行的"劳心者治人，劳力者治于人"的世俗观念，黄炎培倡导"劳工神圣"思想。创办中华职业教育社时，他将寓意双手万能的符号作为社徽和所造产品的商标。中华职业学校的校徽和校标并含手脑结合的深意，他亲自书写"劳工神圣"的匾额并悬挂在学校礼堂上。学校校歌的关键词句是"……用我手，用我脑，不单是用我笔，要做，不单要说，是我中华职业学校的金科玉律"。入学时，学校要求学生填写誓约书，第一条尊重劳动被视为最重要的条约。黄炎培还把自己的儿子送入中华职业学校就读。他说："黄家世代清寒，却不能培养出一个贵族子弟来。"黄炎培认为，人们如果转变观念，正确看待劳动和劳动者，并对他们给予真诚的认可和尊重，便能把学生从随波逐流、盲目追求"学而优则仕"的"枷锁"中解救出来。

职业教育被长期污名化，被认为是失败者的教育，尤其是中考以后的"普职

分流",被认为是按照层级所进行的"普职分层",引发的焦虑加剧了应试竞争,阻碍了"双减"目标的落实。全国政协委员、上海中华职教社常务副主任胡卫为此提出:"挺起职业教育的脊梁,当务之急就是要破除体制障碍。"第一,横向要融通,实现职业教育、普通教育、专业教育的横向贯通,为学生发展搭建平台。第二,纵向要畅通,打通断头路,畅通升学渠道,特别是要以能力和实操为导向,建立职教高考制度,并使之成为职业本科、职业专科招生的主渠道。第三,要提高职业教育的地位,很重要的就是使职教毕业生在就业、落户、薪酬待遇等方面能够享受和普通学校毕业生同等的待遇,以此来扭转对职业教育的认知,缓解家长焦虑。在推动社会提升职业教育的形象方面,上海职教也非常注重充分利用举办世界技能大赛等重大契机,加大宣传力度,促进全社会树立崇尚劳动、技能成才、技能报国的良好风尚。同时,也通过举办劳模进校园、大国工匠进校园等活动,营建技能伟大的良好社会环境氛围。

第二部分

上海职业教育专题研究

〈篇二〉

大陆产业存在之调查

一、认真学习，深入改革，推动现代职业教育高质量发展

近3年中，《国家职业教育改革实施方案》和《关于推动现代职业教育高质量发展的意见》（以下简称《意见》）两个重磅文件先后出台，让人充分感受到党和国家对于发展职业教育的决心。但也不得不让人产生一种感想：尽管职业教育极其重要，尽管有法律、有政策、有文件，但实际状况在很大程度上却仍是职业教育严重滞后，职业教育十分艰难，职业教育亟待破冰。在笔者看来，可以说《意见》的权威性已经达到了"天花板"，国家对职业教育的政策几近出尽，现在就看执行的绩效。我们期待看到职业教育成果的评价话语权逐渐从教育主管部门转为产业和社会，我们期待看到职教界一些自娱自乐、急功近利、形式主义的现象逐渐淡化，我们期待看到职业教育真正为人人提供成才的通道，帮助人人实现职业生涯的梦想。要实现这些愿景，首先需要落实好以下几项任务。

（一）优化"类型教育"的性质定位

《意见》提出，要"优化类型定位，深入推进育人方式、办学模式、管理体制、保障机制改革，切实增强职业教育适应性"。

"类型定位"是推动现代职业教育高质量发展的逻辑起点，"定位"不清楚是无法办好职业教育的，这是职业教育的一个痛点。由于多种原因，长期以来我们往往强调的是"层次体系"而不是"类型体系"，经常讲中职应该如何定位、高职应该如何定位、职业本科应该如何定位。实际上，从教育类型的角度来说，中职、高职、职教本科除了招生对象、学制、培养规格有区别外，其办学理念、教育规律是一样的，因为同属一个教育类型。但是，我们往往脱离类型特征，来评价同

一类型、不同层次的职业教育，这是构建一体化现代职业教育体系的认知障碍。

职业教育的类型特征是什么？职业教育的基本功能是培养各行各业的技术型和技能型人才，因而它是一种面向大多数人群的具有特定功能的教育类型。"教育对象的大众性"和"培养目标的应用性"是各国同类教育共同的基本特性，围绕这两个特性，衍生出实施这类教育过程中的两个特点：一是因应"教育大众化"背景下的学生群体特性，必须营造"相信人人有才，帮助人人成才"的育人氛围，设计特别多样性和灵活性的教学方案。二是因应"应用性职业"的特殊要求，应以培养素质全面、重在应用、擅长实务的技术、技能人才为目标，必须特别重视职业教育教学过程的实践性和社会性，必须有社会有关方面的深度参与。为此，需要以社会发展和人的发展这双重需求为导向，形成灵活应变、校企合作、功能多样的办学思路；以建设"应用性课程"为中心，逐步突显师资"双能"、设施利于实训的条件特点，构建自主选择、工学结合、能力为本、双证融通的课程体系。现代职业教育体系应该是个开放系统，涉及面很广，决不仅仅是个层次体系。实践证明，同一类教育可以在不同的学校实施，同一所学校可以实施不同类型的教育。职业技术教育体系是永久存在的，然而它不等同于职业技术院校体系，职业技术教育层次与职业技术院校层次也不是等同的概念，在长远的未来，我们需要着力关注和研究的将是职业技术教育体系而不是职业技术院校体系。如果真有职业院校的概念已经模糊到无关紧要的那一天，多数一流大学也都举办了职业技术教育，那么，所谓鄙薄职业教育的问题也许就不复存在，职业教育吸引力不强的问题也将有可能彻底解决。[1]

实现职业教育的"类型定位"必须深入推进育人方式、办学模式、管理体制、保障机制改革。"育人方式"的核心是素质导向的教与学两个方面的方式变革，体现办学方向。"办学模式"一般指由学校的属性及组织结构所决定的管理体制机制的特定范式，反映办学特点。"管理体制"是学校布局、专业设置、人员配备、机构设置、机构隶属关系和权力范围等方面的体系和制度的总称，决定办学效率。"保障机制"主要是指学校在人才培养、教学质量方面指挥和控制的制度和措施，保证目标达成。四项任务互相牵制，缺一不可，需要同向而行，不应脱节。任何一个环节滞后，都会影响其他三个方面的质量和效果。对于一个职业院校来说，通盘考虑、顶层设计非常重要，这是推动现代职业教育高质量发展的关键要素。比如专业群的建设，既要对接产业，明确育人方向；又要创新教学组织，整合

教育资源；还要调整校群之间的事权、物权、财权，充分发挥各方面的积极性和主动性；同时要建立监控评价机制，保证育人质量。急功近利，单兵独进，贸然行动，看似积极，往往是事倍功半，费财费力，不了了之，甚至倒退。

（二）坚持"五个面向"的工作要求

《意见》提出"坚持立德树人、德技并修""坚持产教融合、校企合作""坚持面向市场、促进就业""坚持面向实践、强化能力""坚持面向人人、因材施教"。这5个坚持是新时期职业教育的工作要求。

职业院校应当把立德树人摆在首要的位置，只有先学会做人才能学会做事，为此要不断完善大德育体系。课程思政作为学校大德育体系的一部分，其功能是将品德教育、素质教育融入专业教学。现在，课程思政与刚刚提出来的时候相比有了很大的进步，但问题依然存在，最为突出的就是各种"素材"的堆砌，过于注重表面化的东西，过于追求片面化的操作技巧，缺乏实效。课程思政不是独立的课程类别，其载体依然是专业课，不能将专业课讲成了思政课。一旦将专业课讲成了"思政＋专业"的话，课程思政就走偏了。对于专业课程的思政建设，上级领导只能提出理念和原则，具体做法必须依靠专业教师首创，领导的后续任务只是密切关注、及时发现、协助总结、适当推行。决不能自上而下地指挥，不宜搞什么评审、竞赛，搞示范也需要非常慎重。因为专业课具有特别的多样性，必须倡导百花齐放，不能像文化课、思政课那样搞标准。多年来，职教课程的多样性并没有受到广泛重视，却往往热衷于一刀切、标准化，教训很多，应该认真反思。

职业教育的高质量发展源于、赖于、基于产教融合下命运共同体的构建。"行业优势明显"是职业教育高质量发展的重要特征。当前，职业教育和行业之间的关联度并不高，究其原因，一是评价主要限于教育体制内部（学校、专家、教育主管部门），行业、企业，以及第三方，无论是在参与的主动性还是在参与路径上，都存在着明显的不足和缺位。二是专业（群）建设缺乏行业、企业等产业主体的积极参与，缺乏产教融合的实体性的合作平台，从专业（群）的构建、人才培养方案的制定与实施、培养质量的监控与评价，行业参与度都呈现较低的水平。三是职业院校缺少在行业界具有话语权和广泛人脉的带头人，师资队伍的双师素质和创新能力比较低，这是高质量发展面临的主要瓶颈之一。四是部分职业院校领导、教师乃至职业教育主管部门的官员、职业教育领域的专家缺少经常性的、深入的产业调研，使得指导职业教育的"话语权"缺失，产教两端的语境对接困难，出现所谓"鸡同鸭讲"的现象。这些问题的解决，既需要时间，更需要决心和行动。

办学的质量主要看学生的就业质量，包括一次性就业率、平均薪酬、第一年存活率、入职后成长情况、社会满意度等。要建立毕业生档案，对毕业生进行持续跟踪分析，及时反馈和改进人才培养工作。在就业指标方面，值得讨论的是"对口率"。近年来随着社会经济发展，就业岗位的变化加快，在政府的鼓励下，"灵活就业"不断增加，而学校教学制度相对僵化，课程调整慢，适应性不强。一快一慢的反差，恰恰反衬出传统专业模式的不足。在这样的背景下，将"对口率"作为就业的一种分析指标是可行的，但不宜作为评判就业质量的依据。"促进就业"的前提是"面向市场"，这是要从专业设置、专业招生、教学设计就开始坚持的原则。如果不积极推动人才培养与市场需求相对接，而仅仅依靠毕业前的"顶岗实习""咨询招聘""推荐就业"等举措，无异舍本逐末，无法真正解决就业问题。

人才培养必须坚持能力本位。知识很重要，技能也很重要，但最终要体现为职业能力。要体现职业能力，就要"面向实践"而不是"面向书本"。要按照岗位群的需要，层层分解，确定从事行业所应具备的能力，明确培养目标；以这些能力为目标，设置课程、组织教学内容；最后，考核是否达到这些能力要求。但由于种种原因，鲜有院校认真地这样做，结果就是学科（知识）本位、与生产工作实际脱节、内容形式陈旧老化。职业教育一定要跳出传统的书本、课堂、校园，走向社会实践、生产实践。这就涉及人才培养整体设计的重构，涉及学校教学管理制度的改革。

发展职教事业的原动力（或首要的社会功能）是通过设置多样化的课程计划，为个性多样化的人们创造更加多样化的成长道路和发展空间，从而有助于满足社会人才的多样化需要，促进就业机会的丰富多彩，促进一线劳动者素质的全面提高，最终能够促进社会进步和经济发展。毕业生有多种目标取向是合情合理的，但都不宜作为职业教育的"导向"（方向性引导）。无论就业还是升学，作为教育或办学的方向，都太狭隘。有各个分数段的学生同在一所学校学习将是职业学校长期存在的现象，学生基础参差不齐，就业模式多种多样。为帮助人人成才，专业的教学设计应当体现"支持任何人在职业学校里寻求适合自己的发展空间"的积极态度，体现"目标多样，路径多条，自主选择，因材施教"的理念，采用"学分制、菜单式、模块化、开放型"的设计，课程组合多样化，因需而设，有求必设，具有较宽的覆盖面，能够适应未来一定时期的需求，为"人人"提供有效的多样化的成才路径，搭建帮助"人人出彩"的受教育平台，"不拘一格育人才"。

（三）推进"职教体系"的健康发展

要求"一体化设计职业教育人才培养体系，推动各层次职业教育专业设置、培养目标、课程体系、培养方案衔接，支持在培养周期长、技能要求高的专业领域实施长学制培养"。

长周期、一体化对于人才培养方案设计和教学资源共享度的要求很高。中高职贯通涉及未成年人和成年人两个教育阶段，关联的院校管理特点不同，教学标准不同，教师素质不同，利益诉求不同。如何"求同存异"做好贯通培养，需要在体制机制上作更大的努力。

2019年开始，上海市教委遴选了32个中高职贯通专业，开展为期3年的贯通高水平专业建设项目，力图挖掘反映贯通高水平专业建设的特色经验，从校企合作机制高效能、课程教学改革高水准、专业教室队伍高素质、专业教学条件高规格、教学运行管理高效率、社会服务能力高层次等"六个高"的角度推进一体化贯通人才培养。实践证明，即使是在已经实施贯通教育近10年、基本实现了贯通教育全覆盖的上海市，一体化人才培养依然任重道远。《意见》要求中等职业学校"注重为高等职业教育输送具有扎实技术技能基础和合格文化基础的生源"，这是中职学校在一体化人才培养体系中的定位。但是，"两个基础"的标准是什么？谁来制定"两个基础"的标准？谁来评价"两个基础"是否达到？似乎仍未解决。上海市有关部门已经意识到这个问题，正在委托有关院校制定对接产业要求的贯通专业标准（第一批22个中高职贯通教育专业教学标准已于2021年11月印发），希望能通过制定得到产业参与和认可的、适应性较强的中高职贯通教育专业标准，在一定程度上解决这个问题。

与此同时，为探索一体化人才培养的有效路径，解决两个院校之间不协调、难贯通的问题，2021年4月8日，上海南湖职业技术学院挂牌成立，成为直接从初三毕业生中招生的五年一贯制新型高职院校。在新成立的南湖职业技术学院，学生入学后即为高职生，在5年中不需转学段、不用转身份、不必转学校，在同

一个校园里连续接收高职的专业教育。至今,上海已经成立了 5 所此类新型高职院校,以图从新型高职院校和专业标准建设两个方面,努力破解职教一体化体系构建之瓶颈。[2]

(四)建设"双链对接"的专业体系

《意见》指出:"鼓励学校开设更多紧缺的、符合市场需求的专业,形成紧密对接产业链、创新链的专业体系。"

2019 年以来,随着产业进一步转型升级,建立围绕新兴产业和核心产业的专业集群成为现代职业教育发展的新指向。与传统的专业相比,对接产业链的专业群的逻辑起点、教学组织、课程结构、培养模式、绩效评价等都发生了巨大的变化。而新职业、新岗位、新业态、新技术、新工艺、新规范的不断涌现,经济社会的巨大变化,使得职业教育更加滞后与被动,传统的专业模式已不能适应。在这样的背景下,"对接产业链、创新链的专业体系"——专业群应运而生。

实事求是地讲,开展"双高"两年多来的确有一些成效,思维方式在发生变化,涌现出一批比较好的专业群建设方案。但由于刚刚起步,真正实质性地开展专业群建设的院校似乎并不算多,不少还是停留在"重点专业"的思维方式上,一些专业群实质上就是原来的二级院系,专业群的课程体系就是几个专业课程的拼凑。出现这种现象,原因是多方面的,有对专业群理念和认识不足的因素,有院校治理结构短期内无法突破的因素,有缺乏对产业的深度了解和分析能力的因素,也有政策法规不健全的因素。这些问题既是挑战也是机遇,其解决非一日之功。

专业群的组群,不是按照专业目录类别进行归类,而是根据区域经济产业链、创新链的人才需求进行整合。由于对产业链的结构、产业技术的进步、产业岗位的变化,大多数职业院校历来缺乏研究,因此在"双高计划"起步之初造成了许多困惑,也是在情理之中。这就需要训练教师尽快具备开展产业调研的知识和能力,对本区域的产业和产业链进行认真、具体的调研和分析,拿出对接产业及职业岗位的能力清单。这个瓶颈不解决,专业群后续的建设就成了"无本之木""无源之水",课程结构体系的设计与重构就缺少了逻辑的起点。上海制定中高职贯通教育专业标准,用了 3 个月以上的时间进行调研分析,制定"工作任务和职业能力分析表",是有道理的。

新的"专业体系"所涉及的问题并不仅限于产教映射。从专业群内部来说，还涉及重构教学组织和课程体系，实现资源共享等，解决这些问题，都意味着对传统办学制度和模式的"颠覆"。专业群不是不同专业之间的机械组合，而是基于产业链条上相互关联的职业岗位群建构的，能够实现跨界、协调、互通的人才培养新载体，从而实现从单一专业到复合专业的跨越。这意味着专业群是对传统专业范式的一种革命，必须走出一条不同于以往的新道路。要研究产业数字化转型新业态、新模式，新技术应用场景、新职业与专业课程体系的对应关系，用新职业岗位对照专业群和课程体系，用新职业工作场景"倒逼"教学场景改革，实现跨界融合、跨学科专业融合。如果专业群内部依旧按照各自专业的体系组织教学，专业之间依旧是资源分割，形不成人才培养的"合力"，那么，组建专业群有什么意义？从"割裂"的专业结构转型到"资源共享"的专业集群，既是"双高"建设的要求，也是高职院校对接需求、服务产业的重要举措；既需要理念的转变，也需要较强的执行力；既对院校领导提出了更高的要求，也对全体教师提出了新的挑战。在这个转型改革的过程中，需要有科学的规划、坚定的信心和制度上的设计。可以预见，突破传统路径依赖，充分发挥产业优势，"积极发展跨学科、跨专业教学和科研组织"[3]，"实现多专业交叉复合，支撑同一产业链的若干关联专业快速发展"[4]，将成为高职院校内部治理结构改革的一个突破点。职业院校的教学组织形态正在发生质的变化，非得下大决心不可。

参考文献

[1] 杨金土. 我国职业教育的今天、明天和后天 [J]. 宁波职业技术学院学报，2012(03).
[2] 潘家俊. 谋局布篇：职教体系构建的创新实践 [J/OL]. 上海职业教育杂志公众号，2021-06-08.
[3] 国务院办公厅. 关于深化产教融合的若干意见 [Z]. 国办发 [2017]95 号.
[4] 教育部办公厅，工业和信息化部办公厅. 现代产业学院建设指南（试行）[Z]. 教高厅函 [2020]16 号.

（执笔：潘家俊）

二、推动上海现代职业教育高质量发展重在强化类型特色

2021年4月,习近平总书记对职业教育工作作出重要指示强调:在全面建设社会主义现代化国家新征程中,职业教育前途广阔、大有可为。要坚持党的领导,坚持正确办学方向,坚持立德树人,优化职业教育类型定位,深化产教融合、校企合作,深入推进育人方式、办学模式、管理体制、保障机制改革,稳步发展职业本科教育,建设一批高水平职业院校和专业,推动职普融通,增强职业教育适应性,加快构建现代职业教育体系,培养更多高素质技术技能人才、能工巧匠、大国工匠。各级党委和政府要加大制度创新、政策供给、投入力度,弘扬工匠精神,提高技术技能人才社会地位,为全面建设社会主义现代化国家、实现中华民族伟大复兴的中国梦提供有力人才和技能支撑。

(一)建设更高质量职教体系,助力上海城市软实力全面提升

在4月12—13日召开的全国职业教育大会上,"优化职业教育类型定位""加快构建现代职业教育体系""职普融通"等内容备受瞩目。如今,我国共有职业学校1.13万所,在校生3088万人,职业教育在快速发展的同时也面临更多机遇与挑战。如何破解职业教育"普通化"模式,如何优化职业教育类型定位,如何增强职业技术教育的适应性,等等。从"层次"到"类型",职业教育已驶入改革发展的快车道。改革开放40多年来,我国已形成世界上最大规模的中等、专科和本科职业教育衔接的现代职业教育体系。在我国进入新发展阶段、贯彻新发展理念、构建新发展格局的背景下,"十四五"时期,如何推动职业教育高质量发展无疑具有重大的时代价值和战略意义。

首先，把优化类型定位作为推动职业技术教育高质量发展的重大战略性举措，抓住了我国现代职业教育高质量发展的关键和根本。职业教育在推进高中阶段教育和高等教育普及化发展、扩大就业创业机会、服务产业和区域发展等方面作出了重大贡献。但是，由于缺乏类型定位导向的激励机制与评价体系，职业教育"普通化"模式成为制约高质量发展的瓶颈。专家指出，传统的学校教育往往偏重于院校自身事业发展，学校办学"宗旨和业务范围"往往规定只能做普通学历教育，缺乏技术服务和职业培训的类型定位，忽视面向经济社会发展的适应性。

其次，优化职业教育类型定位，是推动职业教育成为经济活动内生变量、提高人民群众生活质量的重要举措，是增强职业教育适应性，加快构建现代职业教育体系，培养更多高素质技术技能人才、能工巧匠、大国工匠的重要保障。笔者认为，要强调类型教育的产教融合特征，促进职业教育和产业联动发展，将产业的科技发展趋势等先进元素融入专业教学资源和教学过程，通过产教融合来深化教师、教材、教法改革，推进"岗课赛证"综合育人，提高教学质量。

为此笔者提出建议，应从以下四个方面增强职业技术教育的适应性，提高服务经济社会转型发展的能力，推动职业教育高质量发展：一是要从政策环境上推进职业院校类型定位的落地落实；二是要加快落实"职业教育由参照普通教育办学模式向类型教育转型"的国家职业教育改革发展目标；三是要积极倡导类型教育导向的目标管理责任制和教师考核标准，重视通过创新激励机制来推进职业教育更好地服务经济社会发展；四是要通过落实职业学校类型定位的评价方案，将德技并修、产教融合、校企合作、育训结合、学生获取职业证书、毕业生就业质量、"双师型"教师队伍等作为重点评价内容，加大职业培训、服务地方和行业的评价权重，强化职业教育类型特色。

而近日《上海市教育发展"十四五"规划》（以下简称《规划》）已经出台，《规划》立足于上海率先达成总体实现教育现代化主要指标的基础，对新阶段全面深入推进教育现代化作出新部署。《规划》把"优化类型定位"作为"十四五"期间上海职业教育改革发展的主题，提出一系列完善现代职业教育体系的任务与举措，体现了鲜明的政策导向、需求导向和改革导向，对于立足新发展阶段、贯彻新发展理念、服务新发展格局、落实上海高质量发展具有重要的指导意义。

1. 以落实政策为导向，贯彻国家新要求

习近平总书记对职业教育工作的重要指示强调，要"优化职业教育类型定位"

"加快构建现代职业教育体系"。《中华人民共和国职业教育法（修订草案）》第十三条规定，职业学校教育包括中等职业学校教育、专科层次职业高等学校教育和本科层次职业高等学校教育。作为一种与普通教育同等重要的教育类型，发展职业教育就应该一体化设计中职、专科高职、本科层次职业教育体系。"十三五"期间，上海加强顶层制度设计和试点探索，探索构建中职—高职—应用型本科—专业硕士的纵向贯通体系，建成中高职贯通专业点183个、中本贯通专业点61个、高本贯通专业点16个，试点举办新型五年一贯制职业院校，推动上海现代职业教育体系基本成型。贯彻落实国家新要求，《规划》进一步明确提出，完善上海现代职业教育体系，优化技术技能人才培养体系，稳步推进贯通培养模式，着力加强基于能力本位一体化的贯通课程、教材体系建设。建设更高质量的职业教育体系，成为上海职业教育新发展阶段的重要标志。

2. 以服务需求为动力，激发发展新动能

"十四五"时期是上海在新的起点上着力强化"四大功能"、全面深化"五个中心"建设的关键5年，将加快发展"九大产业"、打造"五大新城"，积极推动城市数字化转型，全面提升城市软实力，这对建设知识型、技能型、创新型劳动者大军的需求日益迫切，门类齐全、梯次合理、充分满足经济社会发展需要的人才体系是新时期上海发展的重要保障。作为国家产教融合型试点城市，《规划》明确提出，增强职业教育适应性，强化职业教育服务上海产业结构升级能力，深化产教融合、校企合作，培养更多高素质技术技能人才、能工巧匠、大国工匠。同时要求，深化产教统筹融合良性互动，结合区域功能、产业特点探索差别化职业教育与高等教育发展路径，在自贸试验区临港新片区、长三角生态绿色一体化发展示范区等重点区域建设新型职业院校（五年一贯制），促进人才培养供给侧和产业需求侧深度对接，为增强产业核心竞争力、汇聚发展新动能提供支撑。产教融合成为优化职业教育类型定位的基本路径，体现了上海职业教育体系建设的鲜明特征。

3. 以改革创新为牵引，重塑职教新优势

"十三五"时期上海职业教育取得显著成绩，但还存在一些亟待解决的问题。进入新时代，人民群众对美好生活的需求日益增长，对高质量职业教育体系和优质职业教育的期待更加迫切。面对新形势新挑战，《规划》明确提出，做精中职、做强高职、建设若干新型职业院校（五年一贯制），稳步发展职业本科教育。同时要求，深化教师教材教法"三教"改革，构建职前职后一体化、校企双主体的职业院校教师培养培训模式，推动市级规划教材建设，探索以学生为中心的教法创新。由此，通过优化职业教育类型定位、完善现代职业教育体系建设，将助力职业教育提质培优、增值赋能，有望推动上海职业教育实现格局性变化，重塑上海职业教育新优势。

（执笔：马树超　郭文富）

（二）从"贯通"到"一贯"：上海谋局布篇构建现代职教体系

上海城市数字化转型需要更多的高素质技术技能型人才，"中国制造"呼唤更多"大国工匠"。然而现代制造业、现代服务业高技能人才短缺，凸显职业教育已经成为中国教育的短板。如何打通人才培养通道，打破原有学段分割，打造长周期的高素质技术技能人才培养模式，上海正在进行积极的探索。

1. 两件事情一个主题

构建职业教育体系是国家在职业教育领域长期以来的目标。2014 年，《国务院关于加快发展现代职业教育的决定》要求"推进中等和高等职业教育紧密衔接""加快构建现代职业教育体系"。2019 年 1 月，《国家职业教育改革实施方案》要求"在学前教育、护理、养老服务、健康服务、现代服务业等领域，扩大对初中毕业生实行中高职贯通培养的招生规模"。2019 年 12 月，《中华人民共和国职业教育法修订草案》在第二章"职业教育体系"中指出："国家建立健全适应经济社会发展需要，产教深度融合，职业学校教育和职业培训并重，职业教育与普通教育相互沟通，初级、中级、高级职业教育有效衔接，体现终身学习理念的现代职业教育体系。"

2020 年 4 月 8 日，上海南湖职业技术学院挂牌成立，成为直接从初三毕业生中招生的五年一贯制新型高职院校。在新成立的南湖职业技术学院，学生入学后即为高职生，在 5 年中不需转学段、不用转身份、不必转学校，在同一个校园里连续接受高职的专业教育。同年 5 月 19 日，上海市中高职教育贯通影视动画·游戏艺术设计专业教学标准建设项目启动会于中华职业学校召开。市教委教研室专家、行业专家、院校领导及项目组成员等出席，标志着"政行企校协同，构建一体化的中高职贯通教育专业教学标准体系"工作第二批10个专业已然启动。

两件事情,一个主题:探索中高职贯通的有效模式,构建中国特色职业教育体系。经过多年谋局布篇,上海在构建职业教育体系方面开始迈上新的台阶。

2. 破解体系构建瓶颈之策

自2010年始,上海中高职贯通教育已开设专业点200余个,基本覆盖了全市中职、高职院校。与学生原来3年中职毕业后再通过考试读3年高职相比,五年贯通制缩短了时间,坚持一体化管理,更有利于学生的专业发展和课程衔接。由于节省了升学考试和毕业实习等时间,五年贯通制有着学制长的优势,可以开设一些上海数字化城市转型所需并需要长周期技术技能培养的专业。

同时,中高职贯通教育也存在需要进一步研究解决的瓶颈,突出的问题是"标准不清、合而不融、贯而不通"。可喜的是,上海有关部门已经认识到了这个问题,出台了《上海职业教育高质量发展行动计划(2019—2022年)》,推出了"五年一贯制教育模式",并委托一批院校开发中高职贯通教育专业标准,以期实现"以标促通、以标促改、以标提质"。从新型高职院校和专业标准建设两个方面,努力破解职教体系构建之瓶颈。

3. "贯通"的标准之辨

无论是中高职贯通教育,还是五年一贯制教育,都涉及专业定位,这是专业建设的逻辑前提。讲到专业建设,就涉及专业标准。没有标准,就无法进行可持续的专业建设,亦无法对专业进行科学的评价,尤其是在构建职教体系的背景下,标准建设尤为重要,它是"贯通"得以真正实现的保证,是贯通教育质量的重要保障。

标准做了派什么用处?标准应当是底线,是规定动作,是实施和评价的基本依据,是质量保证。不合标准,就是不够格。先进的院校,当有自选动作,有特色,有高于一般标准的强项,成为标杆。标准的研制,有国标标准,有地方标准,也有行业标准、团体标准、企业标准。一门课程标准究竟覆盖到多大范围,有没有弹性,这是在设计标准时首先应当考虑的。

为了制定中高职教育贯通专业教学标准,上海市教委教学研究室专门编写了《上海市中高职贯通教育专业教学标准开发指导手册》,要求从内涵界定(行业、企业的人才需求与职业院校的培养现状,中高职贯通教育专业的培养目标、职业范围、专业及技能方向和对应的职业资格证书或职业技能等级证书)、人才需求情况（行业发展现状与趋势、从业人员的基本情况、专业对应的职业岗位、专业人才的招聘渠道、专业对应的相关证书、人才培养现状），专业点分布情况（招生的分布情况、就业岗位分布情况、专业课程与教学情况、专业建设情况、课程改革的思路与对策），培养目标调整的建议（专业课程设置的建议、教学内容改革的建议、教学保障条件的建议）等四个方面开展调研，形成专业课程改革的基本思路，为专业建设提供逻辑起点。

通过调研，清楚地看到贯通教育人才培养规格的多样性。拿中高职贯通教育影视动画专业来说，上海电影艺术职业学院的定位是："聚焦服务建设全球动漫游戏原创中心及深化国际创意设计高地建设，培养具有较宽职业生涯发展空间的知识型、发展型、高素质技术技能人才。"其典型成果是参与大电影、大剧作、大动画和大绘本。东海职业技术学院的定位是："通过错位竞争，培养适应新媒体的微特效、微动画人才。"其典型成果是为中小企业培养后期、摄影、插画师、行政文员、新媒体运营、三维设计师、平面设计师。出版高等专科学校更加看重依托世界技能大赛，立足于"以赛促学、以赛促改"，培养具有国际视野的技能型人才。其典型成果是获得大赛奖牌。如何适应不同类型的院校、不同基础的学生、不同的职业发展、不同社会的需求，将其融入统一的专业标准，是建设贯通教育专业标准的一个有意义的、十分重要的问题，简单化、一刀切的做法是不行的。

专业标准开发的前置条件是，真正做到从工作任务和职业能力分解、分析出发，从学生的基础、职业诉求出发。专业标准应当与时俱进，如果标准过于固化，内容和形式陈旧老化，缺少活的生态，产业不认可，那样的标准恐怕没有多少生命力。让标准有一定的宽松和和留白，让不同学校有扬长补短和避短的空间，或许是合理的。这也是"实然"和"应然"之间可以留下的空间。

贯通专业教学标准的开发意味着真正消解层次壁障、克服"通而未贯"，完全实现了顶层设计的一体化、教学资源的统筹优化和课程设置的系统规划，培养规格和教学评价也有了可遵循的依据。如何完整理解、科学界定、认真贯彻标准开发的基本原则，并在形成的成果和人才培养方案中充分体现其科学性、一体化、规范性、实用性、前瞻性，需要在实践中操作、评价和不断完善，恐怕难以毕其功于一役。

4. 优越性在于"一贯"

中高职贯通教育模式和五年一贯制教育模式的优越性在于"一贯"("贯通"也是为了实现"一贯")。贯通教育模式融中等职业教育和高等职业教育于一体。之所以不叫"衔接",就是要求中高职贯通专业应当在人才培养方案整体设计、教学设施、师资队伍、实训设施、校企合作、质量监控等方面都真正实现一体化。做到压缩学制,减少课时,减少课程内容重复,但人才培养规格应当比高职3年教育有所提高,从而提高人才培养的绩效。对于一些需要长周期技术技能培养的专业,尤为适用。实践证明,贯通培养人才的方式受到了学生和家长的认可,中高职贯通专业录取分数线曾一度比肩上海市区实验性示范性高中录取线。另一面,高职学校和用人单位也为中高职贯通培养出的人才点赞。贯通培养成为"多赢"的人才培养创新方案。但是,由于这种模式涉及两个办学主体,分别由职教处和高教处管理,中职学校与高职院校切割得十分明显,教育教学资源无法高效共享,"贯通"的良好愿望和教学的整体设计往往流为"3+2"模式,有悖于实施"贯通教育"的初衷。

2020年4月,全国第一所五年一贯制新型高职院校"上海南湖职业技术学院"成立,面向应届初中毕业生招生,举办五年一贯制职业教育,实现由两个主体的培养方式向独立主体的培养方式转变。由于是由同一个院校进行教学管理、机制运作,所以在办学理念、管理制度、教学设计、师资队伍、校企合作、国际交流等方面都实现了一体化运作。由此,上海形成了一种新的五年一贯制培养模式,这种模式在一定意义上代表着上海市职业教育新的布局和重构现代职教体系的发展方向。南湖职业技术学院的启动和运行值得跟踪,应以南湖职院为视域背景,持续跟踪并贡献实证案例。

5. 现代职教体系构建任重道远

南湖职业技术学院作为上海的首家五年一贯制新型高职院校,学生没有了转段,学校不分中高,联为一体,这使"一贯制"完全没有了壁垒,完全实现了畅通无阻,这无疑也表明学校在某种意义上开始了实质性的转型。

在祝贺南湖职业技术学院成立之际,需要关注的是五年连续的长学程,初中入学、高职出口,学生的年龄、心理、认知和未来预期会与传统的高职不同,还有就是产业和岗位需求的变化更不易测。在南湖职业学校基础上建立起来的南湖职业技术学院,教师如何通过对高职教育理念的学习和教学方法的研究,形成符

合五年一贯制职业教育的理念、经验、方法、案例，需要相当长一段时间的积累。

新开设的五年一贯制专业如何根据国家"双高计划"的要求，探索"适应性"更强、格局更大、视野更宽的顶层设计（包括产业定位、课程结构体系和人才培养模式），制定定位准确的专业标准，这也需要通过实践和研究来完善。之前，中职学校对于未成年人的管理有多年形成的经验和制度，高职院校对学生的管理也有比较成熟的经验和制度。现在，未成年人和成年人同在一个机构、一个组织里学习5年，如何适应这种年龄、心理的平稳过渡，似乎还没有可借鉴的经验，需要在实践中摸索前行。而中职学校的校企合作体制机制和高职院校的校企合作体制机制完全不同，企业主导的产业学院应该成为专业（群）建设的方向，对于底子是中职学校的南湖职业技术学院来说，无疑是一道难以跨越但又必须跨越的门槛。

在今后一段时间里，上海职业教育体系的主体仍然是分属两个办学主体的"中高职贯通"教育模式。历经10年的实践，这种贯通教育模式形成了丰富的经验和一批成功的案例，需要大力加以挖掘、总结、凝练、推广，以此构建具有上海特色的职业教育体系，为全国职业教育体系的构建提供可示范、可借鉴的经验。

（执笔：潘家俊）

（三）加强课程与教材建设，服务上海职教人才贯通培养

21世纪以来，上海一直在积极探索构建现代职业教育体系，架设技术技能人才成长发展"立交桥"。2010年开始，市教委先后组织开展中高职贯通、"中职—应用本科"贯通、专本贯通等试点，目前全上海市超过70%的中职学校有贯通专业，所有的高职学院和10余所本科院校参与到贯通培养工作中，贯通专业点占中职专业总数超过1/3，招生人数占总人数超过1/4，已初步形成中职—高职—应用本科—专业学位研究生纵向完整的培养体系，学生整体发展得到用人单位和家长认可。近年来，上海正探索五年一贯制职业院校建设，将贯通培养进一步作为育人模式固定下来。《上海教育发展"十四五"规划》明确提出："优化技术技能人才培养体系，稳步推进贯通培养模式。"可以预见，贯通培养将成为未来上海职业教育改革发展的重点领域。

1. 贯通培养的核心问题是课程与教材的一体化设计与实施

伴随着产业技术升级和岗位变迁，行业企业对人才技能的需求呈现出精细化、高水平、复合型的趋势。职业教育是基于能力本位的教育，贯通培养模式正是回应产业诉求、体现能力本位特征的新型人才培养范式。职业教育课程设计的逻辑起点是岗位（群）的能力，尤其是完成高标准任务所需的精细化单项能力，以及复杂性、综合性工作任务所需的综合能力。

研究发现，职业能力尤其是对身体协调性水平要求高的技能，会随着学习者的年龄增长而加大难度，因此这类人才需要在青少年时期尽早培养；而技能的形成又是需要长时间的不断训练，以及在真实情景和任务的完成中积累建构的，因此需要长周期培养；职业能力的提高又往往是从简单到复杂、由单一到复合，因而需要不同学段学校之间的密切配合，较为理想的模式即贯通培养，进而一体化设计课程内容。

教材作为课程的物质载体，最为直接体现课程理念和内容，不仅是实现课程目标的重要资源，也是引导教师转变教育观念和教学行为的重要抓手。因此，贯通培养体系下课程开发和教材设计，均需要呈现出以真实任务（或项目）为引领、从易到难、长期持续等特点。本次发布的《规划》明确提出，"着力加强基于能力本位一体化的贯通课程、教材体系建设"，这正是优化贯通培养模式、保障贯通人才培养质量的核心问题。

2. 贯通培养在诸多方面存在优化的空间

通过走访调研发现，贯通培养在合作模式、课程标准、教材建设、教师能力等方面存在优化的空间。

首先，跨校合作模式影响贯通实施效果。目前，贯通培养有两种模式，一是院校内部贯通，二是跨校合作。从实践层面看，院校内部贯通，资源在校内便于整合和实施，因此课程设计的一体化程度较高，实施过程和效果也较好。而目前试点中多数是院校间的跨校合作模式，由于地理空间、学校资源、教师水平等因素所限，往往在课程设计和实施中阻碍较多。

其次，基于一体化设计的专业教学标准和课程标准缺乏，权威性和执行力不足。多数试点院校的课程设置、教学标准等主要由合作院校共同开发，对原有课程进行简单的"增、减、并、调"，而非一体化、系统化设计，在教学过程中相关标准往往被忽视。

其三，适合贯通培养的专业课程教材缺乏。目前教材多是按相应的学历层次编写，即便同一专业不同学历层次的同一门课程教材，其依据的岗位（群）、开发的逻辑和方法、面向的地域等均存在差异，难免出现教材内容交叉、重复、盲区等问题，导致学生升入高学段后学习体验不佳。

其四，教师能力水平有限。部分高学段的课程及需长期训练的课程往往前移到低学段，这对低学段教师的教学能力提出新要求。部分院校试图采用教师互聘共享的方式解决，但又由于院校之间空间距离、薪酬等问题难以为继。

3. 推进贯通培养需要系统强化课程与教材体系建设

一是加快完善市级贯通人才培养标准体系建设。加快研制中高、中本、高本等贯通专业的教学标准、课程标准，引导形成基于标准的教学格局。

二是开发适合贯通培养的市级规划专业课程教材。落实《职业院校教材管理办法》，开展市级规划教材建设，重点开发适合贯通培养、体现职业能力本位、一体化设计等思想的专业课程教材，为贯通培养教学提供有力支撑。

三是利用信息技术，开发贯通课程资源。培育一批具有贯通特色的优质课程和在线教学资源；利用 5G、虚拟仿真等信息技术，推进跨校同步在线教学，提高贯通院校之间的教师和教学资源的共享效益。

四是开展贯通课程实施与教材使用培训。完善上海市级和院校两级培训体系，面向贯通试点院校教师开展贯通课程实施与教材使用等培训，提高教师协同教学能力。

五是优化贯通培养模式，保障贯通实施质量。结合上海产业发展需求和五大新城建设，新建一批专科和本科职业院校，优先发展院校内部贯通、区域内院校贯通培养，充分保障贯通培养的一体化，保障人才培养质量。

（执笔：石伟平　王启龙）

（四）链接：突出类型教育特点，建设新形态职业院校教材

教材是教育教学的关键要素，是立德树人的基本载体，教材建设是国家事权。全国教材工作会议暨首届全国教材建设奖表彰会的召开，充分体现了国家对教材建设的高度重视。会议强调要以促进学生全面发展、增强综合素质为目标，以

全面提高教材质量为重点，打造更多培根铸魂、启智增慧、适应时代要求的精品教材，为新时期教材建设指明方向。常州信息职业技术学院院长眭碧霞教授，作为首届全国教材建设先进个人的唯一代表，作了题为"服务产业需求，彰显时代特色，以高质量教材助力职业教育提质培优"的大会发言，凸显了本次大会对职业院校教材建设要强化类型教育特点、对接国家发展战略的殷切期望，令人倍感鼓舞。

1. 坚持高站位，对接国家发展战略

中共中央办公厅、国务院办公厅《关于推动现代职业教育高质量发展的意见》（以下简称《意见》）将"职业教育供给与经济社会发展需求高度匹配，在全面建设社会主义现代化国家中的作用显著增强"列为我国 2035 年现代职业教育高质量发展的一个主要目标，意义重大。职业教育是国民教育体系和人力资源开发的重要组成部分，肩负着培养多样化人才、传承技术技能、促进就业创业的重要职责。教材作为教育教学的基本依据，是解决"培养什么人、怎样培养人、为谁培养人"这一根本问题的重要载体，直接关系党的教育方针落实、教育目标实现。职业院校教材体现党和国家意志，要深入推进习近平新时代中国特色社会主义思想进教材，围绕国家重大战略，紧密对接产业升级和技术变革趋势，优先发展先进制造、新能源、新材料、现代农业、现代信息技术、生物技术、人工智能等产业需要的新兴专业教材，加快建设学前、护理、康养、家政等人才紧缺专业教材，改造升级钢铁冶金、化工医药、建筑工程、轻纺制造等传统专业教材，形成紧密对接产业链和创新链的高质量专业教材体系，努力成为中国特色现代职业教育体系建设的重要基础。

2. 聚焦高质量，突出类型教育特点

《意见》将"职业教育类型特色更加鲜明"列为我国 2025 年现代职业教育高质量发展的主要目标之一，任务十分紧迫。职业教育与普通教育是两种不同教育类型，具有同等重要地位。把优化类型定位作为推动职业教育高质量发展的战略性目标，抓住了我国现代职业教育高质量发展的关键和根本。要强调类型教育的产教融合特征，促进职业教育和产业联动发展，将产业的科技发展趋势等先进元素融入专业教学资源和教学过程，通过产教融合来深化教师、教材、教法改革，提高教学质量。职业教育教材建设要根据类型教育特点，依据学生认知规律，对接行业企业需求，精心选取教学内容，采用情境化教学、项目化教学、模块化教学等方式，重构知识与技能教育的组织形式。要紧跟职业教育创新发展新需求，组建校企双元合作教材建设团队，对接产业发展，及时引入新技术、新工艺、新规范，着力解决教材建设与企业生产实际脱节等问题。要对接国际先进教育理念，将知识、能力和正确价值观的培养有机结合，体现教育教学改革的先进理念，注重以真实生产项目、典型工作任务、案例等为载体组织教学单元。在加强教材建设的同时，还要注重通过教材建设促进技术技能人才培养模式改革，完善"岗课赛证"综合育人机制，按照生产实际和岗位需求设计开发课程，开发模块化、系统化的实训课程体系，提升学生实践能力。要对接新型的专业教学标准和课程标准，将新技术、新工艺、新规范、典型生产案例及时纳入教材，把职业技能等级证书所体现的先进标准融入人才培养方案，以高质量教材为抓手促进教学内涵提升，助力职业教育提质培优。

3. 增强适应性，建设新形态职业院校教材

《意见》在推动现代职业教育高质量发展的指导思想中强调"切实增强职业教育适应性，加快构建现代职业教育体系，建设技能型社会，弘扬工匠精神，培养更多高素质技术技能人才、能工巧匠、大国工匠，为全面建设社会主义现代化国家提供有力人才和技能支撑"。教材建设是切实增强职业教育适应性、培养更多高素质技术技能人才的重要承载。聚焦职业教育高质量发展，职业院校教材建设首先要在研究教育规律、产业规律和技术技能人才成长规律基础上，深化产教融合、校企合作，强化行业指导、企业参与，探索校企共同开发活页式教材和工作手册式教材的有效机制。其次，要拓展教材的灵活性和共享性，以互联网为载体，以信息技术为手段，推动传统教材的数字化建设，构建"纸质教材""数字资源""在线开放课程""数字课程"四维一体的教学资源体系。通过纸质教材、数字资源、虚拟仿真平台、网络教学平台的有机融合，形成"一书一课一空间"学习范式，为师生提供随时随地、线上线下的泛在化、智能化教学服务。第三，要坚持系统观念，推动不同层次专业教材有机衔接，体现中等职业教育的基础地位、高等职业教育的主体作用、职业本科教育的引领价值。新形态职业院校教材建设是职业教育增强适应性的新任务新探索，是职业教育提高核心竞争力的重要体现，要围绕职业教育教学内容与教材改革，吸引更多优秀人才参与新形态职业院校教材建设，成为构建中国特色现代职业教育高质量教材体系的关键要素，服务技能型社会建设，助力更多劳动者特别是青年一代走技能成才、技能报国之路。

党的十八大以来,《全国大中小学教材建设规划(2019—2022年)》《职业院校教材管理办法》等文件相继出台,职业教育教材建设的顶层设计不断完善。国家设立全国教材建设奖,这是我国首次设立全面覆盖大中小学教材建设的专门常设性奖励项目,是我国教材工作领域的最高奖项,尤其是单设职业教育类别,成为健全完善职业院校教材建设激励保障的重要制度设计,彰显着国家对职业教育教材建设的高度重视。我们期待以本次会议精神引领我国职业院校高质量教材建设的方向,发挥好获奖教材、先进集体和先进个人的示范作用,带动更多职业教育教材建设的精品力作不断涌现,为加快构建现代职业教育体系、建设技能型社会提供更有力的支撑。

(执笔:马树超)

三、产教融合背景下多元主体参与上海职业院校治理的现状分析

产教融合是职业教育的本质特征，也是基本路径。从 2013 年《中共中央关于全面深化改革若干重大问题的决定》指出要"加快现代职业教育体系建设，深化产教融合、校企合作"，到 2021 年全国职业教育大会强调"深化产教融合、校企合作，深入推进育人方式、办学模式、管理体制、保障机制改革"，标志着我国已进入职业教育产教融合发展的新阶段。在此背景下，加强职业院校治理能力建设成为促进上海职业教育发展的重要途径。2014 年国务院印发《关于加快发展现代职业教育的决定》提出"完善治理结构，提升治理能力"的要求；2015 年《关于引导部分地方普通本科高校向应用型转变的指导意见》提出建立学校、地方、行业、企业和社区共同参与的合作办学、合作治理机制；2017 年《关于深化教育体制机制改革的意见》则要求到 2020 年"政府依法宏观管理、学校依法自主办学、社会有序参与、各方合力推进的格局更加完善"。以上政策表明教育行政主管部门、行业组织、企业等多方参与的多元治理格局是推进学校与行业企业的关系向教育与产业融合转化的重要之举。

（一）多元主体参与上海职业院校治理的主要机制

1. 教育主管部门加强职业院校治理的机制

坚持以教育规划为引领，完善职业院校治理结构。积极推动制订《上海市职业教育条例》等文件，努力完善相关制度，为推动产教融合、校企合作提供制度保障。依照《现代职业教育体系建设规划（2014—2020 年）》《上海市职业教育改革和发展"十三五"规划》，完善上海职业院校治理结构和职业教育治理体系。

建立市级统筹机制，强化对职业教育的组织领导。近些年来，上海积极利用部市共建国家教育综合改革试验区的会商机制，相继成立市教育体制改革领导小组、市教育综合改革领导小组，党的十九大后又专门成立了市委教育工作领导小组，强化党对教育工作的全面领导，统筹审议和组织推进重大教育改革发展事项，各区也建立相应运行机制[1]。教育部、上海市政府签署深化综合改革战略合作协议 5 年来，部市共建会商机制推动上海市一批重大教育改革任务取得明显成效[2]。

明确政府投入教育体制，保障职业教育经费投入。2016 年，《上海市教育改革和发展"十三五"规划》提出坚持政府投入为主、多渠道筹措经费的教育投入体制。《上海市职业教育条例》中第二十七条规定，市人民政府应当根据本市经济社会发展水平，制定公办职业学校学生人均经费基本支出标准。以上规定说明政府是职业教育的投资方，政府通过教育行政主管部门对职业院校的运作进行管理。

建立多元主体参与的教育治理机制。一是教育、发改、财政、人保、劳动等行政主管部门建立跨部门密切合作，共同推进职业院校治理。二是通过完成依法治校建设、健全部市共建会商机制、教育管理机制等，探索职业教育运行机制、经费投入机制、多元主体参与评估机制，构建各职业教育主体各司其责、共同推进改革发展的"管、办、评"制度体系，形成上下贯通、横向沟通、内外联通的职业教育治理体系。三是建立与完善专业教学标准开发机制。推进中高职贯通培养的一体化、规范化和标准化，市教委建立委托开发、集中管理的工作机制，发挥教研机构的引领作用，确定由相关中职学校与对接的高等学校双牵头，整合行业企业专家、课程专家、相关中高职院校专业教师等资源，共同推进专业教学标准开发工作。四是自 2011—2012 年高职院校建立质量年度报告制度后，中职学校也自 2016—2017 年起每年定期发布质量年度报告、就业年度报告、就业跟踪调查报告。

建立有助于实现职业院校质量保障的评估机制。受上海市教育委员会委托，上海市教育评估院职业与成人教育评估所组建由行业、企业、院校、科研机构等组成的专家组，组织实施对职业院校的实训中心建设、中职院校教师的职称制度、教学工作诊断与改进、专业建设等领域的评估工作，如国家级重点中等学校评估、上海市百所重点建设中等职业学校评估、实训中心建设验收评估等。

2. 行业组织推进职业院校治理的机制

行业职教集团建立协作机制。深化职教集团在产教融合、校企合作中的作用，全市26个职业教育集团共成立3个协作组。第一协作组由10家行业职教集团组成，牵头单位为上海建筑职业教育集团，第二、三协作组各由8家区域职教集团组成，牵头单位分别为上海徐汇职业教育集团、上海市金山区职业教育集团，整合相关政府部门、企业、院校、行业协会、培训机构等资源，实现多方联动。

政行企校共同打造校企合作模式。如上海出版印刷高等专科学校影视艺术系积极开展校政企创多元合作，先后与杨浦区文化和旅游局、奉贤区文化和旅游局、上海哈哈炫动卫视、上海高校实践育人创新创业基地联盟等合作，共同打造"学校—政府—企业—创新创业服务机构"四方融合的大行业体系下的人才、市场、资金、设备、场地等各要素良性互动的协同育人平台，打造产教融合背景下文化传媒产业的"一专多能"新型人才培养模式。

建立职业院校、教育主管部门及行业的联动机制。职业院校、教育主管部门及行业之间建立良好的联动机制，增强行业的指导能力，使得行业部门在行业职业教育与培训工作中发挥指导作用。这种联动机制可以是职能转移、授权委托或是购买服务等方式，促进行业组织履行好发布行业人才需求、推进校企合作、参与指导教育教学、开展质量评价等职责的落实。

3. 企业参与职业院校治理的机制

构建企业参与人才培养的合作机制。一是校企联合打造产教融合人才培育基地。上海南湖职业技术学院与临港产业大学、通用集团、哔哩哔哩等7家企业签订产教融合战略框架协议建立人才培养基地，引入行业企业大师等形成双师型团队，拥有了3个市级职业教育开放实训中心和多家企业实训基地。二是构建企业参与现代学徒制试点的工作机制。上海工艺美术职业学院与上海全筑建筑装饰股份有限公司签订现代学徒制合作协议成立"全筑班"，成立由校企双方领导、学校教务处及企业人才资源经理组成的试点工作领导小组和由学校二级学院院长、专业负责人、骨干教师及企业设计总监、资深设计师组成的试点教学团队。三是构建企业参与职业院校专业、培训课程设置的联合协商机制。学校与企业之间建立良好的沟通协商机制，企业参与职业院校规划、教学、人才培养方案、师资培养等各项活动，指导学校做好专业、培训课程设置等工作。

建立鼓励企业举办职业院校的激励机制。为了鼓励企业举办职业院校，企业办学符合职业教育发展规划要求，通过政府购买服务等方式给予支持。2020年，上海市财政局、国家税务局、上海市税务局等印发的《关于产教融合型企业建设培育试点企业有关政府性基金抵免政策的通知》规定，凡经市发展改革委、市教委确认纳入本市产教融合型企业建设培育范围的试点企业，兴办职业教育的投资符合46号文规定的，可按投资额的30%比例，抵免该企业当年应缴教育费附加和地方教育附加。

建立企业参与办学的管理机制。上海城建职业学院与东湖（集团）有限公司联合成立了上海城建职业学院东湖酒店管理学院。由学院牵头，联合集团成立了上海城建东湖酒店办公室，接受校企双方项目负责人的双重领导，为联合制定和出台试点工作相关制度，并共同处理和解决项目建设中遇到的问题和情况。

建立校企双方师资双向聘用制度。构建双师型教师队伍，学校教师和企业技师互相聘用。上海工商职业技术学院引企入校，联合企业共同实行"双师双聘双薪"的模式。学校派教师下企业实践和引进企业高技能人才这一举措既解决了培养"双师型"教师队伍的需要，也提高了双师队伍的稳定。

（二）多元主体参与上海职业院校治理的基本模式

1. 教育主管部门加强职业院校治理

政校行企联动，创新办学体制机制。在教育部和市教委的牵引下，本市职业院校与龙头企业合作，推进职业教育与地区产业统筹规划同步。一是校企共同组建上海建筑职业教育集团、上海电子信息职业教育集团、上海交通物流职业教育集团、上海市金山区职业教育集团4个具有全国示范性的行业职教集团（联盟）。二是职业院校联合行业组织、企业、事业单位及其他相关组织组建覆盖本市重点发展领域的26家职业教育集团，其中行业性职业教育集团10家、区域性职业教育集团16家[3]。

部分职校领衔开展现代学徒制全国试点。截至2019年，上海市开展现代学徒制试点的中等职业学校32所、试点专业数33个，高职院校11所、试点专业32个；5所中职学校和8所高职院校被确立为教育部现代学徒制试点学校。各试点院校组织了专题培训，完成试点工作方案、人才培养方案的编制与论证，首轮试点研究与成果已编著出书。

以国家产教融合试点城市确立为契机,创新产教融合制度。上海是全国首批试点建设产教融合型城市之一,2019年4家上海企业被教育部认定为产教融合型企业[4],2019—2020年又先后有32家、84家企业经市教委评估为上海市的第一批和第二批产教融合型企业,构建了以城市为节点、行业为支点、企业为重点的产教融合新模式。2019年本市正式施行修订后的《上海市职业教育条例》,其中新增"校企合作"专章,着力解决职业教育校企合作的制度短板,加强对产教融合的引导和推动,凸显职业教育的类型教育特征[5]。

实施"双证融通",建立职业教育与行业结合机制。持续开展"双证融通"专业改革试点。上海职业教育学历证书和职业资格证书"双证融通"改革逐步深入,职业院校与行业企业之间实现"过程融合""评价融合";"双证融通"改革覆盖面从中职阶段延伸至高职、应用本科和非学历教育培训[6]。2019年上海共启动了第七批12个专业点的试点工作。

共享企业优质资源,推动跨省市教师企业实践工作。积极推动跨省市的教师企业实践。2019年全市共有73个学校378名教师参加企业实践,沪滇、沪遵、沪果联盟共派出26名外省市学员来沪企业实践。组织开发机电、酒店管理、软件开发3个大类专业教师企业实践培训标准开发指导手册。正式启动长三角职业教育教师跨省市企业实践工作,安徽、江苏3名教师赴上海仁济医院、物流协会开展为期2周的企业实践,共享企业优质资源。

实施1+X证书制度,推进高职人才培养模式的改革。上海市教委积极推动应用型本科高校、高职院校积极参与1+X证书制度建设。至2019年底,本市参与2批试点共15种证书,其中首批试点有6个证书,58个试点,涉及院校45所,其中高职院校试点20个,涉及院校15所。上海第二批试点共9个证书,75个试点,涉及院校35所,其中高职试点33个,涉及院校11所[7]。2021年,成立了上海市职业院校1+X证书制度试点专家委员会。

2. 行业组织及社会组织推进职业院校治理的基本模式

行业主管部门参与举办行业高水平学校。上海有不少职业学校是行业(集团)办学的,市教委于2008年实施的"上海行业高校提升计划"项目推动了行业主管部门或举办企业支持高职院校发展的积极性,通过完善与政府行业主管部门的联系制度、实施重点共建计划,大力推动市属高校成为行业内高水平学校。中国民用航空局于2012年建立了上海民航职业技术学院。

用行业参与的模式构建行业、学校协同推进的工作格局。一是建立行业职业教育指导机制。注重行业主管部门和组织对职业教育与培训工作的指导，在主要领域组建行业职业教育教学指导委员会，联合行业举办产教对话活动。二是行业专家深度参与课程开发、学生实习工作。目前上海由老中专保留下来的中职学校，资产都属于行业，故而学生的实习和就业、请行业专家开发课程等合作都很紧密。三是建立开放、多元的职业教育评估模式。行业组织参与职业教育评估。

组建行业职业教育集团。行业（集团）在促进资源共享、优势互补及搭建产教融合平台、加快职业教育办学机制改革方面起着重要作用。上海商贸职业教育集团是全国示范性职教集团之一，以财经商贸类专业为纽带牵手行业组织和企业学校组成利益共同体，优势互补、资源共享，10多年来校企合作研发了15个专业教学标准、8个职业资格标准，编撰了50本教材及200多项课程教学资源，还为集团成员单位牵线校企合作70余项，集团内院校中高职贯通、中本贯通项目147项。

统筹发展社会组织管理工作，互利共赢促进产教融合发展。中华职业教育社是由中国共产党领导的具有统战性、教育性、民间性的群众团体，主要由教育界、经济界、科技界从事和关心支持职业教育的人士和组织组成。至2018年8月，上海中华职业教育社在全市16个区都已成立区级职教社组织。2019年，原"上海市职业技术教育校办产业协会"更名为"上海市职业教育产教融合促进会"，以更好地发挥职业院校和企业、行业双向融通的中介桥梁作用。

3. 企业参与职业院校治理的基本模式

产教研协同模式。依托产教研协同基地，构建"产教研协同"育人平台。2015年，本市建设首批15个高职产教研协同基地[8]。高职产教研中心（基地）与产业应用技术发展前沿紧密对接，整合了技术研发、校企合作项目、行业技术技能大师多方资源。上海交通职业技术学院通过构建产教研协同基地平台将市场的信息数据第一时间与学校对接，形成优势互补。通过构建产教研协同基地，强调企业在高等职业教育中的参与度，建立协同育人的机制，不仅为企业提供当下需要的员工，更让每个受教育对象拥有长期发展潜力[9]。上海城建职业学院依托产教研协同基地，建设市级精品课程6门，获评市级教学团队8支，获得市级教学成果奖2项。

生产性实训基地模式。校企行合作创新合作载体，共建产教结合的生产性实训基地，着力提高学校和企业共同提高人才培养水平和科技创新能力。上海电子信息职业技术学院以服务于上海市"五个中心"和"四大品牌"建设为宗旨，构建校企行多元参与的人才培养生态圈，校企共建校内生产性实训基地，校企双师双向师资共享，专兼容合提升团队的工程化、互补化、信息化水平。2018年学院成为全国首批谷歌人工智能人才培养示范基地（全国9所院校之一）和arm嵌入式人工智能应用技术示范基地。上海第二工业大学附属振华外经职业技术学校与京东集团共建京东在长三角区域第一家产教融合实训基地——"京东—上海振华智慧供应链实训基地"。

二级学院模式。与企业拓展合作领域，搭建教育服务平台。上海高职充分发挥专业优势，通过与"走出去"企业合作，举办海外人才研修班，遴选职校、科研院所、知名企业教师作为专家授课，帮助沿线国家人才掌握中国技术和标准。上海城建职业学院与上海建筑职业教育集团共建上海"一带一路"建设技术学院，共举办了三期"一带一路"基础设施建设国际人才研修班，创立了城建教育品牌"鲁班学堂"，作为传播中国建造文化与技术的教育品牌，面向"一带一路"10个国家（地区）的80多位学员组织讲座、专题研讨等，帮助他们掌握中国文化、技术和标准；同时，学院为"一带一路"沿线国家派出教师团队，配送专业课程，培训205名印度尼西亚学员，配合上海建工行业"走出去"。

产业学院模式。产业学院是联系产业园区开展专业教育、创新创业教育和社会实践的桥梁和纽带，通过工学交替等形式将理论教育与专业教育深度融合[10]。上海城建职业学院搭建创新创业服务平台，依托长三角地区职业院校创新创业实践联盟理事长单位、新南乡创学院的副院长单位，联合浦东新区信长镇政府、杨浦区殷行添慈退役军人创业家园共建学院创业园，整合长三角创新创业教育实践资源和职业技术技能培训资源，助推职业教育"育人理念、质量标准、质量文化"的耦合，融合"青创、军创、乡创"三大创新创业教育实践体系与服务机制，推动经济社会发展新动能。

校中厂模式。上海邦德职业技术学院跨境电商专业依托沈跃华跨境电商工作室，与上海跨境电子商务联盟开展了校企深度合作、引企入校，将企业真实的电商运营、直播等项目引入学校，打造一个校中厂，通过营造真正的生产、实训平台，让学生在真实跨境电商网店中实操跨境电商运营的整个过程。学校跨境电商专业创新"多方协同、引企入校"的产教融合模式，打造"创客中心—阿里巴巴国际站建站及销售储备人才慢模式培养计划"和"创客中心—阿里巴巴国际站建站及销售储备人才快模式培养计划",为长三角地区跨境电商行业培养职业技能型、发展型人才。

(三)上海职业院校治理面临的问题与建议

1. 需要关注的现实问题

教育主管部门加强对校企合作项目的统筹。一是现代学徒制和企业新型学徒制分别由教育和人社两个政府部门分别推行,在推进机制、支持保障等方面缺乏统筹和协调,影响了有限资源的优化配置,也限制了推进学徒制所需要的正常资金投入、财税减免等[11]。二是鼓励高质量校企合作项目的措施亟待增加。虽然市教委组织实施的校企合作项目有现代学徒制项目、产教融合项目,但对教育行政部门在开发高质量校企合作项目、现代学徒制项目中所扮演的角色定位有待明确。

行业企业参与职业院校治理的环境待优化。一是市区两级政府虽鼓励行业企业参与校企合作、现代学徒制项目与课程的设计和实施,但实施的途径较单一,形式较少,组织社会力量参与机制还有待健全。二是行业、企业参与职业院校治理受到大数据的挑战。职业院校在办学过程中涉及政校行企以及其他组织,不仅利益诉求差异巨大,网络关系和信息流也异常复杂,从而决定了职业教育领域存在着形态各异、类型多样、结构复杂、价值不一、密度不均的"大数据"[12]。

学校育人模式适应本地区经济发展需求程度待加强。近年来,上海创新成果加速转化。2017年高新技术成果转化项目共493项。其中,电子信息、生物医药、新材料等重点领域项目占比达到87.4%[13]。这些数据表明,上海市高新技术成果转化项目的发展,亟须职业学校提高服务区域企业高技术成果转化的能力,间接地要求政校行企共同创新与关键领域相关专业的育人模式,让学校更好地适应上海创新成果加速转化的需求。

2. 产教融合背景下职业院校治理能力提升的建议

明确教育行政主管部门的职责。一是推出高质量的校企合作项目,以便对区域劳动力市场作出反应;二是通过设立校企合作投资专项,组织开展高质量的校企合作、产教融合项目;三是强化区级政府的引导作用,建立行业组织、重点发展领域的企业和社会组织参与职业教育决策的途径。鼓励行业协会、行业职业教育教学指导委员会、社会力量等社会组织参与职业学校办学及人才培养，各区自行确认高速发展行业部门中急需的岗位及职业教育所要聚焦的领域，为政府提供教育决策的人才需求信息、行业关键信息、人才培养备选方案。

优化行业、企业参与职业院校治理机制。加强行业、企业与职业院校的合作伙伴关系，采用满足共同条件的方式，加强行业协会、行业职业教育教学指导委员会、产教融合型企业、行业内的龙头企业、产业界和劳动合作伙伴在项目设计和执行中的合作；支持职业院校建立行业企业咨询协商机制，增加产教融合型企业参加学校重大事项的审议。继续实施好企业质量年度报告制度，通过定期考察本市区内重点发展领域企业参与办学的质量状况并及时给予反馈，强化企业办学意识。

改进职业院校育人方式。推动"1+X"职业资格证书的开发、制定、使用，协助行业组织、优势企业参与国家级"1+X"职业资格证书的申报，搭建"1+X"职业资格证书制度的育人平台，促进职业教育与终身教育之间建立连接。与此同时，要关注学生实践能力的培养。优化实践教学体系，完善实习实训考核办法，把专业建在产业链上，把课堂设在生产服务一线，实践课时占总教学课时的一半以上，确保学生足额、真实参加实习实训[14]。

（执笔：徐静茹）

（四）链接：国外职业教育治理方面的一些经验策略

1. 美国职业教育治理的主要策略

美国是联邦制国家，分为联邦政府、州政府和地方政府三级。政府重视职业教育在人力资源开发方面的作用，持续加强对生涯与技术教育的法规，实施联邦政府、州政府、地方政府三级管理，逐步建立了评价机构相对独立的治理机制。美国教育管理的官方主体有联邦议会、总统、联邦教育部、州政府及州议会。美国的立法权在于联邦议会、州议会。议会负责制定教育政策，全国政策由国会制定，州政策由州议会制定。联邦政府对教育的管理主要是通过不同的法案对不同领域进行规范。美国行政机构由美国总统掌握，总统在教育决策立法方面具有绝对权威，并被国会授予了教育决策权，尤其是重大教育问题方面的决策权。而行政部门实施的任何项目都必须通过国会的授权才能获得拨款。2012年2月，美国国家科学技术委员会（NSTC）发布的《先进制造业国家战略计划》指出参与目标实施执行的主要联邦机构包括劳工部就业和培训管理处（DOL/ETA）、职业与成人教育办公室（ED/OVAE）和美国国家科学基金会（NSF）等联邦机构。美国"全国学徒制法案"授权联邦政府和州政府的相关学徒管理机构监管全国的学徒制培养体系。州政府机构是美国学徒制培养的重要管理机构，对承担学徒制项目的企业规定一些基本条件，要求企业遵循政府规定的学徒制标准，对承担学徒培养项目的企业和学校给予财政补贴。社区学院普遍实行管委会或理事会领导下的校长负责制。社区学院是学徒制的重要参与方，培养的基本方式是社区学院与企业合作培养。公共和私人实体、企业、高等教育机构、工会、公众等是非官方教育治理主体。《先进制造业国家战略计划》规定，国家战略的利益相关者包括：撰写这份报告的联邦机构工作小组代表和国防生产法委员会代表；国家、区域和当地产业集群和相关伙伴关系的公共和私人实体；各种规模的制造企业；多样化的高等教育机构，包括研究型大学和社区学院；工人和工会；以及广大公众。

美国职业教育治理的策略之一：修订法案促生涯与技术发展。2012年4月，美国联邦教育部成人与职业教育办公室（OVAE）发布《致力未来：重塑美国职业生涯与专业技术教育的改革蓝图》，针对《2006帕金斯法案Ⅳ》存在的问题，提出了以下明确生涯与技术教育（简称CTE）相关利益主体的建议：让各州扮演更积极主动的角色，赋予各州充分的自主权；加强雇主、产业界和劳动合作伙伴在项目设计和执行中的合作；在州内竞争的基础上，将经费分配到各财团，赋予各州更多的自主权，各自选择和建立高质量的项目，以便对区域劳动力市场需求做出反应；各州取得成功和创新必须满足的条件，并确保各个州都有相应的政策和体制支持地方层面上CTE项目的实施。2019年7月实施的《加强21世纪生涯与技术教育法案》支持州和地方政府对生涯与技术教育的管理。具体有：允许各州利用扩大的资金储备来确定和促进有发展前景且经过验证的职业教育战略；允许各州支持成人和校外青少年CTE项目、发展以能力为本的课程、整合和调整学习项目与职业道路、专门为州立机构的个人提供职业教育机会；支持各州招募、准备或保留CTE教师与专业教学支持人员。

策略之二：支持社区学院发展。2006年的《卡尔D.珀金斯职业与技术教育法案（修订版）》对向各州提供的职业技术教育援助作出了规定。美国前总统奥巴马在2013年国情咨文中呼吁，"让学生通过社区学院学习获得专科毕业证书并掌握就业所需的技术"；在之后的国情咨文中他呼吁，"两年制的社区教育要变得像高中教育一样免费和普遍""降低上大学成本，为每一位有责任感的学生提供免费的两年制社区大学"。美国前总统川普在2020年国情咨文中呼吁，"为美国每一所高中提供职业和技术教育"。美国现总统拜登提议，"加大联邦资助，提供两年免费的社区学院或其他高质量的培训，计划由联邦政府负担75%的费用，州政府承担剩余义务。投资500亿美元用于高质量的培训项目，建立和维持社区学院、企业等之间的伙伴关系进而确定社区中急需的知识和技能，培训劳动法力"。

策略之三：开展学徒制。美国劳工部支持27个州开展了学徒培养，其中培养规模最大的是加州，学徒规模达到55000人。学徒时长在1年至6年之间不等，完成后方可获得学徒制结业证书。学徒制形式包括在职和脱产培训，州政府只是通过学徒培训局提供有限的技术援助。美国基本形成了政府引导、雇主主体、学校参与的学徒制。美国"全国学徒制法案"授权联邦政府和州政府的相关学徒制管理机构监管全国的学徒制培养体系。美国劳工部仅2016年就安排了1亿美元的学徒制专项资金，招标吸引企业主提供更多的学徒岗位，开发更多的岗位学徒标准。

策略之四：逐步完善生涯与技术教育质量保障。美国教育管理部门对生涯与技术教育的质量保障，主要采取"认证"手段。这个认证体系由联邦政府认证管理部门、州政府认证管理部门、社会认证机构三方共同组成。对学校办学质量的评估或认证的具体工作由第三方认证机构负责。开展职业教育评估的组织有职业学校和技术院校认证委员会（ACCSC）、西部社区和初级学院认证协会（ACCJC）等。

2. 德国职业教育治理的主要策略

德国《职业教育法》以法定形式规定了治理主体、各利益主体的职责等。2019年12月12日，德国联邦总统施泰因迈尔签署《职业教育现代化及加强职业教育工作法》；2019年12月17日，德国联邦法律公报公布《职业教育法》2019年修订版（BBiG 2019），其第76条第1款规定，主管机构对以下教育的实施进行监督：职业预备教育；职业教育，改行职业教育，并通过为参与职业教育的各方提供咨询来予以促进。主管机构须为此设立咨询员。德国政府重视职业教育的规范，建立了趋于完备的职业教育法规，政府与雇主共同投资"双元制"教育，职业教育评估机构相对独立的治理机制。

BBiG 2019规定了职业教育管理部门、提供决策建议机构、学习者、教育提供者、主管机构等职业教育治理主体的职责与义务。第4条第1款，代表国家对教育职业予以认可。法规规定职业教育管理部门是联邦经济与能源部或其他主管的专业部门、联邦教育与研究院，联邦职业教育所决策委员会是决策建议机构。依据BBiG 2019，学习者、职业教育主管机构、教育提供者及科研机构是非官方教育治理主体。一是学习者，有学生、在职员工、学习障碍者或社会弱势群体等；二是教育提供者，有职业学校、企业、职业教育机构等；三是职业教育主管机构，有手工业协会、工商业联合会、农业协会、律师协会、经济审计员协会、医生协会等；四是科研机构，即联邦职业教育研究所。

德国职业教育治理的策略之一：修订职业教育法案。BBiG 2019对职业教育关系作了明确规定，其中第10—23条分别对职业教育关系的确立、学习者的义务、教育提供者的义务、报酬、教育关系的起始与终止作出规定。BBiG 2019明确了利益代表的有关内容，其中第52条规定，联邦教育与研究部可通过无须征得联邦参议院同意的法规，就利益代表机构的组成与工作任期、选举的进行，特别是选举权和被选举权的判定及参与的方式和范围等涉及参与的问题作出规范。第71条第9款规定，多个相关主管机构可通过协议商定，由其中一个代表所有参与方，承担职业教育领域的法定任务。

策略之二：采取多项举措促进企业参与职业教育。一是企业与学校合作为学生提供职业教育岗位。2019年，德国联邦政府、联邦教研部、联邦劳动局、各经济协会、工会以及联邦州的代表们共同签署了新一期《2019—2021年职业教育和继续教育联盟协议》，推进各参与单位之间合作。协议的新目标之一是让更多的年轻人拥有到企业学习的机会，让更多的企业提供职业教育岗位。具体措施有：关注所有类型的企业，包括小微企业、初创成功的企业及具有移民背景的企业家成立的公司等；各商会、协会及联邦劳动局会有针对性地与那些未能提供职业培训岗位的企业进行对话；在手工业领域的小微企业及自由职业方面，职教联盟会开展更多创新性的合作及提供更多的支持；商会和手工业协会将进一步为职业教育做好咨询服务工作。2018年，德国实际聘用"双元制"职教学习者开展职业实践教育的企业（职教企业）42.7万家，职教企业数量占企业总数19.7%。二是参与职业教育领域的教学的现代化：1）针对数字化科技所带来的最新要求，德国政府出台《学校数字化专案》，培养专业人才；2）对职业教育纲领进行合适的修订；3）职业学校和企业妥善合作，当有新式教育模式和新颖职种产生时，会让中小企业参与新计划方案;4)政府向愿意持续进修的人们提供进修津贴、职业进修助学金到鼓励技职专才晋升为师傅的奖学金。

策略之三:职业培训中融入产业元素。德国培训职业的名称是全国统一的,雇主联合会、工会、有关的联邦部及联邦职教研究所共同参与制定全国统一的《职业培训条例》,由负责的专业部、联邦教育与科学部长在取得意见一致的情况下颁布。它以法律的形式规定了培训职业的名称、期限、培训中应获得的技能和知识、考试大纲和培训大纲等。德国从1996年至1998年对101个培训职业的条例进行修订,涉及的产业要素有信息和电信技术、媒体技术、机电技术及营销服务。

策略之四:设置独立的职业教育评估机构。德国"双元制"职业教育的投资主体是政府和雇主,由雇主集团委托行业协会对企业方的职业培训质量进行监控与评价,由政府重点对职业学校的教学质量进行监控和评价。BBiG 2019对实践教育机构与教育人员的资质作了明确规定,其中第32条第1款规定,主管机构应实施监督,确保实践教育机构本身具备相应资质且其人员具备相应的个人和专业资质。第76条第1款规定,主管机构对以下教育的实施进行监督:职业预备教育;职业教育,改行职业教育,并通过为参与职业教育的各方提供咨询来予以促进。主管机构须为此设立咨询员。可见,德国行业主管协会是"双元制"职业教育中的重要组织机构。BBiG规定,每个行业的协会设立一个职业教育委员会,承担认定企业培训资格、监督、咨询等职能。

3. 英国职业教育治理的主要策略

英国政府重视职业教育发展,建立了职业教育发展促进政策,政府主要承担投入职业教育投入为主,实施国家资格框架下的现代学徒制为基础的职业教育,政府与第三方职业教育评估机构共同参与评估的治理机制。新兴技术学院是英国技术教育改革的重要组成部分。多科技术学院办学定位主要是面向地区工商业需求培养技术人才,通过应用研究和咨询服务为地方经济提供直接服务。人才培养定位方面,多科技术学院着力培养适应需求的专才,如技术工程师,能将特许工程师的意图转化为实际工作,强调实际技术的运用能力和解决实际问题的能力。在学校管理上,多科技术学院的外部管理机构有地方教育当局、教育与科学部、全国学位授予委员会。学院的行政管理权在地方教育局,学术管理权在全国学位授予委员会,学位由该委员会颁发。2019年,英国建立全国首批(12所)技术学院(Institutes of Technology)。新设立的技术学院是大学、继续教育学院及包括尼桑、西门子、微软等公司在内的主要雇主之间开展的合作。12所技术学院可以得到英国政府1.7亿英镑的资金支持，还可以从当地雇主和合作伙伴的额外支持中获益。多科技术学院的内部治理主要通过3个主体完成：管理委员会、学术委员会和校长。管理委员会负责制定学院相关管理政策并监督其执行。学术委员会负责学院教学质量、学生学习环境质量的监管。

英国职业教育治理的策略之一：健全学徒制法案。英国政府于2009年颁布的《2009年学徒制、技能、儿童与学习法案》，确保了学徒制标准制定的规范和有效实施。该法案第二十三条规定，"在指定该草案时，技能资助主任应征询下列人员意见：依据第13条所指定的每一人，技能资助主任认为代表下列人员的人：雇主，继续教育部门机构，任何其他培训机构，条例规定的其他人士或其他类型的人士"，第三十八条规定"国务大臣必须通过法令明确规定本章的技能、行业或职业部门"，"必须依据国务大臣的意见，包括各种技能、行业或职业"。可见，英国学徒制的涉及的主体有雇主、继续教育部门机构、任何其他培训机构、其他类型的人士等。

策略之二：稳定推进学徒制发展。多方主体共同推进学徒制发展。英国学徒制的参与主体有大学、企业、行业。英国综合型大学和研究型大学是参与学徒学位制的主要高等教育结构。积极参与学位学徒制的大学已遍布英国，英国大学协会和英国现代大学协会成员大学是最活跃的学位学徒制课程提供机构，多通过跨组织合作正式实施学位学徒制。目前与英国大学合作实施学位学徒制的英国企业包括国家企业、中小企业、公共部门、国民医疗部门、跨国公司及新创公司。开展现代学徒制项目。英国现代学徒制是以工作为基础的路线，它可以提供中级工艺、管理和技术技能中的三级及以上国家职业资格，培训框架由与行业部门相关的国家培训机构所开发的。大多数参加现代学徒制的学生已完成普通中等教育，部分学生转向学术高中。在英格兰和威尔士，学徒制项目的实施须以相关行业领域的学徒制人才培养方案框架体系（Apprenticeship Framework）为依托，其主要内容包括学徒制项目的招生要求、起止时间、课程设置、培养过程、所获证书等各项要素。据英国行业技能协会联盟（Alliance of Sector Skills Council）的定义，学徒制人才培养方案框架体系是对实施学徒制项目所需满足各项标准的汇总，其目的在于保证学徒制人才培养项目的质量持久性，以及与国家层面职业教育标准体系相契合。

策略之三：充分保障多科技术学院的资金。2019年，英国教育部宣布将在全国范围内筹备设立12所技术学院。政府投资1.7亿英镑，同时筹措当地雇主和合作伙伴的经费支持。在硬件设施到位并获得经营许可以后，第一批技术学院计划于当年9月份面向社会招生。这批技术学院将由大学、继续教育学院和日产、微软、西门子等大型企业合作办学，由这些企业提供最先进的设备和设施，并且利用大学合作伙伴的最新研究成果来预测未来工作场所的技能需求。

策略之四：设国家官方评估机构与第三方职业教育评估机构。英国国家教育标准办公室（Ofsted）是官方评估机构，负责制定职业教育质量监测评估标准，"坚持支持和促进改善的原则，通过评估职业教育在满足学习者需求方面的效用和效率，进一步加快改进继续教育与技能质量"。该办公室由教育标准局董事会和执行委员会共同领导。第三方评价中，高等教育质量保障署（QAA）是由英格兰职业教育基金委员会和职业院校校长委员会在1997年合作成立，并独立于教育部门，由高校拨款机构委托的、独立的教育评价机构。QAA主要负责高等教育和职业教育的质量评价体系、标准制定和评价信息发布。教育质量保障署通过轮流的方式对所有职业学校的办学状况、培养质量进行全面评价，向社会发行评价报告的单行本《质量保障手册》。

策略之五：社会力量应关注学校校长的重要地位。2020年，英国全国校长协会（NAHT）发布的《学校委员会改进》报告中提出：到2025年，将为新教师和合格教师提供资金支持的承诺扩大到所有教师和校长；制定一套全面的资金支持计划，为所有新校长提供结构化支持；创建一个新的奖学金基金，以促进和激励校长参加国家专业资格认证；提出更有说服力的方案，以鼓励最成功的校长成为国家的教育领袖；建立一个全国性的高质量教师发展网络。

4. 对我国职业院校治理的若干启示

通过梳理美国、德国、英国职业教育治理的若干经验策略，对加强我国职业院校治理可以提供诸多有益的启示。我国职业教育已逐步建立了由政府统筹管理、社会多元办学的办学模式，需要职业院校外部利益相关者共同建立一个规范和相互关联的运行系统，并给予社会参与机会。

首先，发挥政府在规范办学中的统筹、主导作用。教育行政管理部门采取制定政策方式推动职业院校治理，出台职业教育发展规划指导教育改革；进一步明确政府、企业和其他社会力量参与职业教育合作的领域、权责和合作方向，对合作中涉及的重大问题进行规定，确保区域内有相应的体制提供支持；对承担校企合作项目的企业、产教融合型企业规定一些基本条件，明确现代学徒制标准，对承担学徒制项目的企业和学校设置财政补贴制度。

其次，鼓励行业、企业参与办学并使人才培养与产业需求一致。推进国家、省、市三级现代学徒制试点，构建政府、行业、企业、学校、社会协同推进的工作机制。企业通过参与制定明确的"技术技能人才培养计划"，以人才培养目标为中心，使得技术技能人才与产业需求保持一致。

第三，构建深化有社会力量参与的职教评价机制。培育或遴选独立的社会第三方组织，参与职业院校治理政策执行情况的专业性评价，明确行政部门、行业协会、行业职业教育教学指导委员会等相关组织机构作为职业院校治理政策评价体系的参与单位，并赋予相应的职责和权力。

参考文献

[1] 王平. 以教育评价改革驱动教育高质量发展 [N]. 中国青年报，2020-10-19.

[2] 谱写深化教育改革推进教育现代化新篇章 [EB/OL]. 教育部，http://www.moe.gov.cn/jyb_xwfb/gzdt_gzdt/moe_1485/201903/t20190322_374777.html.

[3] 融合、互补、共享，职教集团让校企合作不再难 [EB/OL]. 上海教委，http://edu.sh.gov.cn/zyjy_zjzc/20210304/f6220c9c244648b6844e639bb8c6730b.html.

[4] 上海年鉴 2020[EB/OL]. 上海地方志办公室，http://www.shtong.gov.cn/dfz_web/DFZ/Info？idnode=262855&tableName=userobject1a&id=450760.

[5] 新版上海市职教条例施行，设"校企合作"专章高效培养技术人才 [EB/OL]. 搜狐，https://www.sohu.com/a/298663896_391459.

[6] 上海市政府新闻发布会介绍上海推进教育综合改革相关情况 [EB/OL]. 中国教育信息化网，https://www.ict.edu.cn/news/jy/n20170921_44785.shtml.

[7] 罗尧成，赵坚. 高质量发展：上海深化高职院校的建设与改革 [A]. 周汉民. 2020 上海职业教育事业蓝皮书 [C]. 上海：上海科学技术文献出版社，2020.

[8] 申城未来工匠大放异彩，折射上海中职教育高质量发展 [N]. 文汇报，2019-02-28.

[9] 王蔚. 上海交通学院构建"产教研协同"育人平台，培养"指挥交通"高素质人才 [N]. 新民晚报，2020-07-01.

[10] 卢晓春，徐超. "三区协同"促进产业学院"三全育人"[N]. 中国教育报，2021-04-15.

[11] 葛道凯. 建议进一步加强职业教育统筹管理 [N]. 中国青年报，2021-03-15.

[12] 南旭光，张培. 大数据驱动现代职业教育治理：价值逻辑、机制设计与制度安排 [J]. 职业技术教育，2018(01).

[13] 科技创新 [EB/OL]. 上海统计局，http://www.tjj.sh.gov.cn/kjjy/index.html.

[14] 陈子季. 优化类型定位 加快构建现代职业教育体系 [J]. 中国职业技术教育，2021（12）.

（执笔：徐静茹　郭扬）

四、基于"类型教育"定位的职业院校专业群建设之攻略

《国家职业教育改革实施方案》指出,"职业教育与普通教育是两种不同教育类型,具有同等重要地位";职业教育要"由参照普通教育办学模式向企业社会参与、专业特色鲜明的类型教育转变"。接着,国家密集出台了一系列政策性文件,特别是开展了高职院校的大规模扩招,启动了高职教育的"双高计划",在国家战略层面发生了重大的变化,传递出一系列重要的信号。特别是"专业群"概念提出,是对传统"重点专业建设"的一种颠覆,是职业教育突破发展瓶颈的一个新的突破口,对职业院校的内涵建设形成了新的要求、机遇和挑战,某种意义上正在引发职业教育的一场革命。应对新的形势,需要我们付出更大的努力,尽快适应这些变化,建设高水平专业群,办出类型特色,做好自己的事情。通过近年来的探索与实践,专业群建设在一些高职院校逐渐形成共识,取得了初步的经验,同时也暴露出来一些共性的问题。根据专业群建设的目标、要求和内在逻辑,可以把专业群建设的主要内容概括为以下几个方面。

(一)对接产业链的组群逻辑

说清楚组群的逻辑,科学回答为什么要组建专业群?为何如此组建专业群?这是传统专业建设所没有的要求,也是大多数专业群建设遇到的第一个瓶颈。由于"职业教育就是面向职场的专业教育",所以,专业群的起步必须"面向职场",从产业研究和人才需求分析入手,这是专业群建设的逻辑起点,从逻辑起点开始努力才是合乎逻辑的思维。如果组群逻辑不清晰,不去深入研究产业需求,甚至没有逻辑,只是在现有的专业之间做文章、划圈子,那样,就离开了建设专业群的初衷，专业群的建设就成了"无本之木""无源之水"，专业群的课程结构体系的设计与重构就缺少了逻辑的起点，专业群建设就"输在了起点上"。

弄清楚组群逻辑，首先得对目前的产业生态有个基本的宏观透视，在此基础上了解不同类型的企业特点，然后确定对接产业的哪个领域，这个领域定下来，才能继续深入。而对接的领域之外的其他领域，因为行业共性的特点，就是未来延伸就业的空间。如此，专业群人才需求和培养方案的亮色就出来了。

产业分析主要包括（但不限于）以下两个方面：一是产业现状与产业发展（包括产业规模、生存状况、产业政策、地方政府规划，以及产业链构成等）；二是产业需求与能力分析（包括新技术、新业态、新模式、新岗位，以及职业能力分析等）。在此基础上，制作"产业链与专业群映射图"和"职业能力分析表"，为下一步的课程结构体系设计提供"逻辑上的起点"。

还应当看到，专业群是体现校企双主体办学、跨学科跨专业的一种教学组织。专业群的教学组织不是在现有系、二级学院内部对专业的重新划分，而是在对产业链分析基础上进行重构。人才规格由单一技能转为复合技能，教学组织由专业本位改变为以专业群作为建设单位，再到"跨学校跨专业跨区域整合教学资源，与企业联合建设一批紧密对接高端产业和产业高端的产业学院"，积极探索"按照专业群开展招生工作"[1]，鼓励"在特色鲜明、与产业紧密联系的高校建设若干与地方政府、行业企业等多主体共建共管共享的现代产业学院"，"突破传统路径依赖，充分发挥产业优势，发挥企业重要教育主体作用，深化产教融合，推动高校探索现代产业学院建设模式"[2]。教学组织形态正在发生质的变化，涉及学校内部治理结构调整和机制改革，非得下大决心不可。

要研究产业数字化转型新业态、新模式，新技术应用场景、新职业与专业课程体系的对应关系，用新职业岗位对照专业群和课程体系，用新职业工作场景"倒逼"教学场景改革，实现跨界融合、跨学科专业融合[3]。如果专业群内部依旧按照各自专业的体系组织教学，专业之间依旧是资源分割，"各自为战"，形不成人才培养的"合力"，那样的话，组建专业群有什么意义？"要实现某种目标，请先从组织改造开始"。

"组群逻辑"是否清晰，是专业群建设的"开门第一件事"，亦是专业群建设的第一个瓶颈。所谓专业群建设的格局和视野与传统的专业建设不同，关键就在于此。专业群因其对接产业链的特性，离不开"产教融合、校企合作"。但在实践中，我们似乎对"产教融合、校企合作"的理解还有待进一步深化。"产教融合"不同于传统意义上的校企合作，要解决教学资源和教学模式跟上产业发展的要求，把产业发展对职业岗位的关键要求融入专业标准和大纲等教学资源中；"产教融合"不同于传统意义上的以仿真模拟为主的或单项技能的实训、实习，它是在真实的工作环境中真刀真枪地实干真做，最终以产品质量和成本效益为测量学业水平的主要依据；"产教融合"不同于传统意义上的顶岗实习，它需要自觉、自然、有效地融入有关的产业活动，同时把产业理念、产业技术、产业文化、产业力量引入教学活动，参与育人过程，从而推动教育的运行和发展模式发生质的变革，必将涉及合作育人体制机制的创新；无论是在校园里办企业（校中企），还是把学校办在企业（企中校），都是为了贯彻"企业主导、合作育人"的办学原则，逐步实现深度的产教融合。当下，不少院校成立的"产业学院"即是在这方面的有益的探索。

实践证明，深化产教融合的改革内涵已超出"教学"的范畴，它所产生的意义涉及整个人才培养过程，是人才培养过程的整体性创新。这种创新性的变革，必然要改变传统学年制和学时制的统一班级、统一教师、按周分切课时的现状；应由学生根据个人的实际情况，根据学校制定的规则，在教师指导下，自主选择教学模块和定向工作室学习，从而对传统的教学管理工作方式提出了挑战，在教学进度和教学效果控制方面也出现了不少新的问题与情况，需要我们通过改革、创新去解决。多年的经验证明，校企关系问题，不单是思想问题。第一，校企的功能主旨和利益目标的差异是客观存在，实实在在的存在，解决这种差异所产生矛盾的途径，非国家法规和政策莫属。第二，计划体制下的组织方式、运行机制和政策体系都没有了，市场体制下相关组织方式、运行机制和政策体系没有建立起来，从而对我们探索产教融合、校企合作造成了很大的困难，更加需要我们努力创新探索前行。第三，则是学校的服务意识和服务能力问题，以及企业的认识和眼光问题。所谓相应的有效的体制机制，是在上述两者基础上才能出的来。尽管，要发生全局性的改变恐怕非全盘布局不可。但是，也不排除出现先行者（这种先行者正在越来越多地涌现出来）的可能性及其重要意义。在专业急速转型和大规模扩招的背景下，深化产教融合、校企合作，学校的"服务理念"和能够带领学生服务产业的教师队伍，越来越凸显出重要性。

（二）构建能力本位的课程结构体系

新的课程结构体系应当对接产业链，应当体现能力本位而不是学科（知识）本位。教育部、工信部《现代产业学院建设指南（试行）》提出："鼓励打破常规对课程体系进行大胆革新，探索构建符合人才培养定位的课程新体系和专业建设新标准。"传统专业的教学是按学科体系课程的内容编排的，采取了各门分科课程平行展开的方式，构建完整知识体系的同时则是职业行为的"碎片化"。专业群的课程体系是以岗位能力为导向的课程组合，每一组课程对接一个工作岗位，由若干个学习领域或教学模块为单元组成，内容源于企业的工作领域。每个学习领域规定了教学目标、教学参考课时、教学内容，要求教师以行为导向的方式进行授课，使学生经过学习后在自己的行业领域内有能力独立计划、实施和检测其工作任务，体现了应用属性，突出了能力本位。

专业群建设的实质性成果之一，是在产教融合背景下，"以职业能力需求为导向，以职业活动为单元组织课程"，构建基于工作过程的、将学习体系和项目体系融为一体的课程体系。这种课程体系，由项目引领的"学习模块"组成。教学的内容要从企业项目"拆解转化"而来，课程模块之间，应当具有严密的关联性和内在的系统性，实行"以工作引导学习"或"在工作中学习"。

有各个分数段的学生同在一所学校学习将是职业院校长期存在的现象，但传统的专业课程体系是单一的通道，学生不论文化基础和职业意向如何，都是一个教学计划、一本教材、一个课堂、一个标准，这种"从一而终"的做法不适合以多样化为特征的职业教育。专业群的教学设计，应当体现"支持任何人在职业院校里寻求适合自己的发展空间"的积极态度，突出"目标多样，路径多条，自主选择，因材施教"的科学理念。因此，学校除完全订单培养和短期单项培训之外，专业和课程都应该有较宽的覆盖面，能够适应未来一定时期的需求，不能过于短视和窄视，应该具有"以不变应万变"的潜在势能，采用"菜单式、模块化、开放型"的设计，由多组课程构成，因需而设，有求必设，为"人人"提供有效的多样化的成才路径，"不拘一格育人才"。

"能力本位、模块化课程、工作中学习、面向人人、目标多样"，这些理念和指导思想，都要求专业群课程结构实现"颠覆性"的设计和重构。

（三）体现类型特点的课程与教材建设

教育部高教司原高职高专处处长范唯曾经指出，课程是人才培养的载体，是院校实际意义上的"产品"。课程的质量和数量反映出一个院校的竞争力，学生应该是学校的用户，是你的服务对象，是"上帝"，是需求提出方，而且往往成为一个学校的重要甚至主要助推力量。由于"职业与专业之间的差别越来越大"，以专业为教学单位的时代正在渐渐远去，传统的知识本位的课程也正在被淘汰。以专业群为教学单位的时代正在到来，由于专业群的特点，"以课程为中心"的思想逐步被认可。专业群的课程体系是由对接岗位的一组一组的课程构成的，"课程主线"和"职业主线"应当高度重合。

课程改革的核心是要解决课程的学科（知识）本位、与生产工作实际脱节、内容形式陈旧老化的问题。如果一味关注把单门课程做得很漂亮、很全面。但是，往往最后会发现从专业发展的角度、专业对接产业的角度上来说，这样的课程不完善甚至可能被淘汰，因为从社会、产业的角度考虑它已经陈旧了，只剩下教学技巧还有些许价值。在专业群建设的过程中，必须拓宽教学资源的空间，丰富教学资源的内容和形式，通过内容和形式的创新，使课程和教材贴近时代，贴近社会，贴近生产。

能力本位的课程有3个导向性的要求：一是内容来自工作项目，对接职业标准，做到"三个贴近"；二是教学过程对接工作过程，逻辑清晰；三是学业水平评价来自产业（行业企业），符合岗位需求。教育部、工信部《现代产业学院建设指南（试行）》要求："引导行业企业深度参与教材编制和课程建设，设计课程体系、优化课程结构。加快课程教学内容迭代，关注行业创新链条的动态发展，推动课程内容与行业标准、生产流程、项目开发等产业需求科学对接。""把行业企业的真实项目、产品设计等作为毕业设计和课程设计等实践环节的选题来源。依据专业特点，使用真实生产线等环境开展浸润式实景、实操、实地教学，着力提升学生的动手实践能力，有效提高学生对产业的认知程度和解决复杂问题的能力。"

课程，重在内容不要过多地注重形式，重在结果不要过度地关注技巧。课程的类型很多，教学的对象各异，不能用一个模式、一个标准去套，没有一种模式、一个标准可以套用到所有的课程上面，也没有一种标准可以用来评价所有的课程。如果一味追求"技巧",搞"一刀切",把课程做得像表演一样,那就走歪了。课程设计与教学目标设定不能脱离教学对象。在企业课程中,对象是排在首位的,将直接影响到目标、内容、方法和考评标准。企业课程一般会设定几个目标,第一个是"形成岗位工作兴趣和体面感",其次才是与能力、规程等有关的内容。这种做法非常值得我们借鉴。

"教材",是专业群建设中的一个难点。"教材"建设难在把"知识(学科)本位"转变成"能力本位"。我们往往把教材改革复杂化了,要求很完美,但做不到,于是就把老师吓住了、难住了。我以为,教材改革只要把握住一个原则,就能够达到职业教育(类型)的要求。什么原则?就是"从职业和职业能力分析开始而不是从学科知识开始"。国际上两种教学模式(教学模块),一种是 MES(20 世纪 70 年代初由国际劳工组织研究开发),一种是 CBE(能力本位教育),都是以岗位任务和执行能力为依据确定的。所以,我们编写一本教材,首先要做"职业和职业能力分析",这是教材是否符合职业教育要求的基本点。孙春兰副总理指出"要紧盯技术和产业升级需求,及时将新技术、新工艺、新规范纳入教材,探索使用新型活页式、工作手册式教材并配套信息化资源,引入典型生产案例,把教材每 3 年大修改调整一次、每年小修改调整一次的要求落到实处。"

线上线下相结合的课程设计,是基于网络技术的提升和抗疫的常态化而形成的新的教学形态。线上教学拥有不少优点,专家可以远程授课,课程可以回放等等。但是,由于学校有许多环境优势是网络无法复制的,所以如何增加课程的吸引力,增加交流的通道和教学的有效性,仍需要认真研究。

(四)推行面向真实生产环境的任务式培养模式

专业群在建设中应当积极探索、践行《国务院办公厅关于深化产教融合的若干意见》提出的"面向企业真实生产环境的任务式培养模式",推进"引企入教",推进启发式、探究式等教学方法改革和合作式、任务式、项目式、企业实操教学等培养模式综合改革,促进课程内容与技术发展衔接、教学过程与生产过程对接、人才培养与产业需求融合。第一,"面向企业真实生产环境"。在教学培养过程中,学生除了基础课主要在校内完成外,专业课全部在实习基地完成,学生在真实的工作环境中实干真做,是完全真实的职场环境,学生在这样的职场环境中熏陶、实践、学习，成长为专业人才。第二，"任务式培养"。逐步将现在的"老三段"（公共基础课、专业基础课、专业课）改为"新三段"（实践—理论—再实践）。先实践（职业认知），帮助学生对未来从事的行业有一个直观性的认识，产生理论需求后，再进入高一个层次的实践。如此循环往复，逐级递进。以实践（工作）为主线，在实践（工作）中培养素质，学习技能。

"面向企业真实生产环境的任务式培养模式"比较充分地体现了职业教育的类型特点：第一，面向职场。与传统的教学模式相比，"面向企业真实生产环境的任务式培养模式"将职业教育从"以课堂教学为主、基于学科知识体系的教学"转变为"面向职场、对接产业"，从而有助于解决理论与实践脱节、教学与生产脱节、学校与社会脱节的弊端。第二，实践育人。与传统的教学内容相比，"面向企业真实生产环境的任务式培养模式"给学生以更加深刻的工作体验和生活体验，有助于通过社会实践、工作实践，培养学生发现问题与解决问题的能力，帮助学生认识国情、了解社会、了解职业。第三，效率更高。与传统的教学方式相比，"面向企业真实生产环境的任务式培养模式"用于能力训练的时间更多，训练内容更完整，更加贴近生产，在同样的时段内学生能够掌握更多的生产技术技能，与工作岗位零距离接轨的可能性更高。

专业群建设自然不止以上4个方面的内容，一般来说，至少应当包含7项主要工作，即产业分析引路、课程体系重构、课程教材开发、培养模式创新、师资队伍建设、实训基地转型、评价制度落实。这7项工作实际上是环环相扣的，你中有我，我中有你，无法完全拆分，但又有逻辑上的联系。专业群建设的三大核心产品是：建群逻辑和产业映射图；岗位能力清单和职业升迁路径；贴合产业实际和未来趋势的课程设计。专业群顶层设计应当包括（但不限于）8个教学文件：1）专业群与产业链映射图；2）职业能力分析表；3）课程结构体系图；4）职业生涯规划图；5）职业能力进阶图；6）学习领域与学习模块；7）教学实施计划；8）质量评价制度。这些教学文件每年需要根据产业转型、技术升级、岗位能力的变化进行调整。专业群教学资源库是专业群建设中不可或缺的教学平台，专业群的所有教学资源，特别是新型活页式、工作手册式教材和配套的信息化资源、典型生产案例等必须有适应性强的资源库平台来承载。

经济社会发生急剧变化，对人才规格的要求更高，希望毕业生有更强的社会适应力和职业发展力，对专业群建设的要求也"水涨船高"。高职教育的格局正

在发生变化,从传统的质量评估逐步发展到品质革命。什么叫质量?什么叫品质?质量就是符合要求,而品质则是一种"口碑"。"品"字是三个口,学生之口、用户之口、公众之口,我们的教育教学、我们的毕业生经不经得起说?经不经得起吐槽?经不经得起用人单位的检验?品质革命靠创新驱动。要做不同的东西,做更好、更优的专业(群)、课程(教材),培养素质更高、能力更强的人才。创新不完全是靠开设新专业。对接产业需求,整合教育资源,把现有的专业(群)品质提高,也是创新。有效的做法是"盘活存量,带动增量,应对变量,义无反顾地开展高职教育的品质革命"。正如杨金土先生所言:"学校作为专门化的教育机构将永久存在,但必须与时俱进,不断地改革创新,同时必须保持一定的独立品格和不可替代性功能。墨守成规者,必将自取灭亡;完全企业化,也将自取灭亡。"

(五)链接:高水平专业群建设的关键绩点

不断有职业院校朋友来咨询专业群建设的问题,希望了解专业群建设有没有可检测、可评价的指标?怎么样才算是达到专业群建设的基本要求?笔者根据有关文件精神和了解到的一些实践经验,梳理出高水平专业群建设的8个部分、25个要点、50个关键绩点,供同仁们参考。

1. **产教映射**(包含3个要点6个关键绩点)

(1)面向区域或行业重点产业,产教映射关系清晰,紧密对接产业链、创新链,实现人才培养供给侧和产业需求侧结构要点全方位融合,这是专业群建设的逻辑起点。关键绩点是"产业分析报告""产教映射关系图"。

(2)进行产业分析,确定典型岗位,制定职业能力清单,这是重构课程结构体系的前提条件。关键绩点是"职业岗位能力清单"。

(3)由龙头企业主导成立专业群建设指导委员会,产业资源丰富,这是专业群建设的重要保障。关键绩点是"专业群建设指导委员会制度和活动记录""产业资源分析报告""典型案例"。

2. **课程体系**(包含3个要点5个关键绩点)

(1)建立能力本位的模块化、菜单式、开放型课程体系,以取代学科本位、单一封闭的课程体系。关键绩点是"新型模块化课程体系"。

（2）设置多种成才通道，学生可自主选择职业取向，进行课程学习，以贯彻"有教无类，因材施教，帮助人人成才"的理念。关键绩点是"学生成才路线图""学生能力进阶图""指导性选课制度"。

（3）坚持能力本位，推行面向企业真实生产环境的任务式培养模式，构建螺旋式上升的项目训练体系。关键绩点是"体现面向企业真实生产环境的任务式培养模式的教学计划"。

3. **课程教材（包含 6 个要点 12 个关键绩点）**

（1）建立专业群教学资源库，内容完整，运作健康，内容每年更新不少于10%，用户做到群内学生全覆盖，并逐步向社会开放。关键绩点是"教学资源库及运作情况分析"。

（2）平台基础课程模块体系完整，符合专业群通用能力或基础能力的培养目标。关键绩点是"平台基础课程模块汇编""配套的教材体系"。

（3）职业能力课程模块体系完整，对接职业标准和技术发展，体现能力导向，任务驱动，做到"每年一小修、三年一大改"。关键绩点是"职业能力课程模块汇编""配套的教材体系"。

（4）迁移能力课程模块设计有创新，符合培养学生关键能力的要求。由于多种原因（技术发展、业态变化、疫情影响等），新技术、新职业、新岗位层出不穷，学生入校和毕业时所面对的的经济社会、职业岗位、从业要求必定会发生很大的变化，如何培养学生的"迁移能力"越来越成为高等职业教育的一个重要关注点。关键绩点是"迁移能力课程模块汇编""配套的教材体系""典型案例"。

（5）引进优秀的国内外企业培训课程，对接职业标准，实现"书证融通"。关键绩点是"企业培训课程模块汇编""配套的教材体系"。

（6）将新技术、新工艺、新规范等产业先进元素纳入教学标准和教学内容，使课程和教材贴近时代、贴近社会、贴近生产。关键绩点是"新型教材""典型案例"。

4. **实训基地（包含 3 个要点 8 个关键绩点）**

（1）校企联合设立企业工作室、实验室、创新基地、实践基地，通过校企深度合作合，实现双向赋能，可持续发展。关键绩点是"管理与运营机制""典型案例"。

（2）实训基地具有生产性的特点，承接真实项目，研发先进技术，服务产业转型升级。关键绩点是"真实生产项目及产值分析表""承担学生培训的数量和反馈"。

（3）实训基地拥有完整的项目训练标准、课程、教材和师资，能够完成专业群要求的实践教学和能力训练项目。关键绩点是"训练课程及标准""能力本位的训练教材""能力较强的培训师资""产业认可度高"。

5. 师资队伍（包含3个要点7个关键绩点）

（1）组建高水平、结构化教师教学创新团队，探索教师分工协作的模块化教学模式，这是目前专业群建设的一大"痛点"，是专业群建设绕不过去的"坎"。除非在教师队伍的能力、结构、组织模式上有所突破，专业群建设无法达到预期目标。关键绩点是"教师队伍结构""团队创新成果""分工协作的模块化教学模式"。

（2）专业（群）带头人由产业导师担任；专业教师中"双师型"不少于80%，这两个要点都是对教师队伍质量的关键性要求。关键绩点是"产业导师制度""双师型教师培养制度""典型案例"。

（3）教师团队教学能力强。专业群教师团队的教学能力表现在产业分析、课程模块设计、课堂教学掌控、教法的多样性和适应性、新型教材的编写（活页式、工作手册式等）、网络资源的运用、项目的设计与执行、学生学习积极性的调动、教学成果总结等多个方面，不能一蹴而就，也不可能面面俱到，但必须持续促进，不断提高。关键绩点是"多种形式的教学成果"。

6. 学生发展（包括3个要点4个关键绩点）

（1）学生、家长、用人单位满意度高。关键绩点是"满意度调查报告"。

（2）就业率、起薪水平、职务升迁、岗位迁移、薪酬增加、职业成就等均高于地区同类院校平均指标。关键绩点是"近3年毕业生数据分析报告"。

（3）建立毕业生档案，对毕业生持续跟踪及提供服务。关键绩点是"毕业生档案""典型案例"。

7. 社会服务（包括2个要点5个关键绩点）

（1）服务经济社会发展，服务扶贫脱困事业，服务企业转型升级。关键绩点是"服务项目（包括转化为成果的教师专利）""服务产值""典型案例"。

（2）培训企业员工，获得企业好评。关键绩点是"培训数量""企业反馈"。

8. 特色成果（包括2个要点3个关键绩点）

（1）拥有创新性的教学成果（国家级、省市级），可推广、可借鉴、可复制。关键绩点是"教学成果及推广应用"。

（2）办学特色鲜明，社会影响广泛。专业群建设和教学改革一样，"有定规，无定法"，各个地区、各所院校、各个专业群必然不会是"一刀切""一个样"，而是应该贴近实际，服务当地经济社会发展，办出自己的特色，使得专业群成为"地方离不开""群众有口碑"，具有"不可替代性"的职业教育品牌。关键绩点是"办学特色的比较分析""典型案例"。

因为是高水平专业群，自然要比一般专业群的建设标准要高，要具有引领性、示范性。但同时也应当看到，由于各地区经济社会发展程度不平衡，院校建设的环境和条件差异很大，建设指导标准且不可一刀切。本文所述的8个部分、25个要点、50个关键绩点是高水平专业群建设的一般的指导性要求。专业群建设的水平是不是真的"高"，有多"高"，就要看这些"关键绩点"的落实和水平。

曾有一位产业界的朋友从产业与企业视角，以企业"合作依赖指数"为核心，勾勒了一个可以和院校开展"深度合作"的指标。这些指标包括"风气""能力""科研""资源"4个领域，"创新生态文化""治学求真创新""激情活泼和谐""领导执行能力""教学团队能力""专业服务能力""产业行业研究""未来趋势研究""方法技术研究""产业行业资源""企业机构资源""政府支持资源"等12个核心指标。他告诉笔者，大凡企业审视一个学校值不值得合作，都是从这些领域和核心指标出发来对一所学校作出评价，首先是学校的"风气"，而这种"风气"往往在与学校合作者交谈的过程中马上就能够感受到。自然，这些来自产业端的意见对高水平专业群建设具有极其重要的"软指标"参考价值。

参考文献

[1] 江苏省教育厅.关于推进五年制高等职业教育高质量发展的意见[Z].苏教职[2020]7号.

[2] 教育部办公厅.工业和信息化部办公厅.现代产业学院建设指南（试行）[Z].教高厅函[2020]16号.

[3] 鲁昕.数字化转型：提高教育质量的新路径[Z].中国职业技术教育学会，2019.

（执笔：潘家俊）

五、稳步发展职业本科教育，完善现代职业教育体系建设

党的十八大以来，习近平总书记对职业教育改革发展作出一系列重要指示，多次强调职业教育要"牢牢把握服务发展、促进就业的办学方向"。在开启全面建设社会主义现代化国家新征程的重要时刻，2021年4月党中央、国务院召开全国职业教育大会，习近平总书记明确要求"稳步发展职业本科教育"，将职业技能型高等学校从专科层次技能型人才培养向本科层次技术技能人才培养拓展，增强职业教育的适应性，对十九大报告提出"建设知识型、技能型、创新型劳动者大军"，对建设高质量高等教育体系具有重要的战略意义。

（一）发展职业本科教育具有适应技术革新和职教形态变化的时代意义

适应经济社会发展是高等教育和职业教育的共同特征。在某种程度上，经济、产业、社会变化决定了高等教育和职业教育的发展形态。世界职业教育发展的历史脉络显示，经济发展尤其是工业革命的阶段特点对职业教育形态和层次发展具有相关性。

例如，构成第一次工业革命基础的所有技术创新，都是由工匠、技师或工程师做出来的，他们中间没有多少人接受过大学教育，他们的成长依靠的是旧式的学徒训练，当时大学的培养目标是基督教绅士、律师、牧师、医生和国家管理人才。

又如，第二次工业革命开启电力驱动机械大规模生产，生产线的使用带来了劳动分工与标准化，分工理论、科学管理理论等为学校形态的职业教育提供了组织铺垫，电气化时代催生了德国工业学校和企业培训相结合的双元制职业教育组

织基础，也为高等学校应该为区域经济与社会发展服务的美国"威斯康星理念"奠定了基础。

再如，第三次工业革命因信息化带来经济社会一系列深刻变化，自动化生产水平快速提升，知识经济方兴未艾，信息化时代发展推动了职业教育层次的高移。

1999年我国政府提出大力发展高等职业教育，历经职业技能型专科层次院校数量和招生规模增长，在我国以信息化带动工业化、走新型工业化道路的关键时期发挥了不可替代的重要作用。

当前，新一代信息技术、大数据、人工智能、区块链等新技术集群突破对经济社会带来深刻影响，全球经济正处于第四次工业革命的开端，党的十九大报告提出建设"智慧社会"，智能化、数字化技术的创新突破将大幅推动产业升级和生产力跃升，对劳动力结构和人才素质提出更高要求，稳步发展职业本科教育是智慧时代的必然要求，对建设中国特色现代职业教育体系具有重要的时代价值。

（二）发展职业本科教育对高质量服务新发展格局具有重要的实践意义

职业技能型高等教育的专科层次学校在规模、布局等方面具备了服务新发展格局的重要基础。从办学规模看，高职院校招生数占我国高等教育的"半壁江山"；从院校布局看，高职院校遍布城乡，600余所高职院校布点在地市级及以下城市，200余所高职院校在县级城市办学，成为分布区域广泛、服务地方发展尤其是中小城市、中小企业、新型城镇化发展的重要支撑。

尤为可贵的是，伴随我国经济持续快速发展与信息技术高速发展的历史性交汇，中国特色的高职教育快速成长，一批高职院校坚持与产业互通互融，努力将代表产业发展趋势的优秀元素融入教育教学过程，在创新人才培养模式、建设专兼结合教学团队、服务社会、服务地方、服务企业和形成办学特色等方面取得明显成效，走出一条不同于普通大学的发展之路，形成高水平职业教育服务高质量发展的典型经验优势。

例如，从2006年国家示范高职院校建设计划的100所国家示范院校，到2019年进入国家双高建设计划的56所院校的发展历史分析，这些优秀高职院校群体的共同特征就是都具有"服务发展、促进就业"的类型特征，其中大部分院

校曾经是优秀的中等职业学校,具有行业办学的背景并继续得到行业和企业的支持,是坚持产教融合、校企合作的高水平院校,也是服务地方、服务行业企业发展的高质量院校。

稳步发展职业本科教育将顺应新一轮科技革命和产业变革,紧紧围绕国家和区域经济社会产业发展重点领域,主动服务产业基础高级化、产业链现代化,服务建设现代化经济体系和实现更高质量更充分就业需要。

(三)聚焦高标准、高起点、高质量,加快推进职业本科教育稳步发展

2021年10月,中共中央办公厅、国务院办公厅《关于推动现代职业教育高质量发展的意见》明确提出,"到2025年,职业本科教育招生规模不低于高等职业教育招生规模的10%"。稳步发展职业本科教育可以说是上海高职教育实现"弯道超车"的重要路径,亟待提上议事日程,建议聚焦高标准、高起点、高质量加快推进职业本科教育稳步发展。

一是坚持高标准,服务区域产业急需。建议在产业集聚和高端技术技能人才需求强烈的区域,选择现有职业技能型专科教育已不能满足产业发展对高端技术技能人才需求的领域,遴选高水平高职院校或专业先行先试,逐步推广,稳步发展。

二是坚持高起点,优质高校率先探索。稳步发展职业本科教育是打造职业教育体系"龙头"的关键举措,应该坚持"高举高打""高开高走"。目前来看,上海稳步发展职业本科教育主要有两条路径,一是现有优质专科高职院校转型升级,高标准建设职业本科学校和专业;二是鼓励应用型本科学校开展职业本科教育。两条路径面临的重点难点问题不同,建议同步试点、区别对待。

三是坚持高质量,稳妥有序推进试点。建立稳步发展职业本科教育的风险评价机制和科研引导机制,并加强对试点工作的定期评估和动态调整。试点单位应该要坚持立德树人根本任务,明晰职业教育类型定位,深化产教融合人才培养模式,健全职业本科教育质量评价体系,全面提高技术技能人才培养质量,增强适应性。

(执笔:郭文富 马树超)

（四）从课程开发和教学实施层面切实探索职业本科教育稳步发展

本科层次职业教育的探讨和尝试，自20世纪末、21世纪初以来，一直伴随着高等职业教育的发展过程。实践过程中，高职院校摸索出与普通本科院校联办、升格或与独立学院合并转设职业技术大学举办等模式。其中，通过院校升格发展本科层次职业教育是职业教育的"内生"突破，最为广大公办高职院校关注。从政策、理论、实践等角度厘清职业本科教育的发展空间、难题与路径，对有效开展职教本科试点有积极的意义。

1. 国家政策：由"堵"到"导"，但谨慎立场并未发生根本变化

国家对高职院校的升格冲动和诉求十分警惕并长期抑制。2004年，《教育部等七部门关于进一步加强职业教育工作的若干意见》提出，到2007年"专科层次的职业院校不再升格为本科院校，教育部暂不再受理与上述意见相悖的职业院校升格的审批和备案"。2005年，《国务院关于大力发展职业教育的决定》再次重申，2010年以前原则上"专科层次的职业院校不升格为本科院校"。2014年，《国务院关于加快发展现代职业教育的决定》提出"引导一批普通本科高等学校向应用技术类型高等学校转型，重点举办本科职业教育"，与高职院校并无关系。2019年，《国家职业教育改革实施方案》提出"推动具备条件的普通本科高校向应用型转变，鼓励有条件的普通高校开办应用技术类型专业或课程。开展本科层次职业教育试点"，高职院校发展本科层次职业教育才有了并行于普通高校向应用型转变的独立路径。2019年以来，教育部先后批准20多所高职院校升格为职业技术大学。2020年，教育部推动山东省以高水平职业教育本科专业建设为突破口，在进入"双高计划"的高职院校骨干专业试办本科层次职业教育，并着手论证本科层次职业教育试点专业目录和专业设置管理办法。

虽然政策由"堵"到"导"，但国家对职业本科教育的谨慎立场并未发生根本变化。2021年1月，教育部办公厅印发《本科层次职业教育专业设置管理办法（试行）》，第一章第四条即明确"坚持试点先行，按照更高标准，严格规范程序，积极稳慎推行"。2021年全国职业教育大会，习近平总书记指示也强调"稳步发展职业本科教育"。可以预测，高职院校承担职业本科教育，一段时间仍将以个别院校升格和专业试点形式出现。而且，职业本科教育的准入和建设将在十分规范和严格的程序下开展。

2. 吁求与争议：职业本科教育的必要性、类型层次定位、人才培养目标等尚待明确

关于职业本科教育的必要性、类型层次定位、人才培养目标、实现路径等的探讨、争议一直伴随着职业本科教育的实践摸索。学术界、实践界有诸多从推进产业转型升级、完善现代职业教育体系、彰显职业教育类型地位、满足人民群众对本科教育多样化需求、提升职业教育吸引力、激发院校办学活力等角度支持职业本科教育合理性的论述，但缺少从企业、岗位需求角度支撑专科层次职业教育升级必要性的切实证据。有学者以高职院校的发展成绩、高职院校与本科院校联办本科教育的经验等为依据论证高职院校大规模升格承担本科层次职业教育的可行性，但对由此可能产生的专科层次职业教育空心化、职业本科院校与应用型本科院校发展空间重叠等风险、问题，尚未提出防范之策。职业教育发展的基本面向是市场、产业需求。社会的具体需求是职业教育调整人才培养规格的首要依据。各行业高技能人才的短缺情况如何，高职毕业生的职业技能与所从事岗位的需求差距如何，才是触及职业本科教育必要性的根本问题。

层次必要性、合理性争议之外，如何确保类型教育特质也是本科层次职业教育发展的关键难题。相关制度、标准建设任重道远。《国家职业教育改革实施方案》开宗明义提出职业教育是与普通教育不同的类型，但对类型内涵并没有明确界定。职业本科教育办学标准尚付之阙如。对比《职业教育专业目录（2021年）》中的高等职业教育本科专业目录和《普通高等学校本科专业目录（2020年版）》不难发现，部分专业类别下的专业名称相似度较高，职业本科教育的职业岗位和就业本位体现不足。

3. 发展路径：以优势专业试点为突破，聚焦内涵发展和特色办学

目前，对大多数高职院校而言，把资源配置和工作重心聚焦到内涵发展和特色办学上来，从课程开发和教学实施层面探索本科层次职业教育，通过建设职业特色鲜明的优势专业开展本科教育，是契合现实的路径。毕竟，现阶段高等职业教育无论提质培优还是结构层次完善，都要在教育内涵和培养过程上持续发力。院校层面不断探索明晰人才培养目标并落实于课程设置，构建具有相应胜任力的"双师型"教师队伍，以及创新教学体系、院校治理体系，将成为国家层面系统推进本科职业教育稳步发展的经验基础。

（执笔：张劲英）

（五）链接：加强上海职业本科建设的对策建议

1. 现状

（1）数量有限。2019年至今有32所在原高职院校基础上，通过合并、独立学院转置，以及直接升格为主要方式，成立职业本科院校。

（2）建校基础以民办为主。32所现有职业本科院校中，10所为公办性质，其余均为民办。10所公办职业本科学校中，有7所为"国家示范高职院校"或"国家骨干高职院校"，其中5所为"双高计划"建设单位。

（3）地域发展不均衡。高等教育本科院校相对少或相对薄弱地区在职业本科学校建设发展上速度相对快，相对欠发达地区较经济相对发达地区建设发展速度相对快。上海、江苏、浙江、广东、福建等5个经济较发达地区总共只有7所职业本科学校，北京作为高等本科院校密集地区更无一所职业本科学校。

2. 问题

（1）公办职业本科院校发展缓慢。目前上海的1所职业本科院校为民办（中侨）。作为高等本科院校高度密集的城市，公办职业院校受制于政策支持力度、办学经费等原因，建设职业本科学校困难重重。

（2）办学基础设施部分指标不达标。一是土地面积不足，上海目前仍没有一所高校能够满足职业本科学校不低于50平方千米的有产权土地面积；二是部分指标虽然有的高职院校能达标，但是由于近年来招生规模不断增加，实训场所、住宿条件等面临实际困难，如住宿床位短缺。

（3）师资队伍存在明显短板。一是专任教师总数受编制数等影响，部分高职院校无法达到450人以上的总数。二是正高专业技术职务的专任教师数30人，目前沪上公办高职院校还达不到。

（4）技术及社会服务仍有不足。"技术服务与培训年均到账经费1000万以上"及"非学历培训人次数不低于全日制在校生数的2倍"两项指标，对部分高职院校仍有较大差距，亟须加强。

3. 对策

（1）试点举办本科层次职业教育专业。在一些符合条件以及上海重点产业领域发展需求的重点专业中，开展试点，比如上海农林职业技术学院如药品生物技术、动物医学专业可以先试办本科专业，为本科层次职业教育专业探路建设发展模式。

（2）通过合并 2 所现有的公办高职院校升本科层次职业学校，破解土地资源、办学规模，以及师资数量的瓶颈问题，特别是正高专业技术职务的专任教师数。

（3）在相关政策配套下，支持个别高职院校在办学薄弱指标上进行突破，并独立完成升格为本科层次职业学校。

（4）引入混合制办学模式。建立混合制办学的机制，在相关高职院校中试点引进教育型或产教融合型企业投资解决办学资源瓶颈问题，升格为本科层次职业学校。

（执笔：蔡红）

六、加强职业人才培养针对性,对接上海九大产业专业群

紧密对接市委市政府工作重点,针对人工智能、集成电路、生物医药3个"卡脖子"科技产业,大飞机、大船舶、大汽车3个重点制造业,养老护理、家政服务、学前教育3个民生行业(简称"3+3+3"产业领域)。当前,9个产业领域人才需求在数量、质量、结构方面均存在一定差异,为切实做好教育系统人才培养更加有力支撑国家和上海重大战略、有力服务城市发展,特提出职业人才培养对接产业策略。

(一)上海九大产业领域人才供求问题

目前,59所上海市高等院校、23所中职学校开设了"3+3+3"领域的相关学科专业,其中研究生阶段33所、本科阶段24所、高职高专阶段22所。

1. 人才需求数量方面

重点科技产业、民生领域人才需求量极为旺盛,但重点制造业显示供过于求的态势。科技产业人才需求远远超过上海高校培养能力,民生领域普遍用人缺口较大,养老护理、家政服务方面学校教育提供的人才远远不能满足需求,学前教育领域园长、专任教师、"三大员"的缺额情况尤其突出。先进制造业则显出供过于求的态势,飞机制造、船舶制造方面每年毕业生2倍于人才需求,汽车制造领域,学生求职已经非常困难。

2. 人才需求质量方面

重点科技产业急需具备核心素养和较强实践操作能力的新一代人才。核心知识欠缺已经成为限制顶尖级人才培养的重要因素。三大领域中多学科复合交叉趋势明显，急需要大量既懂专业又懂管理的复合型人才。民生领域以服务为主，重点强调从业人员护理、家政等具体技能，同时认为诚实可靠和健康比从业技能更为重要。

3. 人才需求层次方面

重点科技产业对本科及研究生学历人才需求较大，先进制造业对专科层次甚至中职层次人员需求仍然较多。

（二）上海九大产业领域人才培养错位问题

1. 人才培养方面，招生规模、专业设置脱离社会产业需求，重理论轻实践缺少复合型人才

重点科技业对研究生学历和复合型人才的需求极为旺盛，但学校在相应层次学生招生数量方面有缺口，学科专业的交叉整合力度明显不够，课程设置与企业的需求脱节，难以对接生产前沿。先进制造业急需的新能源技术、智能网联技术、自动驾驶等专业高校几乎没有开设，与行业未来用人方向有差距。民生领域方面，养老护理本科层次相关专业仍是空白，同时现有专科专业中具有实践经验的实务教师严重匮乏，专业培养和技能培训未体系化正规化，质量还不高。本市家政服务领域现有人才培养多以非学历教育为主，全上海家政专业的在校生仅有31人。学前教育领域，尚无高校开设保育、保健专业，只能以高中或中职学历从业人员为主。

2. 产教融合方面，校企合作有待深入，行业人才进学校的机制尚难畅通

企业需求通常随着行业发展瞬息万变，但高校人才培养需要时间积累，往往跟不上企业的需求。高校专业实践教学条件也难以达到与企业同步的技术水平，大多数老师"从校门到校门"，缺乏行业经验，理论教学很难联系实践。校企合作形式大于内容，对学生实践能力和动手能力的提升作用有限。由于职称评审制度的局限，行业人才进学校的机制尚难畅通。毕业生进入企业之后，往往需要半年到1年以上的岗位培训，才能开始发挥作用。

3. 就业环境方面，待遇较低、就业环境艰苦导致人才流失率较高，也是造成就业供需矛盾的主要原因之一

最为明显的是先进制造业和民生领域。一方面上海的落户政策和较高生活成

本给非沪籍毕业生的生存压力较大，另一方面外地省市人才引进政策力度不断加强。上述原因导致每年约有40%的毕业生流入到其他城市就业，入职员工工作一定年限后也有相当一部分离职回二三线城市再次就业的。先进制造业、民生领域中技术技能人才的发展体系与薪酬待遇缺乏吸引力，招聘的人才流失率高，本地人才又不愿意到这一行业就业。

（三）对接上海九大产业的专业群布局策略建议

培养符合上海产业发展的人才是高校专业群与上海产业对接的根本目标，因此，对接工作也应围绕人才培养这个中心工作展开。需要了解对应产业领域高校相关专业建设、人才培养、毕业生就业等情况，结合人才需求进一步推进人工智能产业人才培养（见表1）。

表1　上海高校、职业院校对接九大产业领域的专业布局

产业领域	培养层次	主要专业名称
人工智能领域	研究生	计算机科学与技术、控制科学与工程、信息与通信工程、电子与通信工程、软件工程等
	本科生	计算机科学与技术、智能科学与技术、数据科学与大数据技术、自动化、电子信息工程等
	高职高专	计算机应用技术、大数据技术及应用、物联网应用技术、机电一体化技术、工业机器人技术等
集成电路领域	研究生	集成电路工程、电子科学与技术、电子信息、信息与通信工程、电磁场与微波技术等
	本科生	电子信息工程、微电子科学与工程、电子科学与技术、通信工程等
	高职高专	机械制造与自动化、电气自动化技术、微电子技术、数控技术等
生物医药领域	研究生	生物工程、生物学、生物医学工程、生物化学与分子生物学、基础医学等
	本科生	生物工程、制药工程、生物医学工程、生物技术、生物科学等
	高职高专	药学、药品生物技术、中药学等
大飞机领域	研究生	材料科学与工程、机械工程、动力工程及工程热物理、流体力学、航空宇航科学与技术等
	本科生	机械工程、工业工程、航空航天工程、飞行器制造工程、能源与动力工程
	高职高专	机电一体化技术、机械制造自动化、飞行器制造技术、电气自动化技术
	中职	机电设备安装与维修、机电一体化技术、航空地面设备维修、电气工程与智能控制、数控技术、机械制造与自动化、飞机电子设备维修、机电技术应用、飞机机电维修

（续表）

产业领域	培养层次	主要专业名称
大船舶领域	研究生	船舶与海洋工程、交通运输工程、计算机科学与技术、材料科学与工程、机械电子工程等
	本科生	船舶与海洋工程、材料科学与工程、材料成型及控制工程、机械电子工程、工业工程等
	高职高专	船舶工程技术
	中职	船舶制造与修理、机电设备安装与维修、数控技术应用、电气技术应用、电气自动化技术、船舶工程技术、机电一体化技术
汽车制造领域	研究生	机械工程、材料科学与工程、车辆工程、机械电子工程、材料工程等
	本科生	材料成型及控制工程、车辆工程、汽车服务工程、电子信息工程、机械工程等
	高职高专	汽车运用与维修技术、机电一体化、电气自动化技术、新能源汽车技术、汽车智能技术等
	中职	汽车运用与维修、汽车制造与检修、汽车电子技术、车车身修复、新能源汽车技术、汽车服务工程
养老护理领域	研究生	护理、社会保障、社会工作、材料科学与工程、生物医学工程等
	本科生	护理、劳动与社会保障、材料科学与工程、康复治疗学、假肢矫形工程等
	高职高专	护理、社会工作、老年服务与管理
	中职	老年人服务与管理
家政服务领域	研究生	社会工作（老年社会工作、照顾管理方向）、社会管理与社会政策
	高职高专	家政服务与管理
学前教育领域	研究生	学前教育
	本科生	学前教育（幼儿园教师、早教机构教师方向等）
	高职高专	学前教育（幼儿教育、幼儿保健、健康领域食育方向等）
	中职	学前教育（幼儿保育员）

综上所述，结合产业需求，针对所需人才类型精准布局专业和增加培养规模，同时要树立"一盘棋"思维，根据产业领域的多科性、复合型专业特点，建立政产学研紧密结合的创新人才培养体系，促进专业交叉和协同育人。把开展产业领域专业建设和人才培养与发展一流研究生教育、一流本科教育、一流高职相衔接，置于上海教育综合改革、双一流建设等工作中统筹考虑。

（执笔：蔡红）

七、上海规划建设一批高水平技师学院的必要性和可行性

2021年8月18日,人力资源和社会保障部、国家发展和改革委员会、财政部联合发布《关于深化技工院校改革 大力发展技工教育的意见》(以下简称《意见》),旨在"深入贯彻习近平总书记大力发展技工教育重要指示精神,落实党中央、国务院决策部署要求,深化技工院校改革,促进技工教育实现高质量发展,进一步加强创新型、应用型、技能型人才培养"。《意见》共有24条,其中第六条明确指出:"完善技工院校高技能人才培养体系。加强规划引导,推动形成技师学院、高级技工学校、技工学校梯次发展、有序衔接、布局合理的技工教育体系。""技师学院是优化技工教育结构和培育大国工匠、能工巧匠的重要载体,重点培养技师、预备技师、高级工等高技能人才。"

(一)目前上海技工教育面临的新机遇和新挑战

根据《意见》提出的目标和要求,考察上海技工教育的历史与现状,曾经居于国内最高水平的上海技工教育,面临新时代高质量发展的新机遇,也面临激烈竞争的新挑战,改革任务十分艰巨。

20世纪80年代,上海曾有技工学校300余所。自21世纪初技工教育办学体制改革后,目前上海仅剩7所技工学校,大部分是国家级重点技工学校,其中2所冠有"高级技工学校"之名(上海市高级技工学校、沪东中华造船集团高级技工学校),然而从办学层次来看,7所技校均属于中职层次。从办学主体来看,仅1所(上海市高级技工学校)由市教委举办(目前与上海工程技术大学高职学院套办),其余6所均由行业企业举办。

目前上海是否有比"高级技工学校"更高层次的"技师学院"呢？回答既可以是"肯定"，也可以是"否定"。从目前挂牌的校名来看，可以说上海有2所技师学院，一所是"上海工程技术大学高级技师学院"，经市政府批准于2003年设立，为上海行业企业开展高级技师的职业技能培训，但目前处于未实质化运作状态；另一所为成立于2003年的"上海电气李斌技师学院"，由上海电气集团公司举办，依托上海电机学院为该公司培养高级技术工人，虽曾经取得显著成绩，但由于办学体制机制存在问题，目前举步维艰。因而从严格意义上来说，上海没有一所正在良好运作的实体性技师学院。

相比之下，我国经济第一大省的广东省，其技工教育明显强于上海。从技工教育规模来看，根据官方提供的最新统计数据，2020年广东省共有技工院校146所，其中技师学院37所，在校生60.87万人、占全国1/6。从技能大赛成绩来看，2020年12月，我国举行首届职业技能大赛，广东省取得32金、13银、11铜的优异成绩，金牌数占全国37%，金牌数和奖牌数位列全国第一，其中技工院校选手获得的金牌数占94%。我国自2011年至2019年，共参加5届世界技能大赛，累计获得143枚奖牌，其中36枚金牌、29枚银牌、20枚铜牌。获得奖牌总数排名前三位的都是广东省的技师学院：第一名广东省机械技师学院（15枚）；第二名广州市工贸技师学院（7枚）；第三名深圳技师学院（4枚）。

众所周知，技术工人队伍是支撑中国制造、中国创造的重要力量。高技能人才特别是大国工匠、能工巧匠，是我国经济社会发展中不可或缺的重要力量，在提高企业竞争力、推动技术创新和科技成果转化、促进产业结构优化升级、转变经济发展方式等方面发挥了重要作用。

技工教育是现代职业教育体系的重要组成部分；技工院校是培养面向制造业的高素质技术工人和高技能人才的重要载体。技师学院或高级技师学院是最高层次的技工院校，是培养能工巧匠、大国工匠的重要载体。从目前上海技工院校的现状来看，上海的技工教育显然不能满足新时代上海先进制造业的高质量发展对高素质、高技能人才的需求。

（二）上海为什么要有技师学院

那么，上海为什么要有技师学院，而且要有一定规模的高水平技师学院呢？

第一,上海先进制造业发展的需要。上海是中国制造业的中心,为打响"上海制造"品牌,打造"五个中心",致力于先进制造业的高质量发展,体现高端化、数字化、集群化、品牌化、绿色化,除了必须培养一大批创新型研究开发人才外,还必须培养一大批能工巧匠和大国工匠,从而能够将研发设计变为现实产品,并提供良好运维服务,而技师学院正是培育此类高技能人才的重要载体。

第二,上海率先创建技能型社会的需要。根据党中央、国务院的决策部署,我国将全面推进技能型社会建设,上海作为教育现代化的先行者,也应成为技能型社会建设的先行者。技能型社会是一个人人崇尚技能、人人拥有技能的社会。高级技师、特级技师将成为技能型社会耀眼明星。技师学院或高级技师学院成为令广大青年心向往之的学习机构。

第三,上海构建现代职业教育体系的需要。现代职教体系不仅要满足经济社会高质量发展对技能型人才的更高需求,而且要满足技能型人才终身发展的需求,因此,高层次技工教育(也可称"技师教育")不可或缺,而技师学院正是实施高层次、终身化技工教育的重要平台。

第四,上海技工院校扩大规模和转型升级的需要。事实上,虽然上海技工学校目前仅剩7所,在校生数量有限,但上海的一些没有冠名"技工学校"的中等职业学校,例如上海市公用事业学校、上海工商信息学校等,其部分专业实际上也在培养技术工人。然而现存办学体制机制下的这些职业学校,在培养技师、预备技师、高级工等高技能人才方面并不能发挥其优势和特色;而上海的不少高职院校虽然在层次上属于专科,但在培养目标上并未明确培养技师、预备技师和高级工。上海亟须新建或改建一批技师学院(数量上至少10所),在扩大技工教育规模的同时,有效地提升技工教育的层次和质量。

第五,上海夺取世界技能大赛和全国职业技能大赛成绩领先地位的需要。目前上海选手取得世界技能大赛和全国职业技能大赛的成绩,无论在数量上还是在金牌的"含金量"上均处于落后位置,这与上海的地位极不相称。在"含金量"比较高的面向先进制造业的竞赛项目方面,上海尤其落后。借鉴广东省的成功经验,上海应该将技师学院作为培养世赛和国赛选手的主阵地。

第六,上海向世界展示技能品牌的需要。伴随着"上海制造","上海技师"和"上海技能"也是上海的一大品牌。1989年在人民大会堂隆重举行我国首批高级技师颁证大会,其中高级技师中编号为001的是来自上海的刘海珊。近年来各省市致力于创办"鲁班工坊",向世界输出中国技能和中国技师。上海作为世界级国际大都市,虽然未必一定要向世界输出技师,但可以通过接受留学生,或者在"一带一路"国家创办"鲁班工坊"等形式,输出上海的技能品牌。以2022年在上海举办第46届世界技能大赛为契机,大力弘扬技能文化,使技师学院成为向世界展示"上海技能""上海技师"品牌的主力军。

（三）上海如何建设高水平技师学院

上海如何建设高水平技师学院呢？这是一个值得深入研究的课题。笔者在此仅提出3点粗浅想法：

一是由市人社局牵头,联合市教委、大型国有企业集团,共建10所示范性技师学院或高级技师学院,办学层次确定为专科或本科,通过"职教高考",招收高中毕业生、中职毕业生（包括技工学校毕业生）、企业在职工人。技师学院毕业生除了获得专科或本科学历证书外,还可以获得技师证书（享受本科待遇）。

二是将现有几所拥有世赛选手培养基地的技工学校或高级技工学校转型升级为技师学院或高级技师学院,按照《意见》所提出的改革举措,深化产教融合、校企合作,以世界技能大赛为引领,将这些技师学院打造成为世赛和国赛冠军的摇篮。

三是加大财政的扶持力度,并通过各种配套政策增强技师学院的办学活力。以专业建设为抓手,对接上海先进制造业,打造一批品牌专业和特色专业；以师资建设为重点,打造一流"双师型"师资队伍；积极开展国际合作办学,打响具有国际影响力的"上海技能""上海技师"品牌。

（执笔：沈勤）

八、上海精准帮扶喀什地区职业教育实现跨越式发展的实践探索

2021年7月,第八次全国对口支援新疆工作会议提出"要坚持把智力援疆作为工作重点,拓展'组团式'援疆领域"。由此,如何进一步发挥和优化"智力援疆"不可替代的作用成为一个新的课题。以上海精准帮扶喀什地区职业教育实现跨越式发展的实践为例,探索出"政府推动、科研牵引、供需兼顾、院校落实"的主要经验。

(一)"十三五"上海职业教育援疆的探索及其反思

2016年,教育部、国务院扶贫办印发《职业教育东西协作行动计划(2016—2020年)》,职业教育对口支援进入快车道。在上海教育行政部门和援疆前方指挥部领导下,上海职业院校积极行动,在探索中形成了"院校+院校""政府+院校"等援建模式。

1."院校+院校"

2014年,在上海援疆前方指挥部指导下,沪喀两地中等职业学校和行业企业组建"上海—喀什职业教育联盟",旨在推进两地职教资源整合与校企合作,提高当地职业教育人才培养质量和自身发展的"造血"功能。这一做法与对口支援中的"组团式"援建模式有相似之处,在对口援疆的初期,打开了工作局面,发挥了积极作用。

2."政府+院校"

2016年,按照教育部要求,上海市教育行政部门制定《上海落实南疆职业教育对口支援全覆盖实施方案(2016—2020年)》,依据实施方案组织上海7所

高职7所中职对接上海对口援建的喀什4县的7所中职,重点建设8个中职专业。与"院校+院校"模式相比,政府的早期介入提高了对口支援的针对性和有效性。

3. 实践反思

实践发现,无论是"院校+院校"模式,还是"政府+院校"模式,具有起步快、易操作等优势;但是在具体落实过程中,主要还是依靠两地职业院校之间结对帮扶。由于技术技能人才培养需要若干年的培养周期,对口支援工作客观上存在后继乏力和缺乏指导引导等问题,在一定程度上也影响了职业教育的援建效果。

(二)国家有关部门对扶贫领域存在作风问题的研判

事实上,相关问题也引起了国家的重视。2017年11月,国务院扶贫开发领导小组下发了《关于开展扶贫领域作风问题专项治理的通知》,2018年2月,教育部又印发了《教育系统扶贫领域作风问题专项治理实施方案》。这两个文件都明确指出了教育扶贫领域的突出问题,主要有以下3个方面。

1. "责任落实不到位"

包括:"领导责任落实不到位,主要负责同志研究指导不够,履行主体责任和监督责任不力,分管负责同志工作不深入不扎实,具体负责部门责任不明确不落实";"对本地区的教育扶贫工作指导不够,没有形成系统合力"等。

2. "工作作风不扎实"

包括:"调查研究不深入实际,指导工作脱离实际,遇到问题不解决";"工作落实走形式,以会议贯彻会议,以文件贯彻文件";"垒大户堆盆景,搞形象工程";"简单发钱发物、送钱送物,不注重激发贫困群众内生动力,扶贫成果不可持续";"扶贫挂职干部、驻村干部等人到心不到、得过且过、责任心不强等"等。

3. "工作措施不精准"

包括:"《职业教育东西协作行动计划(2016—2020年)》及实施方案等制度性文件落实不到位,推进力度不够";"高校扶贫聚焦精准扶贫不够,高校自身优势未充分发挥,面向定点扶贫县政策措施针对性不强、力度不够"等。

(三)上海精准帮扶喀什地区职业教育的实践创新

为切实提高对口支援的有效性,上海市教育委员会和上海援疆前方指挥部加强沟通协调,通过教育科研机构优化系统谋划和顶层设计,牵引带动沪喀两地职业院校聚焦高职院校、重点专业和师资队伍三大教学建设关键领域,切实开展精准帮扶,有效提升了喀什地区职业教育的人才培养能力和能级。总结上海精准帮扶喀什地区职业教育实现跨越式发展的实践,主要有3条独特的经验。

1. **突出问题导向,深挖痛点难点**

上海职业教育对口支援工作紧紧围绕3个难题展开:

一是在产业基础薄弱的地方,如何办专业?专业建设是职业教育人才培养之本。喀什地区产业发展相对落后,产业对技术技能人才的需求不明,客观上给专业设置带来困惑。

二是在职教基础薄弱的地方,如何建高职?喀什地区普及高中阶段任务繁重,中职基础薄弱,高职基本空白,构建现代职业教育体系面临"龙头缺失"和"经验不足"双重挑战。

三是在师资力量薄弱的地方,如何带队伍?喀什地区95%以上为少数民族,教师汉语和技能水平不高,专业课教师尤其紧缺。仅靠援疆教师支教,终究不能从根本上解决问题。

2. **突出科研引领,落到教学建设**

针对职业教育对口支援的三大难题,上海通过教育科研机构的系统研究和顶层设计先行,把加强教学建设作为对口支援的重点领域,然后引导沪喀两地职业院校把相关资源落到教学建设的3个关键"点"上:

一是"研究先行、规划引领",落到专业。依托上海教育科研机构智库力量,研制喀什地区职业教育《规划》《专业图谱》和《上海对口支援方案》,把资源引导配置到喀什职业院校的相关专业。

二是"聚焦高职、资源配置",落到学校。一方面,发挥上海教育研究机构科研引领作用,指导当地创建第一所高职;另一方面,通过科研机构牵引,整合上海职业院校优质资源集中力量帮助喀什打造高职"龙头学校"。

三是"立足专业、重在造血",落到教师。一方面,以高职学校和高职专业为载体,派出支教老师帮扶专业建设;另一方面,依托专业建立教师双向流动和互学自助平台,形成"造血"机制。

3. **突出结果导向,形成方法模式**

上海职业教育在对口支援喀什的过程中,在关注帮扶结果尤其是实际效果的基础上，总结形成了解决实践中痛点难点的方法、机制和模式。

一是在产业薄弱地区，探索优化专业布局的"方法"。针对产业基础薄弱地区办职业教育的难点，从国家战略、南疆稳定和区域经济社会发展大局着眼，全面分析当地资源禀赋、产业发展和人力资源供需现状，结合政策导向对产业发展趋势和人才需求进行科学研判，形成人力资源开发和技术技能人才培养的总体方案。相关成果和方法已经公开发表。

二是在职教薄弱地区，建立帮扶高职起步的"机制"。围绕专业、学校和师资队伍三大建设形成机制：比如，以专业建设为中心，"校际合作、落在专业"的帮扶机制；又如，以"龙头校"建设为重点，"一校为主、多校对一"的帮扶机制，即选择一所上海高职"龙头校"为主，带领多所高职院校，组团帮扶喀什唯一一所高职"龙头校"；再如，在"校际合作、落在专业"机制上，以专业为载体形成沪喀两地教师互学互助、自我成长的造血机制。

三是以科研机构牵引，形成刚柔并济的援助"模式"。在基本条件、办学经验和决策信息相对有限的情况下，通过引入教育科研机构，进行系统谋划和科研牵引，有效增强了职业教育对口支援工作的前瞻性、科学性和有效性，经过实践检验取得了较好效果，发挥出"智力援疆"不可替代的独特作用。同时，也丰富了"政府+院校"援助模式，形成了"政府+科研机构+学校"的上海职业教育对口支援的"刚柔并济"新援助模式。

（四）上海"刚柔并济"职业教育援疆模式的成效

上海发挥了专业研究机构智力援疆不可替代的独特作用，在实践中形成"政府推动、科研牵引、供需兼顾、院校落实"的运行机制和"上海范式"，有效提高了职业教育对口支援工作的效率和效益，实现了喀什地区职业教育跨越式发展。

1. 体系建设取得突破

在上海职业教育对口支援下，喀什地区高等职业教育从无到有，目前已创办一所高职，拥有4000名在校生，开设12个高职专业。第二所高职学校正在申办，高职引领的喀什现代职业教育体系初步成型，实现跨越式发展。

2. 培养规模较大增长

近3年来，喀什中职招生数稳定在2万人左右，2020年中职在校生6.3万人，是 2015 年的 1.6 倍。普职比从 7∶3 上升到接近 6∶4，喀什地区职业教育发展基础得到巩固。

3. 教学质量明显提升

2019 年喀什地区中职就业率达到 90%，比 2015 年提高 13 个百分点。2016—2019 学年，上海高职院校援建的喀什职业技术学院相关专业带动当地中职相关专业招生实现倍增。

（执笔：张晨）

第三部分

上海职业教育案例分析

一、课程思政篇

课程思政是新时期教育部对各级各类教育提出的要求，职业教育领域在此要求下进行了大量艰苦卓绝的实践探索，取得了许多可喜可贺的成果。无论是文化育人、劳动教育还是集体主义教育，都为中职学校课程思政增添了浓重的一笔；不仅如此，在实践的基础上，老师们还借助于教育科研，力求使课程思政未来的走向更加科学。

中职思政课教学现状的调查研究

上海市经济管理学校　上海科技管理学校　上海市环境学校

2020年教育部印发了《中等职业学校思想政治课程标准》，对中职思政课提出了新要求。为了了解中职思政课教学现状，课题组使用自编问卷对上海市63位中职思政课教师、1145位学生进行调研。结果发现，目前中职思政课教学中存在教师对学生学习态度及课程教学效果的认识不够到位，师生对学生思政课学习能力的认知存在偏差，对思政课教学效果的感知存在误区，思政课形成性评价与终结性评价仍需更加多元等问题。文章提出从贴近学生出发选择议题式教学方法，关注学生出发开展针对性教学实施，提升素质出发实施多元化教学评价等对策，为下一步按照新课标要求进行思政课教学改革设计提出建议，旨在提升思政课立德树人的效果，更好地培养学生的核心素养。

一、背景

为贯彻落实《国家职业教育改革实施方案》，教育部于2020年颁发了《中等职业学校思想政治课程标准》，强调思想政治课程以立德树人为根本任务，以培育思想政治学科核心素养为主导。[1] 经文献检索发现，目前已有关于中等职业教育思想政治课程的研究中，多为理论探讨，少有基于数据调查的现状研究。基于当前中职学校正处于思政课标和德育课程大纲交汇时期，本研究试图通过对教师教与学生学两方面进行调研，了解和分析上海市中职思想政治课程教学现状，为下一步开展思政课教学改革设计做些探索，为提升思政课育人效果，培养学生的核心素养提供参考意见。

二、研究设计

采用问卷调查法与访谈法相结合的方式进行调研，使用自编的《中职思想政治课程教学情况调研（教师卷）》《中职思想政治课程学习情况调研（学生卷）》为研究工具，内容包括教师进行教学设计时对学生态度、学习能力的认识、对教学实施效果与预期的评估、教学评价的方式；学生学习思政课的意愿、能力、感受和期望等。除基本情况外，其他题目以李克特量表形式出现，教师卷13个项目，学生卷11个项目，并分别设有反向记分题目，中位数为3。

调查选取了上海市16所中职校，调研问卷通过问卷星平台发放，采用随机抽样法，发放教师问卷63份，100%回收；发放学生问卷1148份，回收有效问卷1145份，有效回收率为99.74%。采用SPSS26.0及Microsoft Excel 2016软件对数据进行整理及统计分析。在对调研问卷数据初步分析的基础上，针对调研问卷中发现的重点问题，选取了9名教师、43位学生进行访谈。

三、中职思想政治课程教学情况现状

（一）教师对学生学习态度、课程教学效果的认识比较消极

调研结果显示，中职思政课教师在教学设计之初对学生学习态度、课程教学效果的假设多偏消极（见表1），大部分超过了中位数3。认为学生不喜欢学习思政课、觉得思政课枯燥，尤其是"只要有可能，中职学生会逃避学习思政课"，且很多教师认为"思想政治课程的教学很难改变中职学生自己已有的世界观、人生观、价值观"，说明教师对思政课的教学效果的预期值较低。思政教师认为在学生心目中，思政课学习还是较为重要的，可能会比专业课、语数外等基础课的学习更重要或基本相当；但学生则认为"专业课、语数外等基础课的学习比思想政治课程的学习更重要"（见表2），说明思政课学习的重要程度在教师、学生心目中略有差异。

表1 教师进行思政课教学设计的出发点

测量维度	均值	标准差	均值的标准误
中职学生不喜欢思想政治课程的学习	3.44	0.947	0.119
中职学生认为学习思想政治课程很枯燥	3.33	0.950	0.120
只要有可能,中职学生会逃避学习思想政治课	3.67	0.984	0.124
思想政治课程的教学很难改变中职学生自己已有的世界观、人生观、价值观	3.60	0.976	0.123
中职学生认为专业课、语数外等基础课的学习比思想政治课程的学习更为重要	2.78	1.084	0.137

表2 学生学习思政课的出发点

测量维度	均值	标准差	均值的标准误
专业课、语数外等基础课的学习比思想政治课程的学习更重要	3.16	1.188	0.035

(二)师生对学生思政课学习能力的认知存在偏差

调研结果显示,中职思政课教师对学生学习思政课的能力的认同度较低(见表3),超过了中位数3。他们普遍认为"中职学生很难以较为全面的视角分析社会现象、讨论政治、哲学、法律问题",且学生的问题解决的能力较差,基于此认知,教师在教学设计过程中,不会过多设计有一定难度的讨论话题。与之相反,中职学生对自己思政课学习的能力的认同度较高(见表4),且希望能够与志同道合的同学一起在课外完成一些社会、政治、哲学、法律等问题的探究任务;在团队合作完成任务过程中,也愿意主动承担责任,并希望能尽量将自己所负责的部分做到最好。教师对学生学习思政课能力的认知与学生对自己能力的认知存在的偏差应该引起思政课教师的重视。

表3 教师对学生学习思政课的能力的预期

测量维度	均值	标准差	均值的标准误
中职学生很难以较为全面的视角分析社会现象、讨论政治、哲学、法律问题	3.14	0.965	0.122
中职学生问题解决的能力较差	3.19	0.895	0.113

表4 学生学习思政课的能力和期望

测量维度	均值	标准差	均值的标准误
我对一些社会现象、政治、哲学、法律问题有自己的判断和想法	3.61	1.014	0.300
我希望在思想政治课堂上表达自己的观点	3.41	1.044	0.031
我愿意与志同道合的同学一起在课外完成一些社会、政治、哲学、法律等问题的探究任务	3.73	1.037	0.031
在团队合作完成任务过程中,我愿意主动承担责任,并希望能尽量将自己所负责的部分做到最好	3.77	0.997	0.295

(三)师生对思政课教学效果的感知存在偏差

调研结果显示,90.47%的中职思政课教师曾经尝试在思政课教学中进行过教学改革(见图1),且认为教改后,学生对课程的学习兴趣更加浓厚、教学效果更好了(见表5),对"思想政治课程教学应更注重将知识内化并付诸行动""让学生走出思政课堂,增加学生的自我探究,会提升思政课的教学效果"的认同度很高,均值超过了4。学生也感受到,很少有教师存在"满堂灌"的现象(见表6),但是学生的感受仍然是思政课的学习枯燥、不喜欢学习思政课、学习后的收获感不强,可见思政课教学的效果并未达到教师的预期。

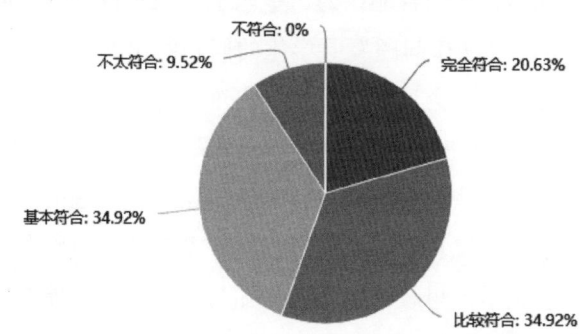

图1 "我曾经尝试在思想政治课程教学中进行过教学改革"情况统计图

表5 思政课教学开展情况和效果(教师)

测量维度	均值	标准差	均值的标准误
我曾经尝试在思想政治课程教学中进行过教学改革	3.67	0.916	0.115
我在思想政治课程中进行教学改革后,学生对课程的学习兴趣更加浓厚、教学效果更好了	3.42	0.822	0.109

(续表)

测量维度	均值	标准差	均值的标准误
我认为思想政治课程教学应更注重将知识内化并付诸行动	4.37	0.748	0.094
我认为让学生走出思政课堂，增加学生的自我探究，会提升思政课的教学效果	4.33	0.783	0.099

表6 思政课教学开展情况和效果（学生）

测量维度	均值	标准差	均值的标准误
思想政治课程的授课教师课堂上大部分时间都是自己讲	2.21	1.058	0.031
思想政治课程的学习很枯燥	3.35	1.185	0.035
我不喜欢学习思想政治课程	3.87	1.119	0.033
思想政治课程讲的都是大道理，远离我的生活，学习完我的收获感不强	3.84	1.115	0.033

（四）思政课评价方式需更加多元

调研结果显示，中职思政课教师对课程评价情况应多元化的认同度较高，均值超过了4（见表7）。表现为认为对学生思想政治课程成绩的评价应该涵盖多个评价主体，而不仅仅是思政课教师；对学生思政课成绩的评价应该涵盖多个维度，而不仅仅是知识的掌握。但现实中却发现，教师实际采用的形成性评价方式仍然是抄书本的纸面作业或者不留作业较多，终结性评价多以考卷为主（见表8）。

表7 教师认为思政课评价的应有状态

测量维度	均值	标准差	均值的标准误
我认为对学生思想政治课程成绩的评价应该涵盖多个评价主体，而不仅仅是思政课教师	4.05	1.007	0.127
我认为对学生思想政治课程成绩的评价应该涵盖多个维度，而不仅仅是知识的掌握	4.25	0.842	0.106

表8 学生实际感受到的思政课评价方式

测量维度	均值	标准差	均值的标准误
思想政治课程老师不留课外作业或只留抄书本的一些纸面作业	3.37	1.249	0.037
思想政治课程期末考试以考卷为主	2.73	1.231	0.036

四、对策建议

中职学校思政课应该在育人方面发挥重要作用,思政课在教育工作中的首要地位无人置疑,但是现实教学过程中,思政课的作用并未能得到充分发挥,思政课的教学仍然面临很多困境。主要表现在学校层面制度落实不到位,教师层面教改动力不充足,尤其在学生层面存在入脑入心不完全[2]等现象。这些困境在教学实践中的直接体现就是本调研中发现的:教师对学生学习态度、课程教学效果的认识比较消极、师生对学生思政课学习能力的认知存在偏差、师生对思政课教学效果的感知存在偏差,思政课形成性评价与终结性评价不够多元,等等。结合对相关教师和学生的访谈,提出以下对策建议:

(一)从贴近学生出发选择议题式教学方法

任何一项有效的教学实践或教学改革都离不开适切的教学方法的选择。《中等职业学校思想政治课程标准(2020年版)》与2008年施行至今的《大纲》最大的区别是更强调以学为中心,以学生为主体,以学科素养为主要目标。为了实现这一目标,2020版新《课标》的4门课程以"归纳推理"下的58个"学习议题"为主组织学生学习,即主要运用议题式教学法,拟定"起跑线"尽情地调动学生的学习积极性,在议题学习活动中培养学科智慧,升华学科情感,全面提升学科素养。在议题式教学法框架下以"人物访谈、角色扮演、活动体验、小组讨论""资料搜集、数字故事、事例解读""演讲比赛""自画像、动画或影片展示、心理情景剧""头脑风暴、故事分享、参与家务劳动""手抄报、微视频、漫画或海报制作""模拟法庭、庭审实录、参观考察"[3]等学习方式配合,建构思政课教学的"感受、认同、内化"的体系。

在下一步的思政课教学改革过程中,可以运用议题式教学法,相信学生具有学习思政课的能力,激发学生"议"的能力,让有话说、想表达的学生充分表达自己对议题的看法,同时调动其他学生的表达欲,让学生在议题中感受、认同、内化。在此框架下根据不同课程内容选择恰当的学习方式,主要原则就是从学生学情出发,贴近学生的学习实际、生活实际。

(二)从关注学生出发开展针对性教学实施

在完成了教学设计、选定了适合的教学方法的基础上,实际教学开展过程中,时刻关注学生的获得感,关注学生的学习体验,并适时作出调整是解决思政课教学实施的实际效果与预期目标有差距的有效措施。

建议可以从不同专业、不同学制层次、不同班级特点的学生实际学情出发，将 2020 年版新《课标》中提出的议题进行细化，这里的议题细化建议是开放性或半开放性的，学生可在大类议题下以小组为单位根据组内成员的兴趣与实际，或能够独立选择大议题下的细分维度进行"议"。根据学生选择的细分议题，教师进行相应的情境创设、活动设计，让同一思政课的教学内容在不同的班级、不同的专业展现出不同的风采。从而优化议题式学习情感，实现由知识导向型向素养导向型转变，夯实议题式学习的效果，有效促使 2020 年版新《课标》中提出的学科核心素养的落地。

（三）从提升素质出发实施多元化教学评价

思政学科核心素养的培养与形成是一个长期的过程，不是一堂课能够培养出来的，学生的思政学科核心素养也不仅仅体现在思政课堂上。因此对学生思政课程学习效果的评价也应该尽可能多元化，包含形成性评价的多元化与终结性评价的多元化。

第一，评价主体多元化。思政课的评价主体应该包括课堂的组织者教师、参与者学生本人与学生本人以外的其他学生。除此之外，还应该包括能够观察到学生思政学科核心素养表现的其他任课教师、学生管理部门，还应包括家长、企业等等。多方评价主体的融入有利于从更全面的角度评价学生思政课的学习效果、评价学生思政学科核心素养的形成效果。

第二，评价维度多元化。思政课的评价维度的设计不应仅仅包括考查学生对相关知识的掌握，还应包含学生的情感、态度、价值观的转变与培育的评价。具体包括学生完成议题过程中对相关知识的掌握、应用能力，表达能力、团队合作能力、创新能力，以及课后将所学应用于服务社会、服务生产一线的能力，等等。

（本文为 2020 年度上海市中等职业学校"匠心匠艺"优质课堂建设行动研究项目《基于 Y 理论的中职学校思想政治课程议题式教学实践研究》阶段性成果）

参考文献

[1] 中华人民共和国教育部. 中等职业学校思想政治课程标准 (2020 年版)[M]. 北京：高等教育出版社，2020：1.

[2] 吕智敏,王小明.基于 Y 理论的中职德育课程项目化教学实践探究——以《经济政治与社会》为例 [J]. 职业技术教育，2020，41(02)：36-42.

[3] 杨岚. 浅探议题式教学在中职思政课中的运用 [J]. 教法·课程·反思，2019(35)：134-135.

（作者：吕智敏　袁晖江　石磊）

中等职业学校劳动教育的现状及对策探究
——基于对上海市 3069 名中职学生的调查分析

上海市经济管理学校　上海市环境学校　上海科技管理学校

劳动教育是以促进学生形成劳动价值观（即确立正确的劳动观点、积极的劳动态度，热爱劳动和劳动人民等）和养成劳动素养（有一定劳动知识与技能、形成良好的劳动习惯等）为目的的教育活动[1]。2018 年全国教育大会上，习近平总书记首次提出"把培养德智体美劳全面发展的社会主义建设者和接班人"作为党的教育方针，指出"要在学生中弘扬劳动精神，教育引导学生崇尚劳动、尊重劳动，懂得劳动最光荣、劳动最崇高、劳动最伟大、劳动最美丽的道理，长大后能够辛勤劳动、诚实劳动、创造性劳动"。[2]

当下，改革开放和社会主义现代化建设对人才培养提出了更高的要求，劳动教育是全面贯彻党的教育方针、落实立德树人的重要任务之一，在学生成长过程中有着不可或缺的重要作用。中职学校作为劳动教育的主阵地，承担着向社会输送具备精湛劳动技能、优秀劳动品质和崇高职业精神的高素质劳动者重任，而处于青春期阶段的中职校学生，是形成正确劳动教育观念、劳动态度，养成良好劳动习惯的重要年龄阶段，也是学习劳动知识和技能、提高劳动素养的关键时期。

为切实了解当前上海市中职校学生劳动教育的现状，发现存在的问题和原因，以便提出有针对性的对策建议，为中职校开展劳动教育起到一定改进和启发作用，特开展此次调查研究。

一、调查方式与样本分布

本次调查使用问卷调查和个别访谈相结合的方式进行研究。随机选取上海市 10 所中职校一至四年级的 20 名学生作为个别访谈对象进行先期访谈，根据访谈情况及前期文献研究情况编制了《中职学生劳动教育现状调研》问卷,问卷的主要内容包括学生对劳动及劳动教育的认识、参与劳动教育的形式、内容、参加劳动的频率、已有劳动经历对自己的影响等。

问卷调研采用随机抽样法,选取上海市 10 所中等职业学校的学生,涵盖了中专、职校和个专业大类。样本学生的男女性别比例为 5∶4,比较均衡;涵盖所有年级。共回收有效问卷 3069 份。本调查使用 SPSS26.0 及 Microsoft Excel 2016 软件对数据进行整理及统计分析。

二、调查统计与分析

(一)劳动教育的系统性不够

调查显示,中职学生对劳动的看法总体较正面,对学校开展劳动教育的必要性认可度较高(见表),六成以上的学生形成了一定的劳动自觉,基本养成劳动习惯。然而,通过访谈得知,大部分学生对劳动的理解是比较宏观、笼统、模糊的,对不同劳动内涵的理解不够清晰、对马克思主义劳动观基本处于认知空白、对真实劳动情景的判断与自身劳动观念之间存在偏差。造成这种现状的原因可能是,学生虽然接受过相关教育,但劳动培训或教育比较凌乱、随机、细微,没有接受过系统、深入的劳动教育理论课或实践课。当前学校没有对学生进行系统的、有一定理论实践深度的劳动教育,导致现实中零散的、较随意的劳动活动,因此学生在参加劳动教育后的认知体验不深刻、效果不明显。在影响学生劳动观念形成的因素方面,经调查显示,中职学生认为影响自己形成当前劳动观念的因素中占前三位的,分别为父母(72.30%)、朋辈(同学、朋友、社团成员等)(52.04%)和教师(49.92%)。

表 中职学生对劳动及劳动教育的认识

测量维度	均值	标准差	均值的标准误
参加劳动的意愿	3.88	0.876	0.016
对劳动的看法	3.63	0.971	0.017
对劳动教育的看法	3.89	0.881	0.016

(二)劳动教育的职业性不突出

调查显示,大部分中职学生虽然参加过日常生活劳动、生产劳动和服务性劳动这3方面的劳动教育,但其中志愿服务类劳动占比最高(68.39%),这与近年来各个学校大力推行的志愿服务活动有关。学生参与的劳动教育虽然也涵盖生活、生产和服务三方面,但与职业相关的如"职业劳动荣誉感教育""劳动职业技能培训""职业精神、工匠精神、劳模精神教育""劳动态度和劳动意识教育"等劳动教育活动较少。通过访谈得知,在实训活动中,中职学校更侧重于对学生开展劳动技能、劳动安全生产等劳动操作层面上的教育,在培养学生职业荣誉感,培育学生精益求精的工匠精神和爱岗敬业的劳动态度等职业精神层面的劳动教育还不足,劳动教育的职业性不够突出,缺乏系统化的劳动教育体系。

(三)劳动教育的途径不够丰富多样

调查分析显示,学生更喜欢的劳动教育途径是,可以充分发挥学生主观能动性、给学生选择自由的、体验参与式的丰富多彩的社会实践类劳动教育活动形式(46.63%),而现实中各学校经常开展的专题讲座或报告则是学生不太希望学校所采用的劳动教育途径(2.41%)。探究出现这种结果的原因,一方面是因为中职学生年龄正值青春期,学生呈现活泼好动、思维发散活跃的特点,传统的讲座报告这种形式单一且需要久坐、长时间集中注意力获取知识的途径对于中职生不太合适,学生更愿意有一定自由选择性和参与体验式的实践类劳动教育活动;另一方面可能由于行业专家或劳模做讲座、做报告,形式较为单一,内容大多与他们多年工作经验有关,对学生当下的学习、生活和接受能力相比容易感觉"大、空、远",对学生的学习吸引力不足,而丰富的体验参与式实践类劳动教育活动则更容易贴近学生活泼好动、思维活跃、爱动手体验的年龄特征和生活实际。

(四)劳动教育的时间普遍较少

经调查分析显示,中职校学生每周参与劳动教育的时间严重不足,平均参与时长最多的也仅为每周1至3小时、日均不足半小时,与别人合作参与劳动教育的平均时长更低。造成这种现状的原因可能是因为,学校长期对劳动教育不够重视,缺乏对劳动教育进行系统性的规划和安排,各类主题劳动教育活动欠缺。同时,通过访谈得知,当前涉及的劳动教育,为了突出学生个人的责任和任务,大多数做法为责任到人,以学生小组合作形式、共同完成某一项劳动任务的活动较少。由此可以看出,目前学校对劳动教育合作观念的培养,在设计时考虑不足,主观安排不够。

(五)劳动教育对学生的影响甚微

经调查分析,目前大部分中职校学生接受劳动教育后虽然有一定收获或感受,但劳动带来的幸福感和价值感占比相对较低，探究其原因可能为：一是欠缺对于劳动的含义、劳动最光荣、最美丽等劳动价值观的引导；二是缺乏对劳动价值感和幸福感等方面的专项劳动教育活动设计；三是现实生活中，劳动往往成为学校或家长惩罚学生的手段，造成学生对劳动本身存在认识偏差和价值观扭曲，从心理学角度看，当一件事情与痛苦的体验相结合，那么人们就会远离甚至逃避这件事[3]，因而学生难以在这样的劳动教育中体会到幸福和快乐（见图1）。

目前大部分中职校学生能感觉到劳动中的表现对自己发展有影响，但其中对学生成长发展的外在因素影响最大的仅为操行评定成绩，影响最小的是选拔、评优和推荐工作。探究其原因可能是，目前学校对学生劳动表现的评价仅仅停留在操行评定的层面上，而且占比也非常低，学校较少将劳动表现纳入选拔评优或推荐工作等对学生成长发展具更高层次要求和意义的方面（见图2）。

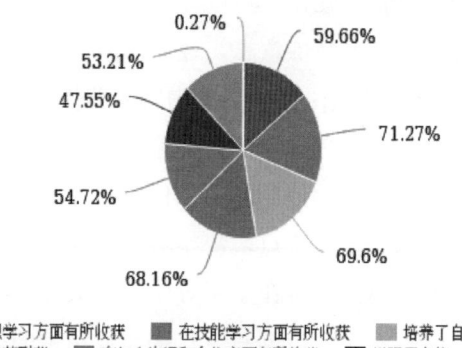

图 1 中职学生劳动收获或感受类别的频数分析

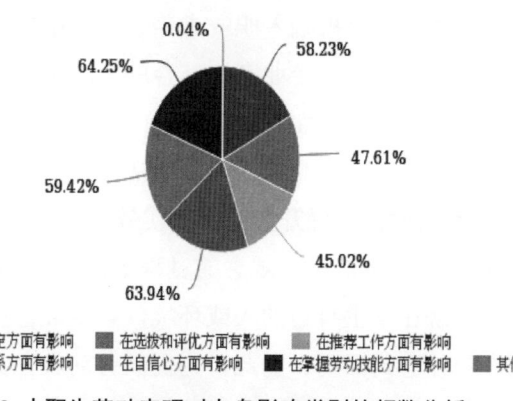

图 2 中职生劳动表现对自身影响类别的频数分析

三、对策建议

（一）注重劳动教育认知体验，强化学生劳动观念

认知是行为的基础，学校要开展劳动教育，首先要从加强学生正确劳动观念着手，基于当前中职校劳动教育及学生劳动现状，可以从两方面入手：一方面通过开设科学系统的劳动教育课程，根据不同年级、不同专业的学生特点有针对性地开展劳动知识认知教育，学习、理解并形成马克思主义劳动观，树立劳动最光荣、劳动最崇高、劳动最伟大、劳动最美丽的观念，培养勤俭、奋斗、创新、奉献的劳动精神；另一方面，实践是检验知识性学习效果的最好途径，也是知行统一的重要手段。劳动教育不能"只教不劳"或"只劳不教"，培育和践行学生正确的劳动价值观念，关键要做到知行合一。[4] 因此，可以根据学生的结构化差异，开发设计具有综合性、实践性、开放性、针对性的劳动教育实践活动，让学生通过动手实践、出力流汗，检验、强化、巩固习得的知识性内容，并将形成的劳动观念转化为行动，在劳动锻炼中磨炼意志，逐步形成良好的劳动习惯。

（二）抓住中职劳动教育特点，突出劳动内容职业性

虽然学生参加的劳动教育内容基本可以覆盖日常生活劳动、生产劳动和服务性劳动这三方面[5]，但作为职业学校的学生，仅仅接受普通劳动和劳动教育是远远不够的。中职学校的"职业化"特点，决定着学生在校学习期间必须提前为就业做准备。劳动教育很大一部分内容在于引导学生养成爱劳动、尊重劳动的好习惯，像"工匠精神、爱岗敬业、精益创新"这种职业精神的提倡和传播，与劳动教育的开展不谋而合[6]，因此中职校劳动教育要结合专业人才培养目标，在日常生活劳动、生产劳动和服务性劳动这三方面的劳动教育课程和劳动实践活动中，设置专门职业篇章、项目或有机融入职业素养、职业精神、劳模精神、工匠精神等职业性内容[7]，开展与职业、企业密切结合的劳动实践活动，使中职校学生接受的劳动教育内容充分体现职业性，突出劳动的职业精神，增强学生职业荣誉感，提高职业技能水平，培育学生精益求精的工匠精神和爱岗敬业的劳动态度。

（三）丰富劳动教育途径，提升劳动教育实效性

调查和访谈得知，学生形成劳动观念的过程中，影响因素最大的是父母、朋辈、教师、校园环境等围绕在学生身边的人或环境，学生最喜欢的开展的劳动教育形式是灵活多样的参与体验式活动。因此，为提高劳动教育实效，劳动教育要遵循教育规律，结合学生年龄特点，强化实践体验，有针对性地丰富拓展劳动教育途径，

让学生在亲历劳动过程中动手动脑，提升育人实效性：一方面，要充分挖掘和利用与学生学习、生活和未来工作息息相关的资源，尤其注重学生身边劳动表现优异的普通劳动者、同学或家长，以学生最喜爱的劳动教育途径为载体，探索开发符合学生需要的课内和课外、家校和社会相结合的丰富多彩的参与体验式劳动教育实践活动。通过多方共同参与和互动，加强对学生的正向影响和引领，形成家庭、学校、社会、企业多方合力育人；另一方面，学校要围绕劳动的精神追求，发挥好、利用好劳模、工匠和行业专家等优秀人物的教育作用，树立典型，激发学生劳动热情。应遵循教育规律，根据学生年龄和心理特点，改变劳动教育的形式，让劳模、专家与学生近距离接触、互动的实践活动，通过让学生采访、演绎、讲述、做"小学徒"等实践体验形式，亲历劳动过程，从而实现劳模精神、工匠精神的"小、近、实"，提升育人实效性。通过实践体验形式的活动，领悟榜样们高尚精神和优良品质，引导学生在日常劳动实践中努力向劳模工匠学习、向榜样看齐，从而实现将领悟体验到的榜样精神和品质外显为学生优秀的劳动习惯和行为。

（四）统筹安排劳动教育时间，确保劳动教育有效性

充足的育人时间是各项教育活动有效开展的基础条件。针对目前学生普遍存在劳动教育时间严重不足的问题，学校可以根据学生特点和学校专业特色，统筹安排课内外劳动教育时间，确保育人效果。一方面，设立劳动教育必修课程，将其纳入课程方案和人才培养，结合实习实训课，对学生系统开展劳动教育；另一方面，根据劳动教育必修课程内容和学生身体发育情况，充分利用课余时间，将劳动教育与学生的个人生活、校园生活和社会生活有机结合起来，开发设计与之相匹配的形式多样、内容丰富、集中与分散相结合的、能够激发学生内在需求和动力的课内外劳动实践活动，可以开发设计与实践活动相匹配的学校、家庭、社会劳动任务清单，确保劳动时间和任务，提高劳动能力，丰富劳动体验，深化对劳动价值的理解，体验劳动幸福。

（五）建立科学劳动教育评价机制，促进学生全面发展

《中共中央国务院关于全面加强新时代大中小学劳动教育的意见》要求将劳动素养纳入学生综合素质评价体系，制定评价标准，切实加强实际劳动技能和价值体认情况的考核。[8]目前大部分学校对学生劳动表现的评价基本混同在德育评价中，没有建立劳动素养方面的专项评价体系，因此，为切实增强学生对劳动的重视程度，进一步激发学生参加劳动的热情和积极性，要对学生在校期间的劳动表现进行科学合理客观真实的评价。首先，可以将劳动素养纳入学生综合素质评价体系中；其次，以劳动教育目标、内容要求为依据，制定学生劳动素养评价标准、程序和方法；再次，可以通过开展劳动教育过程监测与纪实评价[9]，将过程性评价和结果性评价结合起来，确保劳动素养评价的客观性、真实性和有效性。此外，建议把劳动素养评价结果作为衡量学生全面发展情况的重要内容，作为资助、评优、毕业、升学、推荐工作等关系到学生重要利益和发展环节的重要参考和依据，促进学生德智体美劳全面发展。

习近平总书记强调，"劳动是一切幸福的源泉"，"用劳动托起中国梦"[10]。中等职业学校学生是新时代的建设者和接班人，是技能人才的主力军。进入新时代，中等职业学校要肩负起立德树人的重任，将劳动作为育人的新阵地和重要阵地，结合职业教育的特点，切实提高劳动育人的效果，为国家和社会培养更多具备精湛劳动技能、优秀劳动品质和崇高职业精神的高素质劳动者。

参考文献

[1] 檀传宝.劳动教育的概念理解——如何认识劳动教育概念的基本内涵与基本特征［J］.中国教育学刊，2019（02）：82-84.

[2] 新华网.习近平在全国教育大会上发表重要讲话.［EB/OL］.［2018-09-10］.http://www.xinhuanet.com/politics/leaders/2018-09-10/c_1123406247.htm

[3] 丁霞.新形势下中职学校劳动教育存在的问题及对策分析[J].轻纺工业与技术，2019(07)：73.

[4] 田静.中职学校劳动教育现状的实证研究［J］.职教通讯，2020(05)：30.

[5] 中华人民共和国中央人民政府网.中共中央国务院关于全面加强新时代大中小学劳动教育的意见［EB/OL］.［2020-03-20］.http://www.gov.cn/zhengce/2020-03/26/content_5495977.htm.

[6] 高鲁光.在中职学校开展劳动教育的几点思考[J].中职教育研究，2020(01)：22.

[7] 上海市人民政府网.中共上海市委、上海市人民政府关于全面加强新时代大中小学劳动教育的实施意见［EB/OL］.［2020-08-27.http://www.shanghai.gov.cn/nw44142/20200903/0001-44142_65562.html.

[8] 中华人民共和国中央人民政府网.中共中央国务院关于全面加强新时代大中小学劳动教育的意见［EB/OL］.［2020-03-20.http://www.gov.cn/zhengce/2020-03/26/content_5495977.htm.

[9] 中华人民共和国中央人民政府网.教育部关于印发《大中小学劳动教育指导纲要（试行）》的通知（教材〔2020〕4号）［EB/O］.［2020-07-07］.http://www.gov.cn/zhengce/

zhengceku/2020-07/15/content_5526949.htm.

[10] 央广网. 金句来了！习近平：劳动是一切幸福的源泉［EB/OL］.［2020-11-27］. https://baijiahao.baidu.com/s？id=1684499371221497932&wfr=spider&for=pc.

（作者：袁晖江 石磊 吕智敏）

青藤励志 系统赋能 梯度育人
——中职校文化育人的创新实践

上海市青浦区职业教育集团

文化育人是当前中职校办学者对落实立德树人根本任务的普遍认识和优先选择，但实践中常存在文化育人形式化、走过场，文化难以落地、入心，育人综合效能不佳的尴尬。东方传统文化中"取象比类"的思维和中医学"整体、系统"的思路为我们探索文化育人新方式、新路径、新策略提供了逻辑基础、科学内涵、实践智慧和应用价值。本文引述的"青藤励志、系统赋能、梯度育人"创新实践案例，有效破解了文化育人难落地、低效能的困局。

一、背景与问题

中职学校的生源大都来自本地区的初中毕业生及外来务工人员随迁子女，年龄跨度在15、16至18、19岁之间。这是个比较特殊的年龄段，正向青年初期过渡，是人生成长的重要拐点。一方面，这个年龄段的学生有着共同的成长倾向：认知能力发展提速，自我意识发展加快，逻辑抽象思维、辩证思维和创造思维走强。不管是"无奈"还是"志愿"进入新的类型学校，他们开始关注自己的前途，但人生目标和价值认知尚不明晰，可塑性强。另一方面，中职生这个群体又有其特殊性，他们普遍有过失利的学习经历和失落的角色体验，进入新集体后渴望被关注、被肯定，也想"过把冒尖的瘾""成为别人的榜样"，但缺乏自信心和自控力，情绪和斗志容易起伏，若得不到及时的关照和适当的引导，极易延续之前的角色体验，积聚内心矛盾，甚至出现心理失衡。

研究表明，人生虽然漫长，但紧要处往往只有几步，尤其是青年初期的那几步[1]！那是一个人价值观、人生观和世界观确立的关键期，是心智成长的加速期。

成长得怎样，要看他身处什么样的环境，接受的是什么样的人文熏陶，得到的是什么样的价值引领，经历的是什么样的心性磨砺[2]！

长期以来，中职校育人方式比较保守，或偏重说理教化，喜于宏大叙事、道德灌输，忽视中职生的内心需求和"变化"特征，学生的认知与行为严重不同步；或偏重约束式管理，好拿普高生（"邻居家的孩子"）作比较，"恨铁不成钢"，欲速则不达，学生延续失利、失落的体验。

为了改变这种局面，更为了落实立德树人的教育根本任务，中职校办学者普遍聚焦以文化人、文化育人、文化铸魂和五育并举的探索。但在实践中，学校文化理念与育人实践"两张皮"现象突出[3]。文化育人要么贴在墙上，要么喊在口上，要么搞一些主题活动，造几下声势，学生被参与、走过场。五育并举后又出现职能部门"各自为政、政出多门"现象，师生难以适从。文化落地难、文化育人综合效能不佳等问题普遍存在。究其原因，首先是文化育人方式不适切，文化本身没能打动学生内心，没能真正激发出学生成长内生力和发展力，也就是学生未能从文化实践中获得文化自信和文化自觉[4]；其次是文化活动零打碎敲，缺乏整体设计和系统架构，育人路径不多、不畅、不交，成长支持体系不健全，缺乏一以贯之的价值引领和五育融合的协同机制[5]；再次是育人策略不灵活、不开放，缺乏弹性和创意，普遍实施的"一刀切"策略、"下不为例"要求和"齐步走"做法，忽略了学生不同的成长节奏和多样的成长方式，挫伤了学生的成长愿望和意志，影响了学生的成长体验和成长质量。

我们亟须探索切合中职生身心特点和当下成长状态，能更好地落实立德树人根本任务的文化育人新方式、新路径、新策略，在文化理念和育人实践之间找到一种师生共同信赖的媒介（即文化的载体和精神价值的参照）、一个共同的价值取向，让全体师生真正激动起来、认同起来、行动起来、成长起来。我们亟须构建文化育人的整个框架体系，变革组织结构，让德智志美劳五个轮子咬合在一起，联动起来，在文化和精神价值的统领下，产生耦合效应，从而提高文化育人的综合效能。

那么如何找到这样一种媒介、一个共同的价值取向？如何找到文化育人的落脚点？文化究竟怎么育人才更有效？

二、取象比类、青藤励志，创新文化育人的方式

取象比类，是借助此类事象间的关联意义比照彼类事象的关系和意义的一种思维方式，即"把形象相似、情境相关的事物，通过比喻、象征、联想、推类等办法，使之成为可以理喻的东西"[6]。取象比类思维在象形会意的文字创造、援物比类的中医药学领域和咏物言志的古诗词创作中广泛应用，体现了直觉体悟的认知方法，反映了中华传统文化的智慧和审美理念。

圣哲孔子曾常将彻悟的生命智慧巧妙地通过取象比类、观物比德等方式，形象生动地启发后学。爱国诗人屈原创作的《橘颂》，堪称中国诗歌史上的第一首咏物诗。屈原抓住橘树的生态和习性，运用取象比类手法，将它与人的精神、品格联系起来，借物抒志、联通物我、互映彼此。南国之橘蕴含了志士仁人"独立不迁"、热爱祖国的丰富文化内涵，一句"深固难徙，更壹志兮"，将矢志不渝的橘树形象与不改操守的屈原品志叠印在了一起，被后人称颂、效仿[7]。这就是取象比类的力量！

取象比类思维给了一直在努力探寻中职校育人价值取向、学校文化根植载体和育人方式变革契机的上海工商信息学校办学者以莫大的启发。他们从校园内几株青藤坚韧的生命状态得到教育灵感和价值取向的参照——青藤，安处一隅，不受关注，但它们不挑剔生长环境，保持旺盛和顽强的生命力，不停地向前生长、向上攀越，永不放弃对向往的追求，最终形成蓬勃发展的态势并随着季节更迭，不时展现出非凡的景象和精彩的姿态，回馈一方水土——青藤的"处境"恰如当下的中职生，青藤平凡又非凡的生命状态正是教育者对中职生的成长期许[8]！

取象比类曾经是中医学的核心方法论，其思维逻辑是"观物—取象—比类—体道"[9]，它的一大特征是注重直觉、体悟[10]。观物，是主体对客体省察、体验的过程，是对客体采取仰观俯察、远眺近取的方式，是对事物的总体及其联系进行多角度、多层次、多方位的观察与直观；取象，是在反复观察、感知客观事物或现象之后，总结、提炼事物或现象的"意象"。取象的核心是象，不仅是客观事物表露于外的现象、形象，可以凭借感官直接感知、捕捉，还有客观世界的动态之象，是不断出现、不断消失、时刻变化的动态功能；比类，就是将待认知的事物与已取的"象"进行比较，以捕捉、发现二者之间的相似性，把对已知"象"的认知迁徙、转移、推断到待认知的事物；体道：通过上述比较、类比发现规律，认识其属性或功能[11]。

取象比类思维搭建的就是人与天地万物会通的桥梁和纽带[12],寻找的正是适合体道的那种媒介。应用取象比类的思路,办学者找到了青藤励志的底层逻辑(见图1),即通过对青藤植物品性的观察、感悟和提炼进行咏物言志,由物及人、由表及里,唤醒中职生的成长意识,帮助其找到直观的品性参照和适合的成长方式。学校16年磨一剑,用心打造并深耕青藤文化,用"不挑剔、不抱怨、不放弃,扎根土壤、蓬勃向上,坚忍不拔、勇敢攀越,自主发展、回馈自然"的青藤品性激发中职生成长的内驱力,用青藤满园的文化氛围培育最优化的成长生态。从此,学校文化有了"平凡,但绝不平庸"的价值引领,有了落地生根的肥沃土壤。文化育人变宏大叙事、抽象说教为具象参照、见物见人,育人方式的精准性、可接受性和有效性大大提升。

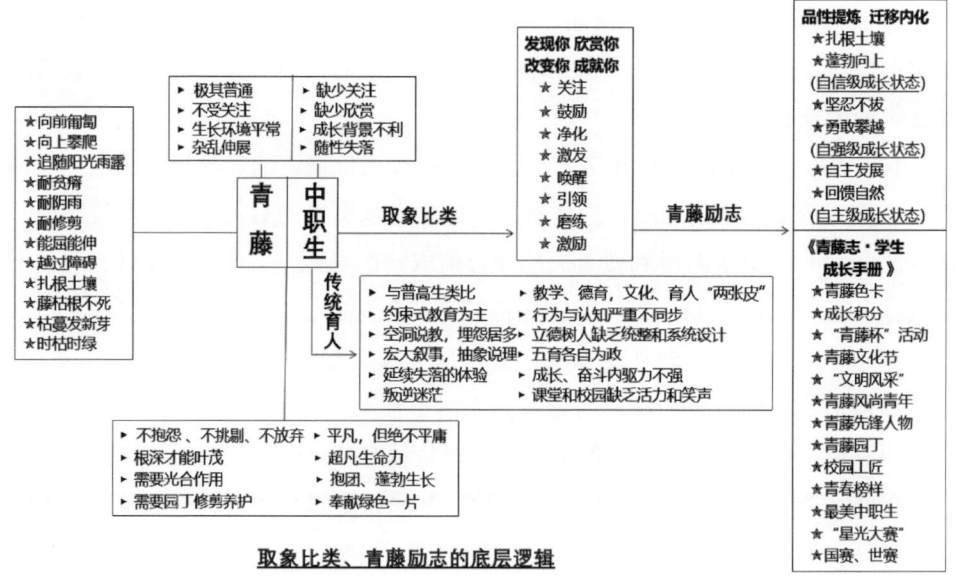

图1　取象比类、青藤励志的底层逻辑示意图

三、整体构架、系统赋能,创设文化育人的全路径

(一)三大工程、八大系统,促进五育联动和效能耦合

传统的中职校,育人渠道过于偏向德育课、班会课、主题活动,育人队伍过于偏赖德育教师、班主任,文化育人往往通过一些校园主题活动零打碎敲,缺乏整体和通盘设计,育人综合效能不佳。中医诊治中的"整体、系统思路"又一次给了工商信息人启发。学校2005年组建"青藤工作室",开展青藤文化育人顶层

设计，推进学校文化建设的三大工程（系统工程、共建工程和"熬汤工程"）[13]。至 2010 年，形成学校文化识别四大系统，后又升级为八大系统，即：学校形象识别系统、理念识别系统、行为识别系统、环境育人系统、课程进阶系统、平台支持系统、指标评价系统、管理服务系统，并衍生"青藤"文化系列：青藤苑画廊、青藤文化长廊、青藤文学社、青藤电视台、青藤广播台、《青藤》校刊、《青藤园》校报、青藤工作室、青藤沙龙和青藤讲坛等[14]。2011—2014 年，青藤文化建设向纵深推进，"青藤"被赋予"青浦的藤"（地域文化）、"青春的藤"（建设青浦、青春无悔）和"经典的藤"（中华经典文化）等内涵[15]。

学校应用中医"整体、系统"学理，将育人对象看作一个个完整、独立的生命体，将育人实践看作一个有机联动的系统，在"发现你、欣赏你、改变你、成就你"（学校教师职业承诺）中"磨揉迁革、使趋于善"（学校教育教学理念）。学校着力构建文化育人的整个框架体系，变革组织结构，让德智志美劳五个轮子咬合在一起，在文化和精神价值的统领下，联动起来：组建大思政教研组，学生处领导、班主任、德育课专职教师、家委会成员（家长代表）共同参与思政课程编制、班会课和主题教育活动设计；课程思政资源联合开发，由传统的课任教师"单打独斗"升级为集课任教师、思政教师、企业人士和学校教育教学管理者为一体的复合型团队"合力开发"；学校大型活动（如开学典礼、毕业典礼、成人仪式、文化节、教学节、技能比武、研学旅行、社会实践等）由校级层面牵头，所有中层管理部门联合整体设计，育人和文化全要素嵌入，充分发挥五育联动的耦合效应。

（二）藤架课程、文化植入，赋能课程思政

课程是育人的主渠道，但一直以来课程育人、课程思政在内在自律上缺乏一根"红线"（学校文化的价值引领）串起来，在外在他律上缺乏落地机制和评价引领抓手。上海工商信息学校因地制宜、就地取材，用农村中职生生活中常见、有情感的藤架构建五育课程体系，将青藤文化元素植入其中。五育藤架式课程群分别成 A 字形，将德智体美劳的相关课程按类别、层级分布其中，最底层为必修国家课程和校本课程，中间层为教师推荐和学生自选结合课程，最高层为完全自主选择课程。5 个 A 字型课程藤架串联成组，构成多元成长、自主进阶、行动发展的课程体系和开放系统。学校着力打造青藤文化校本课程（所有学生必修，青藤＋崧泽古文化＋青浦江南水文化）和中华经典文化讲习课程（选修，《论语》《道德经》《大学》等），推行"认藤识藤、植藤养藤、修藤护藤、展藤评藤"行动课程；着力优化评价激励机制，一是将青藤励志纳入课堂教学评价指标，在所有课程中落实"严格要求、脚踏实地，面对障碍、勇敢攀越，自主自律、合作利群"等品格品质的培养；二是实行多元融合评价，他评（学校督学、学生评教、教师评学）、自评（教师、学生）、展评（交流互学）相结合，特别关注教和学的状态。学业成绩评定，在分值等第制基础上，增加有针对性的指标评价，让学生不仅看到阶段性学习结果，更关注自己的学习、成长状态和努力方向；着力推动思政课程与课程思政双轮驱动，确保各类课程同向同行、协同共振。

青藤文化的整体构架和文化育人系统建设有效赋能中职生"自信、自强、自主"，为其社会化、职业化、个性化成长铺设了全路径（见图2）。

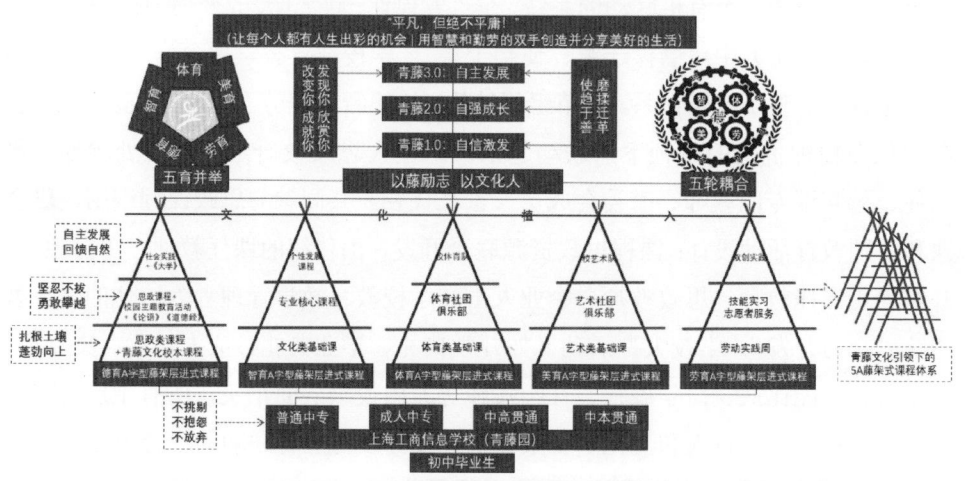

以藤励志、以文化人、五育并举、五轮耦合的育人系统架构

图2　以藤励志、以文化人、五育并举、五轮耦合的育人系统构架图

四、梯度育人、《手册》引领，优化文化育人的总策略

学校文化建设是一个"认识、培育、提炼、迁移、内化、积淀、传承和发展"的缓慢过程，不仅需要信念和韧劲，更需要智慧和策略。"治国如烹小鲜"，育人如同"熬汤"。熬汤，讲究的是食材的搭配、火候的拿捏、下料的时机把控；育人，同样需要情景的创设、时空的把握和策略的优化。

中职生处于"生变""成长"期，是一个个鲜活的，正由青少年向青年初期转型的生命体，他们有着类似的成长经历，又有着不同的个性和各自的成长节奏，因此文化育人需要遵循教育的本质规律，把握学生的心智特点和成长节奏，切忌急于求成、指望学生"一口吃成个胖子"，切忌搞一刀切、齐步走。中职生在校接受教育的时间有限，文化育人应有优先原则、序列安排和层次梯度。搭建中职生自信、自强、自主成长的"脚手架"，实施梯度育人是明智而有效的策略。

（一）梯度认知

让学生置身于藤的世界，以藤为媒，从具象的观察品赏（看得见摸得着），到抽象提炼植物品性，产生共鸣和顿悟，主动内化为精神追求，再外化为具体的行为和作品。

（二）梯度目标

一级一标、进阶攀越。低年级新生，侧重"扎根土壤、蓬勃向上"教育，从认识青藤、感悟生长状态开始，激发自信，内化"不抱怨、不挑剔生长环境，耐得住寂寞，又不甘平庸，根植土壤、枝繁叶茂、蓬勃成片"的品性、实力和团队精神以及"热爱、专注"的工匠精神，培养"绝不平庸"之心；中年级学生，侧重"坚忍不拔、勇敢攀越"教育，赋能自强，内化"奋力攀爬、越过障碍、追随阳光雨露"的品性和实力，以及"坚持、执着，追求卓越、创造非凡"的工匠精神，培养"绝不平庸"之能；高年级学生侧重"自主发展、回馈自然"教育，倡导自主发展，内化"贡献一片绿意回馈自然"感恩情怀，以及"创新创造，止于至善，欣赏分享"的工匠精神，追求"绝不平庸"之境。

（三）梯度课程

各育科目，从全体必修到部分选修再到自主研修；文化校本课程，从（学校）青藤文化到（地域）崧泽文化再到（中华）经典文化（含社会主义核心价值观）。学生一人一表、一人一册（《成长手册》），亦步亦趋、拾级而上。

（四）梯度运行

五育融合，从一育突破到五育并举再到五育联动；三圈育人，从内圈（思政课程和课程思政）到中圈（校园活动）再到外圈（社会实践）。

（五）梯度成长

学生在"发现、欣赏、改变、成就、同行、笃信"的角色切换、互学共勉中实现从状态自信到成长自信到文化自信，从自信激发到自强成长到自主发展，从社会化到职业化再到个性化的"攀越式"发展。人人都有出彩的机会，人人都能创造"平凡，但绝不平庸"的人生（见图3）。

图 3 青藤学子梯度成长示意图

五、文化育人创新实践的成效与启示

（一）立德树人整体效能卓著，取得学生全面成长和个性发展双丰收

学生全员参加植藤护藤行动课程，学习青藤文化校本课程，并养成坚持每周写观察日记和成长笔记（成长手册）、每天诵读《青藤志》的习惯。近年来，主动报名参加团校、青年党校学习和递交入团、入党志愿书，参与校内外志愿者服务的学生数逐年明显增多。连续 3 年有学生获评"全国最美中职生"（上海中职校唯一），1 人获"全国优秀共青团员"，1302 人获市级以上奖学金。学生每年获市级以上学科与技能竞赛奖近 400 项。近 5 年，各类非专业技能（文明风采、科技类等）比赛获市级以上奖项 981 项，覆盖 2000 余人次。246 件科技专利获国家知识产权局授权，获国家专利 128 个。180 人获评校级"青藤风尚青年"，97 人获青浦区"校园工匠·青春榜样"称号。

（二）文化育人创新实践全面带动学校、教师发展

教师思政课程和课程思政能力不断提升，优秀团队不断涌现。市教学法评优

中3人获一等奖，建成文化育人课程资源库（文化校本课程470门、教学案例80多篇，研究成果生成27个读本）。近5年新增1个上海市名师工作室、4个市首席技师工作室，获首届市教书育人楷模1人，获校"青藤园丁"称号60人；文化育人相关论文及成果获国家级、市级及区级等第奖25项；发表论文15篇；立项国家、市、区级课题18个。

学校建成国家改革发展示范性职业学校、上海市文明单位、上海市行为规范示范学校、上海市知识产权示范学校、上海市科技教育特色示范学校。《以"青藤"为载体，构建学校核心文化》获上海市教育系统校园文化建设优秀项目（中职校唯一）。"青藤文化"项目入编《破解难题——上海市教育系统文明单位（和谐校园）创建新历程》。《以藤铸魂育匠心》先后立为青浦区重大项目、教育部文化育人重点课题，参与国家教育部育人案例资源库建设，立项国家职业院校青少年可持续发展能力项目，入围国家教育部优秀文化建设案例50强。2021年学校挂牌教育部"全国职业院校课程思政研究中心"，《数控电火花线切割加工》获"国家级职业教育课程思政示范项目"，"文明风采"获评教育部优秀案例等。文化育人创新实践初期提出的"让课堂充满激情、让校园充满生机"的办学愿景全面达成，并升级为当前的"平凡，但绝不平庸！（让每个人都有人生出彩的机会；用勤劳和智慧的双手创造并分享美好的生活）"。

（三）文化育人的创新启示

本创新实践最大优势是因地制宜、就地取材、因材施教、精准赋能：开发了农村中职生最熟悉、最身边的教育资源（青藤植物、藤架构造、地域文化、青藤风尚青年、青藤园丁），用最直观、最切合的方式和最身边、最可学可及的榜样（青藤品性和校园先锋）引领，变空洞说教为激发引领，用整体系统的思路，变单育推进为五育融合，变少数育人为"三全育人"，用联动耦合和评价激励的机制，变低效教化为高效育人。取象比类、青藤励志、系统赋能、梯度育人的实践，创造性地应用了"人法地，地法天，天法道，道法自然""天人合一"的道家思想[16]和咏物言志、援物言理、观物比德、比附人品的东方文化理念和哲学智慧，中职生的品性品格和三观（世界观、人生观、价值观）的引领变抽象为具象，可直观参照，可视化评价；青藤系列营造的是一个文化场，八大系统构建成的是一个最优化的育人生态。青藤文化引领下的5A藤架课程体系为中职生"三化"成长搭建了脚手架，提供了全路径成长通道; "青藤风尚青年""校园工匠·青春榜样""最美中职生""青藤园丁"作为中职生可亲、可敬、可学、可及的身边榜样,引领、助推其"自信、自强、自主"成长;本实践遵循了"教学之法、本于人性、磨揉迁革、使趋于善"的教育思想[17]和中职生身心发展的规律,实施的梯度育人策略走出了"齐步走"和"千人一面"的育人误区,允许中职生有自己的成长节奏,"先上底色、逐步添色",次第出彩、各显风采。

中华传统文化注重内心的道德感悟和内省,"文以载道"、寓教于乐、以善巧方便的教化为手段成为历来遵循的传统。取象比类、青藤励志、系统赋能、梯度育人的实践,创造性地应用了中华传统文化智慧和认知理论,创新了立德树人的方式方法、路径机制和运作策略,最大限度地激发了育人者和受育者两个积极性,最大限度地发挥了文化的生态功能和场效应,提高了立德树人的综合效能。这一创新实践符合教育本质规律和学生成长规律,符合陶行知"做中学""生变、生利""生活即教育、社会即学校"的职业教育思想[18],也完全契合习近平总书记强调的"把立德树人融入思想道德教育、文化知识教育、社会实践教育各环节,贯穿各领域,体现到学科体系、教学体系、教材体系、管理体系建设各方面,培根铸魂、启智润心"的重要理念[19]。

参考文献

[1] 路遥.人生[M].北京:北京十月文艺出版社,2021(扉页).

[2] 秋山利辉.匠人精神[M].北京:中信出版社,2015:IX-XIV.

[3] 项红专.学校文化"两张皮"现象及其破解对策[J].教育科学研究,2020(10):35.

[4] 冯永刚.中小学文化育人的逻辑理路[J].中国德育,2018(23):31.

[5] 李政涛."五育融合",提升育人质量[N].中国教师报,2020(01/01):3.

[6][7][12] 谭振江.传统取象比类思维的认识与评价[J].东方论坛,2017(2017)004:113-118

[8] 史德方.中职校育人价值取向的逻辑判断和文化根植载体的理性选择[J].上海职业教育,2019(1):19-21

[9][10][11] 兰凤利.取象比类——中医学隐喻形成的过程与方法[J].自然辩证法通讯,2014(2):98-104.

[13] 史德方.以"青藤"为载体 构建学校核心文化[C].上海市教育系统校园文化建设优秀项目汇编,2010:40-41.

[14] 王弼.老子道德经注(中华国学文库)[M].中华书局,2011:65.

[15] 肖刚云 王文莉.试论欧阳修的教育思想及其当代价值[J].江西社会科学,2009(7):158.

[16] 丁水娟. 陶行知职业教育思想及其当代价值 [M]. 浙江工商大学出版社, 2018:45-50.
[17] 习近平. 在全国政协十三届四次会议医药卫生界、教育界委员联组会上的讲话 [EB/OL]. 新华网 (xinhuanet.com).

（作者：史德方）

尊重也是一种爱
上海市临港科技学校

每个学生都有梦想，每个学生都想成功，但怎样才能美梦成真，实现理想呢？老师就是他们人生道路上的指航灯、垫脚石，帮助他们看得更高、更远。而成才的过程首先是学做人的过程，但每个学生的实际情况不同，所以教育必须也要遵循以人为本、因材施教的原则，针对不同对象采用不同的教育教学策略，这就是教育学中所阐述的"因人而异"的方针。尤其是对于存在行为偏差的学生，他们的教育转化过程是漫长而艰难的，为有问题的学生建立一个帮助其进步的"小档案"，随时记录和分析教育策略是一种行之有效的方法。

一、问题缘由
（一）现状分析
李某，女，中专一年级。问题行为概述：

a. 脾气很怪，个性很强，与班上同学相处不佳，说话常伤人，老师指出她的错误时顶撞老师，有抵触情绪。

b. 在家里是小皇帝，想要什么就有什么。家长拿她也没办法，只能依着她，和家人相处也很差。

c. 凡事只想到自己，从不考虑到别人的感受，对人的看法或看问题很偏激，把他人想得坏到极点。

（二）问题归因
1. 心理特质

a. 爱哭爱闹，喜欢作弄人。

b. 在同学中喜欢引人注意和好出风头。

c. 急躁，有时难以控制。

d. 自我反省能力差。

e. "知""行"不协调。

2. 家庭状况

在家里是独生子女，从她父亲口里得知，她是领养的，本来是个很要强的孩子。在读初二的时候，她知道了自己的身世，当时心里很苦闷，就与她的班主任倾诉了这件事，班主任也向她保证保守这个秘密，绝不说出去。可在一次英语考试中，她考得很不好，却在老师评讲试卷时还在说话，英语老师就不指名地批评说："有些学生，不要身在福中不知福，养父母对她这么好，还一点也不认真学习……"她当时就非常生气，找到班主任，说她不守信用。从此就与老师对着干，上课捣蛋、逃学，什么事都做得出来。在家里也闹翻了，养父母伤痛欲绝地对她说你出去吧，这十几年就算白养你了。后来在多方亲戚们的帮助下，总算完成了九年制义务教育，上了中专，可她的怪脾气还没有彻底改掉。家长对她的教育是有心而无力，父亲有时甚至表示不想再认这个女儿。

3. 在校状况

李某刚进校时，是个成绩不错的学生，在班中排在第九名，学习目标也明确，要参加三校生高考，圆大学梦。但她没有把心思放在学习上，而且很情绪化，常因一些小事而无法学习。且只听某些感兴趣的课程，其他课上睡觉、发呆或者说话，作业不认真完成，更不用说课后做预习和复习工作了。虽然她有想把学习搞好的愿望，也不想放弃读书的机会，但不肯在学习上花时间和工夫，怕吃苦，好逸恶劳，随心所欲，所以现在学习成绩落到中下位置，对某些科目已经是不知道如何补救了。老师找她谈心，没过几天又故伎重演。

造成行为偏差的原因是复杂多样的，也不是一天两天形成的，仅就差生的外在表现和行为特点进行诊断教育是不够的，因此我觉得还得从心理方面着手研究，特别是初入中专的学生，由于青春期成长危机和长期的学习困难和失败，使得他们在学习动机和态度、学习习惯、人格适应及学习技能等方面产生诸多障碍和困扰，从而造成心理偏差，并通过思想品德、学业成绩和行为等多种形式表现出来。像我班李同学就是属于个性心理偏激型差生——个性刚强、暴躁、易怒、好胜心强。

个性特点：多疑、刚愎自用、固执己见，通常自以为是、自视甚高；较武断、冲动、激进；而且急躁易怒、缺乏自制力；对人对事看法偏激，心理不健康。

这类差生存在的主要问题是思想狭隘、偏激。感情易冲动，自我控制能力差。在自负的外表里潜藏着较重的自卑心理；并容易产生逆反心理。其形成的主要原因是成长过程中家庭教育不当，表现在教育方法单一，手段粗暴，缺乏耐心。父母没有注重日常对子女的教诲，没有帮助引导他们形成良好的道德行为和正确的人生观，使得他们把所有认为不对的人或事缺乏正确的认识与态度。

二、目标制定

通过这些心理方面的分析，可以帮助我们更有效地抓住教育突破口，找出问题的关键所在。刚开始接触李同学时我也做了不少细致的工作，比如引导她多体谅妈妈的艰辛，在与同学闹别扭时多站在同学角度去看问题等，但效果都不太明显，有时往往事与愿违，好心办坏事。原来我们并不真正了解她的个性特点，后来我借助了心理学上的有关知识，在做学生的思想工作、解决学生的思想问题时，有针对性地进行教育，取得了一定的效果。我问她想要实现自己的大学梦吗？她肯定地回答："当然想。""那我们来一个君子协定：老师保证你能上大学，而你也保证不再做违反校纪校规班规的事，好好用功读书。"她爽快地说："好的。"

三、教育过程

（一）晓之以理

首先帮助李某了解自身思想品德状况同社会要求之间的差距，启发她认识自己接受教育影响，实现思想转化的需要，从而产生接受教育和进行自我教育的内在动力。通过摆事实讲道理，帮助她理解和掌握社会要求的思想观念和行为规范，分清是非善恶，明白事理，提高思想品德认识。我给她列举了好几个我亲身经历的教育案例，让她慢慢意识到自己的无理取闹、目中无人、为所欲为是不对的。要想实现自己的理想，必须脚踏实地。

（二）动之以情

具体地说就是要真诚地尊重、信任、关怀她，不管她犯了什么错误，得首先应该尊重她的人格，从而实现情感沟通，防止和消除她在心理上的隔阂和障碍。我进行家访，了解她在家的表现。记得第一次去她家里，她压根儿不欢迎我，对我很敷衍，她母亲也对我不冷不热的。虽然效果不佳，但至少他们能认可我的观点。过了一阵子，我叫她父亲来学校，向他反映他女儿在校表现，多讲她的闪光点。从她父亲处了解到，其实他很疼爱女儿，只是教育方法过于简单，说话比较冲，他女儿也说爸爸非常疼她的。李某的表现也时好时坏，有一次，又犯错误了，总是上学迟到，问她什么原因？她会胡乱编一个，那次，我就直接到她母亲单位里去了解情况，她母亲一边流着泪一边对我说："我也是拿她没办法呀！只要她不出大事就行了。老师也让你多操心了，实在是不好意思。"从她母亲那里了解了真实情况后，我再问她的时候她也就无语了。

（三）树之以信

我指出她的爱表现、爱出风头的心理原因，是青春期的正常现象，但怎么把握适当的度是关键，在什么地方表现，怎么表现很重要，要想得到大家的尊重，靠的是自己的实力。有一次期中考试，她语文考得很好，我抓住机会在班里大大表扬了她，她的脸上露出了久违的笑容。从那以后，她好像换了一个人似的，上课开始认真起来了，看见我能主动和我打招呼了。只要发现她有一点点进步我就表扬她。她也好像找回了自信，上课也认真了，作业也认真做了。这时我找她谈心，问她："你的目标是什么？"她毫不犹豫地回答道："上高复班，参加三校生高考，圆我的大学梦。"我说："那挺好呀！有目标就有希望，但关键是要付诸行动，你能做到吗？"她满怀豪情地对我说："老师你放心，只要我努力肯定行。"我笑着对她说："老师一直深信你一定行的！"她高兴地离开了办公室。在搞班级活动时也多给她发挥自己能力的机会，并积极支持她的合理想法，在同学中树立她的新形象，也增进了她的自信心。

（四）导之以行

我向她提出明确的行为要求，并说明要接受老师和父母的监督，给她制度和环境的约束。明确如何正确有效地调节和控制自己的行为，使她从"他律"向"自律"转变。她上学总是迟到，还随便逃课。我先给她分析这样做的危害性，让她明白老师为什么不准她这样做的原因。其二，和她家长及时沟通，双方相互配合，一起杜绝这种行为。在我们共同努力下，她从一开始的为迟到说谎到慢慢地不再迟到，也不再逃课了。

四、教育效果

李某同学在班主任和风细雨般的关心教育下，她那封闭的心结终于被解开了，她好像换了一个人似的，上课也认真了，碰到不懂的地方就问同学和老师。她还挺会体贴人，因此也深受同学的喜欢。通过自己的努力，在三校生自主招生考试中就被录取了，圆了她的大学梦。她兴奋地对我说："谢谢老师一直以来没有放弃我，让我实现了自己的理想。"

五、分析反思

其实现在中专生中存在许多不容忽视的心理问题，这些心理的问题既影响他们健康个性的建立，也妨碍他们社会化的过程，在一定程度上致使他们的学习、行为、生活能力的发展受到阻碍。所以作为教师要懂得学生在这一时期所存在的成长危机和心理矛盾，使用恰当的教育方法，避免这些学生形成更加严重的各方面偏差，从而全面转化差生。

老师应该尊重爱护行为偏差生。美国作家爱默生说："教育成功的秘诀在于尊重学生。"因此，尊重是爱的具体表现形式，是建立师生感情的基础。在学习中，学生的情感得到的尊重，他们潜在的能力得到充分的释放。尤其是对偏差生的尊重更是对他们一种最大的激励，也是给了他们一种向上的动力。教师的尊重和爱护会使学生感到温暖。只要我们教师多给他们一份爱，每个人都来关心、爱护他们，促使他们向积极方向转化，是完全能做得到的。

（作者：张平）

依靠集体的力量规范自己的行为
——一堂职业道德课的教学案例

上海市临港科技学校

一、案例概况

在我的印象中周一早上，学生因为两天没有见面，有许多新闻和消息要交流，同学们往往比较兴奋，一时静不下来而听不见上课铃声。尤其是一些比较活跃的班级更是如此，等到老师进去了才想起回到座位拿课本。

可这次星期一的第二节课，当我踏着铃声走进教室，里面出奇地安静。同学们都端端正正坐在位置上，等着老师上课。我非常高兴，当场就表扬了他们"现在的你们真好，一个个安静地坐在自己的座位上，只有一位同学站着，看来前一节课的教育是有效的。"话音刚落,一位男生就说了:"老师,这是她个人的事,与我们无关。""这是她一个人的事,与你们无关?"我反问道,"是啊。"同学们异口同声地说。"老师,你别理她,我们平时都不理她的。""她很怪的,从不参加班级的集体活动。"

看来同学们没有意识到这是一个集体,个人的行为必须符合集体的要求,他们还不能从集体的角度来分析事情,这样对将来的生活和工作是有害的。对于从小是独生子女的他们,缺少集体意识是可以理解的,但是作为教育工作者就有责任引导他们树立集体主义的意识,于是我就从集体和团队合作方面帮助学生树立集体主义的思想。

"那好,我给你们举个例子:如果在战场上,有一支侦察队摸黑来到敌人的哨岗前,战士们都屏住呼吸,静静地隐蔽在树丛中,等待指令。可这时有一位战士突然咳嗽起来,你说结果会怎样?""这下糟了呀,会被敌人发现的。""更重要的是影响整个战略计划。"同学们小声地说。"确实如此。""那我们还有没有因为个人的行为而影响集体的事呢?"我再问,"有",一位男同学站起来说,"比如足球比赛、排球比赛等,都需要大家齐心协力的"。"还有,还有",一位女生也迫不及待地说,"我们的跳长绳比赛也要大家一起努力的"。同学们七嘴八舌地说开了……这时,刚开始站着的那位女生举手说:"老师,我不是故意的,是后面的同学叫我才站着的。""那好,今天我们就讲讲《如何依靠集体的力量规范自己的行为》。"

人生活在集体之中,集体是许多人组成的有组织的整体。各成员之间不仅有共同的目标、共同的利益和共同的活动,而且彼此之间联系密切,具有明确的组织任务。成员不仅要认识到集体活动对个人和本集体的意义,而且还要认识到对组织、对整个社会的意义。

下面我们做一个游戏:

环节一 做一做:游戏——协力站起

让学生以男女生为单位,先二人背向勾肘,坐地,然后不松臂用脚的蹬力和顶背的反作用力站起来。接着可三人勾肘做,四人做,五人做,看哪个小组站起的人多则为胜队。并告诉学生,此游戏吉尼斯的记录为32人,要想站起的人多,必须同心协力,配合默契使巧劲。

游戏开始了,男生们不怕脏,一下就坐到地上,先是两人,后来人数越来越多。一个、二个、三个……有八位男生顺利地完成游戏。女生也不甘示弱,纷纷上去参与游戏,而且人数超过了男生。最后还是女生赢了,她们高兴地跳了起来。

游戏结束后,我问同学们感觉怎样?如何才能使大家一起站起来?他们说:"一定要齐心协力,团结一致才行。""所以,我们在日常生活中也只有依靠集体的力量,在同学的帮助下,我们才能更好地规范自己的行为,更好地执行自己的职业生涯规划。"

一堂课在轻松的气氛中结束了,同学们还意犹未尽地在那里讨论利用课间将继续做游戏。通过游戏,同学们深深地体会到,只要其中一个人不协作,那么游戏无法完成。所以游戏使学生进一步深切地感受到只有共同目标明确,成员之间稳定合作、相互友爱,集体才有力量,集体才会成功,成员才会成功。

环节一 案例评析

通过本课的教学,我觉得,对于现在的00后独生子女,他们从小缺乏集体意识的培养,在家里往往是小皇帝,大人们是以他们为中心在转,也难怪平时以自我为中心居多。然而现实是:现代的社会,要想成功都需要通过团队的合作才能完成,即使个人创业同样离不开周围人的帮助。就像我们学生将要从事工作的一些企业,无论是高管、技术人员还是普通员工,都必须齐心协力,以集体利益为重才能在竞争中取胜。依靠集体的力量规范自己的行为教育就是使学生形成集体主义观点,培养学生关心集体、关心他人、助人为乐的思想情感和善于在集体中生活的教育。因此,作为教师有责任为学生创设集体氛围和培养学生集体主义的意识。

三、思考和启示

集体是个人成长的摇篮,它为个人的成长提供了必不可少的条件,如果脱离了集体,个人就成了无源之水,无本之木。个人是组成集体的最基本因素,集体的发展要靠每一个成员的努力。这就如同一座高楼大厦要由一块块小小的砖头砌成一样,因而说,个人是组成集体的活细胞,没有这样一个个活的细胞,就不可能有任何集体的存在。在进行德育工作的过程中,应坚持课堂主渠道的引导和课外实践活动的锻炼相结合的原则,积极探索学校集体主义教育的新途径。

（一）充分利用课堂教育的主阵地作用，通过集体的力量规范自己的行为

我们可以利用学校的德育测评分来激励学生从集体的角度出发，规范自己的行为。如：在进行职业礼仪规范的教学实践中，老师就是以小组为单位对学生进行评价。因此，在上课前，同学们就相互鼓励一定要坐得端正和规范，尤其会提醒平时几位比较随意的同学一定要注意自己的言行，以集体为重。由此可以看出依靠集体的力量规范自己的行为效果明显，使学生认识到我们是生活在整个集体中，没有一个人是生活在真空的，那些看起来纯粹属于个人的行为，实际上常常会影响到自己周围的人。

（二）组织学生积极参加学校和班级的活动，深化集体主义教育

我们学校每年举办校园文化艺术节活动。在艺术节期间，除了卡拉 OK 比赛、书法比赛、小艺术作品展及大型文艺演出外，还组织学生诗歌朗诵、辩论赛等丰富多彩的活动，这些活动既发挥了学生特长，又增加了学生乐趣，学生们都以自己能为班级争光而自豪，这是进行集体主义教育的很好的载体，从而深化了集体主义教育。

（三）开展社会实践活动，升华集体主义教育。

社会实践是使学生巩固、加深、扩大知识面，充实丰富精神世界的"第二课堂"。通过组织学生参加社会调查、参观访问、去社区或敬老院做志愿者等学生社会实践活动，帮助学生了解集体，认识社会，把理论和实践有机地结合起来，从感性知识上升为理性知识，提高了思想深度和认识水平。

集体主义的教育不是一朝一夕的事，需要我们全社会的共同努力。我们不仅在课堂上要用灵活的教学方法使学生认识到自己是集体的一份子，自己的言行会影响到整个集体的利益，使他们学会自我发现、自我教育、自我提高。更要结合学校德育渗透要点，通过学校集体活动、社会实践等第二课堂使学生能通过集体的力量规范自己的行为，不断培养学生集体主义情感，增强集体主义信念，提高集体主义觉悟。

（作者：胡剑萍）

基于中职思想政治学科核心素养的议题式教学

上海第二工业大学附属浦东振华外经职业技术学校

一、实施背景

2020 年 2 月,《中等职业学校思想政治课课程标准(2020 年版)》(以下简称新课标)正式颁布。新课标提出构建以培育思想政治学科核心素养为主导的活动型学科课程。活动型学科课程的显著特点是将学科内容与活动结合起来,而议题式教学就在学科内容和活动之间架起了一座桥梁。要想把中职政治课打造成活动型学科课程,必须要通过议题式教学来创设真实问题情境,在情境之下设计系统化、结构化的问题和活动任务,为学生提供主动体验、亲历社会的机会,使学生在合作探究中得到发展,促进学科核心素养的培育。因此我们决定以"基于中职思想政治学科核心素养的议题式教学研究"为课题,以期为一线教师的议题式教学设计和应用提供一些参考。

二、实施过程

我们以《习近平新时代中国特色社会主义思想学生读本(高中版)》第 1 讲第 2 课时"新时代孕育习近平新时代中国特色社会主义思想"为例开展课例研究。之所以选择这个框题,是因为一方面中职思政课的新课标已有,但是新教材还没有实施(2022 年 9 月 1 日起实施),思想政治课程就是以"习近平新时代中国特色社会主义思想为指导",从 2021 年 9 月 1 日起《习近平新时代中国特色社会主义思想学生读本(高中版)》已进入中职思政课的教学实践中,同时本框具有时代性和引领性,在思政课教学中有较强的代表性,本框内容整合后有系统性,在一堂课的教学中能够展现教学的多个侧面,便于尝试议题式教学的多种策略。同时,课题组希望在本课例的研究中验证"围绕学科概念构建议题框架—根据教学目标确定教学任务—立足时代生活选择议题情境—遵循认知逻辑设计议学活动"的议题式教学法的教学效果。

(一)学情分析

在本研究中,授课教师为笔者本人,课题组成员共同完成教学方案的设计、修改、实施、评价、反思等一系列的教学与研究工作,受教对象为振华职校的 2016 影视班、2017 网信班和 2018 网络班。学生的学情如下:

（1）课前通过问卷星向学生发放了问卷调查，第1题是习近平新时代中国特色社会主义思想的主要创立者是谁？第2题是你了解习近平新时代中国特色社会主义思想的主要内容吗？

从问卷调查结果可知，学生缺乏基本的政治认知。学生问卷第1题的正确率是100%，但是第2题100%的学生回答是不知道。可见学生对习近平新时代中国特色社会主义思想的认知还是模糊阶段，缺乏基本的政治认知。

（2）这些班的学生思维活跃，初步具备分析历史社会现象的心智和能力，能够形成对历史史实的基本评价和理解。能对教师提供的文本和视频资料进行分析。

议题式教学对他们来说很新鲜，让学生感到既陌生又期待，这种新鲜感能激发学生的好奇心和求知欲，利于议学活动的展开。

（二）方案设计

课例名称：新时代孕育习近平新时代中国特色社会主义思想

核心议题：如何理解习近平新时代中国特色社会主义思想的伟大之处？

情境主题：新时代新答卷

【教材分析】

"新时代孕育习近平新时代中国特色社会主义思想"是习近平新时代中国特色社会主义思想学生读本（高中版）第一讲的第二框，第一框是中国特色社会主义进入新时代，第三框是习近平新时代中国特色社会主义思想引领新时代，因为新时代产生新思想，新思想引领新时代，所以因为这一逻辑，本框是承上启下的作用。本框阐述了习近平新时代中国特色社会主义的形成、主题和主要内容，学习本框有助于坚定对伟大思想的信念。

【教学目标】

（1）通过时代出卷、中国答卷、人民阅卷、时代评卷等多个环节让学生在议学活动中了解习近平新时代中国特色社会主义思想产生的背景，掌握习近平新时代中国特色社会主义思想的核心内容，理解习近平新时代中国特色社会主义思想的主题。

（2）以"我的答卷"的参与式主题微演讲进一步增强坚持和发展中国特色社会主义理论和道路的信心和自觉性，培育政治认同。

【教学过程】

环节一　时代出卷

教师通过播放视频《时代之问：世界怎么了》，提出子议题1：当今世界正在经历怎样的百年大变局？学生分为四大组，分组讨论、商议习近平新时代中国特色社会主义思想产生的时代背景，并推荐一名组员回答问题。通过了解当今世界正在经历的百年大变局，帮助学生理解习近平新时代中国特色社会主义思想的时代背景，习近平新时代中国特色社会主义思想并非凭空产生，而是时代的产生，伟大的朝代产生伟大的思想。

环节二　中国答卷

教师通过PPT展示表格"八个明确"和"十四个坚持"，提出子议题2：习近平新时代中国特色社会主义思想是如何回答"时代之问"的？让学生先阅读读本相关内容，每组推荐一名同学填写空格内容，因为"八个明确"和"十四个坚持"是习近平新时代中国特色社会主义思想的核心内容，内容多、理论性强，制作成表格让学生填写，使学生感受到习近平思想为时代提供的中国智慧、中国方案。

环节三　人民阅卷

教师通过播放视频《国庆街头采访　市民表白祖国》，视频中不同年龄、不同性别不同地区的市民对祖国的表白，让学生感受到进入新时代人民生活的各方面都有了很大提高，提出子议题3：习近平新时代中国特色社会主义思想给我们带来了怎么样的获得感？分组商议习近平新时代中国特色社会主义思想对人民生活的影响并分享习近平思想给同学带来了哪些切实的获得感。

环节四　时代评卷

教师通过播放动态演示图《IFs世界GDP动态演化与经济预测》，通过给学生展示中国和其他国家GDP世界排名变化动态，让学生感受到中国的飞速发展，提出子议题4：我国这几年发生了哪些喜人变化？小组商讨，每组派一个代表进行汇报。

环节五　我的答卷

设置一个活动：开展习近平思想主题教育微演讲，由两位同学朗诵《奋斗正青春，青春献给党》，其他同学在最后齐声朗诵："请党放心，强国有我！"结束本课。

本环节强调了习近平新时代中国特色社会主义思想对青少年的影响。时代出卷、中国答卷、人民阅卷、时代评卷、我的答卷5个环节论证了习近平新进代中国特色社会主义思想的伟大。

(三)课堂观察的重点和工具

本次课例研究,由4名教师负责课堂观察,两两一组分别采用教学设计观察表、议题式教学课堂综合评价表、座位表和课后访谈的方法作为观察工具,重点考察教师使用议题式教学法对学生学习的影响。

(1)依照教师的教学设计,了解在课堂的预设之外生成了什么、为什么会有这样的生成,以及怎样改进原有的教学设计。

教学设计主要包括教材分析、学情分析、教学目标、教学重点难点、教学思路、教学过程(包括本框的核心议题、教学环节、子议题、教学情景、教学活动、设计意图)。

(2)议题式教学课堂综合评价表。

议题式教学课堂综合评价表从教学环节,评价维度、评价内容和标准方面进行设计,评价维度涉及教学内容、教学目标、议题价值、情境水平、活动设计、任务完成、教师素养等方面,每个维度有具体的评价内容、评价标准和分数。最后给这个教学设计以总体评分和反思改进之处的说明。

(3)座位表。

为方便观课教师了解不同程度学生的学习情况和困难所在,在座位表上用相应的符号对班级的学优生(用"★")和学困生(用"▲")进行标注,观课教师在进行学生抽样观察时可以根据这些标注选择恰当的观察对象。

(4)访谈提纲。

课后课题组找了5位学优生和1位学困生,做了访谈,关于学生喜欢的教学方式、本节课活动设置的看法和这节课的收获,以及对本节课的建议,以调查议题式教学的教学实效性。

(四)教学中存在的问题

经过第一轮课堂教学实践,课题组发现课堂教学时间明显不足,第一环节的教学浅尝辄止,没有充分展开,教学设计必须力求精炼。另外,教师们发现,部分环节的教学需要作有效调整,主要表现在以下几个方面。

(1)在每个环节的活动阶段中,出现这样的一个现象:每组参与率均较高,讨论较激烈,有人负责小组汇报,但是各组汇报内容有所雷同,如果想让后面的同学尽量不要重复前面已回答的内容,内容需要更丰富些。建议在布置任务时可以从经济、政治、文化和国防等选一个角度回答,这样就避免了答案雷同。

(2)在第5环节"我的答卷"中,在开展"习思想"主题教育微演讲时,学生在演讲环节参与度很高,但仍存在不足之处。

第一,两位朗读的同学课前准备过,台词是学生事先准备好的,教师并不真正了解习近平新时代中国特色社会主义思想对每位"朗读者"的影响程度。

第二,从教学目标可以看出是以"我的答卷"的参与式主题微演讲进一步增强坚持和发展中国特色社会主义理论和道路的信心和自觉性,培育政治认同,不能以演讲的形式来评价。

基于此,对这一环节的设计需要作重要调整:以"奋斗正青春,青春献给党"为主题,出一期黑板报,每个人把自己的答卷用几句话或者一幅画表现出来,写在卡片上,形成班级的答卷,并进行互评,让这份答卷扎根在学生心里,激励着学生砥砺前行,如果时间允许,最后可以再让这两位同学朗诵《奋斗正青春,青春献给党》这首诗,这样可以让所有的学生都参与其中,激发学生的学习兴趣,提高教学效率。此外,还可以组织学生对"我的答卷"进行评价时,教师应当有所引导,为学生提供一定的评价标准,通过板书或多媒体强化评价标准,减少学生评价时的随意性,从而提高学生增强坚持和发展中国特色社会主义理论和道路的信心和自觉性,培育政治认同。

到了第二轮和第三轮的教学实践时,教师已有明显的进步。上述教学环节的教学方式都有所改变。不过整体而言,这一轮的课堂实践时间仍不足,讨论不充分,课题组认为按照原先的教学设计,不需要省略课堂讨论环节,那么本研究最好用45分钟展开,这样师生双方可以有充分的时间完成这一教学任务。除此之外,教学也出现了有待改善的新问题。在第四环节:时代评卷时,当让学生讲一讲"这几年你身边还有发生了哪些喜人变化?"时,有些学生谈到了"物价越来越高""房价越来越高"等,可能由于时间关系,教师并未回应学生的问题,而是步步引导,最后得出"习近平思想带来了中国的飞速发展"的道理。显然教师的做法遮蔽了学生对生活的真实感受,以后的教学可以充分展开这一环节。

(3)本框教学目标设置合理明确,体现了政治认同核心素养,但是本节课缺少学习评价。因为学科核心素养作为人的内在品质和能力,不可直接观测和度量。以后应根据课程标准的要求,进行可操作的对学生学习的评价设计。

三、成效与反思

(1)对《习近平新时代中国特色社会主义思想学生读本(高中版)》而言,

读懂读本不是目的，而是工具，学生在教师的指导下通过阅读、学习，不断加深对读本的学习和理解，认同习近平读本的思想才是目的。因此，读本的教学并不必然是枯燥无味的，教师需要注重方法指导，为学生的学习提供多样化的支撑。因此，教师必须在理论和学生已经认知之间搭建支架，帮助学生深入学习，本课以富有代入感的设计，将相对遥远和枯燥的知识与生活联系起来了。

（2）思政课要敢于直面学生的真实问题，与学生共同探讨现实问题，回应学生关注的问题，给予正确的引导，这样的思政课才能触及学生的灵魂，能够"入脑入心"，拆除学生的"心墙"，要把联系社会现实和学生思想困惑联系起来，把课堂搬到现实的广阔天地中去。

（3）议题式教学重点在于议题，一个好的议题能够启发学生思维，使教学活动始终围绕学科任务展开。本课例在设置了"如何理解习近平新时代中国特色社会主义思想的伟大"这一核心议题的基础上，分别设置了4个子议题。该课例的议题始终围绕主题展开，层层深入展开议程，议题设计既凸显了议题式教学的主题性，又体现了议题的层次性。

（4）教师的教，必然体现在学生的"学会"。如何知道学生学了且会了，需要教师寻找证据来说明自己的教学行为达到了教学目标。所以议题式教学中必须对学生的学习过程及学习结果进行评价，做到教、学、评一致。下一阶段的教学实践要重点研究学生课堂活动表现评价量表。

（作者：徐爱琴）

二、抗疫保学篇

两年多来，面对新冠病毒的施虐，"停课不停学"是广大师生在凶险的疫情面前，给党和人民交出的一份用实际行动写就的答卷。借助于在线开放课程，师生们虽然不能面对面交流，但在老师们远程激励和精彩课程的吸引下，学生们学习热情不减。疫情下，特殊教育也不例外，中职特教班的教师以对学生高度负责的精神，探索针对特殊学生的线上教学的路子。

《仓储作业实务》在线开放课程建设探索与实践

上海石化工业学校

2016年，教育部《教育信息化"十三五"规划》提出，预计将于2020年基本建成符合国家现代化教育发展目标"人人皆学、处处能学、时时可学"的现代信息化教育体系。在线开放课程正是这个大背景下蓬勃发展。新冠肺炎疫情期间，各学校积极开展在线教学，贯彻落实教育部"停课不停教、停课不停学"的通知精神，各层次的在线开放在此期间发挥了巨大作用。开放课程具有开放性、共享性及丰富性等优势，实行的是线上线下混合运行模式，能满足个性化人才培养的需求。

《仓储作业实务》是物流专业核心课程，通过本课程的学习，学生具备通用仓储作业岗位的基本职业能力，为学生就业和职业发展奠定基础。上海石化工业学校（以下简称我校）物流专业将本课程作为上海市中职校第二批精品课程进行建设。该课程采用校企合作共建的形式，配套的课程标准、课程实施方案、试题库等资源较为完善，所有课程资源已经在课程网站公布。该课程有了一定的基础，建设在线开放课程对原有课程标准、教学资源进行进一步的优化，与现代仓储紧密结合，切实提高学生职业能力。

一、建设思路

对企业和学生进行充分调研的基础上，召开企业专家访谈会，对企业所需人才岗位及岗位群进行工作内容分析，确定岗位群所需的专业知识及素养。分析和提炼典型工作任务表，形成代表性工作任务分析表。最后按照工作过程思维分析汇总每个代表性工作任务的职业能力要求，最终输出每个职业岗位对应的代表性工作任务及职业能力要求。

二、建设内容

依托市级在线开放课程平台，本轮课程主要进行以下几个模块的建设，课程信息模块：教师团队、课程整体设计、课程标准、教学计划、课程介绍、课程评价。课程资源模块：视频、动画、微课、PPT、教案、题库、作业库、试卷库、课程考核方案。课程管理模块：教师团队的管理、课程管理、班级管理。互动教学模块：预习检测、课堂即时反馈、测试、学生答题情况统计等。具体内容如下。

（一）课程标准

课程标准选取将从以下3个方面进行：

（1）以岗定学。把社会和物流企业对仓储人才的真实要求引入教学过程。

（2）以技定学。通过对仓储工作过程的分析，确定核心工作岗位和典型工作任务，并经过归纳整合，设计两大教学项目，开展项目驱动、任务导向的教学做一体化教学，重点培养学生的服务能力和灵活处理突发事件的能力。

（3）以德定学。在课程融入德育及综合素质的提升教育，是打造高标准的仓库工作人员和基层管理人员必不可少的环节。

课程标准,具体将包括但不限于课程的教学目的、教学任务、教学内容的结构、模块或单元教学目标与任务、教学活动，以及教学方法上的基本要求等。

（二）教材建设

结合仓储工作流程和岗位职责标准，邀请企业现场专家和课程建设专家共同参与研讨和课程改革，进一步完善《仓储作业实务》立体化教材。

（1）在开展教材编写之前，将依据教材主要建设内容，深入物流企业开展相应工作岗位及流程的调研，收集企业相关作业视频、技术文件、作业流程、作业图片等素材，为真正实现理实一体教材的编写奠定基础。

（2）将结合校方老师的意见及课程标准，共同确定课程的教材大纲。待教材大纲确定好之后，根据教材定位、选用的主要的教学方法确定教材的体例结构，并有校方进行审核，最后双方共同确定好教材的体例结构。

（3）待教材的体例结构定好之后，项目团队提供专业的资源研发人员开展教材样章的编写，编写好之后交由校企双方相关负责人进行审核，项目团队依据审核意见对教材样章进行修改，直至符合要求。

（4）待教材的样章定好之后，由项目团队提供专业的资源研发人员开展整本教材的编写，编写好之后先由编写人员进行交叉审核，交叉审核并修改后，直至定稿。

（三）电子课件建设

基于以最小教学单元为制作单元进行制作开发课程教学课件，以工作任务为建设原则，以教材为开发基础，辅助教学，同时突出教学思路。电子课件及配套教案开发内容如图1所示。

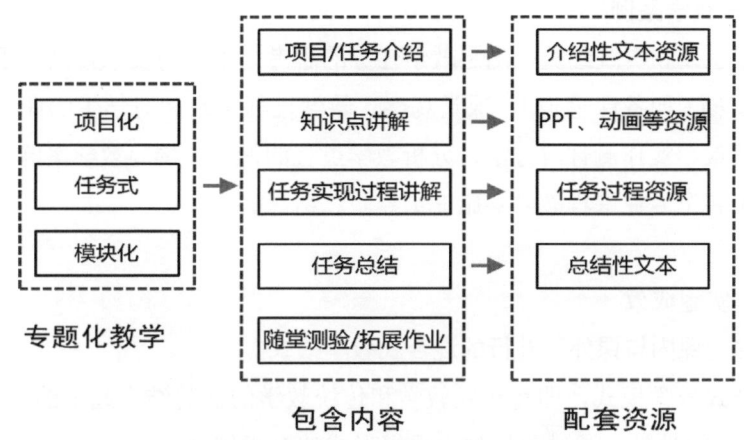

图1　电子课件及配套教案开发内容

（四）视频建设

拍摄教学片断和制作动画类和拍摄类等多种类型的微课，教师与网络平台的技术人员就课程设计及教学实施，直至章节场景的设定拍摄到后期的编辑、剪辑进行充分沟通、反复确认直至完成。

（五）动画建设

根据教材知识点目录，进行重、难点知识点提取（多媒体知识点），确认多媒体资源制作范围；研讨并确认各多媒体知识点适合的表现形式（视频、二维动画、三维动画、3D模型或其他），力求以最适合的方式，展示该知识点，以解决教、学实际困难为出发点制作多媒体资源；对接企业多媒体资源制作团队，编制适合其操作的多媒体资源制作脚本。用通俗的语言来描述专业的知识点，方便资源制作团队理解并制作出符合要求的多媒体资源；辅助企业多媒体资源制作团队进行多媒体资源制作及修改。

（六）电子试题建设

依据课程教学内容，制作试题及对应答案，按照一个项目一套题进行制作，共计不少于200道。题型可以包括单选题、多选题、判断题、填空题、简答题、计算题等。单元作业能够考核各单元知识的重点难点，按时发布给学生完成，再由学生完成后上传网络平台；考试环节由教师在网络平台发布，学生在规定时间段内完成，再由教师在网络上批改打分。通过观看网络平台课程视频，学习知识内容，完成并提交网络作业，学生能够具备掌握仓储作业的各项技能水平。

（七）教学案例

根据建设和实践经验，确定教学任务的思考力水平与要求，结合平时积累的资料如文档（如备课笔记）、课堂观察、教学过程实录和对学生的课后调查，通过深度访谈、实作测评等方法，分析教学过程的得失，撰写教学案例，为今后本课程乃至整个专业课程教学实施提供经验总结。

三、实施成效

（一）"课内与课外"并行的混合式教学模式

混合式教学模式，即将在线教学和传统教学的优势结合起来的一种"线上"+"线下"的教学。通过两种教学组织形式的有机结合，可以把学习者的学习由浅到深地引向深度学习。在实际教学过程中，本次《仓储作业实务》开放课程建设，采用了充分利用线上平台和课堂教学相结合的模式（见图2）。每次课前通过开放课程平台发布问题让学生参与课堂教学，学生可以在平台上在线点击视频自主学习、参加测试，可以用手机观看教学视频等资料，同时学习者还可以在平台提交作业、激发学生的学习兴趣，从而有效地突破了教学难点，增强了教学效果，活跃了课堂气氛。课中先由任务背景引入本课次的任务，任务实施时由教师对本次任务的理论知识进行讲解，并对操作部分进行演示操作，学生分组完成实战演练，后面进行任务评价，根据学业成绩统计表及主观评分量表，对本课次任务完成情况进行评价；最后课堂小结和布置作业，以便于对本课次所学内容进行考核。

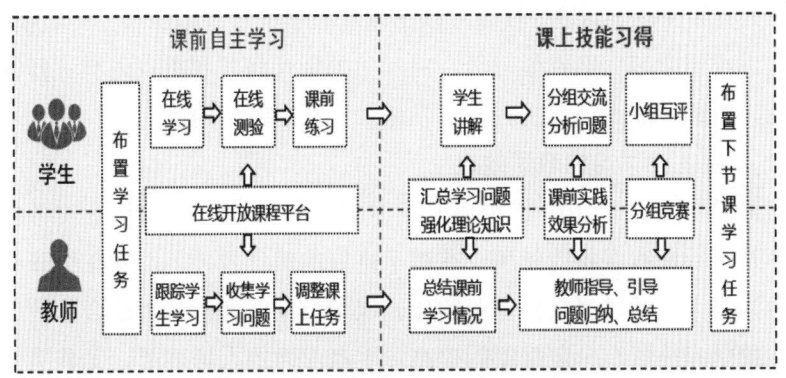

图 2 《仓储作业实务》课程教学模式

（二）课前、课中和课后三位一体的教学活动组织形式

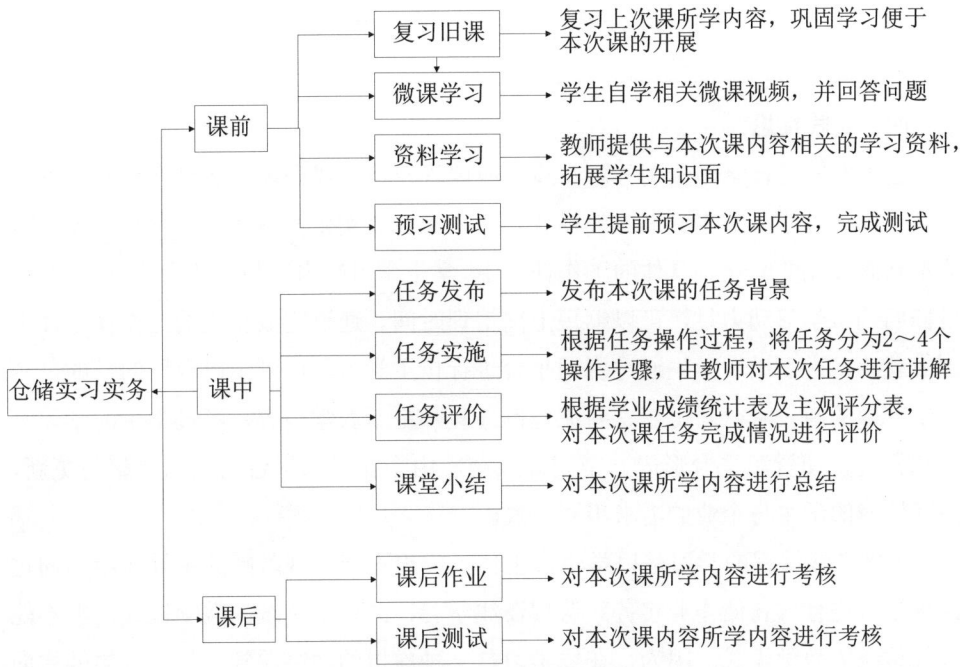

图 3 仓储作业实务教学流程图

教学活动可以分 3 个阶段，即课前的准备、课中的实施和课后的强化（见图3）。课前学生按照教师提前发放的学习任务单，自主安排学习的时间和地点，通过线上视频、资料、在线习题等资源进行自主学习和测试。在自学中学生可以将疑难问题通过平台提出，通过师生间及生生间的在线讨论、交流，解决一部分问题，而对另一部分疑难问题，教师可以在课堂教学中通过组织学生开展情境设置、任务驱动、小组学习、案例学习等，对学生的疑难问题和重点内容进行答疑及讲解。最后，再通过能力训练的方式，强化知识在实践中的运用。

（三）学生主动学习的教学效果

在线课程使用通过 2017 级物流专业 30 名学生，对《仓储作业实务》课程课前、课中及课后在线课程的使用，获得了良好的教学效果。本次在线开放课程平台功能更为强大，通过《仓储作业实务》课堂及在线课程二者结合的教学模式改革，学生的学习热情有一定程度的提高，主动学习的人增多了，尤其男生的学习兴趣有显著提高。在实训方面，学生对实训课程和动手能力课程更感兴趣，主动学习的兴趣浓厚。通过学生课前在线观看模拟视频、教师课堂演示和学生具体操作三者相结合的实训教学模式，学生主动学习的能力及学习兴趣都有很大提高。30 名学生在 2019 年参加的 1+X 物流管理（初级）的考证中取得了 100%的通过率。

四、实践反思

通过本次《仓储作业实务》在线开放课程建设，我们能体会到在线开放课程打破了以往教学从书本到书本的模式，引入企业真实生产案例，教师将知识与技能重新碎片化并细化到具体的工作任务中。学生学习的内容与就业岗位直接相关，目标明确，学习动力足，可以缩短上岗培训时间。通过完成相应的工作任务体会到成就感，进而激发学生通过资源平台进行自主学习，达到学以致用的目的。企业生产中的新技术、新工艺、新流程倒逼教师更新教学内容，经过学生的学习吸收和检验，使资源平台形成一个闭环系统，由企业引领平台的动态调整与更新，保证培养的学生与企业的需求步调一致。

虽然在线课程的学习是以学生为主体，但也不能忽视教师的主导作用。通过课程平台进行《仓储作业实务》课程在线学习，改变了传统的教学模式，但不能取代传统的教学模式。因为，在线学习是一种虚拟的网络课堂，与传统的师生面对面教学相比，缺乏一定的灵活性，无法替代师生间面对面的互动。另外，《仓

储作业实务》是一门专业性很强的课程，有理论教学还有实践教学。理论教学中有些知识需要面对面讲解，师生互动，效果更佳。实训课程要求学生亲自动手操作，所以，只通过在线学习很难达到最佳的教学效果。在线考试，因为没有有效的监督机制，很难保证学生是独立自主完成的。还有，在线课程学习也很难保证部分学生能自觉、主动学习，尽管设置时间任务点，但如果学生只是在线播放，而没有真正有效率地在线学习，那在线学习任务要求就形同虚设。

总之，通过《仓储作业实务》在线开放课程的建设，改革传统的教学思想观念、教学方法、教学手段，通过网络在线开展视频学习，在线自主学习、答疑、讨论、作业、测试等教学活动，激发了学生的主观能动性和学习的兴趣，能对学生的学习给予全面及时地评价和反馈，实现校企之间优质教育资源的共享，促进教师及学生全面综合素质的提高。

（作者：冯维芹）

参考文献

[1] 中华人民共和国教育部.关于印发《教育信息化"十三五"规划》的通知[EB/OL].中国教育信息化网.
http://www.ict.edu.cn/laws/new/n20160617_34574.shtml，2016-06-17.

[2] 王娟，孔亮，王鑫等.在线开放课程发展的反思与创新路径[J].电化教育研，2018(5)：65-66.

[3] 孙海燕.《会计学》开放课程立体化教学模式创新研究[J].创新创业理论研究与实践，2018(8)：17-19.

[4] 姚佳花.在线开放课程应用研究[J].科教论坛，2019(8)：63-65.

[5] 高霞.高职院校在线开放课程的建设与应用[J].新课程研究，2020(17)：11-12.

[6] 吴长伟，赵兰波，王亮等.在线开放课程建设优化方法研究[J].中国冶金教育，2020(3)：77-79.

[7] 张毅.在线开放课程混合式教学模式探讨[J].南方论坛，2019(8)：32-22.

[8] 牛娜，陈立钢，廖丽霞.分析化学实验的开放课程教学探索[J].广州化工，2019(11)：154-155.

疫情期间化工安全与清洁生产课程线上教学研究

上海石化工业学校

2020年春，为了保卫校园安全，保护师生们的生命健康，国家作出了延迟开学的决定，并倡导利用网络平台开展教学，确保"停课不停学"。我们教研组积极响应党中央国务院号召及学校工作部署，全面组织开展《化工安全与清洁生产》课程的网上教学，在疫情防控期间帮助学生实现居家学习，共同筑起特殊时期保障课堂教学的钢铁长城。

一、开展网上教学手段的初期探索

疫情阻止了学生返校的步伐，开展网络授课成为唯一的教学手段。由于没有前期经验可循，一切都要从零开始。为此，学校专门组织了各专业科室和信息中心的教师们对网上授课开展前期调研和准备工作。一是统一管理。在综合考虑课程教学要求、师生的电脑网络水平和使用习惯等因素后，最终选择以QQ软件为教学实施平台。在网络开学前，课程安排、任课教师和学生的信息由教务处进行编制和公示。各班级分别组建QQ教学群，搭建网络教室框架，实行统一管理。二是集体备课。我们针对网络教学定期召开教研组会议进行集体备课，每节课都要编写学习指导文件，内容包括课程目标、重要知识点、学习时长、学习方法以及评价方式等，使授课教师和学生在上课前都能对本次课程有非常清晰的了解，从而达到事半功倍的效果。授课教师在授课前将教学所需的文件如：电子教材、课件、微课视频、案例视频等传入班级QQ群空间内，供学生下载预习。三是多平台互补。同时，考虑到学生身处各地（部分学生身在云南偏远地区），网络通畅度差别很大，我们除了运用腾讯QQ软件外，还联合运用其他平台穿插其间，进一步丰富网上教学的载体，如上海市精品课程平台、中国大学慕课、易班、钉钉、腾讯会议等。这些网上教学平台各有优缺点(如表1所示)。本课程在网络教学开课前，一般都要录制微课视频上传QQ群空间，并至少准备两个平台，授课时根据实际情况进行选择，及时通过班级微信群通知学生，以确保网上教学的顺利进行。

表1 各网络教学平台的特征

平台/方式	优点	缺点
腾讯群课堂	1. 支持考勤、点名； 2. 支持摄像头，增加现场感； 3. 可分享屏幕、课件、板书； 4. 对视频的兼容性很好，学生观看视频的影像清晰、音效好。	1. 会因网络不稳定而签到失败； 2. 偶有卡顿； 3 学生申请发言流程略显复杂，需要老师点击同意方可，会阻碍教学的流畅性，使老师分心； 4. 发言人的图像会对分享的屏幕产生影响。
腾讯分享屏幕	1. 教师、学生熟悉该软件，几乎不需要花时间学习使用方法； 2. 可共享屏幕、分享视频； 3. 学生随时可以打开麦克风参与到课堂发言互动。	1. 声音略有失真； 2. 不支持考勤； 3 教学时需要学生保持静音，同一时间多人发言会导致杂乱无序；互动时不能清楚知晓是哪位同学进行的发言。
录播微课	1. 支持投放至各个平台； 2. 学生可自由择时观看。	1. 不支持课堂内互动； 2. 对学生自觉性的依赖严重； 3. 增加教师额外工作量。
上海市精品课程平台	制作精良，精品内容与线下教学内容一致。	1. 缺乏师生互动； 2. 上海精品课程数量没有涵盖所有线下课程。
慕课	1. 平台规范化程度高； 2. 可添加课后练习题； 3. 可随时观看。	1. 需要提前录制，不支持课堂内互动； 2. 平台上的课程不是都符合本课程的教学需要。
钉钉	可直接在群内分享方便统计观看人数、支持回放、可供教师在线板书可布置作业。	1. 现场签到、打卡等硬监控方式为学生所不喜； 2. 企业的管理方式不太适合学生的管理。

二、运用网上教学手段的优势启发

《化工安全与清洁生产》课程涉及防火防爆技术、化学品分类等安全管理、健康、环保等内容，具有实用性强、知识范围广、技术复杂、政策性强等特点。课程旨在增加学生的知识宽度，开拓学生视野。面对首次网络远程授课，教研组在课程内容设置、教学资源筛选、教学过程调整等方面做了大量的工作，集体商讨确定网络授课的模块和教案。

我们必须清楚地认识到，网上教学和传统线下教学最根本的区别，在于无法"面对面"所带来的一系列差异。然而，一种全新的教学方式，只要善于运用其优势，也往往能够激发起不一样的激情和效果。

一是网络授课不受时空的限制，突破了传统课堂教学的局限。线下教学我们能关注的多数是课堂内的45分钟，但网络教学却突破了这个限制。教师上传的网络教学资源就像是学生的知识储蓄罐，学生一旦在课上不能马上理解知识点内容，或者在课后作业与复习过程中如遇到疑难问题时，可以随时通过网络教学系统查阅教学课件，或者到网上提出自己的疑问，这样可以得到教师或同学的回复，及时高效地解决问题。

二是丰富教学环节设计，提高学生自主学习的意识和能力。计算机网络具有强大的采集文字、声音、图表、视频、动画等多样化信息处理功能，将多媒体信息技术运用于网络课程讲解和知识学习的各个环节，这是传统教学方式所无法比拟的。巧用网络资源，能够通过教学环节的设计，抛出一些开放式的题目，让学生可以通过网络资源查询进行自主思考，变传统的"学会"为"会学"，不失为网上教学中的一个意外的收获。如在教授《受限空间作业》这一课时，课前我在上传《受限空间作业》电子教材的同时，还设计了一个探究式任务：《因未严格履行操作规程、气体监测不到位导致闪爆死亡的案例》。针对这个案例发布头脑风暴问题："此事故的直接原因是什么？你能想到的避免此种事故发生的解决办法吗？"并且明确该问题要作为课上随机提问环节的。学生通过预习资料，查找网络信息对案例进行分析；在课程过程中，我让几位学生分别来阐述自己的观点看法，同学们还可以进行互动讨论，不断完善答案，让学生对这个案例和其中蕴含的知识点印象深刻，起到了较好的教学效果。课后布置开放式作业——结合实训室污水罐的具体情况，分析污水罐检修过程中的安全注意事项，并设计操作流程。有了课上的实践演练，课后作业也会显得难以入手。巧用网络资源使学习者的学习"自选时间、自由交互、自觉作业"成为可能。

三是便于建立多元化评价体系，激励学生的学习积极性。传统线下教学对于学生的评价往往依赖于一张测试卷来实现，但是网络手段的多元性更有利于建立开放多元的评价体系。我在课程中加入了电脑题库测验、制作 PPT 答辩、线上实时问卷评价、作业分析展示等评价手段，使得作业方式灵活、反馈和互动的及时性显著增强。我在线上对学生的学习情况和考试结果进行分析，客观地描述学生在学习中的进步和不足，并提出建议。而学生第一时间就可通过 QQ 获取评价。这使得作业的评价过程具有了可视化、定量化等特点，让师生互动更加便捷有效，进而起到面上引导、促进的作用，激励学生学习积极性。

三、网上教学存在的短板和应对建议

目前，我们网上教学采取的是腾讯 QQ 软件授课为主，录课和其他网络平台为辅的方式。为了减轻师生的负担，我们尽可能少地采用其他教学 APP 和平台，避免师生在各个网络平台之间"奔波",提高学习效率。但在一段时间的网上教学实践后,我们发现网上教学的短板主要集中在以下3个方面:

一是网络和设备的限制影响网上教学效果。电脑网络卡顿几乎不能避免,尤其是在手机、电脑多种听课设备共存的情况,较大地影响了教学的流畅性和效果。化工安全授课过程中会用到很多视频资料,互动环节需要学生打字或者语音,这些对网络和设备都有较高的要求。针对此问题我们采用灵活变更教学环节的方式,对占用网络资源较多的资料(如视频)尽量课前上传让学生下载,课上进行互动研讨,课后还可以回看录课、慕课等多种方式来应对。

二是教师与学生缺乏直面的情感交流。教学过程是一个双向交流的过程,教师的知识水平、人格魅力、情感交流都会对学习者产生较大的影响。不能真正面对面的交流会加大"教与学"的难度。另一方面,教师无法掌控学生上课的状态。针对这个网络的"先天"难题,我们一般采用课中视频或语音互动提问的方式,让学生尽可能地参与到互动和任务活动中,避免学生"走神掉队"。再则,也可以通过增加课后互动的方式来尽量弥补课堂互动不足的缺陷。

三是网络教学无法实现实训课程模块。实训模块通常是模拟实际工作环境,教学采用来自真实工作项目的实训装置、器材。教学过程理论结合实践,强调学生的参与式学习,而这些是很难通过网络进行的。因此,一方面我们在设计网上教学任务时,已经刻意将实训模块放在最后,还是期望能够以实际操作方式教授学生运用所学理论;另一方面,也充分考虑到疫情影响的不确定性,设计通过播放实训视频的方式让学生直观的感受实训内容,为后续线下课程的补充实训打下基础。

网络教学已经成为特殊时期满足学生教育的普遍手段。我们教师需要逐步适应跟上"潮流",不断总结方法经验,提高网络教学的技巧和水平。学生也需要加强学习的自律性,控制好时间安排,不断提升自己的学习能力。我相信将传统课堂教学与网上教学彼此取长补短、相辅相成,并将两者有机结合起来才能收到事半功倍的教学效果。困难的时期终将过去,而化工安全与清洁生产课程的网上教学探索与实践之路还将继续。

参考文献

[1] 董炜疆,宫惠琳,刘文彬,周劲松,司开卫,张旭,程彦斌.新冠疫情下留学生医学基础

课网上教学探索与实践,中国医学教育技术 2020.

[2] 张玉平.基于云班课的信息化教学过程资源设计——以《化学品安全管理》课程建设为例.化工设计通讯.2018, 9.

[3] 蒋清民,刘新奇.危险化学品安全管理 [M].北京:化学工业出版社, 2015.

[4] 姚洁,王伟力.微信与课堂混合学习模式应用于高校教学的实证研究 [J].高教探索, 2017 (9):50G54.

（作者：王辉）

疫情背景下基于超星学习通平台的网络课程建设探索
——以液气压系统安装与调试课程为例

突如其来的疫情,影响了学校的正常教学。教育部办公厅、工业和信息化部办公厅联合印发通知,安排部署中小学延期开学期间"停课不停学"有关工作[1]。为了教学工作的正常开展,广大教师克服困难,打破了原有的教学模式,积极学习掌握线上教学的技术手段,并积累了大量的网络教学经验,将防疫期化身课堂教学的改革期,推动了网络课程的建设,真的是危机中孕育着机遇。我校积极响应教育部加强网络课程建设意见,鼓励教师积极使用"超星学习通"进行线上教学。也正是如此,我们在面临 2020 年春节那场突如其来的疫情时,教育教学工作才能从容不迫[2]。

一、"液气压系统安装与调试"网络课程建设的必要性

机电技术应用专业核心课程《液气压系统安装与调试》课程,经过近 10 年的持续建设,已经具备丰富的课程资源,包括校级数字化资源、题库储备资源,同时课程教学团队的教学经验丰富。

经过对课程资源的梳理,同时进行课程教学研究发现,利用超星学习通平台,可以建设我校教师自己主持的《液气压系统的安装与调试》线上课程,实现全面的线上教学、学生管理、学习管理、作业管理、考核管理等。"停课不停学"期间,超星公司已经为我校建设了"上海石化工业学校"学习通平台页面,经与公司协商同意由教师个人建设的课程将一直免费具有使用权限。经过教师团队研讨,如

果能建设完整的在线课程体系，可以实现今后正常教学中学生自主学习、教学资源补充、作业习题练习，并且可以在在校学生重修课程、下厂实习学生重修课程中，广泛使用。

二、基于超星学习通平台的网络课程资源建设的要点

学习通是超星推出的一款集直播、讨论、统计、作业等功能于一身的强大的移动学习平台，教师利用该平台在课程门户中上传课程所需资源，学生用iPad、电脑、手机等终端设备进行学习。基于学习通的"液气压系统安装与调试"网络课程资源建设主要包括课程门户的建设、章节学习资源建设、课程题库建设等[3]。

通过课程门户建设，让学生了解到课程的性质、作用、教学目标、授课内容及安排、考核方式等。这部分内容简洁明了，以便学生对课程概况了然于心。

章节资源建设可以按照教学大纲和教学计划，根据教材章节分课时进行建课。每章教学内容为一个单元，每两个课时组成一个小单元。一个单元通常按课时由三四个小单元组成。每个小单元的教学资源由教学目标、教学要求、预习内容、预习作业、随堂练习、课后作业及单元测试等组成。超星平台中也包含了大量的资源，而"液气压系统安装与调试"作为一门专业核心课程，平台中无论是书籍或是视频也都是极为丰富的，建设课程的教师加以选择后可以借用部分学习内容导入部分学习单元，供学生学习。不仅丰富了学生的学习内容，实现了按不同需求的分层教学，而且提高了学生自主学习能力，激发了学生的学习兴趣。

课程题库建设是网络课程资源建设中很重要的部分，题库中的习题可以按照章节分类，每章的题型种类可以由选择题、填空题、判断题等客观题和简答题、讨论题、计算题等主观题组成。作业库和随堂练习可以直接从题库中选择相应的题目由系统产生。检测学生学习效果的单元测试卷也可以从题库中选择相应的题目产生。学习通的题库功能比较强大，可以显示学生练习题目的提交情况和正确率，以便教师掌握学生对相应知识点的理解情况，合理安排教学内容，进行精准施教，从而提高课堂教学的效率和教学质量。

三、基于超星学习通平台的网络课程建设的过程

（一）参照课程标准，充分利用课程资源，设立课程框架

以40分钟/课时为学习单位，以"3∶1"的"学习∶练习"时间比原则，参

考课程标准建设一门 54 学时的线上《液气压系统的安装与调试》课程。

（二）根据课程框架，分章节，将各单元教学资源上传平台

各章节下面的任务点以视频、课件、图片、动画等方式上传至平台，并建立各章节下面的填空题、选择题、简答题等作业题目。

（三）网络课程作业库、题库、试卷库的建立

教学资源中各章节下面的作业题目自动保存到题库里面，每个单元的作业和试卷，直接从题库中选择相对应的题目由系统产生。

四、基于超星学习通平台的网络课程的实施过程

网络课程的教学方式在时间和空间上更加自由，方便了师生间的沟通和交流，将局限于教室的课堂教学工作拓展到了课前和课后[4]。

课前，教师利用学习通发布学生需要预习的任务点（包括预习要求、教学内容及相关习题），学生除了完成任务点，还可以根据个性需求进行拓展学习。教师根据学生提交的预习作业，分析学生对知识点的理解状况，进而合理安排课中教学内容和教学方式，进行精准施教。

课中，教师利用学习通庞大的功能，比如签到、讨论、选人、问卷调查、随堂测试等灵活且充满生机的形式进行智慧教学。学习通的签到功能方便快捷地了解学生的出勤情况；讨论功能让习惯了"手机不离手"的学生很好地复习巩固上次课的知识要点，同学们通过手机浏览他人发言的过程中就能高效地对上次课的教学内容进行回顾和消化；检查预习效果利用学习通平台的选人功能，让学生在课堂上适度紧张，提高注意力，促进学生预习的积极性；在教学过程中，为了解学生对某一个知识点的掌握情况，推送课堂练习，平台能给出每个题目甚至每个选项的正确率，教师根据答题情况合理安排教学内容，做到精准施教，提高学习效率和教学效果。

课后，学生利用学习通平台查阅本次教学内容的知识总结并完成相应的习题，这部分习题教师根据个体需求不同，分成两部分。比如成绩好的学生可以做更深层次的强化练习，成绩一般的学生只需要完成基础训练即可。为了巩固所学知识检测学习效果，每学完一章教学内容，教师由学习通题库生成单元测试题，学生完成后，教师分析学习通产生的数据，及时了解学生对本单元知识的掌握情况，继而安排教学方案实施精准教学。

五、基于超星学习通平台的网络课程资源建设的成效

（一）学生随时随地登录平台自主学习

将各教学资源按章节分类上传在线系统后，方便学生可以随时随地登录平台自主学习，便于巩固知识，同时锻炼学生自主学习能力。又如对一些练习题、测试题的收集、分类、设置，使教师在进行教学反馈检测时带来诸多的选择，学生登录超星平台完成各章节知识点的学习、测试后，根据后台数据结果，能遴选出更符合本校学生实际的测试，这无疑能提高教学效率。

（二）学生学习过程的完整记录

在课程学习过程中，利用超星学习通智慧教学平台实现学生学习过程的完整自动记录，包括签到数据，课程学习进度条，作业完成中的完成率、正确率，测验及考试组卷及评分系统等，全面体现每一个学生、每一次课的过程数据。

且平台可以同时记录若干个班级的学习情况，相互独立，并经测试满足我校同时1000以上的同时数据访问，保持数据稳定且记录完整。

（三）评价数据从人工汇总的云计算统计

经使用测试，平台可以体现大数据下的统计和评价。各类数据不但可以线上访问和查找，同时支持导出，形成电子文档供储存和对比。允许教师通过考核评价设立过程化考核分析，自动生成数据汇总，协助教师进行每个学生的学习参考对比。对教学方法和内容的调整更具有科学性、充分性。

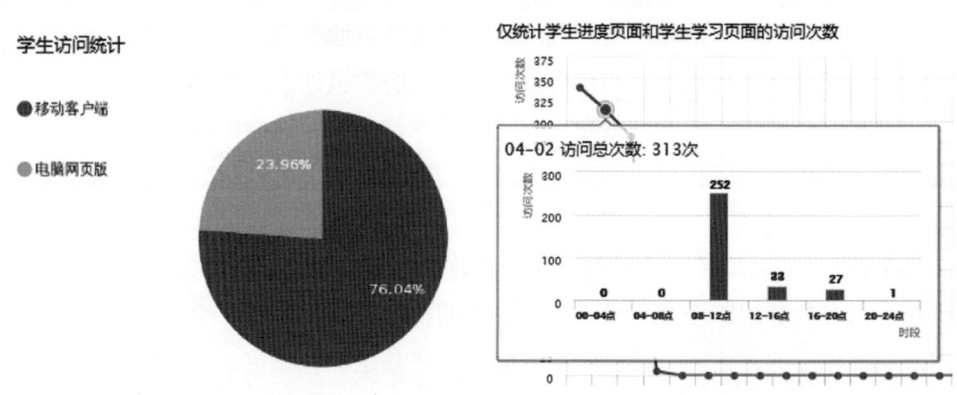

姓名	视频观看情况	观看总时长	反刍比	完成时间
任宇泽		3.4分钟	100.0%	2020-03-31 16:03
沈佳浩		3.4分钟	100.38%	2020-03-31 08:35
沈鹏		3.4分钟	100.0%	2020-03-31 08:31

姓名	学号/工号	状态	提交时间	IP	批阅时间	批阅人	批阅ip	成绩	
沈鹏	20180513000113	完成	2020-04-02 08:37	117.143.163.18	2020-04-02 08:37			68.8	查看 打回
陆欢馨	20180513000121	完成	2020-04-01 21:28	222.186.175.178	2020-04-01 21:28			72.8	查看 打回
潘申奕	20180513000133	完成	2020-04-01 18:22	153.99.181.7	2020-04-01 18:22			89.6	查看 打回

备注：图中数据为"停课不停学"期间181机电01班该课程部分数据样本截图

（四）教师教育观念和教学水平的转变提升

通过线上教学课程的建设，很好地促使教师转变了教学理念，顺应历史潮流，提升自身的教育教学水平。实现对教学资源的有效利用和组织，使分散的教学资源广泛地建立共享，形成规范统一、高度共享、协同开发的资源中心；实现了教师教学观念、教学内容、教学方法、教学手段的现代化、科学化，提高了教师的教育水平、教学水平。同时，探索出职业学校教学资源开发和建设的方法、特点和规律，为以后的推广应用和线上教学资源向其他学科延伸打下了坚实的基础。

六、结语

综上所述，超星平台线上教学是互联网时代背景下发展的产物，它对教学质量的提升具有不可小觑的作用[5]。进行在线课程资源建设，既丰富了教学过程，又在教学过程中充分发挥了学生的主体作用，调动了学生学习的主动性、积极性和参与性，提高了学习效果，进一步提高学生综合素质能力。实践表明，该课程资源的建设取得了一定的成效。

参考文献

[1] 刘桢.全球疫情背景下应用型本科高校新生入学网络课程建设研究——以武汉商学院为例[J].人文素养与文史艺术，2020，（12）91-93.

[2] 黄晓亚，徐明磊.基于超星学习通平台的网络课程建设探索——以"量子力学"为例[J].科技与创新，2021，（12）42-43.

[3] 汤发俊. 基于超星泛雅网络教学平台的在线开放课程建设——以《计算机应用基础》课程为例 [J]. 职业技术, 2018, 17（2）44-46.

[4] 郭紫威, 程瑶, 王鑫. 疫情背景下汽车检测与维修专业信息化网络课程改革研究之名师工作室助力网络课程建设 [J]. 职业教育, 2021, （11）48-49.

[5] 张丹丹. 基于超星平台的在线课程建设与教学实施 [J]. 学习与科普, 2020, （9）22-24.

（作者：倪芬）

基于"超星学习通"平台的《防疫安全公益课》在线课程建设

上海石化工业学校

疫情期间，线下教学受阻，各大网络平台纷纷推出线上授课系统，"停课不停学"教学工作由此展开。为帮助学生居家防疫期间做好疫情防控工作，及时普及疫情防控知识，我校经研究决定增设《防疫安全公益课》在线课程，该课程基于"超星学习通"平台开发，使得学习时间不局限于课堂，依托学习资源信息化、模块化，在增强疫情防控意识的同时极大地提高了学生学习的积极性和主动性。

一、课程开发背景

互联网技术的发展为教育教学模式的创新提供了有力的条件。2020年是极为不平凡的一年，为阻断疫情向校园蔓延，教育部提出利用各大网络平台展开"停课不停学"[1]。各地、各校及以在线教育机构为代表的社会力量纷纷响应，借助互联网平台陆续开展网上教学[2]。

为帮助学生居家防疫期间做好疫情防控工作，及时普及疫情防控知识，提高科学防护意识，我校经研究决定增设《防疫安全公益课》在线课程。该课程指导性及实用性强，引导学生理性认识疫情，做到不信谣不传谣；能够帮学生及时学习疫情防控的相关知识，提高个人防护意识，提升个人的防护能力；鼓励学生积极参加体育锻炼，增强体质和免疫力，养成良好卫生习惯和健康生活方式。

二、课程开发意义

超星学习通是一款面向智能手机、平板电脑等移动终端交互式信息的移动学习专业平台，老师和学生在自己的手机上就可以下载并安装超星学习通 APP 进而展开教学和学习[3]。基于该平台开发的《防疫安全公益课》在线课程，教师分课时开通学习章节并发布学习任务，学生通过资料阅读、视频观看、章节练习等进行课时内容的学习。通过 APP 能够对学习、互动全流程的数据进行记录、分析、应用，教师通过查看后台统计数据及时优化教学，学生也能及时查缺补漏。

《防疫安全公益课》在线课程的增设使得学生的学习时间地点不再局限于课堂，模块化、信息化的在线课程实现了资源共享的最大化，极大地提高了学生学习的积极性和主动性。在防控新型冠状病毒感染肺炎、延时开学期间，使学生更方便地了解相关知识，增强自我保护能力。

三、课程开发准备

充分的准备工作是开发好一门在线课程的前提。在线教学虽不是新鲜事物，但对于长期习惯于讲台之上侃侃而谈的教师而言，如何面对 00 后中职生，把疫情防控知识点说通说透，既要保证教学过程顺畅，又能增强在线教学的高阶性、创新性与挑战度，这无疑是一个新的课题。教学实施开始之前，课程开发团队教师开展了以下准备工作：

（1）课程研究及资料搜集（搜集与新冠状病毒有关的防控指南、预防手册、视频资料等）。

（2）教学大纲制定（结合搜集资料和学校"停课不停学"课程安排，制定教学大纲并进行开发任务的分配；编写"上海石化工业学校《防疫安全公益课》课程注册及学习指导手册"）。

（3）习题库开发（根据教学大纲和任务分配，课题组成员领取任务，结合资料包进行课程建设及习题编写）。

（4）平台注册与激活（成立技术支持小组，制定各科室技术支持方案，根据方案分任务、分时段展开各科室学习平台的注册与激活、压力测试，保证全校每一个学生能正常学习）。

（5）平台测试与运行（习题集审核及优化；全校压力测试）。

四、课程教学实施

本课程教学资源通过学习通平台以视频和图片的形式进行展现，统揽教学资源库，其中视频资源 70 个（占比 61.4%）、图片资源 44 个（占比 38.6%），在开发过程中实时更新、补充，丰富教学资源库。开发准备工作完成后，将全校学生分普通班和特教班两条路线，团队教师开始为期两周（共 10 课时）的线上授课及每日大数据整理反馈。

教师每天分课时开通学习章节并发布学习任务，学生通过资料阅读、视频观看、章节练习等进行课时内容的学习。通过 APP 能够对学习、互动全流程的数据进行记录、分析、应用，教师通过查看后台统计数据及时优化教学，学生也能及时查缺补漏。

学生完成整个课程的学习任务后，教师通过超星学习通平台对全校学生进行考试测评（测评题目来源于各课时题库的随机抽取），考试测评成绩与学习过程相关成绩数据综合在一起形成本课程的总评成绩（登录 10%+ 看视频 30%+ 作业 40%+ 考试 20%），各专业科课程成绩综合情况统计表如图 1、图 2 所示：

班级名称	学生数	0-60分	60-70分	70-80分	80-90分	90-100分	最高分	最低分	平均分	标准差	方差	及格率	优良率
基础	34	0	0	0	0	34	100.00	90.50	96.66	2.53	6.40	100.00%	100.00%
经贸	455	63	1	8	30	353	100.00	0.00	82.04	30.79	948.22	86.15%	84.18%
机电	984	49	9	19	68	839	100.00	0.00	90.51	14.33	205.31	95.02%	92.17%
化工	904	35	5	13	41	810	100.00	0.00	92.09	13.16	173.91	96.13%	94.14%
默认班级	2	2	0	0	0	0	23.96	2.00	12.98	10.98	120.56	0.00%	0.00%

图 1 全校课程成绩综合情况统计表

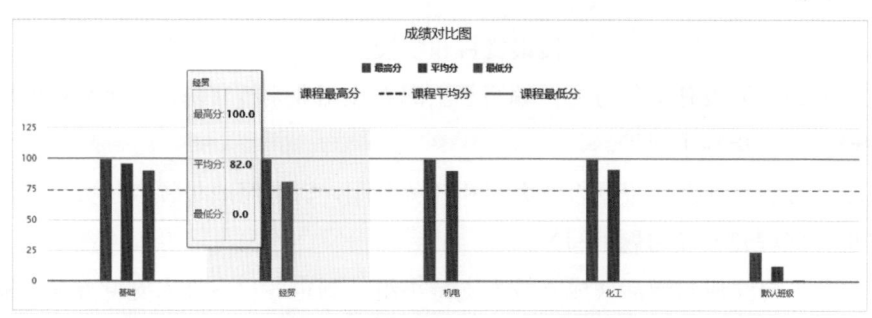

图 2 课程成绩综合情况对比图

五、课后反思与展望

（一）存在不足

1. 学生学习过程的师生互动不足

传统的线下教学，每个学生的状态老师都收入眼底。但线上教学融合班级自主管理，学生很可能因为缺少监督而随心所欲。学生通过单向地观看微课和文字素材并进行课后测试，其学习过程缺乏师生互动，学生的能力目标和情感目标难以把控。

2. 学生学习效果的评价反馈不足

基于超星学习通平台的大数据课程管理、线上教学模式，教师无法做到对每个学生充分了解，也无法根据每个学生的个性特点制定个性化的学习资源。通过平台进行课时内容学习、在线测试、数据统计与分析等，对学生的学习进度和学习效果有一定的统计，但仅依赖各课时的资料学习进度、测试成绩等，还不能做到个性化的指导与评价。

（二）研究认知

（1）由于在线网络课程是非面对面的、经由在线平台向学习者传递教学信息的，学习者具有较大的自主学习权，因此，网络课程的教学内容设计至关重要，最好能达到"精""简""趣"的目标，既要具有知识性，又能联系学习者生活并体现趣味性[4]。

（2）在线网络课程的信息流动主要是单向传递，学生一般处于被动接受地位，教学过程双向互动少，正因如此，在线网络课程教学策略的选择要重点放在激发学生学习兴趣和促进有意义的学习这两个关键点上。

（3）在线网络课程的呈现方式应多种多样，文字、表格、图形、动画、视频、声音等均可以为在线课程呈现设计所用，在课程内容的制作上要突出教学内容的可视化、强调学习体验的舒适化，这样才能提高在线网络课程的教育教学质量。

六、结论

疫情的原因推出本在线网络课程，"互联网＋"模式打破了传统教育的时空界限和学校围墙，教师们在家中面对着电脑屏幕，开启了线上课堂[5]。统揽基于以上3个层面（课程教学资源统计分析、班级学习情况统计分析、全校课程成绩分析）的课程后台相关数据分析，学生任务点点击量和学习时长统计等数据凸显学生总体的参与积极性高，通过课程总评成绩分析能够看出大部分学生对疫情防控知识和技能掌握熟练，这为帮助学生居家防疫期间做好疫情防控工作、及时普及疫情防控知识、提高科学防护意识奠定坚实的基础。

此次疫情既是危机又是契机，希望借着此次线上教学的契机，教师们进一步转变教学理念，深入开展教育教学研究，真正将现代信息技术融入教学过程，用好各种线上资源，积极探索适应线上线下教学融合发展的教学新范式，提升教学实效。

参考文献

[1] 高长. 疫情期间"停课不停学"：问题与对策[J]. 中小学信息技术教育，2020(Z1).

[2] 刘畅, 董海荣, 商迪. 疫情推动网络教学不断完善[J]. 共产党员(河北)，2020，No.892(10)：21-23.

[3] 袁晓君, 李平等. 新冠疫情下基于超星学习通平台的教学实践[J]. 教育教学论坛，2020，No.483(37)：234-235.

[4] 张乐. 完全在线的网络教学的实践与探索[J]. 科技风，2020，No.438(34)：90-91.

[5] 曾晓晶, 樊斌. "互联网+"时代下传统教育的变革[J]. 信息与电脑：理论版，2015，000(020)：P.180-181.

（作者：臧欢）

利用互联网与多媒体助力在线特殊教育
——疫情下特殊教育的思考与实践

上海石化工业学校

在线教育以网络为介质，创新了教育的组织模式、教学模式，构建了数字时代的新型教育生态系统。但由于特教所针对的学生人群特殊，情况复杂，普通的在线教育模式恐怕难以胜任。因此，特殊教育的教师应根据实际情况，制定出高针对性的特殊在线教育策略，力争做到"一生一案"，借助各种教学手段帮助特殊学生学习知识、掌握技能、融入社会。笔者认为，可以从以下几方面入手，进行特教的在线教育。

一、充分利用多媒体技术进行感官刺激，激发特教学生的学习兴趣

图形、图像视频处理技术、声音处理技术、数据压缩与解压缩技术、触摸屏技术、虚拟现实技术等已成为多媒体技术的主要技术特征。因此，可以利用多媒

体技术呈现包含图片、视频、声音等多种形式在内的教学信息，给学生多感官刺激。对于特教学生而言，尤其是自闭症的学生，大部分是视觉和空间学习者，他们会用图像思考，而不是语言。他们需要看见才能学习，而不是光听到。在自闭症学生的脑海里，将自己的生活体验转换为图片信息，这是他们的语言，所以我们应当充分尊重并接纳这种视觉导向的思维模式，并且在自闭症学生的教育教学中要想取得有效的成果，就需要积极利用好这种有效的方式，反复呈现可视化的视频图像对其进行视觉提示。具体就是将听觉和视觉并驾齐驱，运用视听结合的教育原理，有效渗透康复教育理念。

此外，特教中的很多学生由于患有某些先天性疾病，整天只能依靠轮椅生活，接触外面社会、自然的机会少之甚少。普通教学中常用的纸质图片只能帮助他们看一看动物、植物等的外形，而依靠多媒体技术可以为他们播放视频动画，从物体的外形、声音、习性等各方面全方位地去传播信息，让学生学习的知识更加全面。多样的教学形式也可以极大地吸引学生的学习兴趣，让他们记忆更加深刻，了解得更加全面。

因此，我们曾采取过收看上海教育电视台的课程直播，充分利用直播教学对学生进行视觉与听觉等多种感觉刺激等手段，让他们更深入更透彻地理解每一篇文章的大意和内涵。直播课中也有各种小视频帮助学生们理解难懂的内容，甚至还进行了内容的延伸和拓展，加入了小品、游戏等环节，让这种远程教学方式没那么有距离感。同时，各任课教师也借助班级 QQ 群对学生进行实时指导和学习资料的衔接与补充，保证在互动和实时指导时，能针对每一个情况不同的学生的学情，进行针对性辅导和鼓励，让他们既能从直播教学中获取知识和营养，也能从我们校内老师的辅导与互动中获得肯定和鼓励，体会到学习的快乐，激发内在的学习动力和学习兴趣。

二、制作具有强大交互作用的软件，辅以教师差异化教学，满足不同学生的学习需要

电视、广播虽能够传输图形、视频、音频等信号，提供多种感官刺激，激发学生学习兴趣，但线上教学毕竟有它的天然劣势，那就是缺乏交互性。而交互性对于特殊教育来说，又是极其重要的。这个时候，可以利用多媒体技术制作具有强大交互作用的教学软件或网络课程，不仅能为学生提供图文并茂、丰富多彩的人机交互式学习环境,而且还可以使学生按自己的知识基础和习惯爱好选择学习内容,有利于充分发挥学生的主动性。比如,在对学生进行语言训练时,可以充分利用多媒体技术开发出的语言训练系统,针对不同认知能力和语言理解水平的学生,选择不同的学习形式,为进行有差异性的教学提供便利条件,有助于提高教学效率。当然,目前我们做到的还是基础工作,即任课老师借助班级 QQ 群对学生进行实时指导和学习资料的衔接与补充,不过这个方法也很有成果,因为老师了解学生,可以针对不同学生提出不同的目标达成要求,布置不同的作业,作业点评时也能注重差异化评价和鼓励,力争做到"一生一案"。因为大家知道,在特教班所接收的学生不仅身体条件大不相同,而且在认知能力、智商水平上也存在诸多差异,这些差异的存在必然要求教师为他们提供个别化的教学服务,因材施教,差异化对待。

三、利用虚拟现实技术,让学生体验身临其境的感觉,弥补生理缺陷

我们还可以利用多媒体技术为学生创设具有强大情境性和体验性的学习环境,让他们仿佛置身于真实场景中。比如利用虚拟现实技术创设具有真实世界各种特性、功能和效果的虚拟世界,学生可以借助特殊输入/输出设备,与虚拟世界进行自然交互,产生身临其境的感觉,从而弥补学生身体上的缺陷,比如肢体残疾的学生在虚拟世界中可以体验奔跑的快乐;肌无力的学生可以用手去直接抓取模拟环境中虚拟的物体(杠铃),感知重力;自闭症学生在特定开发的虚拟现实系统中,可以在结构化社交场所进行社交练习。当然,受虚拟现实的技术难度和设备资金的限制,目前在应用上还具有一定的难度,只是具有理论层面的科学性和可行性,但是随着虚拟现实技术的发展,虚拟现实技术在特殊教育方面的潜力终究会得到发掘。也希望随着这次疫情的好转,国家和社会能给予我们特殊教育更多的关怀和投入,让虚拟现实技术真正走进特教的课堂,让课堂活起来。

四、利用微课充分吸引学生注意力

如今,微课已成为了主流的被倡导的教学媒体形式,它体积小,播放时长在 5 分钟以内,学生的注意力集中在这短短的视频时间内,并能有效提升观看兴趣。我们知道,很多特教学生由于生理和智力上的缺陷,很难长时间集中注意力,因此,短小的微课视频特别适用于特教教学,尤其是线上教学。此外,微课视频还具有多样性、形象性、趣味性，可以涵盖多个领域，使人们更快地认识和掌握信息。在教学方面，可以便于师生之间及时反馈交流信息，教师对学生实施个性化的学习指导。这种高效的学习方式以颜色、线条、图片、文字及视频图像等视觉表征为元素，加上音乐的配合，能让学生从视觉和听觉双通道同时获得直观感受，促进求知欲，有效吸引他们的注意力，让特教学生品尝到学习的乐趣，从而提高特教教学的效率。现实教学中，我们可以根据学生的不同接受程度，制定有一定差异性的微课视频，并把这些学习资源发送至本班学生家长的 QQ 学习群和微信群中，学生在家长的监管和老师的辅导下，可以在家里学习具有针对性的教学资源，并可以继续自主学习，延伸兴趣，提升能力。

当然，任何的多媒体技术都取代不了老师和家长的热情和关心，只有让特教学生感受到来自教育工作者和监护人的爱和鼓励，他们才有真正的动力前行。在他们遇到困难想要放弃时，不管是自身缺陷或缺点造成的客观原因，还是后天懒惰或者学习习惯不好造成的主观原因，使他们举步维艰、前行缓慢时，家长和老师们源于内心的真正的爱，对每一个孩子的鼓励和帮助，才是最终让他们克服困难，勇往直前，取得成功的有效因素。所以，在互联网和多媒体技术的辅助下，我们特殊教育工作者也要时时刻刻记住电脑前的每一个学生都有着特殊性，有着与其他学生不一样的地方，会有脆弱的容易受伤的心灵，所以一定要差异化教学，并在因材施教的同时，用全部的热忱和爱包裹每一个特教学生，让他们充满希望地前行。

参考文献

[1] 李春，付娜. 教育信息化背景下的特教学校课程体系建设研究——以山东省淄博市周村区特殊教育中心为例 [J]. 中国现代教育装备，2016.8.

[2] 田如心. 微视频在培智学校音乐康复课堂教学中的应用研究——以青岛仁爱学校为例 [D]. 济南：山东师范大学，2019.

[3] 付卫东，周洪宇. 新冠肺炎疫情给我国在线教育带来的挑战及应对策略 [J]. 河北师范大学学报（教育科学版），2020.2

[4] 张兰春. 多媒体技术在儿童福利机构特教班应用的优势分析 [J]. 现代农村科技，2018.1.

（作者：王琳）

三、教学改革篇

职业教育的质量最终体现在教学水平上。为了提高教学水平，促进教学的有效性，克服学生的厌学情绪，让他们习得更多更好的知识与技能，将来更好地适应企业，服务社会，教师们不断聚焦课堂，探索和践行教学改革。这些年来，中职课堂里，各种教学法改革的实践与探索如火如荼，也取得了不少宝贵的成果和经验。

基于MATLAB的《电力电子技术》课程辅助教学软件开发的研究

上海市城市科技学校

一、问题的提出

《电力电子技术》融合了电力学、电子学及控制理论，是电气工程及相关电类专业的一门基础课程[1]。该课程理论教学中存在着波形图绘制繁、多、难，实验教学中存在着设备紧缺、易损坏、人员操作存在安全风险等局限，迫切需要进行教学改革。

在改革过程中，课程教学软件作为一种提高教学质量的有效手段，受到了国内外各学校及科研机构的重视。目前该课程的教学软件多采用JAVA、C#等软件进行编制，其存在代码质量难以控制、开发工作量大等问题。

MATLAB软件在数值计算、符号运算、图形处理及图形用户界面方面的功能强大[2]，与其他同类的EDA仿真软件相比，又具有精度高的优点，为开发《电力电子技术》课程教学软件带来了很大的方便，能够有力地推动这一领域的教学改革工作。

二、运用 MATLAB 辅助教学的意义

在 MATLAB 的官网上,有结合了说明文本、数学方程式、代码和结果的引人入胜的讲义可供学生自学。讲义由浅入深讲解每一个主题,每次完成一个独立内容,并以编写代码来演示。开发示例以用于说明工程师如何使用数学来解决实际和复杂的问题。使用 MATLAB 代码创建实时脚本,以构建让学生自行探索和学习的作业。

用 MATLAB 开发的辅助教学软件,可以在课堂理论与实验模拟教学中使用,并作为学生自学的辅助工具。它有效地克服了目前《电力电子技术》理论与实验教学的局限,充分调动了学生的学习积极性,提高了教学效果。主要表现在以下几点:

(1)软件对整流电路、直流斩波电路、逆变电路、交流变换电路等几种常见电力电子电路建立直观的系统模型并进行仿真,具有观测电路波形、设置电路参数并观察参数变化对电路波形图的影响的功能。

(2)将抽象的、复杂的电力电子理论变得直观、简单易行,使学生易于理解。

(3)易于学生开展对仿真结果分析、系统结构的改进及参数修改,以达到所要求的结果和性能的方式,快速开展系统的分析和设计工作。

(4)通过仿真来进行特殊情况下波形分析的验证,以促进概念理解,增加授课的灵活性。

(5)软件简洁、明了的人机交互图形界面,使教师和学生在不需要 MATLAB 知识情况下,仅进行简单操作就能灵活使用。

(6)以软件形式实现实验教学内容,可大大减少实验设备的投入费用和维护费用,节省大量资金。

(7)不受时间、空间和物质条件的限制[10],使学生易于理解和掌握《电力电子技术》的理论知识和分析方法,也为学生进行开放性、设计性实验提供了有力支撑。

软件的应用将极大地提升国内外学校《电力电子技术》课程的教学质量。软件可应用于《电力电子技术》课程中的单相半波可控整流电路、单相全控桥式整流电路、三相半波可控整流电路、三相全控桥式整流电路、单相桥式有源逆变电路、三相桥式有源逆变电路等课程教学。与传统教学方式相比,软件的应用给《电力电子技术》的教学工作带来了极大的便利,能够使学生直观地分析电路,准确

的观察波形，还可节省实验设备的投资与维护费用。

三、基于MATLAB辅助教学系统

（一）系统总体设计

以MATLAB为开发平台构造界面友好的辅助教学系统，根据要开设的实验项目，将整个系统分为4个大模块：整流电路模块、逆变电路模块、直流斩波电路模块和交流变换电路模块[3]，总共可以做26个实验。其结构如图1所示。

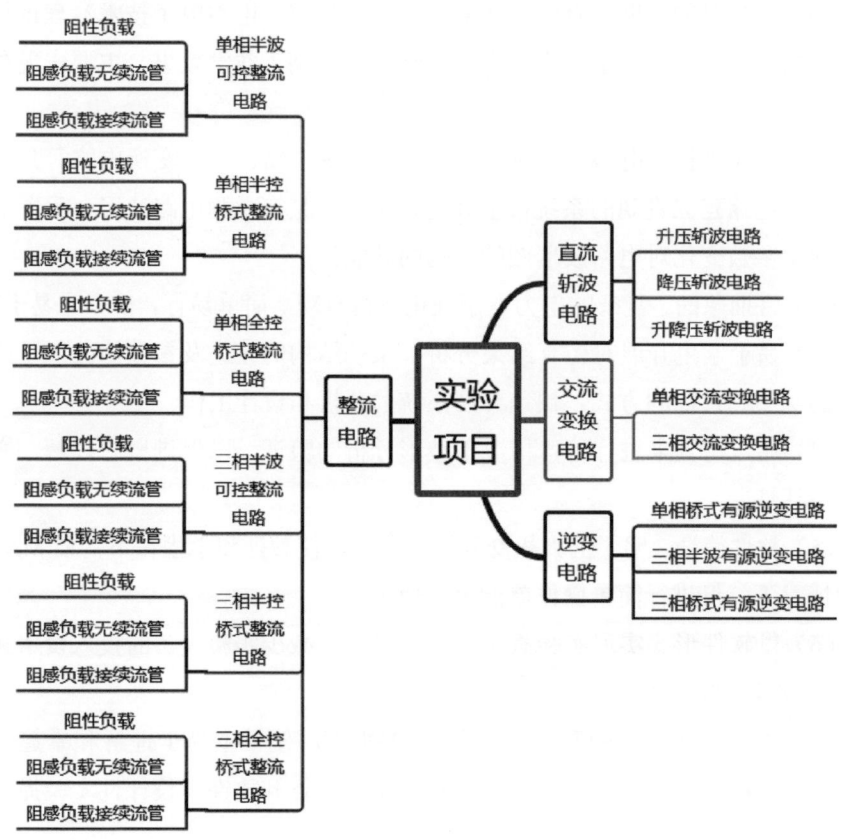

图1 系统结构图

（二）系统界面设计

软件采用MATLAB的GUI技术进行界面设计。每个实验对应一个子界面，一共有26个子界面。每个子界面可以分为4个功能区：菜单区、Simulink建模电路图区、参数设置区和仿真波形区。根据《电力电子技术》课程的内容特点，

在各菜单上依次排列该软件能完成的主要实验项目，并在对应的子界面上显示与各电路相对应的 Simulink 建模电路图、IGBT 波形、流过电感的电流波形和负载端电压波形等。电路的相关参数如输入电压大小，负载大小和占空比等都可以按需要自行设置，运行后波形随着参数的变化而变化。以降压斩波电路为例，子界面如图 2 所示。

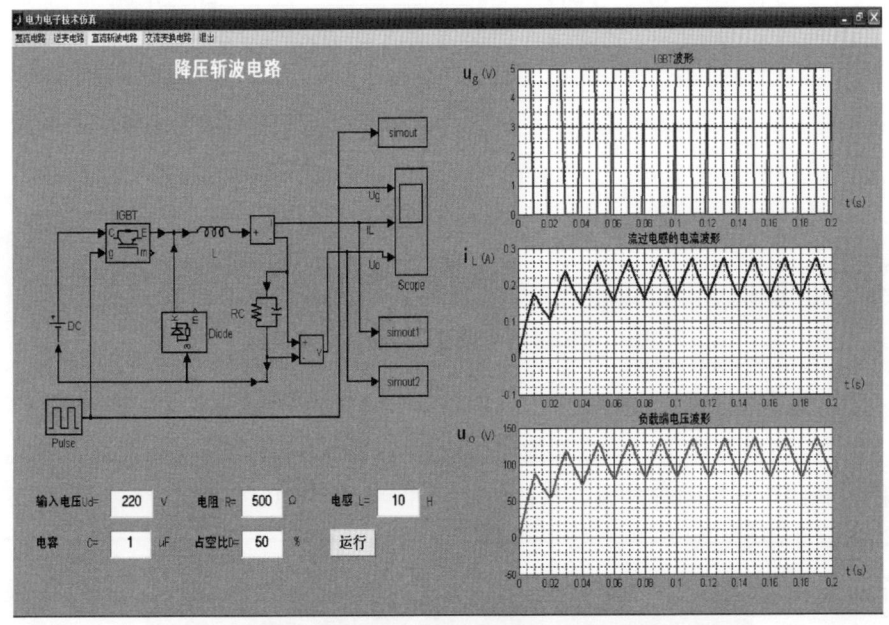

图 2 系统子界面

（三）Simulink 建模

单相半波可控整流电路是电力电子技术中最简单、应用最广泛的电路之一，因而也是《电力电子技术》课程中非常重要的一部分内容。下面以单相半波可控整流电路为例介绍仿真模型的建立。

单相半波可控整流电路由交流电源、晶闸管、负载及触发电路组成。改变晶闸管的控制角可以调节输出直流电压和电流的大小[4]。该电路的仿真过程可以分为建立仿真模型、设置模型参数和观察仿真结果。

1. 建立仿真模型

在 Simulink 环境下，运用 SimPowerSystems 的各种元件模型[5]，根据原理图建立单相半波可控整流电路的仿真模型，如图 3 所示。

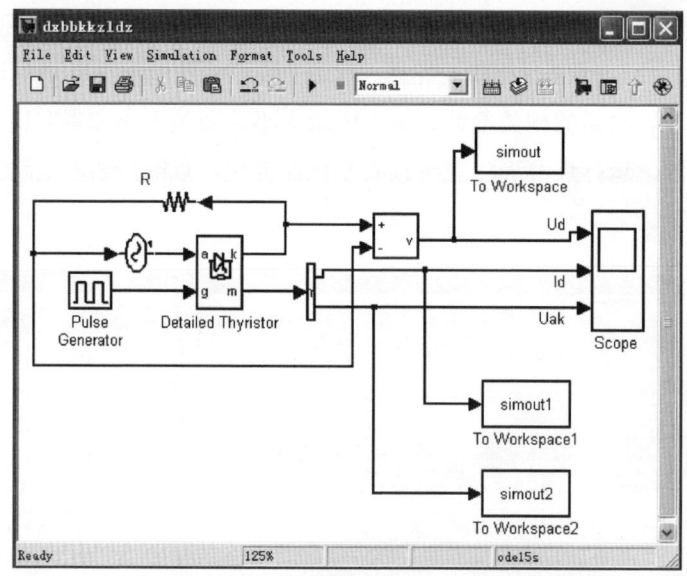

图3 单相半波可控整流电路的仿真模型

2. 设置模型参数

设置模型参数如下：单相交流电源电压为220V(最大值)，频率为50Hz，负载阻值为10Ω，晶闸管参数为默认值，脉冲触发角为30°[6]。

3. 观察仿真结果

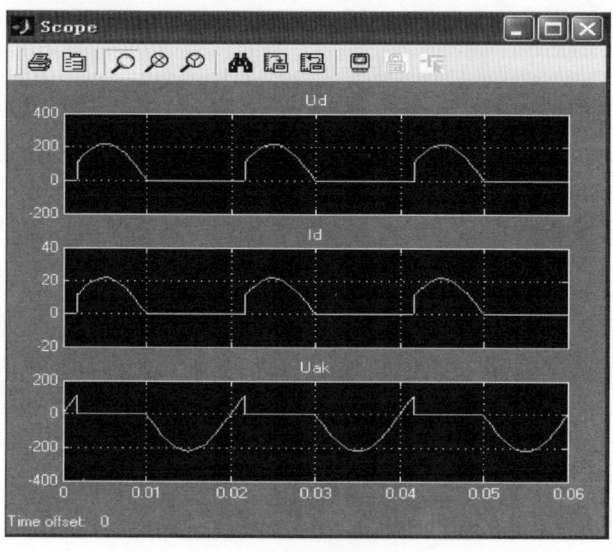

图4 仿真结果

设置的仿真参数如下：仿真时间为 0.06S，数值算法采用 ode15[7]。仿真参数设置完成后即可启动仿真，得到负载端电压、流过负载的电流、晶闸管端电压的仿真波形如图 4 所示。

（四）程序代码编制

软件功能的实现是通过对各个子菜单选项及控件编写回调函数来实现的[8]。下面以设置单相半波可控整流电路的 Simulink 模型参数并仿真为例介绍程序编写过程。部分 M 语言程序代码如下：

```
load_system('dxbbkkzldz');                                    % 加载 Simulink 模型系统[9]
set_param('dxbbkkzldz/Series RLC Branch2', 'a', a1);          % 设置模型参数
                                                                的阻值
set_param('dxbbkkzldz/Pulse Generator', 'PhaseDelay', g1);    % 设置脉冲的
                                                                相位
set_param('dxbbkkzldz/Pulse Generator', 'Period', k1);        % 设置脉冲的周期
set_param('dxbbkkzldz/AC Voltage Source', 'F', h1);           % 设置单相交流
                                                                电源的频率
set_param('dxbbkkzldz/AC Voltage Source', 'A', e1);           % 设置单相交流
                                                                电源电压的最大值
set_param('dxbbkkzldz', 'StopTime', l1);                      % 设置仿真结束时间
set_param('dxbbkkzldz', 'MaxStep', '1.0000e-004');             % 设置模型的最大步
set_param('dxbbkkzldz/Detailed Thyristor', 'Vf', '0');        % 设置晶闸管
                                                                的正向电压
save_system('dxbbkkzldz');                                    % 保存模型
sim('dxbbkkzldz');                                            % 模型仿真[10]
```

四、应用效果

MATLAB 软件使用后，教师在讲课时一改以往《电子电力技术》这门课难度高、学生不感兴趣的尴尬局面，使《电子电力技术》从抽象难懂变得直观易学。通过课堂实践，我们发现，用这个软件辅助学习，学生们学得轻松了，老师们教得也轻松了，从测验和考试成绩看，比以前同样的班级也提高了不少。当然，由

于实践的时间较短，这还只是一个初步和粗浅的结果，有待于在今后的教学中进一步验证。

五、结束语

基于 MATLAB 的《电力电子技术》课程教学软件的设计与实现在教学中的应用效果表明其设计与实现均达到了预期的目标，其应用可为国内外学校开展《电力电子技术》课程的教学改革工作提供参考。

参考文献

[1] 孙筠.CDIO 模式下电力电子技术课程教学改革的思考 [J]. 大学教育，2017，(3)：77-78.

[2] 王浩然，徐春芳，杨玲，胡琦珩，叶子，丁益民. 基于 Matlab 软件 GUI 的机械波模拟 [J]. 物理与工程，2017，27(02)：83-86.

[3] 张明霞,顾亭亭. 电力电子技术实验的 Matlab/Simulink 仿真教学探索 [J]. 教育信息化论坛，2019(01)：119-120.

[4] 张星,冶艳艳. 基于交流调压的灯光控制电路设计与仿真 [J]. 科技创新与应用，2019，(27)：102-103.

[5] 焦亦薇. 三相全控桥式晶闸管——电动机系统设计与仿真 [J]. 福建电脑，2018，34(7)：134-135.

[6] 张维，齐锴亮. 基于 MATLAB 的单相桥式全控整流电路的建模与分析 [J]. 电子设计工程，2017，25(12)：97-100.

[7] 刘丹. 基于 MATLAB 的电力电子技术课程教学设计与仿真研究 [J]. 电子制作，2019，(13)：71-72.

[8] 王晓慧，初航，朱光苗，孙孟晖. 基于 LabWindows/CVI 和 Matlab 的自动控制虚拟实验平台设计及实现 [J]. 实验技术与管理，2019，36(06)：144-147+151.

[9] 苏玉香,沈晓群,叶继英. 多种教学模式下电力电子技术教学改革与探讨 [J]. 山东工业技术，2017(20)：253+203.

[10] 高联学.MATLAB 仿真软件在《自动控制原理》教学中的应用与实践 [J]. 南方农机，2019，50(10)：8-9.

（作者：刘恒娟）

中职应用文写作教学与专业相结合的实践探索
——以电气工程与智能控制专业应用文《求职信》为例

上海市临港科技学校

大多数中职学校中，重"专业课"轻"文化课"的现象屡见不鲜：一方面是学生将大量时间投入实训，考专业技能证书和参加专业技能比赛等，无形中挤压了学习文化课的时间；另一方面在中职应用文写作教学中仍存在诸多问题，如传统的教学模式过分强调讲授法，使学生丧失了主体地位，课堂氛围较为沉闷，学生学习兴趣不高，无法真正提升学生的写作水平和应用能力；教材没有针对性，内容比较陈旧，和中职学生专业联系不大，实用性较差。

因此，如何将中职应用文写作的教学内容、过程及方法结合学生所学专业，突出实用性和专业特色，从而激发学生学习兴趣，增强教学活力，实现学以致用是我们亟须解决的问题。

一、中职应用文写作教学与专业结合的必要性

叶圣陶先生曾说过："大学毕业生不一定要能写小说、诗歌，但一定要能写工作和生活中实用的文章，而且非写得既通顺又扎实不可。""实用的文章"可以理解为应用文，虽然这是叶先生对大学生的要求，但也同样适用于中职学生。

（一）深化中职语文教学改革，彰显职业教育特色

针对中职语文所面临的现实困境，不仅要厘清症结所在，还要立足于中职学校的职教属性，有针对性地尝试在中职语文教学中结合学生的专业特征实施教学。这种尝试可以将文化课与专业课进行融会贯通，使得教师不断探索如何在教学过程中将应用文写作与专业有机结合，如何实现教学目标专业化、教学内容职业化，帮助学生学习实用性的知识；助力对学生开放型思维的培养，使得原本"枯燥"的应用文学习向职业教育方向靠拢和拓展，深化中职语文教学改革。

（二）提高中职学生语文素养，调动学生学习积极性

《中等职业学校语文课程标准》（2020年版）中指出："中等职业学校语文课程要有意识地加强课程内容与专业教育、职业生活的联系和配合，重在实践与应用。"在中职语文教学中融入学生所学专业，对接可以结合专业的教学内容，加

强实用语文能力的训练和培养。在立足职业学校特性的基础上，围绕专业培养目标实施语文教学，使中职语文教学能够真正做到有的放矢，保证语文教学的独特个性和实用性，将学生的语文素养向不同专业进行延伸，不仅提高了学生的语文素养，还培养了专业意识和职业素养。

二、中职应用文写作教学与专业结合的教学案例

中职应用文写作因其文种多、数量大、内容难，导致很多应用文写作教学陷入无效教学的困境。如何提高中职生学习应用文写作的兴趣，提高应用文写作能力，是中职语文老师亟须直面和解决的一个难题。中职学生对自身所学专业大多较为重视，语文老师则可以充分利用这一特点找寻应用文写作与专业的切合点，凸显专业特色，强化教学的实践环节达到学以致用，有的放矢地帮助学生通过学习应用文写作形成未来职业生涯的竞争力。部分应用文内容通识性较强，例如条据、启事、一般书信、通知等文种，各个专业学校都需要会写、能写和善写，教师则可以立足于教学大纲的基础上，结合学生专业的不同和就业倾向制定满足学生需求的授课计划，同时围绕专业特色将应用文写作教学目标具体化。

下面以电气工程专业的《求职信》一课为例，具体阐述如何将中职应用文写作与专业进行有机结合。

（一）教学分析

1. 内容分析

本次课选自《学写常用应用文（第二版）》中的第十篇——《求职信》。针对中职学生的专业特色和职业方向，改变了教材原有的编排，对教学内容和顺序进行了模块化的划分——基本模块和专业模块。本次课选取的是基本模块中的求职信一课，本单元要求依次掌握一般书信格式的基础上，进而学习求职信的写作，是本单元的重点内容。求职信是与学生将来走向社会、面对就业最密切相关的一种书信形式，实用性很强。

所用教材呈现了求职信的概念、范文、简析和写作练习等方面，和电气工程与智能控制专业联系非常少，同时没有真实的任务情境。所以需要将求职信的内容与学生专业有机结合，激发学生学习兴趣。

2. 学情分析

本次课授课对象为中本电气工程与智能控制专业三年级91班学生。

（1）应知应行　大纲中要求，语文课程的任务是加强语文实践，培养语文的应用能力，为学生综合职业能力的形成奠定基础。本次课正是基于这个目标，加强了教学内容与社会生活、职业生活以及专业课程的联系，激发学生参与教学活动的兴趣与热情，使学生参与在中掌握理论知识和写作技能，获得成就感和自信心。

（2）能知能行　学生在接触求职信前已经学习过便条、单据和一般书信，初步认识到写作应用文应该做到格式规范、文字简洁、语意明确，同时明确了书信的基本格式要求，但是学生在内容方面不丰富，个别要点掌握得还不够扎实，应用能力还有待加强。虽然基础知识较为薄弱，但学生具备一定的写作能力和知识储备。本班学生大多热爱交流，合作意识和能力较强，方便开展小组任务，激发学习热情。

（3）想知想行　学生面临着对未来求职、应聘等生存问题，对未来生活充满好奇和担忧。一方面缺乏对未来可供选择的工作存在疑惑，不清楚相关工作的任职要求和技能素养；另一方面学生对在未来招聘市场上成功谋求一份满意体面的工作又充满了期待。

3. 教学目标

教学目标的确立主要依据"四看"原则：一看专业人才培养目标；二看教学大纲要求；三看课程设置要求；四看特定教学对象。根据以上原则确立目标如下：

（1）知识目标：掌握求职信的概念、特点、要素及写作要求。

（2）技能目标：学会写作求职信并结合所学专业综合运用。

（3）情感态度：培养学生规范写作、实事求是的意识，体悟应用文写作魅力，树立求职观念和自信的人生态度，培养职业素养。

4. 教学重难点

（1）教学重点：学会写作求职信。

（2）教学难点：写出规范、有说服力的求职信。

（3）解决策略：通过创设真实的求职情境，使学生进入求职状态，通过撰写求职信谋求本专业相关岗位将写作理论转化成写作技能。求职过程中，与公司人事的交流和教师的点评中逐步习得如何写出更有说服力的求职信，提高学生职业素养并明确本专业所应具备的技能和核心竞争力。

5. 教学策略

按照教学大纲要求,结合学生实际情况及求职信的教学目标,本次课主要有如下策略:首先为了解决与专业结合的困难,为学生创设真实的求职情境;其次为了激发学生学习热情和写作积极性,多角度互动式教学,学生自主参与讨论何种求职信可以成功就业;最后为了避免出现缺少过程性评价的问题,扮演公司人事的同学和教师需要指出求职者撰写的求职信存在的问题并如何进行改进等。

(二)教学过程

本次课的教学过程有课前、课中和课后3个部分组成。3个部分层层推进、环环相扣,主要阐述教学过程如下:

1. 课前

围绕本次课教学目标,学生需要在学习写求职信前理清楚与电气工程与智能控制专业相关的岗位及相关任职要求,做好职业分析后,充分了解招聘公司的需求。确定好任职要求和公司需求后,分析自身具备的条件,具备哪些优势和不足,而自己的优势又有哪些材料可以加以证明。理清楚求职信撰写的逻辑步骤后,学生对于写什么、怎么写、如何写好才会更加明晰,从而书写层次分明、结构完整。

(1)教师向学生简要介绍本次课的任务,完成与本专业相关的求职信撰写。

(2)教师下发本次课学习任务单,提供学习过程中相关的必要资料。

(3)将全班30人分成6个小组,每组选好组长,每个小组组建成一个有关电气专业的公司,每个公司确定好公司名称后拟定招聘的有关电气工程与智能控制专业的岗位。

2. 课中

(1)创设情境,明确任务。针对与电气工程与智能控制专业的实际情况创设与专业相关的招聘情境:学校邀请了相关的6所公司举办一场小型招聘会,以公司的形式,让6个小组分别上台介绍自己所属公司、拟招聘的岗位及该岗位所必需的任职要求。每个小组选择所自身感兴趣的工作岗位写一封其他小组所招聘的求职信。

为了更好地完成任务,学生需要掌握何谓求职信,主要涉及求职信的概念、特点、组成要素和写作要求等。这些内容的学习关系到求职信写作的成败,学生的学习热情被激发，真实的活动情境和具体的任务活动有效地起到了推动作用。

（2）合作学习，解答疑难。合作学习阶段，按照课前教师下发的学习任务单及小组从网络和教材等方面收集到的有关求职信的知识点进行交流和讨论。小组内开展理论知识的学习，共同商讨求职信写作的内容。每组组长负责记录成员收集资料的数量和质量情况以及其在合作学习过程中的表现情况。

教师巡视各个小组，协助学生梳理求职信的理论知识。提醒学生求职信主体部分需要围绕着应聘岗位所需具备的能力进行描述，对于应届毕业生一般从在校学业情况、实践经历、实习经验及个性品性等方面进行展示。语言要简洁真诚，切不可过分夸大自身能力，对于自身情况的描写需要不卑不亢，实事求是。教师要引导和鼓励学生通过自学与交流提炼出以上内容，对于部分学习困难的学生进行指导，尽可能让学生在自主思考、合作讨论中构建出关于求职信的知识体系。

（3）分析岗位，组织篇章。每个小组在组长的带领下分析、讨论与交流本小组想要应聘的岗位，以及该岗位的能力要求。结合对专业课程的学习，讨论自身所具备的专业优势和存在的不足之处，如何在求职信中凸显自身的特长与优势，又如何面对自身的不足，为求职成功该如何进行描述。每位同学按要求填写求职信写作的学习任务单（如下图）后，与组员进行交流提出补充和修改意见。

	求职信学习任务表单	
开头	简单自我介绍、应聘岗位	
主体	基本情况介绍	
	学业情况	
	实践经历	
	实习经历	
	个性品性	
结尾	求职心情、期待回复或面试机会、联系方式	

组织篇章由每位同学独立完成，教师可以指导学生从以下4个方面挖掘：一是在校学业情况，在校所学的主要专业课程及成绩、实训、考取的证书及参加各类竞赛取得的成绩等；二是实践经历，主要涉及学生会、社团、班级工作中所担任的职务和发挥的作用；三是实习经验，在校期间的兼职或者是寒暑假的实习等，

承担了何种工作，收获如何；四是个性品性，主要依据应聘的岗位所应具备突出的品质，可结合自身实际情况进行描述，切不可过于夸大。教师巡视并指导无从下笔的学生。

（4）情境练习，评价反馈。求职信撰写完成后，每个小组需要先进行组内交流，然后再推选一名代表参加其他小组的招聘，模拟真实的求职情境，应聘公司的所有成员担任公司人事进行评价和反馈，交流讨论后决定该求职者是否应聘成功，并要对该求职者的求职信进行简要的分析与点评。

每组学生模拟后教师可进行有针对性的点评，以鼓励性点评为主。6个小组求职模拟结束后，每位成员再依据整个活动中的表现进行自评和组内互评。通过不同维度的点评，学生对求职信和自我表现都有了更深刻的认识，对求职场景的真实模拟和学生点评及教师点评，能够使学生对自己所学专业的相关工作岗位所需具备的能力有了更加深入的了解，从而对照自身能力在后续学习中进行有针对性的提升，在一定程度上培养了学生综合职业素养。

3. 课后

结合电气工程与智能控制专业所学习过的专业课程等，将课堂上撰写的求职信修改完善后输入电脑，用电脑排版，运用基本的办公软件技能，制作一封电子版的规范、有说服力的求职信。通过网络收集与专业相关的不同岗位的招聘启事、不同风格的优秀求职信在班内分享，为应用文写作积累素材、开拓写作思路，使自己的求职信能够脱颖而出。与专业相关的不同岗位招聘能够为同学们对自己的职业生涯规划提供一些选择，同时也能帮助学生明确日后需要努力的方向，培养学生的职业意识和能力。

（三）教学反思

1. 创设真实情境，培养职场能力

应用文写作的实用型特征就决定了教学过程需要同社会实践相结合，同时还要紧密与学生专业进行联系，引导学生在实践中学习，以求职信为例，创设一个模拟的求职场景，让学生以求职者的身份去写求职信，一方面可以激发学生参与的兴趣，另一方面充分让学生体会到求职信的作用。而且以公司角度去评价求职信的格式与内容，还能够帮助学生端正求职态度，也不失为一种职业素养的培养。

2. 结合培养方案，明确核心素养

本专业培养方案是以培养德智体全面发展,具备电气工程与智能控制的基本理论、基本知识、基本技能与人文综合素养协调发展的能力,能够从事相关专业工作的高等技术应用型人才。通过让学生组建本专业相关的公司及招聘相关岗位,能够让学生在收集资料和查阅相关招聘网站的过程中对自己所学专业有更加清楚和深刻的认识,对未来的职业发展有着良好的积极作用。

3. 强化课后延伸,提高应用意识

课后要求学生对求职信继续进行修改和完善,同时为了锻炼学生学会运用基本办公软件,要求学生制作电子版的求职信,并从相关的求职和招聘网站上收集与本专业相关的优秀求职信进行分享,通过培养学生知识的迁移能力以及动手能力,拓展了学生的思维,提高学生应用能力和水平。

三、中职应用文写作教学与专业结合的启示

当下很多中职学生不太重视应用文写作课程,面对这种情况,教师的积极引导和创新教学方法则显得尤为重要。教师将应用文写作与专业进行有机结合,这种实践方式,在激发学生学习动力、提高学生自学能力、锻炼学生合作探究和解决问题能力等方面都有较为明显的优势,真正做到了在"做"中"学"。

(一)应用文写作与专业结合的建议

应用文写作与专业有机结合不仅适用于求职信,其他应用文写作的教学中也一样适用。不同的专业,职业方向和领域也大不相同,教师可以根据不同的专业对应用文有所取舍和侧重。例如,机电专业的学生可以写某个仪器的说明书,旅游专业可以写导游解说词,服装专业可以写某个服装品牌市场调查报告,学前教育专业可以写幼儿活动观察记录等。对于同一个文种,不同专业可设计不同的教学内容,例如解说词的写作,中烹专业可以写菜肴解说词,汽修专业可以写某品牌车子的解说词,计算机专业可以写有关电脑或者某个程序的解说词等。教师通过灵活机动地处理教材和运用教学方式,采取差异性的教学内容,让每个专业的学生都能学有所得、学以致用。

(二)应用文写作与专业结合对教师素养的要求

中职应用文写作与专业的有机结合,对中职语文教师的职业素养和能力有了更高的要求。首先,教师要不断学习,拓展知识结构,提高自身语文学科素养,

更新教育理念，在教学中融入职业教育特点，提高应用文写作的实用性。其次，教师要开阔视野，了解授课专业的专业内容和职业新动向，多和专业课教师交流，有针对性地调整教学内容和教学方式。再次，课堂评价要有技巧，对于学生的表现以赏识性评价为主，对表现出色的同学予以肯定，增强学生自信心；对于学生的错误以建议性评价为主，指导学生予以改正。评价的语言要中肯亲切，让学生乐于接受。最后，教师要有积极探索和实践的毅力。目前来说，中职阶段文化课与专业的融合尚有很大努力空间，这就要求中职语文教师有探索新教法的勇气和魄力，并且还要有不断进行实践尝试的恒心。

（作者：杨伟悦）

高职院校公共英语教学的困境及对策

上海科创职业技术学院

一、问题的提出

高等职业教育中的外语教学作为职业教育中重要的基础课程，兼具工具性、人文性和社会科学性，在传承优秀的中华文化、推动先进的科学技术及借鉴前沿的管理经验和思想理念方面具有举足轻重的地位，应随着科技的进步和我国教育事业的发展而发展。

学生学习英语的目的已经不再单一，而是与学业、职业和就业相关的多种需求相关（李蔚，2018），而高职院校的英语教学在很大程度上又受制于各个专业的人才培养目标，因此很有必要就高职英语教学体系作为一个整体的研究对象，从实际问题和需求分析着手，对人才培养方案、教学计划、教学大纲、教材设计、教学方法和手段、教学评估、教师职业能力培养与专业化发展等方面进行全面、系统的实践性探索。

二、高职院校英语教学的困境及研究现状

根据目前高职院校英语教学的现状及当前对高职人才培养模式的需求审视高职英语教学，不难发现，高职院校的英语教学模式和教学体系尚处于探索阶段且

普遍存在着以下问题：评价标准不明确、教师复合能力较弱且缺乏创新性、教材系统不健全且缺乏特色、教学手段单一且缺乏灵活性、课程内容与形式开发滞后且缺乏实用性、教学与实践脱节、课堂教学不能体现"教师主导"服务"学生主体"、重国家考级英语而轻职业英语的学习，以及校企合作层次较浅等；同时，仍有一部分英语教师在课堂教学中采用"满堂灌"的授课方式，而学生所学知识与学生未来的职业需求严重脱节，以至于很多毕业生在踏入职场后发现所学并不是所需，或者一旦要用英语进行交际时，就出现沟通不畅通等问题，有时"课堂英语"在职场竟完全张不开嘴、听不懂话。

基于这一背景，在高职英语教学中，依据构建主义学习理论和需求分析理论，运用DACUM工作任务分析法，系统地引入"职场英语"并积极探索"工学结合"人才培养模式就成为一种逻辑的必然。但目前国内外相关教学领域内对该类问题的研究还不够成熟和稳定，且存在一定问题，具体体现在：（1）对目前高职院校的师资和生源、英语教学的实际教学环境、教学内容、教学模式和教学体系等情况与行业的实际需求的对比了解、调研和剖析还不够全面；（2）结合行业实际需求，将人才培养方案和教学计划、教学方法和手段以及教师职业能力的培养与专业化发展等方面作为客体进行的系统研究还不够成熟；（3）教学中结合"职场英语"的应用与发展、改进高职英语教学体系、最大化地培养学生综合运用语言的能力为目标，以及对高职院校英语教学体系进行实践性的探索等方面仍然缺乏系统性和稳定性。

三、高职院校英语职场化教学的可行性探索

职场英语（Workplace English）与通用英语（General English）有一定的区别，指在国际职场环境中讲不同母语的工作人员为满足工作或商务交际需要所使用的英语（孔文等，2020）。职场英语的教学目标是工作场合运用英语的能力，具有明确的针对性；而与之相对应的IELTS、大学英语四六级等传统的英语应试教学，则只是宽泛地考查学生基本的英语读写能力，其应用性和实践性较之职场英语，有一定的区别。故在高职院校的英语课堂进行职场化教学，实现高职教育与职业发展的有效结合已迫在眉睫。唯有如此，才能增强英语课程的实用性，即培养学生综合运用语言和专业技能的能力，达到学以致用，在实习或就业后可以胜任岗

位能力的要求。学生不再是做题机器，而教师也当然也不再被异化为"考级培训师"了。

职业教育课程改革与发展表明：职业教育的课程应该从工作岗位、工作任务出发；职业教育的课程应该强调能力本位；职业教育课程开发要求企业与学校合作。鉴于各类高等职业院校的教学资源、学生入学水平、所涉及专业、职业方向及所面临的社会需求等有较大的区别，高职院校应根据《课程标准》制定符合本校实际的实施性英语教学大纲，指导本校的英语教学。而高职院校的英语教学注重英语口语及表达能力的培养并渗透了丰富的文化内涵，其综合性和实践性很强，故英语职场化教学应以就业为导向、以社会需求为目标、以英语语言为载体，以培养理论与实践相结合的职业型、能力型、复合型人才为原则展开教学。

（一）研究课程标准，确定教学目标

《职业教育提质培优行动计划（2020—2023）》明确提出：提升职业教育专业和课程教学质量。以前的高职英语课程教学大纲多是以英语语言知识传授为主线，以理论教学为主体，忽略了工作实践在课程体系中的主导地位。高职英语强调培养学生的职业能力，突出实践在课程中的主体地位，故学校教学管理部门应组织专家、学者及授课教师，根据需求分析和人才培养目标，明确教学目标，并制定新的教学大纲，开发满足行业或企业岗位（群）需求的教学内容与资源，以工学结合为原则，实现由"语言知识＋语言技能"向"职业知识＋职业技能"的转化。授课教师应以《课程标准》为指导，遵循教育学原理和语言学习规律，熟知课程性质与任务，明确学科核心素养与课程目标，确定课程结构和课程内容，编写教学大纲，关注学生学业质量和自身专业发展，全面提升教育教学质量。

以某校旅游管理专业为例，该专业的《人才培养方案》根据学生的就业岗位特点，确定旅游英语的相关课程主要围绕"入境涉外导游"和"酒店服务人员"这两个职业群展开，将学习领域的课程内容、能力目标基于教学法转换后，形成小型的主题学习单元即具体的学习情境，使学生最终掌握英语知识和提高工作能力。例如，入境涉外导游的典型工作项目包括导游生活服务、导游讲解服务、应急事务处理等，其典型的工作任务包括旅游预定、迎送客人、登记入住、行程安排、旅游讲解、商场购物、康乐服务、处理问题与突发事件。由此，该校开发出《旅游英语》《导游英语》《饭店情景英语》等课程，其中《导游英语》申报了市级精

品课程。语言产出是人内活动与人际活动的接口（Swan，2006），学生通过各个任务型教学项目设计出的学习情境，真正实现了"做中学"和"学中做"，教学目标得以实现。

（二）改进教学模式，优化教学设计

职业教育既要满足社会需求、关注经济发展，又要满足个性需求、关注人的发展（姜大源，2007），故职场英语应注重课程的理论知识与实践相结合，关注培养学生在实际活动情景下的语言交际能力及涉外专业工作技能。故高职英语教学应以《课程标准》为依据，以《人才培养方案》为导向，以培养学生综合能力和职业素养为宗旨，理论和实践并重，构建"技能培养＋知识传授＋职业素养养成"三位一体的教学模式。

语言的输入和输出活动不是相互独立的个体，而应该通过课堂活动，有机地结合起来（文秋芳，2011），而英语是一种实用性强、必须通过大量的实践才能掌握的语言，故英语教学离不开经常性的、有针对性的实践练习，即英语教学实践练习的实质就是强化实践和练习环节、采取课堂理论教学与社会实践活动相结合的方式，让学生把在英语课堂上学到的词汇、词法、句法、语法、英语文化知识等系统英语知识通过社会实践和课外练习得到运用、巩固和检验。因此，高职英语教学应与专业实践教学相结合，让学生参加力所能及的相关涉外实践活动，让学生到实际岗位上去应用英语。I hear and I forget. I see and I remember. I do and I understand. 职场英语即如此。

由此，我们提出教学内容设计要"把握两条线"：一是以职业岗位典型工作任务为教学内容选择主线，以工作过程及流程为导向，分解工作任务，分析职业核心能力，融入拓展能力的培养；二是以"语言运用能力——语言运用能力＋工作技能——综合能力"为教学内容序化主线，实现学生职业能力培养的逐步提升。故在教学中，我们借鉴"项目教学"和"实地教学"，有效运用情境教学法、角色扮演法、交际型教学法、分组讨论法等多种教学方法并辅以多媒体教学，同时注重模拟训练，强调以工作岗位为导向、以工作任务为依托、以学生为主体组织教学内容，引导学生积极主动地学习，使学生在活动中增强团队合作精神，发展职业能力，将语言知识和专业知识都灵活运用起来，这比以往单纯的讲授法更加行之有效（见图1）。

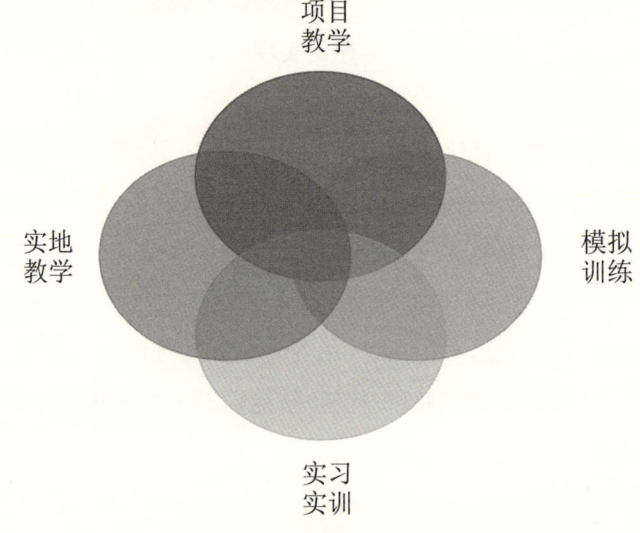

图 1 教学模式的整合

（三）探索教学体系，拓宽培养途径

关注人的发展是教育的基本属性，在职业教育中体现为整体行动能力的培养，即帮助学生具备独立思考、善于存储、解决问题和发展定位的能力，以便能在职业世界和生活世界中，对自己的技能学习、认知学习、情感学习和社会学习进行设计，对自己的职业生涯进行可持续性的规划、调节与评价（姜大源，2007）。所以，当高职教育已由一个层次向一个类型进行转变，高职英语教学则出现了由"普及"到"重视"向"必须、够用"的方向转化，其教学目标、课程设置、教学模式、教学方法与手段的变化势在必行，而高职英语教师也经历着由"够用"到"不够用"向"剩余"直至"转型"的阶段发展。因此，我们应该通过重新审视高职英语教学的走向及基础英语和专业英语的定位，提出新形势下高职英语教学发展策略，即以"培养职业型、复合型人才"为导向，以"能力本位和岗位需求"为主线，并遵循产学结合，尝试开发和构建职场英语教学体系：

（1）立足"两个点"，即立足校内实训点和校外实训点，这是教学实施的条件与基础。

（2）支撑"两个面"，即坚持面向核心岗位职业要求、面向就业市场的目标指向原则，这是教学实施的目标与效果对培养途径的要求。

（3）实现"四个结合"，即实现在校学习与实际工作相结合，实现课堂与实训基地相结合，实现课内与课外实践相结合，实现学习与创造相结合。

（4）探索"四个贯通"，即依据职业教育理论剖析高职英语教学的课程改革与发展方向，对高职英语教学的人才培养模式进行"四个贯通"的实践性探索，即语言基本能力与职业核心能力融会贯通、校内实践教学与校外（包括海外）顶岗实习融会贯通、课程考核与职业证书获取融会贯通、课程学习与工作就业融会贯通。

（四）改革评价方式，完善教学管理

对学生进行考评，是评价教学效果、提高教学针对性的必要手段。科学的考评方式具有正确的导向性、激励性和实效性；反之，则将桎梏教学的发展。传统的教学评价多采用期末笔答试卷这种终结性考核的方式进行，很难反映学生运用知识和技能解决实际问题的能力。高职英语课程的考评内容应多元化，突出对学生全面的、综合的语言技能的考核，力求客观、准确、科学。考评可根据评价的时间点，采用形成性评估、真实性考核和终结性测评相结合的综合性评价（见表1），即学生平时成绩（包括课堂参与、学习资料和合作学习活动等学习档案的积累）占学期成绩的30%；小组实践考核环节（包括模拟任务的完成情况等）占学期成绩的40%；期末考试（包括考试与考察、口试与笔试、开卷与闭卷、独立完成与分组完成、考场完成与考场外完成等多种方式）占学期成绩的30%（见图2）。

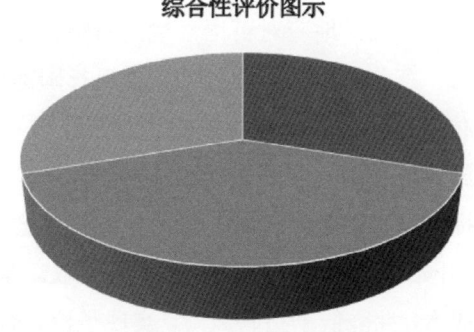

图2 综合性评价图示

表 1 综合性评价分析

考试类型	比重	性质	内容	侧重
平时成绩	30%	形成性	学习档案	学习积累
小组实践	40%	真实性	活动任务	努力程度
期末考试	30%	终结性	综合运用语言的能力	学习效果

真正有效的评价是促进学习的评价。以上考评方式的改革极大地调动了学生学习英语的自主性和积极性，有利于学生综合职业能力的培养，是"有效"的评价。通过教学评价，教学主管部门及授课教师可以及时发现教学的成效与不足，并帮助学生找到自己的弱项和学习策略中的问题（严玲，2011）。同时，需要引起重视的是，涉及评价的教学改革是一项全校性的、系统的、学校多个部门、各方人员共同参与的立体化工程，需要各级领导、各二级学院充分重视并适当注入政策性、鼓励性的引导，以优化人才培养模式为目的和导向，上下形成共识、多方人员配合、专项资金保证、全体教师参与，为教改实践的展开提供强有力的保障。

四、启示与展望

（一）优化人才培养模式

高职英语与专业整合的研究才起步不久，高职院校的英语教学体系还存在许多亟待改进之处，其课程构建与实施的探索任重而道远，而改革的目的即是服务于毕业生在工作岗位上得心应手地应对英语环境的考验。如某高职院校已与上海锦之旅旅行社有限公司、东美航空国际旅行社、俄风行国际旅行社和上海优博国际展览有限公司等单位签订了《校外实训基地协议》及《实习就业协议》，为学生提供了导游讲解、旅行社计调、团队接待、线路设计、销售等方面的实习及就业机会，为实践教学提供良好的条件保障。同时，该校还尝试推行学生预就业方式，即企业可以从实习开始，即对学生进行试用、择优录取。学生解决了就业问题，企业也可以节省招聘成本，并降低了招聘风险，实现了校企合作的"双赢"效果。

只有当教学内容、教学模式和教学方法均有明确的服务目标并认真贯彻和实施，英语教学才最大化地实现了其目的，体现了存在的意义。基于这一背景，在高职院校的英语教学中，我们须积极探索和改进现有的人才培养模式，具体包括：

（1）以"市场需求"为导向，继续完善高职人才培养目标和英语课程标准；

（2）以"工学结合"为抓手，设计"平台+模块"的高职英语课程体系；

（3）以"优质、创新"为目标，加强高职英语教材建设；

（4）以"实际、实践"为核心，构建基础英语、专业英语和岗位实践的教学内容；

（5）以"双师素质"为标准，建立制度完善、结构合理、行业知名度较高的优秀团队；

（6）以"校企合作"为基础，积极参与技术服务与社会服务，探索中外合作办学项目，开拓海外实习基地；

（7）以"能力培养"为依据，建立动态的、综合性的高职英语教学评价体系。

（二）后续研究思路

教无定法，贵在得法。英语职场化教学是融课内实践实训和课外（顶岗）实习为一体的实践教学模式，只有让实践教学渗透到整个教学体系中，产、学、研、践、习有机结合，学生才能学以致用，教学才能与就业达到零距离。故在高职院校的英语教学中推广职场英语则将是今后高职院校英语教学的方向之一。

所以，经有关调查、统计、分析和论证后，可在条件成熟、有同类就业需求的高职院校展开上述英语乃至日语等其他语种的教学实践，并依据高职外语教学体系的构建原则及英语语言学习规律为基础，尝试ESP（特殊用途英语）课程建设，或者有针对性地开展双语教学；综合考虑专业培养方案、职业能力结构、实训基地建设以及师资建设等要素，在动态调整和全面优化原有教学体系的基础上，探索基于"工学结合"人才培养模式的高职外语教学改革与内涵建设的途径，构建以"市场需求为导向、职业能力为本位、职业资格证书为依托、理论与实践一体化"的课程开发和评价体系，从而培养出高技能、高素质的复合型人才，体现学校教育与经济发展及市场需求的均衡与统一，实现外语教学服务社会的真正价值，推动高职教育高质量发展。

参考文献

[1] Swain, M. Language, agency and collaboration in advanced second language learning. In H. Byrnes (Ed.), Advanced Language Learning: The contribution of Halliday and Vygotsky (pp. 95-108). London: Continuum.

[2] 姜大源. 职业教育的学习结构论 [J]. 中国职业技术教育，2007(1)：1.

[3] 孔文，李迪.《全球职场英语能力量表》的研制及其启示 [J]. 北京第二外国语学院学报，2020，42(05)：57-70.
[4] 李蔚. 在高职院校公共英语教学中引入职场英语的策略研究 [J]. 海外英语，2018(05)：75-76.
[5] 文秋芳. 二语习得重点问题研究 [M]. 北京：外语教学与研究出版社，2011.
[6] 严玲. 专门用途英语课程构建 [M]. 北京：中国传媒大学出版社，2011.

（作者：杨红）

基于"任务驱动、项目导向"的识图类课程教学改革的研究
——以《建筑给排水施工图识读》课程为例

基于"任务驱动、项目导向"理念，通过对教学内容进行重构，编制识图工作页，引入信息化模型 BIM、课程思政融入课堂等策略，优化课程设计，培养心系社会并具有职业担当的技术技能型人才。

一 前言

职教 20 条明确指出，职业教育是不同于普通教育的教育类型，与普通教育相比，职业教育侧重于实践技能和实际工作能力的培养。以服务为宗旨，以就业为导向，培养生产、服务第一线高素质劳动者和实用技术人才已成为职业教育的共识[1]。这也对职业教育课程体系的设计及教育教学提出了更高的要求。

作为建筑设备类专业的技术技能人才，识读和理解相关的施工图都是其必备的核心技能之一，它可以为后续的建筑设备安装及工程造价等课程的学习打好坚实的基础，也决定了学生能否快速地进入并适应工作岗位。但从以往学生实习情况及就业单位的反馈来看，学生进入岗位后施工图的识读能力明显欠缺，这必然会造成学生就业后对工作岗位的不适应，从而延长了适应时间。

究其原因，一是传统课堂教学方式与生产实践脱节，学生岗位素养和能力与企业要求存在一定差距，学生工作上手速度慢[2]，二是教师教学仍以教师传授为主，未能充分调动学生的学习主动性，学习效果不好；三是教材内容相对陈旧，

未能体现行业新标准、新规范。

因此，如何更新教育教学理念、突出职业教育特色、优化课程结构、改进教学方法，培养能够适应新时代工作岗位的技术技能型人才，是相关专业老师应该思考的问题。

二、"任务驱动、项目导向"教学改革的实践——以《建筑给排水施工图识读》课程为例

（一）引入实际工程案例，重构教学内容，构建项目化教学模式

《建筑给排水施工图识读》课程的教学是在学生掌握了一定的专业知识如建筑施工图识读能力的基础上进行的，既要学生掌握给排水的专业知识，又要熟悉给排水施工图的制图规则，以确保学生能够准确地识读和理解图纸，从而进一步解决施工过程中与其相关的问题。

笔者将实际工程案例引入教学，针对实际工程案例中全套给排水施工图，结合实际工程施工组织子项进行拆分，如给水系统、排水系统、消防给水系统、室外给排水系统等；在各子项中，根据图纸类别如平面图、系统图、详图进行分类，通过将一套复杂的给排水施工图进行拆分，一方面与实际工作过程吻合，突出职业特点，另一方面，化繁为简，降低了学生的学习难度；在案例的选择上，选取学校实地项目（综合楼）作为教学案例，充分地激发学生的学习兴趣，更好地帮助学生理解图纸与实际项目之间的关系。

在实际案例的基础上，以工作过程性知识为依据，将教学内容进行合理的组织排列，将理论知识的学习融入具体施工图的识读任务中，构建融合工作过程性知识和岗位技能标准的理实一体教学体系，从而实现由追求学科知识系统性向追求职业领域工作项目的知识性和过程完整性的转变[2]，通过基本知识讲授和给定任务的实践训练，完成能力培养。比如对给水系统教学单元，先通过课堂讲授给水系统的组成、给水方式，然后实践环节结合工程案例给出给水平面图、系统图的识读任务，由学生根据所学知识，翻阅教材、规范，识读图纸。通过这样一个理论与实践一体的教学单元设计，完成基本知识向知识综合运用的转化（见表1）。

表 1 课程模块设计

模块		任务	知识点
实际工程案例	认识给排水工程施工图	认识给排水工程施工图	给排水全套施工图的组成
	给水系统	给水系统平面图的识读	给水系统的组成
		给水系统系统图的识读	常见的给水方式
		给水系统详图的识读	水泵、水箱
	排水系统	排水系统平面图的识读	排水系统的组成
		排水系统系统图的识读	通气管、同层排水/各层排水
		排水系统详图的识读	排水系统的常用附件
	消火栓给水系统	消火栓给水系统平面图的识读	消火栓给水系统的组成
		消火栓给水系统系统图的识读	消火栓给水方式
		消火栓给水系统详图的识读	消防水泵
	自动喷水灭火系统	自动喷水灭火系统平面图的识读	自喷系统的组成
		自动喷水灭火系统系统图的识读	自喷系统给水方式
		自动喷水灭火系统详图的识读	报警阀组

（二）结合工程岗位实际，编制识图工作页，构建工学一体模式

在课堂实践环节，结合工作过程性知识和岗位技能标准，设计识图工作页，以识图工作页作为任务驱动载体，激发学生自主学习的能力。学生在规定时间内通过自主探究和相互协作，在完成工作页的过程中学习知识、获得技能、形成能力。在工作页的设计中，将识图的方法蕴含其中，引导学生在识图的同时，掌握相应技能。例如，在"给水平面图识图工作页"的设计中，首先引导学生读取图纸名称、比例，之后从底层给水平面图到屋顶平面图，逐一设计工作内容，如在一层给水平面图的识读中，引导学生从给水系统的起点——引入管开始，沿水流方向读图。通过工作页的设计，激发学生积极思考、主动学习，同时，引导学生从学习知识转变为学习方法，培养举一反三的能力。

同时，工作页的设计中引入给排水专业相关制图标准、设计施工规范等，引导学生了解行业最新动态，强化学生理解规范的能力，加强与建筑设备安装等后续课程的联系，从而培养学生严谨认真、规范施工的意识。如在排水系统详图的识读任务中，通过让学生查阅施工规范，标注详图中排水管道的坡度，从而让学生更好地理解排水系统的特点及排水管道的安装要求等专业知识。

（三）信息化手段用于教学，虚实一体

给排水系统设备、管道、阀门种类繁多，其施工图较为抽象。将建筑信息化模型 BIM 引入教学，对工程案例图纸进行三维建模，实现了建筑设备和管道的具体化、直观化，增加了学生的感性认知。通过二维图纸和三维模型的对应，进行平面和空间的转化，更好地理解给排水施工图所表达的内容，化解课程难点。同时，建筑信息化模型的引入，引导学生了解当下建筑行业的最新动态，开阔学生眼界，激发学生的求知欲。

（四）以立德树人为纲领，融入课程思政

习近平总书记多次强调要围绕"培养什么人，怎样培养人，为谁培养人"这一根本问题进行教育改革，而培养具有爱国情怀、具备一定职业素养的技术技能人才是我们的培养目标。因此，课程设计着眼于学生职业岗位能力的培养和职业素质养成，重点培育学生严谨认真、高效务实的职业素养，培养学生吃苦耐劳、追求卓越等优秀品质。如在"给水系统施工图识读"中，通过对国家水资源匮乏情况的介绍，引导学生树立节能、节水意识；在"消火栓系统施工图的识读"中，引入上海市胶州路大火等案例，分析其火灾原因及造成的后果，让学生深刻体会作为建筑行业从业人员，文明、规范施工对于项目的重要性，明白"以人为本"的真正含义，成为心系社会，并有时代担当的技术型人才。

三、结语

在对《建筑给排水施工图识读》课程进行教学改革的过程中，充分践行了"以学生为主体、教师为主导"的教学理念。通过引入学校实际项目案例，进行教学内容重构，充分地调动了学生的学习积极性，引导学生将专业知识与实际岗位相结合；基于工作过程，设计识图工作页，引导学生分析问题、解决问题，具备举一反三的能力；BIM 模型化解了识图类课程传统的教学难点，并引导学生了解行业最新动态，树立终身学习的态度；课程思政进入课堂，激发学生的专业自豪感和认可度，培养心系社会，并有时代担当的新型技术技能人才。

后续，笔者也在思考将识图工作页进一步优化设计，编制一本《建筑给排水施工图识读》活页式教材，以更好地服务于后续教学。

参考文献

[1] 马丹丁，张建军，吴学清. 论建筑结构课程中平法识图教学单元的改革 [J]. 教育与职业，

2011(18).

[2] 李科, 刘娟, 胡祥. 浅谈本科工程管理专业《建筑设备概论》课程创新教学改革与实践 [J]. 中国设备工程, 2021.

（作者：成霞）

探究式教学在职业教育中的实践研究
——以"盐溶液的酸碱性"为例

上海石化工业学校

新课程改革下的教学观提倡在教师的引导和协助下，以学生为主体进行探究式教学。学生在主动获取知识、运用知识的过程中培养了发现问题、解决问题及科学思维的能力，提升了学科素养。本文以化学学科中"盐溶液的酸碱性"一节为例，以探究式教学理念为载体，引导学生对盐溶液呈现酸碱性的内在原因进行剖析。学生在教师的引导和协助下，积极配合，逐步完成实验、发现、探究、推理等学习过程，不仅加深了学生对溶液酸碱性成因的理解，更进一步促进了其创造思维的发展。同时笔者在探究式教学课堂中融入安全、环保、集体荣誉等思政元素，将学生的知识技能学习和思政教育巧妙结合，真正做到"润物无声"。

一、探究背景

随着社会的快速发展，传统的课堂模式已无法呈现新课程改革的教学理念。教师课堂上"灌输"知识以及学生缺乏学习兴趣、动力不足、被动接受知识等现象日益凸显。因此新一轮教学改革势在必行。探究式教学突破了传统课堂中"主动讲与被动听"的教学模式，提倡开放式教学，鼓励学生通过独立思考、发现问题、自主探索的方式，建构、获取并应用知识[1]。探究式教学理念主张将学生自己变成学习的主人，将"被动接受"转化为"主动探究"，通过"以疑促思，以思促学"的方式，提升学生的内在驱动力[2]。

探究式教学模式的应用是学生学习化学专业知识的一种重要载体，也是培养学生探究意识、提高学生探究能力的重要途径。在徐金娟主编编写的教材《化学基础》项目四电解质溶液中，知识点相对微观，学生理解起来较为困难。按照通常的教学模式，课堂以教师讲授为主，忽略了学生的参与，最终的结果就是学生理解不够透彻，只知其然，不知其所以然。但是如果将课堂完全交给学生又会出现课堂难以掌控、效率过低的情况。探究式教学以学生为主体，将"教师引导"与"学生参与"相结合，从实验活动或者探究活动中总结规律，及时内化并加以运用。毋庸置疑，在这样的探究式课堂学习，学生理解更加深刻，掌握更加牢固。因此，笔者尝试将探究式教学模式融入"盐溶液的酸碱性"这一课题中，通过问题情境设置和小组合作探究的方式，培养学生解决问题并灵活运用知识的能力。

二、探究过程

笔者授课时采取实验探究和理论分析两条学习主线，以任务为导向，通过设置层层递进的问题，引导学生带着任务和问题参与到教学活动中，以此强化学生的科学探究意识。具体的教学思路如图1所示。本次课堂从贴近生活的食盐、纯碱、小苏打入手，引入学生感兴趣的实验探究。学生通过动手实验发现实验结果，在教师的引导下从微观角度探究出现这类现象的原因，最后又将所学知识应用于具体的生活情境，即从生活到实践到理论再回到生活的过程。

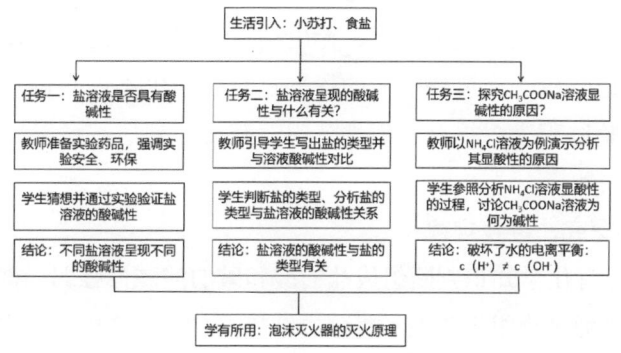

图1 探究式教学过程思路

（一）创设情境，引入实验

复习溶液呈现酸碱性的判断依据，引导学生对盐溶液是否具有酸碱性进行思考，同时向学生展示生活中常见的盐：小苏打和纯碱的实物。教师发布实验任务：利用pH试纸测试氯化铵溶液、氯化钠溶液和醋酸钠溶液的酸碱性，组织学生以6人为一组进行探究实验，负责记录数据的同学将结果记录在表1中，小组内分工合作。介绍实验涉及的仪器和药品，强调实验要求：（1）安全理念：

手套、护目镜、玻璃仪器轻拿轻放;(2)环保理念:废液倒进废液杯,废纸丢入废纸杯。

基于探究理念的教学模式需要以学生积极的参与作为支撑,而生活情境的创设则将学生置于熟悉的场景之中,是诱发学生进行探究实验的有效手段。

(二)发现现象,激趣生疑

展示各小组的实验结果,汇总于表1。学生通过动手实验发现盐溶液并非都是中性的,不同的盐溶液酸碱性不同。由表1可知,氯化铵溶液呈现酸性,氯化钠溶液呈中性,醋酸钠溶液呈碱性。由此提出新问题:盐溶液的酸碱性是随机出现的,还是有规律可循呢?

表1 学生实验结果汇总表

待测溶液	pH 试纸颜色	pH 值	溶液酸碱性
Na_2CO_3 溶液			
NH_4Cl 溶液			
NaCl 溶液			

教师与其直接向学生灌输"氯化铵溶液呈现酸性"这一知识,不如让学生自己动手设计实验、主动发现知识、得出结论。通过"设计实验—观察现象—类比猜想—理论分析—交流评估"的探究过程,学生不仅获得了理论知识,更在动手操作实验过程当中提升了感性认识,获得成就感,激发出学生进一步参与探究环节的兴趣。

(三)科学探究,寻找规律

学生利用已有化学知识判断组成盐的酸和碱的酸碱性强弱,据此对盐进行相应的分类。教师通过小组组长展示将分类结果汇总于表2中。将表1中盐溶液的酸碱性与表2中盐类的类型对比观察,引导学生观察盐的类型和盐溶液的酸碱性并思考:盐溶液的酸碱性与盐的类型有没有关系?

表2 盐的类型汇总表

盐	生成该盐对应的酸和碱		盐的类型
	酸	碱	
Na_2CO_3			
NH_4Cl			
NaCl			

学生通过小组研讨、汇总表格，很容易发现盐的类型与盐溶液的酸碱性是有一定规律的：盐溶液的酸碱性与组成该盐的酸和碱强弱有关，且酸碱性与较强的一方性质一致。教师将学生发现的结果精简为十字口诀：谁强显谁性、同强显中性。应用这一规律，判断另一种典型的盐溶液——CH_3COONa溶液的酸碱性。学生分析CH_3COOH的弱酸性和$NaOH$的强碱性，根据上述规律得出醋酸钠溶液显碱性的结论，为后续从微观角度剖析醋酸钠显碱性的原因奠定理论基础。

（四）微观剖析，释疑解难

1. 教师演示分析

笔者以NH_4Cl溶液为例分析其显酸性的根本原因。由于该过程过于微观，如果问题难度过大，学生很容易跳脱出教学环节，出现跑神现象。因此教师在这一环节设置问题时需由易到难，逐级深入，引导学生进入思考情境。笔者在此环节设置分别以下几个问题：氯化铵溶于水之后发生什么行为？溶液中存在哪些微观离子？溶液中各离子间能否形成新物质，形成的是强电解质还是弱电解质？促进水的电离平衡还是抑制？导致氢离子和氢氧根离子浓度发生了什么变化？溶液呈酸性还是碱性？

学生借助已有的电离知识，以小组为单位分析讨论。氯化铵作为强电解质溶于水完全电离形成铵根离子和氯离子，同时水产生微弱的电离形成等量的氢离子和氢氧根离子。因此体系中存在4种离子：铵根离子、氯离子、少量的氢离子和氢氧根离子。这4种离子中的铵根离子和氢氧根离子之间可以结合形成新物质一水合氨，属于弱电解质。一水合氨的生成消耗了体系中的氢氧根离子，促进水的电离平衡，导致溶液中氢离子浓度高于氢氧根离子，因此溶液显酸性。可以通过电离方程式和化学方程式表述上述过程：

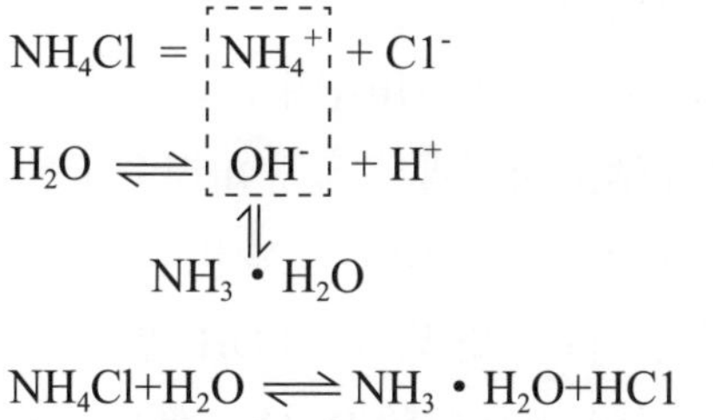

$$NH_4Cl = NH_4^+ + Cl^-$$

$$H_2O \rightleftharpoons OH^- + H^+$$

$$\Updownarrow$$

$$NH_3 \cdot H_2O$$

$$NH_4Cl + H_2O \rightleftharpoons NH_3 \cdot H_2O + HCl$$

图2 氯化铵溶液呈现酸性的示意图

盐溶液中各种离子的行为变化无法用肉眼观察，因此，为了增强学生对溶液微观世界的感性认识，笔者将抽象的理论知识具体化、形象化，借助微观动画向学生展示氯化铵溶液中各中离子的行为变化，提升学习活动的趣味性。

2. 学生合作探究

学生以小组为单位，参照分析氯化铵显酸性的过程探究 CH_3COONa 溶液显碱性的原因，并通过电离方程式和化学方程式表述。选择 3 个小组讲台前展示，教师点评各个小组结果并进行总结。通过类比，学生推理出 CH_3COONa 溶液呈现碱性的根本原因在于 CH_3COONa 在水中完全电离的出 CH_3COO^- 和 Na^+，同时水也发生微弱的电离，产生 H^+ 和者 OH^-。CH_3COO^- 和 H^+ 结合形成新的弱电解质分子——醋酸分子破坏了水的电离平衡，促进了水的电离，从而导致 H^+ 的浓度小于 OH^- 的浓度，所以 CH3COONa 溶液显示出了碱性。

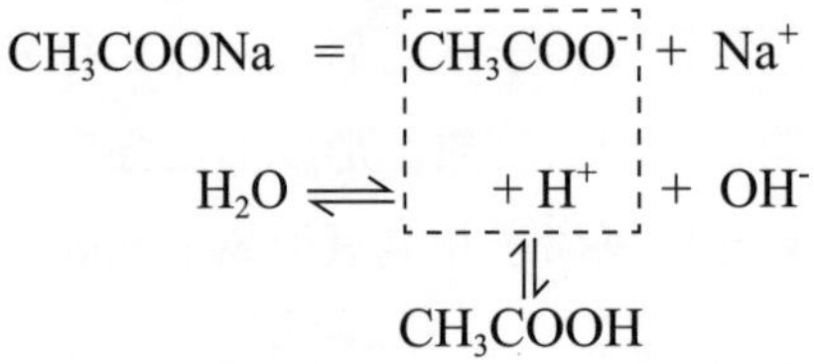

$$CH_3COONa = CH_3COO^- + Na^+$$

$$H_2O \rightleftharpoons \quad + H^+ + OH^-$$

$$CH_3COOH$$

$$CH_3COONa + H_2O \rightleftharpoons CH_3COOH + NaOH$$

图 3 醋酸钠溶液显碱性的示意图

化学学科中的探究教学在于通过学生动手在实验过程中发现实验现象，用已有知识分析原因、得出结论的过程，其中教师的角色主要是引导者、协助者，并在适当的教学环节中给予学生激励、表扬和评价，在一定程度上可以达到事半功倍的效果。

（五）前后呼应，学以致用

本节课由生活引入，而最终又应用于生活。笔者以泡沫灭火器为例，播放其灭火原理的视频，引导学生应用课堂所学知识分析应用原理。学生从视频内容获得有效信息，得出泡沫灭火器中的有效化学成分为 $Al_2(SO_4)_3$ 和 $NaHCO_3$。$Al_2(SO_4)_3$ 电离出的 Al^{3+} 能和水电离出的 OH^- 结合形成 $Al(OH)_3$ 弱电解质，$NaHCO_3$ 电离出的 HCO_3^- 和水电离出的 H^+ 结合形成 H_2CO_3，也是弱电解质。他们两者同时促进水的电离过程，将反应趋于完全，最终结果就是产生大量的

CO_2，可以达到阻燃灭火的目的。

将本节课重点知识运用到实际生活，化学来源于生活，生活充满着化学。本节探究式理念下的课堂最终着眼于实际生活，学生不仅可以在生活中学习，也能将学习到的理论知识运用到生活，解释生活中的问题，一方面可以检验学生对知识的理解程度，另一方面让学生体会到"学有所用"。

三、探究成效

笔者在授课时设置了两个探究点：（1）对盐的组成与盐溶液酸碱性的关系的探究。学生通过表1与表2的对比观察、推理总结，很容易得出盐溶液的酸碱性与组成该盐的酸和碱相对强弱有关。教师归纳出十字规律：谁强显谁性；同强显中性。（2）对盐溶液成显酸碱性根本原因的探究。笔者以氯化铵溶液为例从微观角度分析其显酸性的内在原因，并以微观动画的形式展示了氯化铵溶液微粒间的行为变化，加深学生对抽象知识的感性认识。

本次探究理念的教学实践中，主要由3个重要框架支撑：（1）设置问题情境，发散学生思维。（2）发布递进任务，自主建构知识。（3）开展合作探究，培养沟通能力。 教师以鼓励引导学生为主，为学生提供轻松舒适的学习环境，在教学过程中上借助简单的实验活动和循序渐进的课堂提问调动学生的积极性。学生在教师的引导下积极实验，交流合作，各抒己见，形成了良好的师生互动关系。笔者在此次探究式教学中鼓励学生树立安全环保的实验理念，采用小组竞争得积分的评价方式进一步提升了学生的集体荣誉感。

四、经验与反思

课堂教学一直是我国职教改革的盲点。在新的教育形式下，教师能否扮演好"引路人"的角色，引导学生利用旧知识来解决新问题是探究式课堂教学成功与否的关键因素[3]。目前，各职业院校正不断创新教育教学形式，旨在提升学生学习的兴趣，提高其在课堂中的参与度，探索出更多适合职业教育的教学模式和教学方法，拓宽职业教育的发展思路，同时为构建"产教融合"的高端平台、加快推进构建现代职业教育体系添砖加瓦！

参考文献

[1] 李艳. 探究教学在课堂教学实施中的困境与出路 [J]. 科教文汇，2016（5）：82-83.

[2] 胡锴，刘欲文，陶海燕等. 开设无机化学研究性实验的实践和总结 [J]. 大学化学，2014，29（5）：10-14.

[3] 程远征，张丽平，韩玮娜等. 教育教学论坛，2014（45）：187-189.

（作者：路欣）

传承京剧"茹派"武生艺术表演特点及教学规律研究

上海戏剧学院附属戏曲学校

梅兰芳先生曾说："京剧业内有三大家族，谭家、梅家、茹家。""茹派"作为京剧武生、武小生的重要流派，其唱念讲究，身法严谨，舞台呈现规范、大气，堪称京剧武生表演的精髓，历年被中国戏曲学院作为武生教学范本。笔者自小在中国戏曲学院附中学习，受"茹派"影响颇深。进入上海戏校后，又随"茹派"传人宋捷先生学艺，在茹派剧目的饰演和教学中总结出一些茹派的特点和教学规律，特撰此文，与爱好茹派的同仁分享并请教于方家。

一、传承茹派武生剧目，探索茹派表演特点

上海戏剧学院戏曲学院教授宋捷先生，是茹富兰先生的亲传弟子。笔者师从宋捷先生，传承京剧剧目《石秀探庄》（第一、二场）、《林冲夜奔》（第一场）、《八大锤》（第一场），并以此三剧为例总结"茹派"的表演特色。

（一）唱念

京剧表演艺术的核心就是我们常说的"五功""五法"。"五功"即唱、念、做、打、舞，"五法"则是手、眼、身、心、步。茹派艺术的特色之一就是在唱念上特别讲究。茹富兰先生教学的第一课就是念大字，即把所学剧目中的全部唱念，通过说白话的方式，大声念出来，上口但不上韵。具体的方法是：按照四呼五音的归类把字头、字腹、字尾放大放缓的念出，以字练声，同时练嘴皮子和唇齿牙舌喉的灵活性。茹先生还有一个非常生动的比喻，就是要把字念成一个"枣核形"。这样的训练可以有效地把字念正，念准确，为以后学习唱腔打下良好的

基础。念大字熟练以后，开始学习剧目的唱腔和韵白。京昆的音准率要求较高，不能黄腔，不能走板。这样唱的基础就可以比较扎实。

（二）手势

京剧之所以能成为国粹，就是有着非常严谨的规格，茹派艺术的特色之二就是十分注重规格。茹富兰先生对规格的重视和讲究体现在他的表演和教学中。例如，在学习《石秀探庄》的"走边"（京剧程式身段套路）之前，先要说清楚手势、步法、眼神的一系列法则及训练要领。

武生的手势在舞台上大致分为掌法、拳法和指法。掌法的要领是：五指伸直并拢，自然留有缝隙，大拇指向掌内微靠，掌心下凹成圆弧状，这是武生掌法的基本要领。此外，根据京剧行当的不同，在此基础上略有调整。如：小生的拇指要内掩到与掌心重叠，花脸则要五指分开外撑，形成秀美与粗犷两种不同的掌势形态。武生的拳法要领：是将拳头握紧后，拇指按盖在食指第二关节的一半处。俗称：武生握拳盖半指。同掌法一样，每个行当的拳法也略有不同。老生的拇指要按盖在中指的第二关节处，小生的拇指按盖在无名指的第二关节处，花脸则是空拳，即拳不握紧，成镂空状。指法为传统的二指法，二指的要领是食指与中指伸直，其余三指相扣，中指指尖外侧向欲指的方向指出。凡此种种细节集合在一起，就是所谓的规格，而茹派艺术则将规格强调与发挥到了极致。

（三）步法

京剧业内有句话叫："文不离八，武不离丁"，意思就是文戏演员在舞台上离不开八字步，武戏演员则离不开丁字步。因此，丁字步便成了武戏演员在舞台表演中最基础的步法。道德经里讲："道生一，一生二，二生三，三生万物"。[1]那么丁字步就是武戏演员表演的"一"，之后的所有变化皆由此而来。茹派艺术对丁字步法讲究和精益求精同样也使其他武戏流派很难望其项背。具体的要领是：右脚的脚尖和脚跟分别指向身体的三点和九点方向，左脚脚跟紧贴右足内侧凹陷处，左脚脚尖和脚跟分别指向身体的十二点和六点方向，双腿收紧，这就是左丁字步的站法，右边反之。"八字步"是文戏演员常用的基础步法，其站法是：双脚的后脚跟贴紧收拢，脚尖分别朝身体的四十五度方向，其造型酷似中文的"八"字，故曰：八字步。还有一种步法，由丁字步变化而来，名叫"踮步"。以左踮步为例：站好左丁字步后，左脚脚跟抬起，对准右脚的脚踝，而后向右方微微转动，形成左踮步，右面反之。此步法有一句艺诀名曰："脚跟与踝齐"。左踮步站好后，此时右腿微弯,双膝自然分开,成"圆裆开胯"状。蹉步也是武生演员在舞台表演时的常用步法。

(四)眼神

"一身之戏在于脸,一脸之戏在于眼",可见眼神在京剧表演的重要性。"茹派"在眼神的训练要领上,归纳出了3个步骤,第一,"背耳朵"。说是背耳朵,其实就是绷紧整个头皮,目的就是拉紧面部皮肤,减少脸上的皱纹,这个方法与化妆师用胶带绷紧演员的面部皮肤有着异曲同工之妙。第二,"挑眉梢"。在完成背耳朵的同时,眉毛末端上挑,眉心舒展,与演员勒头时的"吊眉"形成一致。第三,"睛用力"。就是眼球的瞳孔使劲儿,盯住一个点,要求有穿透力。这就是武生演员在舞台上亮相的基础眼神,名曰:"舒眉展眼"。

(五)身法

在身段的运用上,茹富兰先生有句名言:"一紧一松,身段之灵。"我们大多数学习武生的同学们,在舞台表演时都容易浑身使劲,导致气息滞涩。这不仅表演不自然,观众看着也累。茹先生强调的是阴阳协调,一紧一松,张弛有度。他所强调的紧,并非僵硬,所强调的松,并非泄气,而是恰到好处,紧松之中互有一个饱和点,过犹不及。这样的身法在舞台上,自带运行节奏,演员一出戏演下来不觉得疲惫,观众看着也舒服。对于不同的行当,在身法的总要领上则有着不同的规格。"小生紧,花脸撑,老生弓,旦角松,武生在当中"。

(六)艺诀

"艺诀"是前辈艺术家们经过舞台表演实践,总结出的带有美学辩证的精炼口诀。这种口诀类似武侠小说中的内功心法,习武之人在未学武功招式之前,先牢记心法。茹富兰先生将这种"艺诀"贯穿到了整个舞台形体表演当中,流传至今是我辈用于戏曲美学研究的宝贵财富。例如:"心一想,归于腰,行于肩,跟于臂,虎口斜对地,翻掌与乳齐""丁不丁,八不八""未曾动左先动右""抬手如提线""脚要抓地起"等等。下面就以石秀探庄的"走边"来举例说明:

首先,准备出场的站立姿势就非常讲究,演员在幕帘里以左丁字步站好,左胸向前。左手按掌叉腰,右手将扁担竖戳在地上,手臂与肩膀平行,肘部微圈。面部表情和颜悦色,眼睛平视前方。上清下沉,虚灵顶劲。随着"四击头"的出场,圆场以奇数的步数,行至舞台九龙口处,后全身放松直立,但形松神不松。右手起"提柳花",眼随手走,自上而下。此右手棍花如同清风拂柳,故名"提柳花"。右手横背扁担,手背向前,左手按掌,左腿盘吸。随拉开之势,上身微扑,左手单杉膀，下盘为"丁不丁，八不八"的前弓后箭步法，变脸亮相一气呵成。

随着锣鼓的响起，演员朝前方微看两眼后，运用"未曾动左先动右"的法则站起。左手横腰搂鸾带，下盘蹉步，右手起3个中速"皮猴花"后，小锣五击亮相。此时舞台静场，演员控制节奏放松左手"抬肘压腕"，同时鼓师跟进，右脚以"大腿带小腿"跨腿，踢左腿后，左手随腰前弓后箭横掌向前一推，立即回首望月，扁担"上膀子"交左手背棍，双腿"骑马蹲裆"背向观众亮相。此亮相为"走边"程式中的第一个"四击头"亮相，要求整体身法节奏清楚，动作行云流水，手脚如同在水中划动一般，刚柔相济，涩劲十足。

"骑马蹲裆"随腰身一晃起身，全身立即放松。此时心念一动，主宰于腰，脚跟微转，脚下五指抓地而起。双手徐徐缓动，以腰为轴，腰带肩，肩带臂，臂带腕，腕带指。眼神由左手移至右手，前脚虚，后脚实，左手虎口斜对地面，右手翻掌放于乳前。

宋老师说："茹富兰先生告诉我们，老话艺诀：三形，六劲，心意八，无意者十。初学者先塑其形，在横平竖直的基础上，手、眼、身、心、步相结合，也就是我们所说的规格。三成形态规格有了，开始琢磨舞台程式表演所相应的劲头，心一想，归于腰，行于肩，跟于臂是一种动作贯穿的劲头。一紧一松，张弛有序，是演员舞台表演中，整体动静节奏变化把控的劲头。经过不断的训练和揣摩，掌握了这些劲头后，才达到舞台表演的六成。古人讲：有诸内，必形于外，我们的舞台表演要由内心而发。心指所向，情感流露，此时的表演才能动人。而最终的无意者十，是回归自己，不再拘泥于任何程式的牵绊，在舞台上尽情忘我的表演，但又不逾越法度，达到从心所欲，不逾矩的境界"。

在当今的时代背景下，戏曲艺术生存的空间越来越小，一些地方的戏曲院团更是举步维艰。那么，作为一名戏曲人，应当把传承戏曲艺术当成一种责任，一种时代赋予自己的使命。在具体的学习上，要从根源入手，摒弃一切功利性的私心杂念，系统地研究戏曲艺术的原理及表演规律，继承茹派等各种优秀流派的精髓。只有这样，才能把我们优秀的民族文化保留下来，让中华美学和戏曲的完美融合得以传扬！

二、领会"茹派"艺术真谛，探究茹派教学法

（一）规范的重要性

唐代书法家孙过庭所著的《书谱》中道："初学分布，但求平正。既知平正，

务追险绝。既能险绝，复归平正。"[2]戏曲艺术亦同理，初学者首要任务是追求其平正的规范性。通过实践，我们更加深刻领会到茹富兰先生将京剧的表演核心"五功五法"总结的精妙之处，堪称丝丝入扣。初学者若按此法练习，假以时日，不但能夯实规范的基础，更能为将来的戏剧观念、戏曲美学观念打下终身的烙印。

（二）"开蒙戏"的选择

"开蒙戏"就是指学生进入专业戏曲院校所学习的第一出剧目。戏曲表演"开蒙"非常重要，因为此时的学生正处幼年，"开蒙戏"的学习过程及学习经验将直接影响学生今后的艺术发展。听宋捷老师讲，茹富兰先生尤其重视"开蒙戏"，特为学生设计了学戏三部曲：即《石秀探庄》《林冲夜奔》和《八大锤》，茹先生认为这3出戏是学习京剧循序渐进的3出必修基础剧目，并且是以《石秀探庄》作为"开蒙"。

《石秀探庄》是一出京昆剧目，作为"开蒙戏"有着较大的优势。

第一，此戏从表演形式上对于戏曲的五功五法包含得比较全面。

第二，唱、念是学习京剧和昆曲的第一个要求，此剧不但有单人表述性念白，还有双人交流念白，可以由浅入深的对学生进行训练。在训练过程中，对京昆念白的字头、字腹、字尾，"四呼五音"，以至于上韵后的"湖广音""中州韵"都可以打下非常扎实的基础。

第三，此剧在演唱的同时，都会伴有相应的舞蹈，形成了"载歌载舞"的表演特色。这种学习不仅可以锻炼同学们对气息的掌握和运用，还能感悟边唱边舞的规律，为将来打好"以歌舞演故事"的基础。

第四，从训练演员面部表情的方面来讲，此剧涵盖得比较全面。而有些剧目因为特定情境的原因，则比较单一。如：《林冲夜奔》《蜈蚣岭》是被逼逃亡的情境，人物的面部表情以悲愤，伤感，仇杀为主。又如：《乾元山》一剧，围绕着儿童嬉笑玩耍，人物的面部表情呈现天真无邪，开心欢乐较多。《石秀探庄》则把人物内心的怒、喜、思、悲、恐多种情志，通过面部全部表现出来。因此，学习此剧可使演员的表情得到全面且充分的锻炼。

第五，舞台调度由浅入深、循序渐进的规范训练。从第一场的单人"走边"，到第二场的双人交流，再到第三段戏的窃听、盗翎的三人周旋，乃至最后的群战收尾，体现了此剧自少而多的训练过程。

第六，在武戏开打方面（第四段戏）包含了"单对"（棍棒枪）和群战"小档子"，这是初学戏曲武打最好的基础。

综上所述，以《石秀探庄》一剧"开蒙"，不但为学生打下了全面坚实的表演基础，还能使他们更好地理解前辈们设计京昆剧目思路的巧妙。

（三）富有中华美学的教学法

所谓中华美学观念，是随着不断深入学习我国的传统文化，和常年的戏曲舞台实践及学术研究，才有了对美学的探讨。茹富兰先生对戏曲表演的"美"要求得相当严格，听宋老师讲，茹先生在教授念大字时强调，台上的唱念好不好，取决于字有没有念清楚。因此，在教学的过程中，要求学生务必将字头、字腹、字尾念清楚，且字字饱满。上韵后还要剔除"土音"，避免"垮韵""怯韵"，以字正腔圆为美。

在身段方面，以圆、顺、阴阳协调为美，其起源于我国传统的太极阴阳思想。一动一静，紧松有序，张弛有度。以腰为轴，腰带肩，肩带肘，肘带腕，腕带指。逢左必右，逢前先后，大圈套小圈，横圈套竖圈。舞台是方的，而形体是圆的，要"圆起""圆落""行为线""落为圆"，这些表演规律需长期的实践揣摩才能有所感悟。

（四）重戏理，讲人物，以神统形

戏曲表演是一门多元化综合性的艺术，包含着其特有的程式性、舞蹈性、节奏性、抽象性和夸张性等，各种特性独立而统一。在茹富兰先生的教学中，把这种独立存在又融为一体的特性讲解得非常清楚。而其中主要的依据是人物的内心和行动。

同为京剧程式化的"走边"，表现出的神韵各有不同。如：《石秀探庄》中的石秀，装扮成樵夫混入敌地打探路径。他在走边过程中的神情，应该是充满了自信和干练，不但心细而胆壮，又深藏着随机应变，见景生情的智慧。而《林冲夜奔》中的林冲，是八十万禁军教头，有着大将之风，被奸佞陷害，家破人亡，走投无路才落草为寇。整出戏的表演，应着重表现他悲愤，无奈，逃亡的心情。《蜈蚣岭》跟前面两出戏又有所不同。主人公武松，性格正直爽快，刚强勇猛，路见不平拔刀相助，除暴安良义无反顾。三出同为武生戏，运用的京剧程式都是"走边"，但神韵不可相同。表演中以神来统形，不同的神韵，塑造出了不同的人物形态。

（五）戏如其人，修炼技艺，更重品质

"君子务本，本立而道生"。[3] 茹富兰先生在教学的过程中，重视技艺的修炼，更注重人品道德的培养。他常说："我们戏曲界出了很多伟大的艺术家，其伟大并不在于舞台上的唱腔和身段，而是在于他们的人格修养。"戏如其人，我们在舞台上的表演，看似是在演绎着不同的历史人物，实则却是在诠释着人生舞台上的你我。如果只注重技艺的训练，即便演得再好，也终究只是一个普通演员的水准，永远无法登入艺术的殿堂，成为真正的艺术大师。最终决定艺术高度的，是一个人的品质、道德、气质及对生活、生命的感悟。知识固然重要，但更加珍贵的是人的本质。

参考文献

[1] 饶尚宽．老子．中华书局．2016.

[2] ［唐］孙过庭．中华丛书经典《书谱》．中华书局．2012.

[3] 杨伯峻．论语译注（简体字本）．中华书局．2006.

（作者：郭士铭）

中职智力障碍学生心理健康教育课堂分层互动教学模式的实践
上海石化工业学校

　　智力障碍学生因智力水平、知识基础、学习积极性等差别，直接表现为学习能力上的个体差异，特教课堂集体教学难以满足个体教育发展需要。针对这一问题，笔者在中职特教班挑选实验班级，利用学生层次的差异性在心理健康教育课堂实施分层互动教学模式，并对整个实践的过程作了详细的记录，提出了一些操作性比较强的措施，对比传统教学的对照班，对整个实验过程中的问题和措施进行实验总结和分析。该模式体现"因材施教"的教学理念，提高学生的整体成绩，形成有利于成员改善学习态度和兴趣的集体力量，对学生的人际交往能力起到非常有效的教学作用。同时也发挥了心理健康教育课堂最大的效用。

【关键词】中职智力障碍　心理健康教育　分层互动教学

一、分层互动教学模式概述

分层教学就是立足于学生在知识基础、认知方式、学习策略、智力与非智力因素等方面个性差异非常明显的现实。教学过程中因材施教,根据各个层次学生潜在发展的空间,有针对性地组织教学活动、设计课堂环节,通过分类指导、分层评价促使各层次的学生在原有基础上得到最大限度的发展,从而实现分层教学目标[1]。

分层教学分为6种教学模式,其中课堂教学互动模式是一种课堂教学的策略[2]。教师在日常学习生活中观察了解每一个学生的学习情况、兴趣爱好、知识能力,之后进行隐性心理特点分组,构建分层学习群组。学习过程中组员间能够采用合作学习、互帮互学等形式完成学生之间、师生之间的互动,并且能够利用不同层次之间的差异促进整体的协调发展。

二、心理健康教育课堂应用分层互动教学模式的必要性

在2009年5月7日,国务院办公厅转发教育部等部门发布的《关于进一步加快特殊教育事业发展的意见》,提出要加强特殊教育的针对性,提高残疾学生的综合素质[3]。"根据残疾学生的身心特点和特殊需求,加强教育的针对性。"在2010年《国家中长期教育改革和发展规划纲要》文件中明确提出鼓励学生个性发展,激发学生潜能,并且明确提出了要推进分层教学[4]。

心理健康教育课是以学生自己的直接体验为中心,在学生没有学习知识的压力下,为学生提供一个放松心情的缓冲地带。使学生能够重新审视自我、认识自我、悦纳自我,为更好地发展自我奠定基础[5]。授课过程中教师可以适当根据实际学生成长的需要及社会发展的需求,制定教学内容和方法,使教学无论从内容还是过程都充满新意,具有吸引力。在心理健康教育课中采用分层互动的教学模式,能更好地发挥课程灵活性和能动性,让更多的学生从中切实地有所感悟、有所收获、有所成长。

智力障碍儿童的智力受损程度各不相同,因此他们在学习能力方面的个体差异很大,在理解能力、表达能力、认知能力等多个方面都能得到反映。特殊教育旨在让他们得到适合自己最大限度的发展,因此最适宜进行个别化教育。但在目前教育形势下,个别化教育很难实现,班级授课集体教育仍然是现阶段最主要的教育模式。作为一名特殊教育教师,即便是在集体教育中,我们仍然希望每一个

智障儿童都能得到最好的发展。分层互动模式是解决因材施教个别化教育与班级授课集体共性之间矛盾有效的途径，促进每位学生都尽可能得到发展，真正实现教学效果的全面提升。

三、分层互动教学模式的实施——《做情绪的主人》为例

（一）确立分层标准

本文课堂教学的分层互动模式在上海石化工业学校特教班开展实验。实验班和对照班整体的水平相近，但是内部差异更为明显。这为分层教学的开展提供了非常好的学生条件。每个班级有 1/3 随班就读学生，智力水平高，认知能力强，有一定的心理相关基础知识。还有 1/3 同学来自于辅读学生，认知能力一般，有一定的自主性能动性。剩余 1/3 同学表达和理解能力弱，教学中需要辅导才能完成任务。

分层教学要想取得成功的重中之重是合理地分层，而合理分层的前提条件是确立一个分层的标准。在制定标准时，主要采用了询问、考查、测试及谈话等方式，对实验班的学生知识基础、智力水平以及学习态度进行分层，分为 A、B、C 3 层，代表低、中、高 3 个层次。A 层知识基础薄弱、智力水平较低，接受能力不强，学习积极性不高，成绩欠佳；B 层知识基础一般，智力水平中等，学习较为自觉，有学习主动性，成绩良好；C 层智力水平较高，基础扎实，接受能力强，学习自觉，方法得当，成绩优异（见表 3.1）。

表 3.1 分层标准

A 层（低层）	B 层（中层）	C 层（高层）
A 层知识基础薄弱，智力水平较低，接受能力不强，学习积极性不高，成绩欠佳	B 层知识基础一般，智力水平中等，学习较为自觉，有学习主动性，成绩良好	C 层智力水平较高，基础扎实，接受能力强，学习自觉，方法得当，成绩优异

（二）分层教学

备课是课堂教学活动开展的首要环节，要想让每个学生都能获得进步，就要从备课开始。于是集体备课方案的基础上，根据实际课堂要求分为 3 个层次。A 层是理解和识记最基本的概念，能够解决课堂所教授的案例中的困扰。B 层迁移转化，能够联系实际生活，将课堂上分析案例的思维运用到真实场景中。C 层是

综合分析运用,结合实际情景,运用心理学知识可以帮助他人解决实际生活中的困扰(见表 3.2.1 和表 3.2.2)。

表 3.2.1 分层教学目标

A 层(低层)	B 层(中层)	C 层(高层)
理解和识记最基本的概念,能够解决课堂所教授的案例中的困扰。	迁移转化,能够联系实际生活,将课堂上分析案例的思维运用到真实场景中。	综合分析运用,结合实际情景,运用心理学知识可以帮助他人解决实际生活中的困扰。

表 3.2.2 分层备课部分教案

课题	做情绪的主人——情绪 ABC 法则		课时	2
	A 层		B 层	C 层
教学目标	1. 识记情绪 ABC 法则; 2. 使用情绪 ABC 法则来调节列举的案例中的不良情绪;		无	
	3. 使用情绪 ABC 法则来调节自身不良情绪;		无	
	4. 运用情绪 ABC 法则帮助他人调节不良情绪;			
重点	理解记忆情绪 ABC 法则			
难点	使用情绪 ABC 法则来调节不良情绪			

第二步是分层教学,这部分是分层教学的关键和难点。在教学过程中除了基本的常规概念是全体学生需要掌握之外。心理学科主要以案例探究的形式来展开,因此案例的问题设置就成为了分层教学的重点。因为 3 个层次已经组合到一个小组中,因此问题的探究是整个小组共同进行的,但是在回答问题的过程中教师可以根据手中的分层名单提问回答不同层次的问题。具体分层教学中的教学问题设计(见表 3.2.3)。

3.2.3 层教学中的教学问题设计

1. 我数学考了 60 分想到同学一定会笑话我就觉得很郁闷,用情绪 ABC 法则分析这个案例中的 ABC 分别代表什么?(A 层)
2. 用一个积极的想法来代替这个事件中的消极想法?(B 层)
3. 尝试用情绪 ABC 法则来解决这个案例中的困惑?(C 层)

第三步是分层作业。在课后作业的布置上也是分层进行的,设置一些必答题,同时也设置一些附加题和拓展题,鼓励高层级的学生能够积极完成(见表 3.2.4)。

表 3.2.4 分层教学作业案例

尝试用情绪 ABC 法则来解决困惑		
A 层	B 层	C 层
1. 我数学考了 60 分想到同学一定会笑话我就觉得很郁闷，尝试用情绪 ABC 法则来解决困惑。（课堂例举案例）	无	
2. 写出自己最近遇到的困惑，尝试用情绪 ABC 法则来解决困惑。	无	
3. 询问身边的人最近遇到的困惑，扮演心理咨询师用情绪 ABC 法则来帮助他解决困惑。		

第四步是分层辅导，在教学过程中充分发挥小组互助的优势。同一小组内 3 个层次的同学互相帮助解题，互相携手探究。对于作业或者相关的课后练习，所做的要求是先自己思考，然后小组互相探究，如果再无法解决可以向老师请教。当然自己思考，小组相互学习是远远不够的，教师在这个过程中的引导也是不可或缺的。针对 A 层学生学习能力最弱，主要的辅导方向是学习习惯及学习的思维。因此，对学生提出了课堂笔记、课后作业及学习计划等方面的要求。具体的要求便是课后定时检查上课笔记，作业对照公布的答案自己修改，抄写标准答案，提升基本的术语表达能力。对于 B 层和 C 层的同学以综合分析能力培养为主，具体做法是在拓展题中，精心挑选，以题拓展其思路。还可以寻找相关影视资料，比如《美丽心灵》《头脑特工队》《冲出逆境》以开拓思路。

第五步是分层评价。具体教学过程中的评价分为定性测试和定量观察评价。包含平时的作业批示、上课表现、期中考试，以及学校最后组织的期末考试。上课的过程中每个层次的学生完成该层目标，积极地给予肯定，如果是 B、C 层的学生也鼓励其继续探究，A 层同学在课后作业中完成基本任务还能完成附加题，那么可以肯定其有较好的发展。最终结合期中考试和期末考试的分数产生综合评价，对于 B、C 层的同学在平时多提供一些富于挑战的任务，如充当小老师，讲解一些内容适中的知识点。

（三）分层辅助措施

1. 组内合作分工

在 C 层中选出一名同学担任小组的组长，负责课程的预习、作业的检查、任务的分配，其他组员也可根据自己所擅长的领域认领自己小组任务，有的小组成员负责作业的收发，有的负责课堂评分的记录，有的同学负责小组成果的汇总。

小组内的分工合作，不但减轻了小组长的工作量，还调动了其他组员的积极性，提高了小组合作的效率。

2. 评分奖励机制

分层教学中小组互动学习，为了避免能力弱的同学参与度不高，习惯和被动地靠等，保证分层教学合理有序地开展，在教学中引入评分奖励机制。例如：上课积极回答问题，并且正确，主动回答一次加 0.5 分；按时完成课前的预习任务，老师评分在 B 以上，每次加 0.5 分；作业按照小组交，做到不拖延、不延迟、连续 3 次最早收齐作业的小组，每位组员加 0.5 分；每个月总结整理分数，奖励发放小礼品。这样的一套奖励机制，极大地调动了小组各成员的积极性。

四、教学效果

分层教学活动开展了一个学期，基本按照实验初期的设想进行下去。在学生的共同努力下取得了不错的成绩。

（一）整体成绩得到了提高

最初两个班级整体水平相当，经过一个学期分层教学的实施，实验班总体的成绩有所提升。平均分、优生率、及格率实验班明显优于对照班。实验班各个层次学生的成绩都取得了进步，其中 A 层和 C 层学生的进步最为明显。可以说是实验中各位同学不断努力的结果，当然也有个别同学出现两个年级中排名出现一定的滑坡，但是这不能否定整个实验所取得的成功，也不排除学生在本学期所遇到的一些突发状况，在后续的分层教学中会加强对这类学生的关心和辅导（见表4.1）。

表 4.1 实验前后班级成绩对比

	平均分		及格率		优秀率	
	实验班	对照班	实验班	对照班	实验班	对照班
实验前（试测）	81.41	82.3	87%	88%	32%	34%
实验后（期中）	85.5	84.3	85%	82%	35%	32%
实验后（期末）	87	83.2	88%	83%	33%	31%

（二）学习态度和兴趣得到改善

课堂分层互动实验的过程中，充分发挥了各个层次学生互帮互助、分工合作、协作探究的优势。学习能力强的同学在小组中积极帮助学习能力弱的同学,在一系列课堂活动中充当小老师的角色展现自我,其成就感也得到提升,因而更加积极主动地参与学习。而后面层次的学生在互动中能与能力强的学生共同学习,在不明白之处还能够互相帮助,在这种学习氛围的带动和小组荣誉感的驱动下,不再被边缘化,学习态度也有了较大幅度的提升。

(三)人际交往能力得到发展

良好的人际关系是心理健康的标准之一。它同样也是人生存和发展的必要条件。分层互动模式的突出特点是学生之间合作学习。经过一个学期的教学开展,班级整个人际关系也形成一种团结友爱的环境,每位学生都能在集体中找到自身的归属感。小组内部成员之间变化较为明显的是一些不爱讲话的同学,也能够积极参与到互动表达中。通过观察无论是课堂案例的探究,还是课后聊天分享都有明显的进步。

五、实践中的问题总结和改进建议

(一)学生的参与度不高

实验最开始的时候面临各个层级学生参与度与积极性不高的问题。分层互动模式的优势是可以小组互帮互助实现共同提高。如果在过程中小组成员没有充分互动而是依赖于个别,那么这样的优势也不复存在。刚开始阶段小组成员过于消极被动,整个小组的任务几乎都是靠组长来完成的。针对这样的问题,即刻建立了一个奖励机制,通过加减分调动组员的积极性,还可以通过小组之间的竞争强化小组集体感和归属感。小组成员无论层次的高低,均可以认领一定的任务,依靠责任感、荣誉感、归属感,让每个成员都参与进来。

(二)过于注重智力因素

在智力障碍学生分层教学中,往往会陷入这样的误区,分层教学就是针对智力高低的学生,调整学习的难度以适应其学习能力。其实分层教学不单单是智力差异化的教学,还需要考虑非智力因素的培养。对于第一层学生,智力因素是一方面,还有些原因是学习兴趣和动力的不足、学习习惯不好、意志力不强。对于这样的问题,要深刻理解分层教学的理念。重视学习习惯的培养,通过一些常规任务来完善学习习惯。比如,规定检查预习情况、作业中的错误使用红笔订正后再次提交、定时提交课堂笔记等，来引导其逐渐养成良好的学习习惯。对于个别学生，要抽时间谈心和观念疏导。

参考文献

[1] 张仁贤. 解密分层教学 [M]. 世界知识出版社，2018：03.

[2] 张仁贤. 解密分层教学 [M]. 世界知识出版社，2018：42.

[3] 中华人民共和国教育部. 关于进一步加快特殊教育事业发展的意见 ([EB/OL).(2009-05-07).
http://www.moe.gov.cn/jyb_xxgk/moe_1777/moe_1778/201410/t20141021_180368.html.

[4] 中华人民共和国教育部. 国家中长期教育改革和发展规划纲要 (2010-2020) [EB/OL].(2010-07-12).
http://www.moe.gov.cn/srcsite/A01/s7048/201007/t20100729_171904.html.

[5] 曾楚轩. 心理健康活动课分层—协作教学模式的实践 [J]. 教育信息技术，2015：08.

（作者：徐颖）

四、产教融合篇

产教融合是职业教育永恒的主题，也是检验职业教育质量的试金石。在国家颁布《职教20条》的背景下，产教融合又被赋予了新的生命力和内涵。1+X证书制度就是确保产教融合落到实处的抓手，也是职业院校突破传统课程藩篱，建设符合产业需要的新课程的方向标。

牵手特综区物流巨头　深化新片区产教融合
——中职学校产教融合校企合作实践探索

上海电机学院附属科技学校

通过产教融合与校企合作，提高教学水平，密切校企联系，提高人才培养质量，服务区域经济，对于提升现代职业教育来说，是变革人才培养模式的基础和必由之路。本案例通过专业教师参加上海市中职校市级企业基地实践的契机，搭建了上海综保物流和上海市临港科技学校的校企合作平台，双方在构建一体化课程体系、实施学徒制人才培养模式、共建跨境贸易物流实训基地、打造高水平产教融合师资队伍、开发专业技能培训等方面明确了合作内容并达成共识。在校企双方携手合作以后，形成了社会影响力，并在专业课程设置、专家助力专业建设、教师专业知识更新、实践成果转化应用、学生顶岗实习及就业等方面取得了成效，为如何开展产教融合校企合作提供了借鉴。

一、项目合作背景

2017年，国务院颁布《国务院办公厅关于深化产教融合的若干意见》（国办发〔2017〕95号），提出深化产教融合，《意见》指出：深化产教融合，是当前推进人力资源供给侧结构性改革的迫切要求，对新形势下全面提高教育质量、扩大就业创业、推进经济转型升级、培育经济发展新动能具有重要意义[1]。2021年10月12日，中共中央办公厅、国务院办公厅印发了《关于推动现代职业教育高质量发展的意见》，意见中指出：完善产教融合办学体制和创新校企合作办学机制，职业学校要主动吸纳行业龙头企业深度参与职业教育专业规划、课程设置、教材开发、教学设计、教学实施、合作共建新专业、开发新课程、开展订单培养[2]。国家政策相继出台，指明了职业教育发展方向，对于职业院校建立产教深度融合的实训基地具有重要指导作用。

产教融合已成为近年来促进职业教育、加强创新型人才和技术技能人才培养的一项重要方针，是统筹推进教育综合改革的一项重要制度安排。通过产教融合与校企合作，提高教学水平，密切校企联系，提高人才培养质量，服务区域经济，对于提升现代职业教育来说是其他方式所不能替代的，也是变革人才培养模式的基础和必由之路。

二、项目合作简介

2021年8月3日，上海市临港科技学校与上海综保物流有限公司签署协议，共建校企产教融合基地，双方携手共同培育跨境贸易物流服务专业人才。这标志着学校和企业对产教融合校企合作所发出的积极信号，共同培养面向未来的新时代物流人才。

上海市经信委、上海自贸联发、上海综保物流、上海市工商外国语学校、上海物流协会、上海市临港科技学校等相关领导20余人出席了揭牌仪式。

会上，上海综保物流与上海市临港科技学校共建的产教融合实训基地正式揭牌，张黎明校长分别为综保物流的施黄宾和朱春雷颁发"实训基地专家"证书和"特聘兼职教师"证书。

上海市经信委生产性服务处副处长张莉表示，未来产业集群应当是服务业与制造业相融合。政府将大力营造有利于企业生长的环境，作为企业与学校要将站位提高，将战略眼光放远。上海市经信委愿与综保物流共同推进保税维修、保税研发、保税再制造等多方面的功能拓展；同时也肯定了综保物流的社会担当，为学校提供了良好的服务。

上海自贸联发常务副总史陈骏指出，打好特殊经济功能区和洋山特殊综合保税区"双特"牌，充分发挥政策自由优势，综保物流不断推动各大功能项目落地洋山，在亚太分拨中心、大宗商品贸易、跨境电商业务、食品化妆品示范仓库、专业配套咨询等方面交上了满意的答卷。在新时代的背景之下，压力与动力并行。物流企业应当主动迎接挑战，利用好高新技术与高质量人才挂图作战、谋求发展。

上海市工商外国语学校的杨菁校长代表上海市企业实践基地的领导发言，3位专业老师作为学校骨干教师，积极参加企业实践，可以弥补学校与产业变化的差距，把学到的新知识、新技能带到学校，为学校在人才培养、专业建设、课程设置等方面提供有力的帮助，同时通过实践促成了企业和学校的产教融合，也是实践的成果之一。

临港科技学校张黎明校长表示，要坚持以开放促合作，以合作促发展。使理论与实际有机结合，落实产教融合长效运行机制和动力机制，构建校企协同，合作育人的良好格局。对公司能给学校提供师资培训、学生实习等方面的服务表示感谢，也希望和综保物流达成长期合作，共同为新片区的发展作出贡献。

继8月与综保物流签订校企合作协议，首批来自物流服务与管理专业的6名实习生进驻综保物流，经过一周的岗前培训，他们已经达到了上岗标准。接下来，他们将以企业员工的角色，在真实的业务环境下，接受专业的岗位指导和严格的考核机制，直接联系综保的客户。来自物流专业的实习生方维楠说，能够得到在综保物流这样的大型国企实习的机会，他觉得非常荣幸，有信心在实习期能够圆满完成各项任务，并为今后走上工作岗位积累更多实战经验。

三、项目合作内容

（一）探索产教融合本质，构建科学合理的一体化课程体系

依托综保物流，以产教融合、校企合作为路径，按照顶岗实习、工学交替、企业实践、产学研合作、承办联合项目、现代服务业综合试点合作和企业职工培训等合作内容，共建产教融合实训基地，按照职业资格标准、行业和企业的实际要求，改革课程体系的结构和内容，加大课程间耦合度，创新课程教学方法和手段，探索构建包括融通识课程、专业课程、创新实践、创业体验等内容的一体化课程体系。

（二）发挥企业主体作用，实施学徒制人才培养模式

按照与企业共同合作培养人才、与企业共同开发课程体系、与企业共同开展课程教学、与企业共同建设实训基地、与企业共同监控教学质量、与企业共同编写教材、与企业共同开发项目等原则与标准，改变以往的课堂教学方式，在"学校学生"与"企业员工"双重身份之间增加"校内学徒"这一身份，以综保物流业务真实项目运营为载体，依据跨境物流典型岗位工作任务，依据专业人才培养方案，面向学生进行岗位技能训练和真实项目运营全程指导及实战操作。通过"心传身教"和"体知躬行"的教学方式，把知识和技能传授给每位学生。

（三）借鉴企业运营流程，共建跨境贸易物流实训基地

以产教融合为切入点，引企入校，实现校企资源共建共享、优势互补，打造物流专业训练实战场景，根据企业真实的工作情境、文化氛围和管理模式，共建产教融合实训基地。实训基地的实训内容以企业真实的业务为中心，在培养学生工作能力的同时，完成工作任务，将技能训练融入业务操作，将实训的目标与企业服务、企业标准相统一，将学生的实训过程转变为实际的业务过程，实现训练、业务操作一体化，理论学习和实践应用一体化。最终把跨境贸易物流实训基地建成深化校企合作，推进产教深度融合，协同育人的新平台。

（四）"入引培研"多措并举，打造高水平产教融合师资队伍

深化产学合作，共建共享教育教学资源，建设高水平师资队伍，校企师资共同承担科研项目、技术开发、成果转化等工作，"入企"：选派专业教师到物流企业实践，参与物流企业真实项目运营。"引进"：邀请综保物流企业专家走进课堂与学校专业教师联合授课，使学校教师与企业师傅实现"零距离"对接。"培训"：举办企业技能培训、员工再深造及专业人才技能鉴定服务，承担物流类关联专业人才培养培训。"科研"：校企合作，共同探讨专业建设、课程体系建设等，并参与解决企业经营实际问题，以产教融合、课程开发、实训基地建设、产品研发、技术培训等科研项目为抓手，共同承担科研项目、技术开发、成果转化等工作。

（五）创新培训服务供给，开发物流专业技能专项培训

以综保物流实训基地为依托，改革创新教育培训模式，拓展社会服务领域。借助产教融合实训基地，联合开发优质教育资源，开发立体化、可选择的产业技术课程和职业培训包，强化培训内容与物流产业发展、企业需求的无缝对接。聘请企业专家和特聘兼职教师采取"专题讲座＋实践操作"的方式，面向社会群体

开展物流运营及业务操作、海关政策解读、化妆品食品商品准入等跨境贸易物流服务等专项能力培训，提高物流类相关人才的培养培训能力，主动服务区域经济转型发展。

四、合作影响力及成效

（一）合作影响力

上海市临港科技学校与物流巨头上海市综保国际物流有限公司签署协议，共建产教融合实训基地，双方携手共同培育跨境贸易物流服务专业人才，上海临港、上海物流协会、上海市临港科技学校等公众号（见图1）对相关信息进行了转发报道，形成了一定影响力。

图1 "上海市临港科技学校"公众号报道

综保物流总经理施黄宾表示，综保物流作为临港集团、大物贸平台下属国际供应链服务企业，深耕洋山12年。综保物流作为企业孵化器，与海关进行良性互动，致力于建好洋山特殊综合保税区试验田。未来公司将春雷工作室咨询作用放大，按照"以服务发展为宗旨，以理论联系实际为导向"的原则，开展多形式、多层次、多对象的专业实践培训，担起培育知行合一优秀人才的社会责任。

（二）合作成效

此次学校与综保物流的携手合作，围绕"市场需求为导向，能力培养为中心"，结合前沿跨境贸易物流运作模式及热点业务群体、整合互动线上线下资源，实现优势互补、资源共享、互惠互利、共同发展。

1. 完善培养方案，修改课程设置。

2017年，国家层面"国际贸易单一窗口"建设的顶层设计正式出台，中国（上海）国际贸易单一窗口2019年对接22个部门，服务28万家企业，作为先行先试的洋山综合保税区义不容辞走在前列。专业教师在经过企业实践学习，意识到目前学校开设的相关专业课程已经落后于企业的发展，在与企业专家沟通后，一致认为学校应尽快开设国际贸易单一窗口相关课程，逐步与企业实际业务挂钩。

在经过多方论证后，学校于2021学年第一学期将原先毕业班的相关专业课程调整为《国际贸易单一窗口操作实务（货物申报）》，该课程更适合当前行业发展和企业需求，对师资专业能力的培养同步进行。

2. 基地落户综保区，企业专家助力专业建设

上海综保物流与上海市临港科技学校的产教融合实训基地揭牌仪式在洋山国贸中心举行，本次实训基地揭牌旨在搭建校企联动平台，深化产教融合形式，助力技术人才培养与发展。以企业为载体，通过校企联动协同的方式进行人才培养，打造互利、互补、互动、多赢的校企合作平台。共建产教融合实训基地，是学校与综保物流校企合作的探索，是进一步培养知行合一专业人才的有效尝试。

学校正式聘请上海综保物流的施黄宾总经理和工作室主持人朱春雷作为学校的"实训基地专家"和"特聘兼职教师"。"春雷工作室"也将成为我校的大师工作室，今后他们作为学校专业指导委员会专家成员参与完善学校物流专业培养方案、专业课程建设、学生企业实习等。

3. 掌握行业动态发展，知识更新转化为教学成果

专业教师在综保物流实践期间，了解到洋山特殊综合保税区作为国内级别最高、不可复制的综合保税区的特殊之处更多在于政策创新，比如径予放行、单侧申报、不设账册、特殊统计等创新政策均在洋山特殊综保区实施并取得了良好成效，大大提高了特综区的通关效率。专业教师通过企业提供的真实完整业务资料，对案例中的表单进行处理后形成了《实训样例——进口报关单申报录入》。在与综保物流达成共识后专业教师将继续收集企业案例，并转化成实训教材《国际贸易单一窗口实训——货物申报》。

企业实践的经历使教师意识到企业在业务操作时注重流程操作,清晰的流程不仅缩短对员工的培训时间,也不容易出错,于是教师根据企业的特点在教学中注重流程的应用,在《物流管理职业技能－初级》课程教学中指导学生采用思维导图的方式进行工作流程的梳理,这样的学习方式获得了较好的效果。

4. 师徒带教顶岗实习,获得就业直通卡

综保物流作为学校在保税区的实训基地,基地的成立为学校学生提供了实训平台,学生在实训基地进行实际业务操作,接触到企业的真实客户,感受到企业管理的真实氛围,为学生业务学习、能力培养、素养提升有很好的帮助。在综保实训基地的企业经营环境中,学生将适应职场、学习知识、培养技能、磨砺意志,从而塑造一种寓教于学、寓教于工、寓教于创的"教、学、工、创"一体化的人才培养新形态。

无缝对接企业,打造应用型的物流人才,"毕业即就业"是该合作的最大亮点。今后,双方将积极共建跨境贸易物流人才培训基地,打造物流专业训练实战场景,实现综保部分业务职能无缝对接,为学生打造处理物流客服业务的实战平台,让学生在校内实训基地就可以完成企业培训、实习上岗等环节。而综保也将提供实现全方位多层次的实习岗位,实习生经考核可优先被企业选拔、录用[3]。

在与综保合作过程中,学校的积极主动、学生的优秀表现得到了企业充分认可,实习的 6 名同学如果通过考核将获得综保直通卡,毕业后可以到综保物流直接就业。

参考文献

[1] 国务院办公厅关于深化产教融合的若干意见国办发〔2017〕95 号.
http://www.gov.cn/zhengce/content/2017-12/19/content_5248564.htm.

[2] 中共中央办公厅 国务院办公厅印发《关于推动现代职业教育高质量发展的意见》.
http://www.gov.cn/zhengce/2021-10/12/content_5642120.htm.

[3] 浙江日报;2019-03-21(版次:00005 版).
http://zjrb.zjol.com.cn/html/2019-03-21/content_3213827.htm? div=-1.

(作者:徐士芳)

基于产教融合的化工物流虚拟仿真实训项目开发及应用

上海石化工业学校

化工物流是以化学品为介质的特殊物流，在实训教学中危险性高、操作流程复杂，目前，虽然虚拟仿真技术在职业教育中应用广泛，但可供化工物流专业直接使用的虚拟仿真资源较少。文中以上海石化工业学校化工物流虚拟仿真实训室为依托，论述校企联合开发基于岗位能力和素质要求的实训项目建设思路，总结化工物流虚拟仿真实训项目的主要内容及应用成效，为职业院校开展虚拟仿真项目开发提供借鉴。

一、前言

物流业是融合运输、仓储、货代、信息等产业的复合型服务业，是支撑国民经济发展的基础性、战略性产业。2014年国务院发布的《物流业发展中长期规划（2014—2020年）》就已明确指出，物流行业发展的主要任务之一是进一步加强物流信息化建设，加强物联网、云计算、大数据、移动互联等先进信息技术在物流领域的应用[1]。上海职业教育率先以信息化引领构建职业教育实训教学新模式，引导中职学校开发信息化环境下基于职场环境与工作过程的虚拟仿真实训资源。文中以上海石化工业学校化工物流虚拟仿真实训室的建设环境为依据，对化工物流虚拟仿真实训项目开发及应用成果进行交流探讨。

二、化工物流虚拟仿真实训项目开发的基本思路

目前，国内中职院校物流专业实训室已基本实现了以实物模拟为主体的物流仿真环境，直观性、展示性效果较好，但同时也存在工位数有限、设备投资金额大等情况，对于特殊物流场景的实物模拟不够，比如对实训场地、安全要求较高的化工物流专业实训。随着国家对现代职业教育的新要求，教育方式、教育内容、教育途径都朝着现代化的方向稳步迈进[2]，物流专业教学实训资源也发生了重大转变，智慧物流、大数据、物联网、虚拟仿真技术不断涌现[3-5]，但可供化工物流专业直接选用的虚拟仿真技术几乎没有。

基于"虚实结合、互相补充、能实不虚"的原则，项目建设初期，组织本校物流专业教学团队重点调查化工物流典型的工作流程和岗位能力标准，以及目前

化工物流企业主要物流设施设备、物流技术的应用、信息化管理的现状，尤其对化工物流安全管理内容进行调研，为我校化工物流虚拟实训室建设提供现实依据和参考建议，切实提高我校虚拟仿真实训项目开发的针对性和可行性。化工物流虚拟仿真实训项目紧贴专业特色，瞄准化工物流行业发展最新成果，原理准确、内容科学合理、难度时长适宜，重点解决涉及化工物流高危及特种岗位，高成本、高消耗、具有较大安全隐患且不可逆的综合操作的虚实结合实训问题。

三、化工物流虚拟仿真实训项目开发的主要内容

化工物流虚拟仿真实训项目的开发着重关注化工物流典型岗位，尤其是储运岗位中直接或间接接触化学品操作的典型任务，基于岗位能力和素质要求着力开发化工物流虚拟仿真实训项目，进一步拓宽虚拟仿真实训为化工物流专业学生实操能力和职业素养提升带来的积极影响，如图1所示。

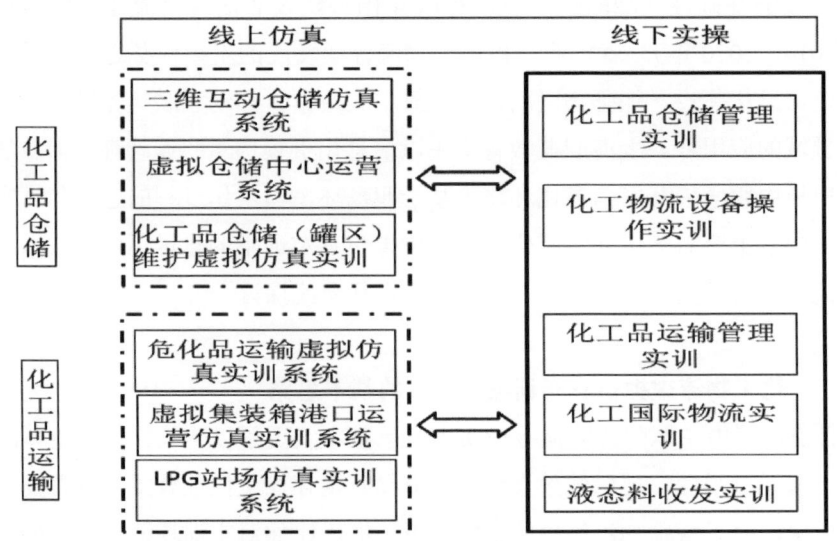

图1 化工物流虚拟仿真实训与线下实操项目相互融通

综合运用校企资源，联合开发"化工品仓储""化工品运输"两大模块虚拟仿真项目，包括"三维互动仓储仿真系统""虚拟仓储中心运营系统""化工品仓储（罐区）维护虚拟仿真实训""危化品运输虚拟仿真实训系统""虚拟集装箱港口运营仿真实训系统""LPG站场仿真实训系统"六大化工物流特色虚拟仿真实训资源，并与"化工品仓储管理实训""化工物流设备操作实训""化工品运输管

理实训"等线下实操实训资源相融合,教学内容分布于《化工产品仓储作业实务》《危险化学品储运》《化工液体料收发作业实务》《化工物流设备使用与维护》等多门化工物流专业核心课程,线上线下实训资源相互促进、相互融通。

(一)化工品仓储模块仿真

化工品仓储模块仿真以化学品整装和散装进行分类,分为仓库作业和罐区作业两大类,如表1所示。仓库作业主要以不同包装形式的整装化学品仓储作业为主,包含入库、出库和在库作业管理三大实训;罐区作业主要以储罐中的散装化学品仓储作业为主,包含小瓶灌装、倒罐、管道进液工段仿真和输油中间站工艺仿真四大实训。

表1 化工品仓储模块虚拟仿真实训项目及主要内容

序号	化工品仓储模块虚拟仿真实训		主要实训内容
1	仓库作业	入库作业管理	入库验收与上架作业;储位分配与存储策略
2		出库作业管理	化工品出库作业;手持拣货作业;电子标签拣货作业;拣选方式选择;拣选线路规划;出库复核作业
3		在库作业管理	补货作业;盘点作业;库存管理
4	罐区作业	罐区化学品管理	小瓶灌装工艺仿真;倒罐工艺仿真;管道进液工段仿真;输油中间站工艺仿真

(二)化工品运输模块仿真

国内化工品运输主要以公路运输和船舶运输为主,学生的就业岗位基本从事化学品运输领域,但是根据危险化学品相关安全管理条例的要求,中职课堂不具备实地操作危险化学品储运的教学条件,因此将企业真实工作场景转化成教学模拟仿真场景,将化工物流企业员工必须掌握的操作技能整合提炼,开发出有压罐车运输、常压罐车运输、危化品公路运输线路优化、危化品港口运输四大实训项目,如表2所示,着重培养学生掌握以罐车及船舶为主的危险化学品装卸操作技能。

表2 化工品运输模块虚拟仿真实训项目及主要内容

序号	化工品运输模块虚拟仿真实训		主要实训内容
1	公路运输	有压罐车运输	1. 典型气体化学品(液化石油气、环氧乙烷、液氨)的个体防护用品选择 2. 有压罐车运输驾驶模拟 3. 有压罐车装卸车流程模拟

（续表）

序号	化工品运输模块虚拟仿真实训		主要实训内容
2	公路运输	常压罐车运输	1. 典型液体化学品（硫酸、乙二醇、醋酸）的个体防护用品选择 2. 常压罐车运输驾驶模拟 3. 常压罐车装卸车流程模拟
3		危化品公路运输线路优化	1. 掌握危化品运输线路的规划要求 2. 会正确规划危化品运输线路
4	船舶运输	危化品港口运输	1. 集装箱码头认知 2. 卸船作业操作 3. 装船作业操作 4. 港口作业单据填制与流转 5. 船期计划与泊位策划管理 6. 中控室综合业务管理 7. 进出口作业管理

公路运输选取典型化学品——液化石油气、环氧乙烷、硫酸、乙二醇等为模拟介质，以化工物流企业装卸车真实场景作三维处理增强操作真实感，分为常压和有压罐车装卸车模拟仿真，主要对罐车发车前、在途中、到达后几个时间节点内，押运员、驾驶员对装卸危化品的流程、货品状态监测、运输路线选择、过卡检查等环节进行培训考核。运用虚拟仿真技术，改变现有枯燥理论讲解，生动形象地向学生展示各环节的知识点，提高学生的学习兴趣。

化工物流虚拟仿真实训还包括评价考核系统，通过演示、训练、考核三阶段，帮助学生形象直观地理解并掌握化工品仓储及运输岗位的典型任务和具体操作。所有仿真实训可单独学习，也可整合在一个完整的化工物流虚拟环境中进行模拟，基于教学管理的方便，软件提供教师、学生、班级信息维护、任务管理、考试管理等功能，更好地帮助教师使用虚拟仿真系统完成化工物流教学任务。

四、化工物流虚拟仿真应用成效

（一）真实企业为蓝本，仿真化工物流典型工作流程

化工物流虚拟仿真教学项目的开发紧密贴合化工物流企业实际，可以部分或全部替代高危险、高污染，以及高消耗、高成本的实践环节，从而有效缓解现实实践教学资源不足的问题。通过仿真教学软硬件的演示及操作，使学生从宏观上

了解大型化工物流仓储、运输装卸的具体流程，掌握化工物流典型工作任务中涉及的重点设备及关键的工艺参数，为学生进入企业现场学习积累知识技能储备，达到事半功倍的效果。同时，通过化工物流虚拟仿真实训教学，让学生在真实仿真的场景中安全高效地开展教、学、练、考，不仅可以节省大量时间和费用，避免了操作实际化工物流设备可能带来的危险，还能有效提高学生的创新能力及实践能力。

（二）多岗位互动，凸显真实物流协作效果

原有线下实物模拟实训由于工位数有限，无法满足多人协作、全流程分工操作的实训要求，也不符合化工物流企业的工作实际。开发出的化工物流虚拟仿真教学项目，着重在虚拟物流场景中丰富用户角色，模拟的岗位包括各类车辆司机、堆场指挥员、岸边指挥员、检查班长、检查文员、现场控制班长、中控室文员、中控室班长，以及危化品罐车装卸工、驾驶员、押运员等。通过设备管理、人员组织、作业计划、运营决策等培养学生团队合作意识和物流管理能力。

（三）线上线下相结合，全面提升学生技能水平

化工物流虚拟仿真实训室采用硬件与软件结合的方式，线上虚拟仿真实训与线下实物实训相结合，校企联合建设化工物流综合实训室，包括液态料收发、化工品仓储、化工品运输、HSE 等九大实训室，让学生不出校门就有仿佛置身化工物流企业真实现场的体验，在真实设备体验和软件操作过程中掌握化工物流岗位所必需的理论知识，全面提升技能水平，反复操作也节约了大量教学成本，同时还有效避免化工物流现场实训危险性大的弊端。

最后，由于化工物流特别注重作业安全，在现有线下 HSE 实训基础上，下阶段将拓宽仿真内容，开发消防系统工艺仿真、作业场所物料泄露应急处理、运输过程中罐车泄露应急处理仿真实训项目，模拟化学品储运过程中容易发生的重大事故，如化学品泄漏、罐车事故等，培养学生应急处理化学品储运事故的能力，进一步提升化工物流虚拟仿真内容的全面性。

参考文献

[1] 任翔，石小平. 物流管理虚拟仿真实训体系构建探索——以湖北交通职业技术学院为例 [J]. 当代经济，2017(13)：122-124.

[2] 刘烨.虚拟仿真技术在高职物流管理专业实训教学中的应用[J].物流工程与管理,2019（2）：162-164.

[3] 李朝敏.智慧物流实训基地建设的实践与探讨[J].物流科技,2017（11）：159-161.

[4] 孙术发,肖生苓等.物流工程专业虚拟仿真实验教学中心建设[J].实验室研究与探索,2016（6）：143-146.

[5] 鲁力群,赵静.物流系统仿真课程设计教学构建与实施[J].物流技术,2014（12）：459-461.

（作者：吴珍珍）

1+X 证书制度下书证融通的教学改革思考
——以机械工程制图职业技能等级证书为例

上海石化工业学校

以机械工程制图职业等级为例，从 1+X 证书制度内涵、书证融通的原则和要求、1+X 证书制度与专业课程融合的模式与方法等方面探讨书证融通的实施方案。

一、1+X 证书制度的意义

2019 年，国务院印发的《国家职业教育改革实施方案》（以下简称《职教二十条》）提出的职业教育新的学业证书制度，该方案明确提出了启动"学历证书 + 若干职业技能等级证书"（简称"1+X"证书）人才培养制度试点工作。学历证书制度是《中华人民共和国教育法》规定的基本教育制度之一，那么，从双证书制度到 1+X 证书制度的转变，这里的"1"和"X"体现的学习成果均给予相应学分，学分通过认定、积累，最终可以相互转换，实现"书证融通"。1+X 证书制度的提出，使得学历证书和职业技能等级证书有机衔接，体现了职业教育的特质。实施 1+X 证书制度试点在提升职业教育质量，推进职业教育改革，拓宽技术技能人才持续成长，终身学习通道等方面发挥了重要的意义，必然会对我国职业教育的发展产生深远的影响。

二、机械工程制图职业技能等级划分和从事岗位

（一）初级

掌握机械典型零件的工程图及装配图的识读和绘制方法，能够完成简单零件图的绘制。了解技术制图与机械制图等国家标准，掌握机械制图的基本方法；能正确识读机械类典型零件图零件工程图；能正确识读装配工程图，了解简单部件及机器的工作原理；能正确绘制简单零件工程图。主要面向工业领域的机械加工企业、机械制造企业、汽车制造企业、航天航空企业及其他相关企事业单位和机构，在生产管理、质量管理及营销服务等岗位，从事绘图、加工、制造、装配与调试、质量检验、设备维修及售后服务等基本技术工作。

（二）中级

掌握机械零件的工程图绘制和三维建模方法，能够独立完成零件的三维建模、工程图绘制和二维装配图绘制。能正确识读复杂零件和复杂装配图；能正确使用各类工、量具，测绘典型机械零、部件；能熟练使用二维计算机绘图工具，遵循CAD制图国家标准，绘制规范的机械工程图样；掌握计算机三维建模工具的使用方法，构建零部件三维模型和三维装配模型；掌握并运用快速成型方法进行实物验证。主要面向工业领域的机械制造企业、机械设计企业、汽车制造企业、航天航空企业及其他相关企事业单位和机构，在机械设计、技术管理、生产管理、质量管理及营销服务等岗位，从事机构设计、成图、加工、制造、装配与调试、质量检验、设备维修及售后服务等工作。

（三）高级

掌握机械部件设计思路，理解产品设计方案的详细内容，能够组织和指导其他设计人员完成机械部件的设计工作。具备优化机械设计的能力，能将设计方案优化为符合国家标准的二维工程图；能严格遵循机械产品逆向工程三维建模技术要求等国家标准，采集机械部件点云数据，将点云数据转化为三维模型，并转化为二维工程图；能严格遵循CAD文件管理及机械产品三维模型通用规则等标准，对数字文件实施标准化管理。主要面向工业领域的机械制造企业、机械设计企业、工业设计企业、汽车制造企业、航天航空企业及其他相关企事业单位和机构，在设计管理、技术管理、数据管理及培训服务等岗位，从事产品设计、成图、三维数据处理、三维数据成图及企事业单位技术文件标准化管理等工作。

三、书证融通教学改革具体方案

(一)任务的建立

结合机械工程制图技能等级要求,对零件进行测绘并生成二维加工图纸,并将零件进行三维建模,最后结合装配简图组装各个零件,完成装配体并生成二维图纸。

(二)任务的实施

任务实施的过程中学生熟悉常用装置的结构和特性;掌握典型机械装置的工作原理、结构特点和在生产中的应用;理解机械零件几何精度的国家标准、ISO标准和行业标准;掌握极限与配合、形状和位置公差标注方法。使其具备手工绘制草图、计算机制图和解决生产中测绘零部件等技术问题的基本技能。

(1) 制图的基础知识与二维 CAD 软件制图规则相结合。制图的图纸幅面、图框格式、标题栏、比例、字体、图线与 CAD 软件绘图命令相结合,制图教学中简化点、线、面投影知识,正投影法概念,轴测图等理论性内容,增加 CAD 平面绘图命令和编辑命令等教学内容。

(2) 基本几何体的三视图与三维 CAD 软件造型模块相结合。立体的形状各种各样,但任何复杂立体都是由一些简单的几何体组成,如棱柱、棱锥、圆柱、圆锥、球等,这些简单的几何体统称为基本几何体。利用三维 CAD 软件构建三维模型,提高学生学习兴趣,并利用多媒体课件的教学手段去构建空间坐标体系,在空间中表现出的不同形状,去引导学生应当从哪个方向进行观察与描述。然后,基于这个空间坐标系来引入点、线、面的投影特性,进而让学生更加轻松地掌握基本几何体三视图的画法、特性。

(3) 组合体的识读与三维 CAD 软件造型模块相结合。组合体识读是机械制图的入门知识,主要是用来培养学生空间想象力,同时,组合体识读教学一直以来都是中职机械制图教学的重难点。我们在讲授组合体的三视图时,已知两个视图求做第三个视图是教学中的重点和难点,它考察了学生的空间想象能力和作图技巧。对于相交、切割的形体,求作第三个视图时,通常都是无从下手,甚至完全想象不出形体的形状。所以教师可以利用三维 CAD 软件创建三维模型,展示出模型,学生充分利用课堂上的时间多看、多思考、多联系,教师利用三视图和模型进行参照讲解,这样来引导学生学习,潜移默化地提高空间想象力。

（4）机件的表达与三维 CAD 软件工程图模块相结合。为了要体现机件的完整结构，我们在制图中不但要绘制标准的基本视图，特殊情况下还需要绘制各种剖视图、局部视图、向视图、断裂视图、轴测图等。因为三维 CAD 软件有三维转换二维功能，我们可以利用三维 CAD 软件建模环境下绘制出实体以及剖切后的形状然后在制图界面下导出视图，让学生检查自己所想象形体表达是否正确，然后通过三维 CAD 软件的转工程制图功能，再让学生对照自己所想象的视图。在机件表达方法教学中，要结合零件的结构特点，三维 CAD 软件生成的剖视图或剖面图还要结合模型深入分析与讲解，才能让学生真正理解掌握。

（5）装配图和三维软件装配模块相结合。三维 CAD 软件的装配模块，能将零件装配成部件或机器。装配过程与实物装配类似。在完成装配后，利用三维 CAD 软件中爆炸图的逆向装配过程可拆开每一个零件，展示出装配线及连接配合关系，让学生全程全方位地理解装配含义、装配工程图与产品结构。从而降低了教学难度，提高了教学效率。

（三）任务评价

任务评价可依据过程评价和终结性评价并重的原则，过程评价是不仅仅要关注对学生学习结果的最后判断，更要纠正中职学生的陋习，重视学生平时的学习过程，随时把握学生的学习情况。终结性评价是以学生查阅资料独立完成任务的形式进行，即学生根据给出的零件，在规定的时间内，先完成测绘，再手工绘制草图，然后用计算机绘图软件绘制机械图形。最终，依据学生的图形表达能力和计算机绘图能力综合评分，终结性评价可以参考"零部件测绘与 CAD 成图技术"技能竞赛评分要求来评价。

四、结束语

任务的环节使我们的理论课程变成了一个大型的、综合性的实践教学环节。在这一过程中，要求学生将所测绘的零件进行三维建模并作三维装配，再生成二维工程图，让学生对工程制图整个过程有全面的掌握。学生面对自己的作品也会有一种自豪和满足感，极大地调动了学生的学习主动性和积极性。通过任务的模式对所学知识点的不足有很直观的认识，并且通过任务还在不停地巩固所学知识点。我们需要将等级证书考证项目与日常教学有机结合起来，并且将技能竞赛的内容与课程的内容有效对接，使技能大赛的成果和考证取证的项目有效的融入教学让更多的学生受益。

参考文献

[1] 中华人民共和国中央人民政府网.国务院关于印发国家职业教育改革实施方案的通知.

[2] 北京卓创至诚技术有限公司.机械工程制图职业技能等级标准，2021.

[3] 中华人民共和国教育部.中等职业学校专业教学标准[S]，试行.

[4] 陈国清.浅谈《零部件测绘与CAD成图技术》技能竞赛对中职机械制图和CAD制图课程整合的影响，2016.

[5] 刘炜杰.1+X证书制度下职业教育的课程改革研究，职教论坛，2019.

[6] 柴草.职业教育"1+X"证书制度推进路径探讨.常州信息职业技术学院学报，2019（6）.

（作者：杨晓伟）

"1+X"书证融通视野下中职数控专业能力模块化课程体系构建

上海石化工业学校

"1+X"证书制度下对职业院校专业人才培养提出新要求。本文通过对"1+X"书证融通中职数控专业课程体系建构的逻辑分析，提出了基于问题导向、融合互通、特色发展、多元协同的"1+X"能力模块化课程体系构建策略。

一、"1+X"证书制度下中职数控专业能力模块化课程体系的建构逻辑

新时代面对产业升级、人才市场需要等的变化，应加快职业教育课程体系建设。作为当前职业教育发展改革的"1+X"证书制度，为职业教育课程体系建设提供了现实契机、政策依据和价值逻辑。

（一）构建能力模块化课程体系是新时代职业教育发展的必然要求

《国家职业教育改革实施方案》提出了职业教育是一种类型教育，不仅给了职业教育一个明确定位，也提出了改革发展与转型要求。明确职业院校目前存在的"学不足以致用"的核心问题。如何让职业教育真正与社会经济结构、产业升级发展相匹配，既要摆脱职业教育的学科普教化，同时，还要克服职业教育的技

能单纯化,从而有效体现"职业"特征。目前,理应承担起技术技能人才培养的职业教育,还没有充分表现出应有的价值贡献,某种程度上存在的人才供需结构性矛盾、劳动力市场结构失衡以至职业教育体系失衡问题,也要归咎于职业教育人才培养供给侧改革进程落后于经济社会发展和产业结构调整升级步伐,最终则要归因于职业院校的专业及课程体系及相关改革实践难以及时适应外部环境变化。为了改变这种状况,实现职业教育之目的与能力价值目标,就要从重构职业教育能力模块化课程体系着手。

(二)书证融通提供了构建专业能力模块化课程体系的新路径

随着经济社会转型、产业结构变迁和科技革命发展,职业教育需要重构其专业课程体系,"1+X"证书制度成为课程体系建设的"黏结剂"和"连通器":职业教育人才培养过程可以适应和满足作为类型教育的内在结构、发展规律与环境需求,职业教育服务经济社会发展的能力与水平会显著增强,多元社会力量参与职业教育办学的内在动力会被有效调动与激发,与此相关的国家资历框架制度及终身教育制度体系会有实质性突破……这些便是"1+X"证书制度的内在逻辑或价值指向。"1+X"证书制度所蕴含的价值理念是能力模块化课程体系构建的基础性的"内核物质","1+X"证书制度强调的"书证融通",反映了行业产业发展对复合型技术技能人才的需求与职业教育高素质劳动力供给之间的有效对接。因此,融合"1+X"职业能力等级标准的中职能力模块化课程体系构建、变革与改进,将有助于高素质复合型技术技能人才培养质量提升。

(三)构建能力模块化课程体系应遵循新价值主张

面向"1+X"证书制度的职业教育能力模块化课程体系应有何种价值、主张和取向呢?结合其所具有的复合性、融通性、协同性、开放性、终身性等逻辑特征,基于"1+X"证书制度的政策内涵,应在以下几个方面彰显其独特价值:一是基本价值要满足复合型技术技能人才的培养目标;二是专业价值要体现专业领域尤其是跨专业领域的整体性继承、扬弃和发展;三是特色价值要能够反映职业院校人才培养及办学治校育人理念、优势、背景等独有特色;四是社会价值要能化解人才供给侧与人才需求侧间的结构性矛盾,形成产教融合发展格局;五是发展价值要体现学生以能力为本位、以职业为核心的主体性发展、全面发展和终身职业生涯发展;六是引领价值要能够适应经济社会未来发展变化的需要和可能,通过模块化课程体系学习与能力构建，使学生增加就业本领和职业选择机会。

二、能力模块化课程体系构建策略

（一）问题导向，课程体系构建的基本思路

"1+X"证书制度直面当前职业教育领域的若干现实问题，以其所内蕴的特征和导向，旨在促进新时代职业教育生态重构。首先，要借鉴国际先进职业教育办学模式和课程体系建设经验，打造包含企业生产前沿内容具有"中国特色"的职教新课程体系，着力升级改造自身办学能力和水平，切实体现课程体系的"创新性"。其次，要以办学定位为宗旨，梳理社会和市场对职业教育毕业生核心素养的要求，精准对接产业链、创新链，瞄准区域内战略性产业、重点行业，突出就业创业能力、分析解决问题能力、职业发展能力、社会适应能力等方面的培养，切实提高课程体系的精准"服务性"。再次，以跨界的思维，积极开展课程体系的统整，打破原有专业壁垒，以职业岗位工作要求，将专业领域的学习落实到真实情景中，促进课程体系优化与学生发展、专业发展及社会发展良性互动，切实提高课程体系的跨界"统整性"。最后，要坚持"以人为本"的理念，打造类型多样、要素完整、功能齐备的职业教育课程体系，设置更为弹性的学习方案和灵活的学习方式，切实提高课程体系的"人本性"。

（二）融合互通，课程体系建设的总体框架

首先，以职业要求、行业发展、经济社会发展为依据，以能力培养作为新职业教育课程体系的建构逻辑，面向职业发展，全面了解职场生产实践过程，掌握全周期、全流程的生产逻辑，确定所培养的人才应具备的知识、素质和能力，加强现代信息技术应用思维及跨界融合能力培养，优化现有课程体系。其次，以能力模块化组建课程体系，将人才培养目标逐层分解，注重通识教育模块与专业教育模块之间、理论课程与实践课程之间的相互衔接和融合；强化校企合作共建课程模块，按照技术技能等级要求对学历教育课程和职业技能等级证书课程进行融合互嵌，形成基于能力培养的模块化专业课程体系。同时，将方法论贯穿于整个课程体系的课程教学过程中，着力增强学生的团队协作能力、动态适应能力、解决复杂问题的能力、创新创业能力、职场胜任力等。能力模块化课程体系结构图如图1所示。

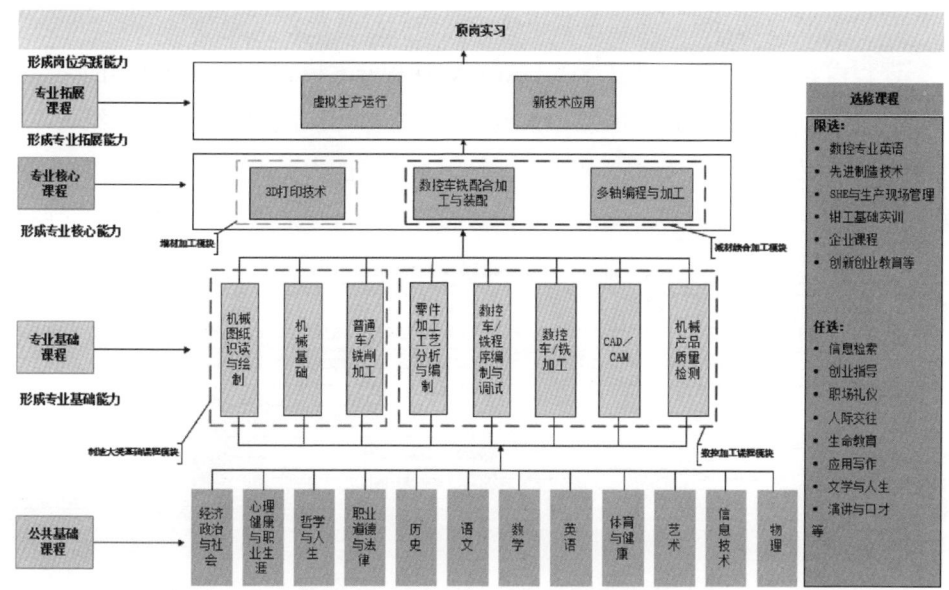

图 1 数控专业能力模块化课程体系结构

1. 宏观模块设计——课程体系模块

能力模块化课程体系搭建的第一步工作是要明确不同课程模块的基本性质和功能，进而对其体系进行宏观层面的分类。这种分类既是为了清晰课程模块设置的定位，也是为了提供课时分配的基本依据。课程体系模块主要包括专业基础模块、核心模块、拓展模块和发展模块。基础性模块是涉及学生人格发展与基础知识和技能学习的模块，是学生进一步明确学习方向，实现情境化学习和精深学习的前提。这一模块包括公共课、专业基础课程，设置包括了制造大类基础课程模块和专业数控加工课程模块。核心模块是学生职业能力核心部分组成的内容模块，是学生专业性的集中体现，也是学生职业能力形成的核心部分。这一模块需要企业的深度介入与协同开发，并在实施上侧重企业真实情境的融入。主要设置了增材加工的 3D 打印技术和减材加工的数控车铣配合加工与装配、多轴编程与加工等 3 门课程。专业拓展模块是企业对从业人员所要求的特殊能力与素质模块，以提升学生的企业对口性，帮助学生尽快融入企业文化与工作氛围之中，主要设置了虚拟生产运行和新技术应用 2 门课程。而发展模块进一步拓展学生职业生涯发展，包括创新创业教育、企业生产实习等。四大类别的模块共同构成了"模块化"课程体系的基本框架。

2. 微观模块设计——课程内容模块

课程内容模块的开发可以参照 DACUM 课程开发模式，对一个具体的岗位进行职业分析，每个岗位需要的能力大致由 8—12 个一级能力（能力域）组成，每个一级能力又分解为若干个二级能力。每一个二级能力所需要的工作步骤、工具、知识、态度、标准等内容，就是一个模块的内容，可称之为能力模块。

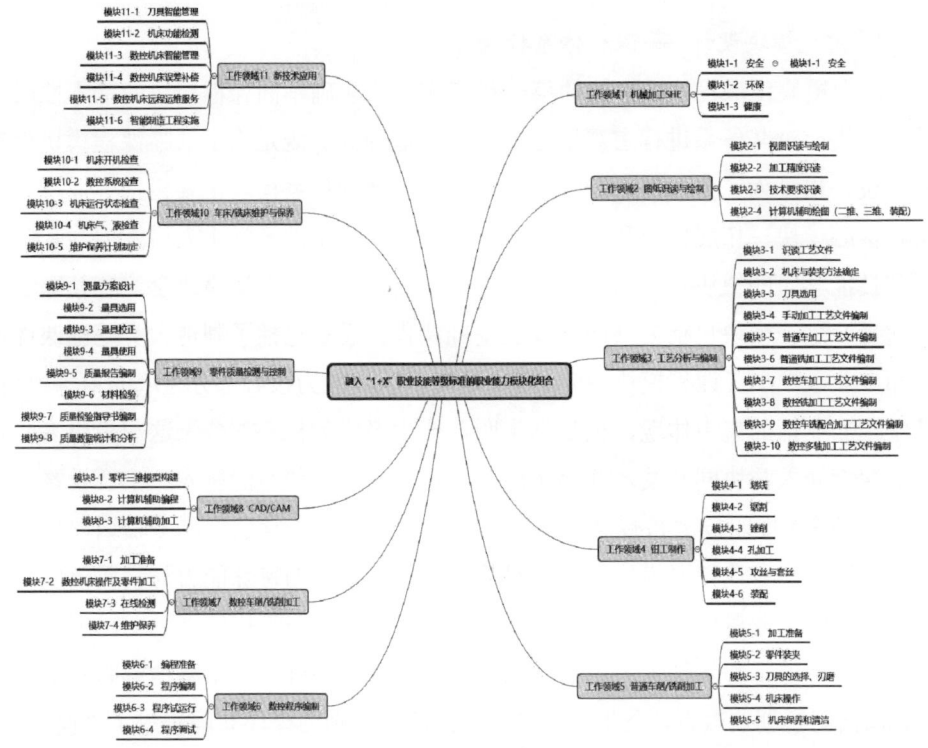

图 2 融合"1+X"职业技能等级标准要求的数控专业职业能力图谱（部分）

图 3 融入"1+X"职业技能等级标准的职业能力模块化组合

结合企业生产技术现状、现有数控专业的教学标准和专业课程课标,以及专业对应的"1+X"两个证书的初中级职业技能等级标准要求,基于"能力域",设计开发《融合"1+X"职业技能等级标准要求的数控专业职业能力图谱》(如图2所示)—开发《职业能力模块化组合》(如图3所示)—开发《职业能力模块化组合》—构建《基于职业能力模块化的中职专业课程及教学要求》,从而构建融"1+X"职业技能等级标准要求的数控专业课程。如《零件加工工艺分析与编制》中分别融入了钳工、车工、铣工、数控车工、数控铣工、车铣复合、多轴加工等的内容,实现专业工艺教学进程不断线;在《普通车/铣加工》《数控车/铣程序编制与调试》《数控车/铣加工》等课程中分别把原来的普车和普铣、数车编程和数铣编程、数车实训和数铣实训等课程进行整合,以满足产业升级对复合型技术技能人才的要求。

3. 模块连接设计——基于工作与学习逻辑

要想有效地培养学生的职业能力,就必须遵从学生能力习得的学习规律,把职业教育课程结构与工作结构科学地对应起来,从工作逻辑中获得相应的职业教育课程逻辑。模块的连接按照工作过程或流程进行衔接。例如,从普通机加工到数控加工、从减材加工到增材加工等,从而形成数控加工课程模块、减材加工综合课程模块、增材加工课程模块等二级模块,如图1所示。同时有效融入数控车铣加工初中级及多轴数控加工初级等3张"1+X"职业技能等级证书的考核。

(三)特色发展,夯实课程体系建设的核心内容

能力模块化课程体系内所有课程的目标、内容、组织等都要围绕服务学生职业生涯发展、适应产业发展来进行融通性、特色化设计。首先,要注重课程交融性和综合化。根据产业发展变化及课程目标的需要,对有关"1"与"X"的教学内容予以渗透、更新、融合,优化重组为新课程。如《零件加工程序编制与调试》课程,原市专业教学标准中只安排1学期的课时,也没有与相关专业实训课程有机衔接起来,学生无法把相关课程的内容有机地联系起来,因此,在本次课程设置时,我们结合专业实训类课程的进程,把此课程按模块内容分学期组织教学,分别与不同学期的钳工实训、普通车/铣削加工、数控车/铣削加工等课程衔接。其次,要注重课程的应用性和项目化。细致考虑学校内部及外部社会环境等多方力量对课程建设的综合影响,充分理解行业企业对人才培养的具体要求尤其是差异化、特色化要求,将课程建设置于行业企业真实生产情境之下,让学生"真刀

真枪"地解决真实问题。为此,对实践性强的课程,可以按照新工科的思路,构建知识能力矩阵,以项目为基础、以解决实际问题为导向、以"领域—能力—任务"为主线开展课程设计,如把原普通车削加工和普通铣削加工2门课程合并为普通车/铣削加工,原数控车削加工和数控铣削加工2门课程合并为数控车/铣削加工,真正实施综合职业能力的培养。

明确就业岗位的职业能力目标,精准对接技能标准,进行递进式的能力进阶,使职业教育的课程矩阵与1+X证书制度的初、中级技能等级目标要求一一对应,构建"X技能"阶梯向度,基于一种真实复杂的工作情景,注重技能的掌握、能力的转换和提升,在建立横向技能分项要求的前提下,进行纵向技能深度的升级层次向度构建。课程体系设计中,基于就读学期分别融入"1+X"数控车铣加工初中级以及拓展多轴数控加工初级职业技能等级证书。

(四)多元协同,凸显能力课程体系建设的价值功能

首先,要面向快速变化的产业结构和生态推进多元协同育人,深化产教融合、校企合作、工学结合,创新人才培养模式,有针对性地加大与行业企业的合作,推进校企合作共同研制区域产业急需的职业技能等级证书及其等级标准,共同打造既满足产业现实需要的人才培养课程体系,全面促进学历证书和职业技能等级证书的有机融合。其次,要面向高质量发展和高品质学习构建新职业教育质量观,要促进学生个性发展与全面发展相统一,重视专业人才培养对社会的贡献率,通过全面深化"三教"改革,促进职业教育与经济社会发展的耦合性和匹配性。

参考文献

[1] 戴春平,刘小园.高职院校基于标准体系建设的1+X证书制度实施路径.四川职业技术学院学报.2020(4).

[2] 李虔,卢威,尹兴敬.1+X证书制度:进展、问题与对策.国家教育行政学院学报,2019(12).

[3] 王胜,周明安,魏小华,刘文军,巫少龙,张玉贤."1+X"证书制度下数控专业实训教学体系探索[J].金华职业技术学院学报,2020,20(06):27-30.

[4] 陈正江.类型特色视域下高职院校产教融合体系的构建.黑龙江高教研究,2020(9).

[5] 苏金英."1+X"证书制度下高职数控技术专业课证融合教学实践研究[J].教学研究,2021,44(01):66-72.

[6] 任德宝."1+X"证书制度下高职数控技术专业人才培养模式改革与融通[J].南方农机，2020，51(24)：137+139-140.

（作者：徐卫东 郁威）

现代学徒制下课程建设探索与实践
——以建筑智能化设备安装与运维专业为例

上海市西南工程学校

现代学徒制下的建筑智能化设备安装与运维专业，依托上海市物业管理行业协会搭建平台，学校与企业达成双主体育人合作，基于企业的真实岗位需求，以现代服务产业为出发点，确定适合学生的工作岗位，发挥校内外实训基地的最大作用，构建基于物业工程服务的现代学徒制课程体系。帮助企业不断扩充专业技术人才储备，扩大社会效益，最终实现"校、企、生"三方共赢。

一、专业人才培养方案优化保障现代学徒制培养

学校市级品牌专业建筑智能化设备安装与运维专业（简称智能建筑）在办学中取得了不少成绩，领衔开发了本专业市级课程标准、在全国及上海市学生技能比武中获得团体一等奖、实现中本贯通教学试点等。我国现代职业教育以学生发展为中心，但是智能建筑专业的办学模式正面临巨大挑战。第一，智能建筑系统复杂，学校环境难以实现模拟；第二，智能建筑专业技术迭代较快，学校教学资源、师资难以跟上；第三，智能建筑行业人才缺口大，企业招人难留人难。

通过顶层设计，保障人才培养。依托上海市物业管理行业协会产教平台，学校与上海市紫泰物业管理有限公司就现代学徒制双主体联合培养牵手成功后，合力优化本专业人才培养方案，为后续的课程建设提供了指导性意见。

校企双方根据培养目标要求，遵循技能型人才成长规律和工作岗位实际需要，实行校企深度融合，工学交替，产教结合，共同研究制订适合智能建筑专业的"工学交替、平行轮岗""工学交替、分段轮岗"的双主体人才培养方案，开发课程和教材，共同推进数字化教学资源与信息化平台等资源建设，并进行人才培养模式与课程体系改革管理规范建设，确保人才培养模式的改进和优化。

充分利用学校和企业资源，精准划分学习阶段。第一阶段是新生入校第一学期，通过现代学徒制框架协议签订，颁发准员工证，让学生进入角色，重点是学生人文、思想素养和基础素质的培养；引导学生对专业和职业认知。第二阶段是第二、三学期，校企合作，引入企业文化，重点是学生专业基础、专业技术技能的训练和培养。第三阶段是第四、五学期，"学中做，做中学"，学生进入企业以锻炼的形式进行一个循环的轮岗，身份是学生，在企业师傅指导下，完成岗位综合能力的学习并积累岗位工作经验。第四阶段是第六学期，学生到企业顶岗实习，承担一定的工作任务，企业进行绩效考核，形成专业综合能力，最终完成身份上从学生→学徒→准员工→员工逐步转化。

二、课程建设构建要求

现代学徒制专业课程体系构建的基本单位是课程，组织结构单位是课程模块。智能建筑学徒班培养模式具有学习内容的分散性、学习方式与场地的灵活性、课程考核方式的多样性等特点，对课程体系的系统性建设与动态化管理均提出了较高的要求。学校依据课程教学组织形式，将专业课程分为学校课程、校企课程与企业课程3种模块。

（一）学校课程模块（专业基础技能）

本模块的培养目标是：培养学徒必须要掌握的行业岗位基础专业技能，在该行业领域内从事物业管理工程服务共同的需要需求，知识与技能学习在课堂教学中所占比重各为50%。

（二）校企课程模块（岗位群技能）

本模块的培养目标是：培养学徒掌握物业管理工程服务不同技能岗位专业技能。以物业管理工程服务岗位群匹配相关职业资格，开发了5门岗位方向的专业技能课程，紫泰物业带教师傅积极进入到课堂教学，提供真实企业案例，与学校专家教师组成双师课堂，解决了工程服务复合型人才的需求。实践性课程设置既要立足岗位相对独立，又要与职业素养类课程相互呼应形成专业体系。学生在校学习与企业实践相结合的阶段化学习机制，要求同类课程实现专业理论学习与实践学习的有机统一。

（三）企业课程模块（职业素养文化培育）

本模块的培养目标是：第一，帮助学生快速进入学徒角色，熟悉企业工作环境，体会企业精神文化。紫泰物业提供企业文化课、企业安全教育、员工团队合作等课程，为学徒的职业定位打下良好的基础。第二，加速学徒到员工的培养效率，在紫泰物业各个管理处不同工作岗位上，真实地开展现场教学。第三，根据上海中职学生学历提升的职业生涯规划，紫泰物业引入上海开放大学物业管理专科学习课程，帮助学徒（成人中专学制）完成职业发展学历进阶（如表1所示）。

表1 建筑智能化设备安装与运维专业现代学徒制试点专业课程体系

阶段/学期	课程	类型
一上	电工电子基础（一）	学校课程
	设备安装常用工具使用	学校课程
	建筑识图与构造	学校课程
	企业定向课程（公司文化）	企业课程
	课程小计	4
一下	电工电子基础（二）	学校课程
	楼宇智能化入门	学校课程
	建筑电气CAD	学校课程
	综合实训（校内）（电工五级）	学校课程
	企业定向课程（现场、识图）	企业课程
	课程小计	5
二上	综合布线	学校课程
	消防火灾自动报警安装与运行	校企课程
	安防系统安装与运行	校企课程
	多媒体系统安装与运行	校企课程
	课程小计	4
二下	PLC技术	学校课程
	楼控系统运行与维护	校企课程
	制冷和空调设备安装与运行	校企课程
	综合实训（校内）（电工四级）	学校课程
	智能楼宇管理师（四级）	学校课程
	课程小计	5
三上	企业定向课程（轮岗、顶岗）	企业课程
三下	企业定向课程（轮岗、顶岗、开发大学）	企业课程

说明：企业课程占专业课时比例为54%。

三、课程建设实践做法

（一）联合开发校企课程资源

充分利用学校现有教学资源与企业丰富工程案例。例如，在企业师傅帮助下，学校教研组开发了1门市级在线开放课程《安防系统安装与调试》,并获评上海市优秀在线开放课程;专业获批上海市中职虚拟仿真实训室项目建设后,深入企业调研,确定了以紫泰物业数码港园区1号楼和2号楼为智慧大楼管理平台,建设了《综合布线》《楼控系统运行与维护》2门课程虚拟资源。双方共同编制了5门活页式课程讲义(校企合作课程)《消防系统运行与维护》《安防系统安装与调试》《楼控系统运行与维护》《多媒体系统安装与调试》《中央空调系统运行与维护》。课程讲义中融入了国家紫竹高新园区真实设备与工程案例,有利于开展行动导向教学。

(二)提供多元化的课程实训基地

除了校内配备上海市物业管理开放实训中心满足学校课程专业基础与方向课程技能实训以外,紫泰物业积极落实工作项目基地升级为校企实训基地。确定了现代学徒制试点教学场所有4个,包括虹桥商务大厦管理处、紫竹信息数码港管理处、紫竹数字创意港管理处、中国航发商发管理处。其中紫竹信息数码港、紫竹数字创意港管理处为一年级识岗实训教学场所;虹桥商务大厦管理处、紫竹信息数码港管理处、紫竹数字创意港管理处、中国航发商发管理处为二年级跟岗实训、三年级顶岗教学场所。所有基地都提供了5门校企课程中学徒实训所需的真实设备,例如中央空调有约克、特灵品牌型号、风冷、水冷机组参数等各不相同,多元化的实训环境帮助学徒迅速进入角色。

(三)打造双师课堂,教师与师傅组建课程实践共同体

在学校课程中,师傅应邀进入课堂,建立与学徒的情感联系。帮助学校教师提炼行动导向教学任务,师傅同时观察教师如何开展教学任务,获取经验,互相取长补短。

在校企课程中,校内实训室专任教师是主导,师傅为辅助。在5门校企课程教学中,教师以学徒为中心,采用六步教学法,引导学生掌握知识与习得技能,师傅则提供物业工程管理中真实工作案例演示,验证学徒学习的必要性与有效性,提高学徒实训学习的兴趣与动机。

在企业课程中,师傅是主导,专任教师为辅助。例如师傅带领学徒在不同工作场景中完成设备设施巡检、维修保养及升级安装工作,工作过程中职业情感与品质、工作技巧与经验等均属于隐性知识,需要学徒们通过认真观察、反复模仿实践、与大师紧密沟通交流才能习得。教师则记录工作情况与学生实训表现,建

立实训评价，同时反哺现有的教学资源，不断完善优化活页式教材，提炼职业关键能力点。

（四）多样化教学形式的有机组织，有效转化职业意识

在紫泰物业的支持下为学徒提供了丰富的教学环境与手段，一年级的公司文化课程安排在国家紫竹高新园区展厅，并由已毕业学长在中央会议室介绍自己的成长，通过参观与学长讲解增进对紫泰文化了解。二年级的团队拓展课程与公司员工一起在上海橙蓝团建基地活动，在各项团队游戏中增进企业认同感，大家同是紫泰人。三年级的轮岗实习伊始，搭配崭新工作服、电工鞋与学徒姓名铭牌，企业师傅在会议室、在设备机组旁、在业主处，带领学徒一起巡检、维修与沟通来解决真实的物业工程问题。

通过一系列智能建筑专业课程建设探索与实践，学校借由学徒制培养，智能建筑专业从课程资源、实训基地及教师培养得到了快速发展；企业借由学徒制培养，工程维修部门的业务能力、团队力量及综合素养得到了有力增强；学生借由学徒制培养，职业素养、职业技能与职业拓展都得到真实获得。而课程建设的探索将继续下去，通过精心设计，验证实施，能有利于为服务国家、上海建设数字化中国、数字化城市建设培养出一批复合型高素质技术技能人才。

（作者：宋晓峰）

五、职教发展篇

职业教育的发展在于创新，包括学制的创新、学校管理的创新、对学生教育方式的创新，以及建立数字化时代新型学习共同体的创新。只有创新，职业教育才能克服各种困难和弊端，取得长足的发展和进步。

高职院校"三段式"学生管理工作模式的探索

上海工商职业技术学院

学生管理是教学实践中一个重要的现实问题，广大教师和学校管理者普遍关注和重视这个问题，但我国教育理论研究者对此重视程度却不高，在众多教育管理相关的论著中没有它应有的位置。同时，"学生管理"这个概念也没有准确的界定。著名学者陈桂生对"学生管理"关注的主要是对学生不当行为的干预，认为对于学生的行为管理是教师对学生行为的一种干涉；对学生行为的强制性约束和正面指导都属于"管理"，但"严格意义的学生行为管理"仅指"对学生行为强制性的约束"。[1] 反观教育实践，这种界定则过于片面。萧宗六主编的《学校管理学》指出，"我国对学生管理比较传统和权威的看法是：学生管理是学校对学生在校内外的学习和活动进行计划、组织、协调、控制的总称"。[2]《中国教育大百科全书》则认为，"学生管理是学校教师和管理者为顺利实现教育目标，对学生及影响学生成长的各种因素所实施的计划、组织、指挥、协调、控制等活动的总称"。[3] 这两种说法似乎将学生管理和学校教育全过程等同起来了，显得过于笼统，因此在实践中指导性不强。

一、新时代对高职院校学生管理工作的新要求

教育是社会进步、国家发展、民族振兴的原动力。高职院校不仅要从事教育教学及科学研究，而且也要做好学生管理工作，才能培养出符合现代社会发展的优秀人才。十九大报告已经明确指出，中国发展进入了新时代，而与此同时，全球化、"互联网+"等也都深刻改变着社会大环境，改变着青年学生的思维方式，使之具有时代赋予的新特征[4]。新的时代背景下，学校培养的学生是否顺应社会的发展，将对高职院校学生管理工作提出新的要求，主要表现在以下3个方面：

（一）促使管理方式的转变

由主要依靠外部管理向激发内部驱动转变。转变传统模式下的单向培育模式，进而以问题为导向，适应新时代背景下高职院校学生所面临的困惑与问题，选取恰当有效的教育形式和内容，真正做到入耳入心，激励学生形成自我管理、自我教育、自我服务的内部驱动。

（二）推动教育范围的扩大

由立足高职院校内部向社会发展进步的扩大。自国家提出全面深化改革、中国制造2025等重大方针以来，我国面临的产业升级和技术革新是空前的。学生从学校走向企业、步入社会，实现校企联动，在扩大教育范围的同时，将高职院校对于学生的过程管理及培育建立在社会需求和企业需求的基础上。

（三）推动需求层次的升华

由着眼物质资料需要向实现个人价值的升华。当前我国社会主要矛盾的转变反映出，改革开放至今，我国经济发展为人民生活提供了相对充足的物质资料，而日益增长的美好生活需要是新时代我国人民的必然需求，这同时也是新时代背景下对高职院校学生教育和管理工作提出的新要求。在学生管理过程中，管理者要引导学生提升自身的需求层次，使他们从满足于低层次的生理需求向高层次的自我实现转变。

二、目前高职院校学生管理中普遍存在的问题

（一）管理氛围不够浓厚，管理制度不完善或执行不到位

随着高职院校的不断扩招，在校生人数持续增加，众多高职院校把主要精力放在了教学活动及学生就业率上，对于学生的基础管理工作没有足够的重视，容易造成学生管理工作混乱，校风较差。此外，各高职院校普遍缺乏相应的学生管

理制度或者即便有学生管理制度，也容易流于形式，执行不到位，没有起到相应的管理、教育效果。从另一个层面上来讲，管理即服务。学生管理工作也应当为学生的学习和生活服务，当下不少高职院校的学生管理，忽视了这一点，尤其是学生宿舍里的生活教育，是相当缺位的，这同样也影响教学活动的正常、有效开展。

（二）管理方式缺乏科学性、创新性

目前高职院校的管理方式大多为"学分制""德育分"制，还有一些考勤管理办法、违纪处分制度等，通过这类方法引导学生参与到自我管理工作中来，参加学校的教育教学及其他活动，这种被动式的管理方法，给学生体验不佳，通常积极性和主动性都不高。"一切向分看""有分就干，没分不干"成为部分高职院校学生在校学习、生活的真实写照。同时，新形势下外部环境发生巨大变化，社会文化也日趋多元化，学生通过网络能够迅速了解外部环境的变化，导致其思想也不断发生变化，个性化特征明显。这也就要求高职院校的学生管理方式不断创新，而不是用传统的管理办法来教育新时代的青年学生。

（三）学生自我管理意识薄弱，积极性不高

一是部分学生的自主学习意识和能力不强，没有良好的时间管理能力和自律意识，对自己的未来职业定位没有清晰的规划，导致在校期间"混日子"、虚度光阴。二是部分学生的自我约束能力较差，整日沉迷于网络世界中，追剧、看直播、打游戏等，荒废了学业；同时，这类学生也会对周围的学生产生负面影响。三是学生干部没有发挥应有的作用。高职院校的大部分学生干部在进行学生管理工作的过程中，更加注重执行老师的安排、完成任务，容易忽视方式方法，并没有真正发挥出自己的主观能动性，影响同学之间的安定团结，更有甚者，当选学生干部之后就混同于普通学生，或者一遇到困难，就"撂挑子"、打"退堂鼓"。总之，学生干部不能真正参与到学生管理工作中去，学生管理岗位形同虚设。这样一来，学生干部既没有得到锻炼能力的机会，也影响了同学之间的关系，最终导致部分学生干部消极怠工。

（四）学生管理工作队伍专业性不强，育人功能不突出

一是社会大众普遍对高职院校学生管理工作认知不清晰，高职院校对学生管理工作的重视程度也不够。二是高职院校学生管理工作人员能力水平参差不齐，学生管理工作队伍的数量配备、专业方向、学历层次、年龄结构等方面与学生的

实际需求有一定的差距，学生管理工作队伍的职业化、专业化能力有待提升。三是高职院校学生日常事务性工作繁多，涉及各方面，辅导员没有过多的精力开展专门的思政教育，而教学活动中思政的目标也可有可无，育人功能不明显。

三、"三段式"学生管理模式的核心要义和整体架构

为进一步贯彻落实中共中央、国务院发布的《国家职业教育改革实施方案》，《关于推动现代职业教育高质量发展的意见》，上海市委、市政府《上海职业教育高质量发展行动计划（2019—2022年）》和上海市教委《上海深化产教融合推进一流专科高等职业教育建设试点方案》对高职院校高质量建设发展的要求，在遵循高等职业教育办学规律的基础上，坚持落实立德树人的根本任务，探索实现"三全育人"的新路径。近年来，上海工商职业技术学院PICH现代服务学院结合实际，致力探索构建"一个目标、两维协同、三段管理、四元合一、五育并举"的育人模式：一个目标即围绕立德树人的根本目标和每个专业的人才培养目标；两维协同即"学生的教学与生活两个维度空间的协同管理，辅导员与专业老师的合力提效"。体现在学生管理上就是"三段式"学生管理模式。其核心要义是：通过对学生在校期间的时间分段，将教育侧重点加以区分，旨在引导、帮助、督促、陪伴学生养成良好的学习习惯和生活习惯，将学生生活能力的培养与学习能效提升有机结合，在以专业技能课提升学生专业技能的同时，用学生日常课程之外的时间来促进学生综合素养的培养，促进学生德、智、体、美、劳全面发展，为他们成为"德技兼修"的现代职业人奠定坚实的基础。

"三段式"管理的整体结构，即试行"每天课前有晨会、课后有集合点评，夜间有宿舍走访"的三时段管理，辅导员、班导师、专业老师、团学干部各有分工，旨在针对学生实际探索"三全育人"的新途径；四元合一即结合专业特点，将"体、形、言、表"四个方面能力的培养，纳入学生专业核心能力范畴，致力于促进学生实现德、智、体、美、劳全面发展，实现五育并举。

为深入探索学院"一、二、三、四、五"育人模式的构建，自2020年9月开始，PICH现代服务学院推行"三段式"学生教育管理工作，充分整合内外部资源，综合运用观察法、调查法、实验法、个案研究法等方法，探索推动"三段式"教育管理工作，将学生日常课程之外的教育管理分为三段（该模式的整体架

构如图 1 所示），即课前有晨会，课后有晚点评和晚间有宿舍走访。

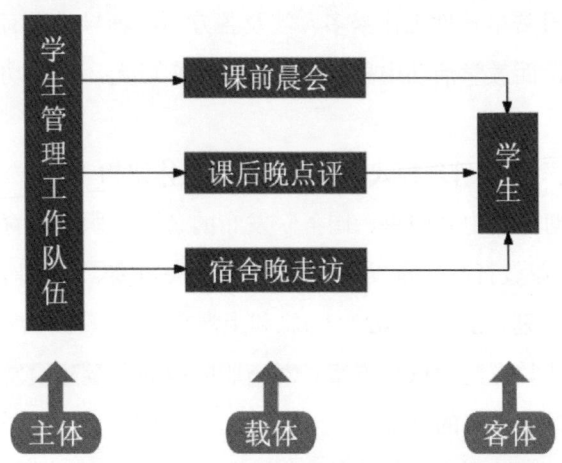

图 1 "三段式"学生管理模式整体架构

四、"三段式"学生管理模式的运行机理

（一）指导思想

实施"三段式"学生管理的宗旨，是全面贯彻党的教育方针，遵循高等职业教育的办学规律，以立德树人为根本任务，探索实现"三全育人"的新路径，致力构建"一个目标、两维协同、三段管理、四元合一、五育并举"的育人模式，以促进学生"德技兼修"，实现德、智、体、美、劳全面发展为根本目的。

（二）工作原则

"三段式"学生管理的实施，关键要坚持"两维协同原则"，两维协同即"学生的教学与生活两个空间的协同管理，辅导员与专业老师的合力提效"；要坚持专业技能与生活技能并重的原则，既注重学生学习空间的教育管理，也注重学生宿舍生活空间的教育管理，通过对学生价值引领、生活方式、做人做事的教育，促进学生"德技兼修"；坚持实践探索与长效机制建设相结合的原则，针对当下学生实际问题进行管理实践探索的同时，注重育人导向，突出价值引领，建立工作的长效机制。

（三）工作目标

1. 促进学生良好行为习惯的养成

通过晨会，学生在列队点名、健康打卡、仪容仪表、着装规范、主题宣讲等内容的反复训练与讲评中,"每天进步一点点",逐渐克服不良生活习惯;通过晚集合点评,学生在班导师、班委干部的带领下,在学习小结、学习讲评、问题探讨、互帮互评等内容及形式的不断积累中,形成良好的学习总结、反思习惯,促成"温暖"的集体文化建设;通过教师宿舍走访,在了解宿舍人数、卫生情况、安全隐患、宿舍氛围等方面情况的基础上,引导学生强化安全意识、养成卫生习惯、营造集体生活氛围等,进而加强学生生活能力的培养,提高师生融合度。

2. 加速育人工作队伍的培养建设

"三段式"的管理探索实践,以全体辅导员队伍为核心力量,以班导师为主要代表的专业师资队伍为骨干,以学生的团委、学生干部、积极分子为重要力量,以宿舍管理人员为补充,形成"全员参与"的工作格局。推动教育与教学两支团队的优势互补,协调配合,形成合力,实现教师与学生上下齐心、教学相长、寓教于管的良性循环,形成教师引导大学生逐步实现"自我管理、自我服务、自我教育"的良好局面。

3. 探索育人模式形成长效机制

"三段式"学生管理,是学院探索构建"一个目标、两维协同、三段管理、四元合一、五育并举"育人模式的关键环节,是探索"三全育人"新路径、新方法的具体实践。通过工作的实践,在学生具体问题的预防、处理、教育基础上,逐步探索形成长效的工作机制,让学生的综合职业素养得到提升,促进学生全面发展。

(四)项目内容

1. 晨会

时长15分钟,每周一至周五早上课前。学生集合整队后,5分钟时间完成点名、仪容仪表、着装规范检查、健康打卡等。周一晨会内容是升旗仪式,由学院团总支、学生会围绕爱国主义主题教育组织每周一的"国旗下"讲话;周二内容是学生事务的工作布置或主题宣讲,由辅导员队伍结合各专业学生实际,进行工作布置,开展学生学业规范、心理健康、健康交友、自我保护等系列主题小知识讲座;周三内容是各专业组的集中引导教育,由专业主任结合各专业的学业要求、课程实施实际状况,进行学业讲评,开展学业学习、学习方法、职业规划引导等系列主题小知识讲座;周四内容是各班级的班级学习、管理建设的引导教育,由各班级的班导师结合本班级的实际情况,进行学业讲评、学生行为、班级建设等系列工作布置与知识讲座；周五内容是全年级所有专业的一周小结，及下周内容布置，由辅导员负责，专业主任和班导师协同参与，集体对一周以来的晨会情况进行小结，并对下一周内容进行布置和说明。

2. 晚集合点评

时长30分钟，每周一至周四课后进行，学生在指定地点集合，5分钟完成点名、仪容仪表、着装规范检查等准备工作，随后由老师或班委干部或班级同学进行一日学习小结；周五下午则安排周课，为同学们提供主题丰富的系列知识讲座。具体来讲，周一内容是本周学生管理实务工作的任务布置与提醒，由辅导员向学生就学生事务方面的工作进行点评布置、说明、答疑、重要事项提醒等；周二、周三内容是当日学业小结点评，专业学习任务布置，由各班级班导师负责组织学生开展当日学业小结、专业学习说明、答疑、班级建设讲评等；周四内容是学生自主总结点评，自发选题演讲，班级成员互评，由各班级班委干部负责组织本班级同学，开展学业小结、主题分享、问题探讨等；周五内容是周课，每个年级各专业学生集体参与，围绕学生思想价值引领和知识拓展两个维度选题，分别由学院党支部带领辅导员团队，教学院长带领专业教师团队，组织集合包括校内专业教师、优秀学生、校外优秀教师、合作企业优秀管理人员、家长代表等多渠道、多来源的专业师资，对学生开展思想价值引领和专业知识、通识知识的专题讲座。

3. 宿舍晚走访

每周日至周四晚间，由辅导员、班导师、其他专业教师、团学干部等，排班分组，进行学生宿舍晚走访。重点走访了解学生住宿返寝、安全隐患、卫生清扫、垃圾分类、宿舍生活氛围营造等几大方面的情况，对各方面情况良好的宿舍集体和个人，通过晨会、晚集合点评及时进行表扬、树立典型，对存在问题的学生宿舍及时提醒，对存在问题严重且未能如期完成整改的，纳入德育操行考核，进行诫勉提醒谈话，要求限期整改，注重学生宿舍生活空间的教育与管理。

五、"三段式"学生管理模式的保障措施

（一）组织保障

"三段式"学生管理模式的探索实施，以学院党政领导亲自负责抓落实，以全体辅导员队伍为核心力量，以班导师为主要代表的专业师资队伍为骨干，以学生的团学干部、积极分子为重要力量，形成"全员参与"的工作格局，以工作时段、教育内容侧重不同分成"晨会、晚集合点评、晚宿舍走访"3个时段的工作团队，

互为支撑、互相补充、相互协同、形成合力。同时，积极拓展工作队伍，邀请学校的教学督导、学校学工管理人员、合作企业人力资源、部分家长代表等组成推进工作的监督评议小组。

（二）制度保障

不断探索完善"三段式"学生管理工作的制度建设，并与学校学生手册规定的学生德育综合测评制度、宿舍管理制度、学业管理制度等教育教学制度规范相配合，形成对师资团队指导考核、学生规范引导的合力，把"三段式"管理工作的成果考核与学生专业学习考核有机结合起来。

（三）经费保障

将"三段式"学生管理的经费纳入日常运营经费的预算之中，做到科学预算、专款专用、突出重点。保障日常工作开展的经费落实，特别是针对学生开展的小结、表彰、活动的经费确保充足，让"三段式"学生管理工作的推进有的放矢。

六、结语

通过3个学期的探索实践，PICH现代服务学院"三段式"教育管理工作初见成效："三段式"教育管理的工作机制逐步完善；"三段式"的时间划分、分配更趋科学合理；参与教育管理的辅导员、班导师、团委、学生会干部队伍逐渐壮大，合力能效显著提高；"三段式"的内容针对性、丰富度显著增强；学生的认知度、配合度、参与度、满意度显著提升。这为探索学院的育人模式建构奠定了坚实的基础。

十年树木，百年树人。高职院校学生管理工作要坚持立德树人根本任务不动摇，形成"三全育人"的良好氛围，重视、强化学生管理，加强思想引领，确保学生德智体美劳全面发展。总之，学生管理与高职院校的育人工作具有密不可分的关系，教育工作者应对学生管理的育人价值提高重视，充分利用学生管理提高高职院校育人效果，为我国社会经济发展建设，培养更多优秀的技术技能人才。

参考文献

[1] 陈桂生．"学生行为管理"引论[J]．华东师范大学学报（教育科学版），2007(1)：1-11．
[2] 萧宗六．学校管理学[M]．北京：人民教育出版社．2008：230．
[3] 顾明远．中国教育大百科全书[M]．上海：上海教育出版社，2012：2008．
[4] 宋广军．美国高校学生事务管理的经验及启示[J]．学校党建与思想教育，2018(9)：93-95．

[5] 袁伟杰. 浅谈高校独立学院学生管理的问题和对策 [J]. 湖北开放职业学院学报，2020，12.

[6] 刘玲. 基于公共管理视角的民办高校学生管理研究 [J]. 高教学刊，2019（8）：183-184，187.

[7] 曹荣瑞. 高校深化"三全育人"综合改革的关键问题和落实机制 [J]. 思想理论教育，2020(12).

（作者：唐威　程晓璐）

"五位一体、虚实融合"学习场的构建
——上海市西南工程学校信息化应用标杆校创建实践探索

上海市西南工程学校

信息技术的飞速发展，深刻影响着学校教育教学方式的改变。在物理校园的基础上构建一个虚拟校园是学校未来发展的趋势。探索构建满足学校需要，符合教育规律，助力"教"与"学"，方便学校管理的虚拟校园——"学习场"成为了学校未来发展的重要课题，突发的疫情将这一课题变成了所有学校亟须解决的现实问题。为此学校在信息化应用的开发与应用作了积极探索。

一、建设背景

上海市西南工程学校是一所公办的闵行区教育局直属中等专业学校，上海市第一批中等职业教育改革特色示范校，在校生1600多人，设有4大类9个专业，经过多年的建设学校信息化基础建设整体良好。随着都会路新校区的建设，学校进一步加大投入，优化了软、硬件建设，学校的信息化建设成效显著。2019年学校被市教委立项为上海市信息化应用标杆培育校（上海市54所之一，中等职业学校7所之一），现正值培育期。

二、思路目标

未来学校一定是一个虚实结合的复合体。信息技术与教育教学融合创新，必将提高教育教学的开放性，并使其各个环节整合为一个有机整体。上海市西南工程学校构建的"学习场"，不仅具有"人人皆学、处处能学、时时可学"虚实融合特征，还可为教师、学生提供"新型教学途径、自适应学习、个性化服务、企业实景与教学场景相融合"的大规模因材施教服务，也为学校实施精准化管理提供便利，充分体现了大数据和人工智能技术驱动下的助学（学生的学）、助教（教师的教）和助力（学校的管）。具体建设目标为：

（1）在"学习场"中，线上线下"混合式"教学打破了传统教学的壁垒，实现学校教育更加开放、更加人本、更加平等、更加友好的可持续发展，开创信息技术与教育教学融合创新的职业教育新模式。

（2）通过"学习场"的建设，吸纳和融合学校内部、外部的各种优质数字资源，将工匠精神、传统文化、德育教育融入数字资源，便捷地推送给学习者，实现优质资源智能服务"教"与"学"的新常态。

（3）借助"学习场"运用虚拟现实技术开展虚拟仿真实训，打破传统实训教学时间、空间、工位数的限制，节省实训耗材的开支，缩短实训教学的时间，提升实训教学的效率，这种线上线下"混合式"的实训教学为学生职业技能培养提供了新路径。

（4）在"学习场"运行的后台产生的大数据，运用人工智能、大数据技术建设学校教育教学运行状态数据的动态分析与决策系统，为学校管理提供数字支撑和决策依据，助力学校精准化管理，同是结合"五纵五横"的诊断与改进的工作思路，全面提升教学质量，重塑学校新品牌。

（5）通过"学习场"运行，在实施教育教学的过程中，在学生、教师、学校之间建立了不受时空限制的信息关联与共享，也为校园生活提供了无处不在的智能服务，这将为学生个性化学习、教师精准化教学、学校的便捷化管理提供智能服务，从而助力学校师生共同成长。学校"五位一体、虚实融合"学习场构建示意图如图1。

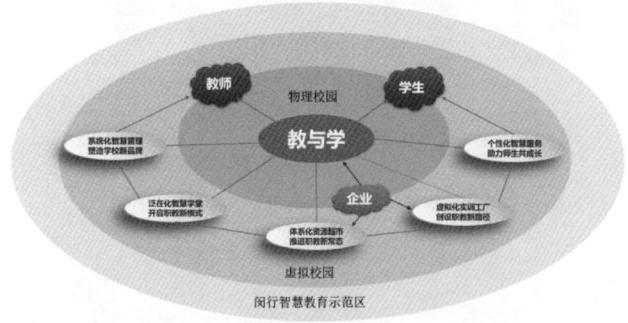

图1 "五位一体、虚实融合"学习场构建示意图

三、建设任务

学校的中心工作是围绕教师的"教"、学生的"学"和学校的"管"展开的，通过"学习场"的构建，为学校教育教学的常规工作，搭建了一个信息化支撑平台。运用人工智能、大数据技术，为学校各项工作提供智能化服务和支撑，实现助学、助教、助力三大功能。同时达到差异化教学、个性化学习、精细化管理和智能化服务的目标。因此学校创建信息化应用标杆的主要任务是，在物理校园的基础上，以校企合作、产教融合的思路，构建五位一体、虚实融合的"学习场"，形成智慧教育应用新生态，实现职业教育的大规模因材施教，具体任务为：

（一）构建泛在化智慧学堂，开启职教新模式

智慧学堂建设是以"混合式教学"为核心，运用云计算、多媒体、人工智能等信息技术构建满足学生个性化、泛在化学习的智慧教学应用。发挥线上线下教学形式的优势，做到线上有资源、线下有活动、过程有评估，完善课前、课中、课后教学服务，打破时间、空间的限制，营造人人、时时、处处的学习环境，满足学生泛在化学习。同时，系统后台随时采集学生的学习数据，追踪学生的学习进度，发现学生学习的瓶颈和困难，帮助教师获取学生知识掌握程度，为学生提供在线私人化针对性教学。通过信息技术与教育教学融合创新，开启线上线下相融合的职教教育新模式（见图2）。

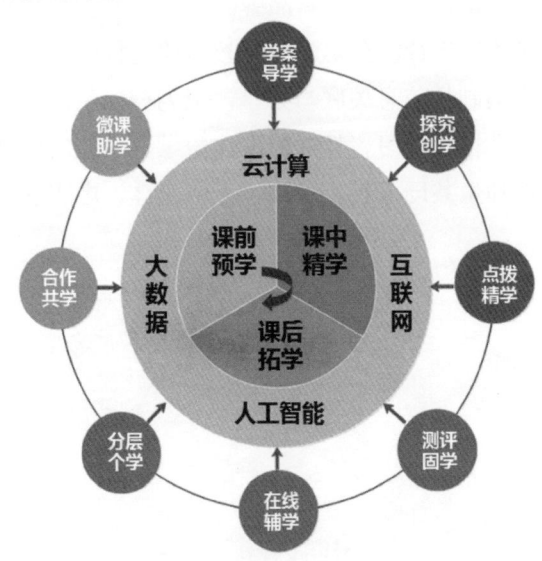

图2 泛在化智慧学堂构建示意图

（二）构建体系化资源超市，推进职教新常态

体系化资源超市的建设是以"知识图谱构建"为核心，建设覆盖所有专业核心课程的教育教学资源体系。基于知识图谱技术，建立教学资源实体与知识图谱框架关系的网络，将知识与专业、课程与教学过程关联起来，有效地管理各类知识素材和教学资源，为"教"与"学"提供更为高效便捷的服务。教师通过应用工具，快速获取各类教学资源，便捷地进行备课，轻松地组织教学。学生通过应用工具，方便地获取想要的学习资源，进行个性化学习。同时，系统后台适时统计资源使用的频度与用户使用需求的数据，按照预设的逻辑实现智能的资源推送、优质资源过滤、热点资源排行、关键资源互联等功能，为师生的"教"与"学"提供体系化的智能服务，让教学资源共享实现最大化，实现优质数字资源高效服务职业教育的新常态（见图3）。

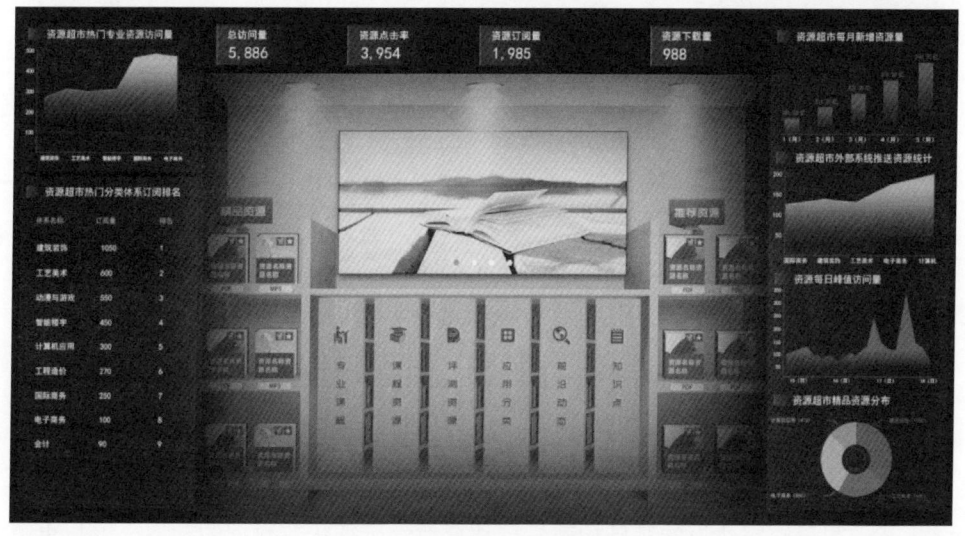

图3 体系化资源超市应用界面示意图

（三）构建虚拟化实训工厂，创设职教新路径

以"虚拟仿真技术"为核心，采用基于问题和项目的互动、研讨、自主、合作、探究式的虚拟实训教学方式，运用VR及AR等虚拟仿真技术，构建虚拟化实训工厂。同时将行业、企业的真实场景引入实训教学过程中，按照职业技能和素养的培养规律，开展线上线下相结合的个性化、智能化、泛在代实训教学，探索开展虚实融合的创新空间、跨专业的智慧型实训模式。同时，系统后台通过采

集实训教学的过程数据,全过程地自动跟踪、记录学生的学习行为,预见实训过程中可能出现的安全事项,纠正实训过程中的错误操作,为学生开展真线下实训活动,做好技能知识储备,提升技能学习效率,实现信息技术助力学生掌握职业技能,养成良好的职业素养和习惯。

基于数据驱动理念,运用大数据、人工智能等技术手段,按照职业技能和职业素养的培养规律,集聚实训教学资源,采集和积累学生实训过程数据,通过分析模型输出能力画像,形成线上线下结合的个性化、多样化、智能化、泛在化实训方式,创设职业教育智慧型实训新路径(见图4)。

图4 虚拟化实训工厂构建效果示意图

(四)构建系统化智慧管理,塑造学校新品牌

基于智慧校园建设的基础构建学校教育教学运行状态数据的动态分析与决策系统。依照学校办学质量方针及总目标,从学生、教师、课程、专业、学校五个维度,设置数据分析模型和评估指标体系,及时动态提供各项工作建设和发展的现状数据,为决策提供有力支撑。通过过程数据的全面收集和精确处理,及时准确地实现反馈和评价,切实提升学校业务管理和服务能力。整合各类相关数据,开展基于大数据的决策分析,推动高效灵敏的学校管理决策,缩短学校决策响应周期。通过业务流程优化和重组,实现职业学校管理和服务的便捷高效,以信息化推进学校教育管理现代化、标准化、精细化与智能化。学校智慧管理框架如图5所示。

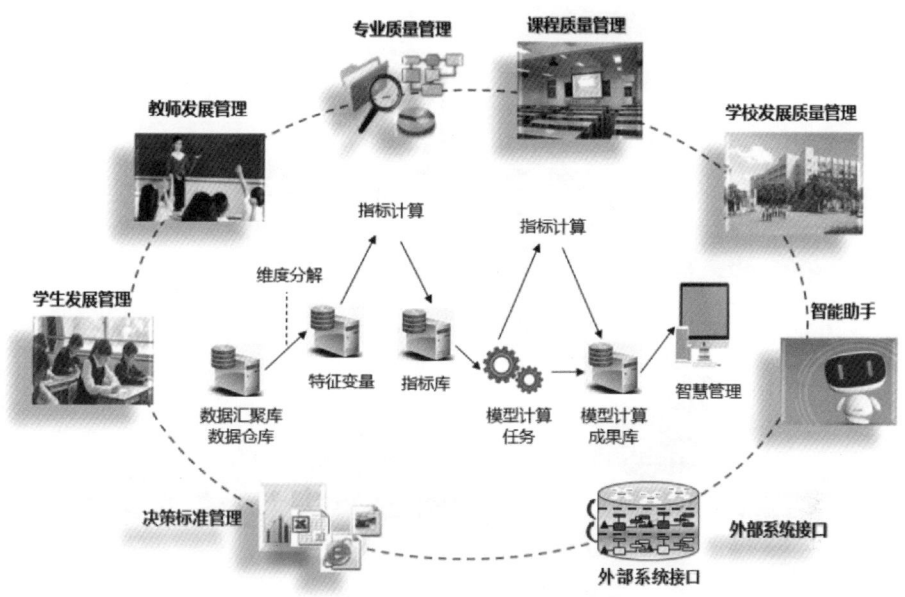

图 5 智慧管理框架示意图

（五）构建个性化智慧服务，助力师生共成长

个性化智慧服务是基于智慧校园的服务型应用，通过信息化技术实现多应用关联和信息共享，从心理辅导、生活指导、课外活动、校园服务、社会实践、勤工俭学、创业辅导、创客空间、社团活动、校园沙龙等多方面，为师生员工提供教与学之外的校园生活服务。

通过智慧师生服务大厅建设，将分散的应用和内容进行聚合，使师生员工可以浏览到相互关联的数据，同时可以进行相关的事务处理，能够轻松地获取有关的知识信息和外部信息。例如：为师生员工提供诸如文档管理、内容搜索、办公自动化、资源预订等多方位的信息服务，并且通过协同工作、内部交流、知识管理等平台帮助数字化校园建立良好的教学文化氛围。

在"学习场"中智能手机将成为学生、老师获得信息服务的主要工具。通过智慧校园的移动端，进行有效的家校互通，包括交流学生出勤情况、学习情况及在校表现等。利用新媒体，即时向校内外发布学校开展的科学、文化、艺术、社团活动、社会实践等。开设家长学校，利用家校协同社群，拓展教育渠道，实现智慧沟通、智慧办公、社会共育、家校共治。学校智慧服务框架如图6所示。

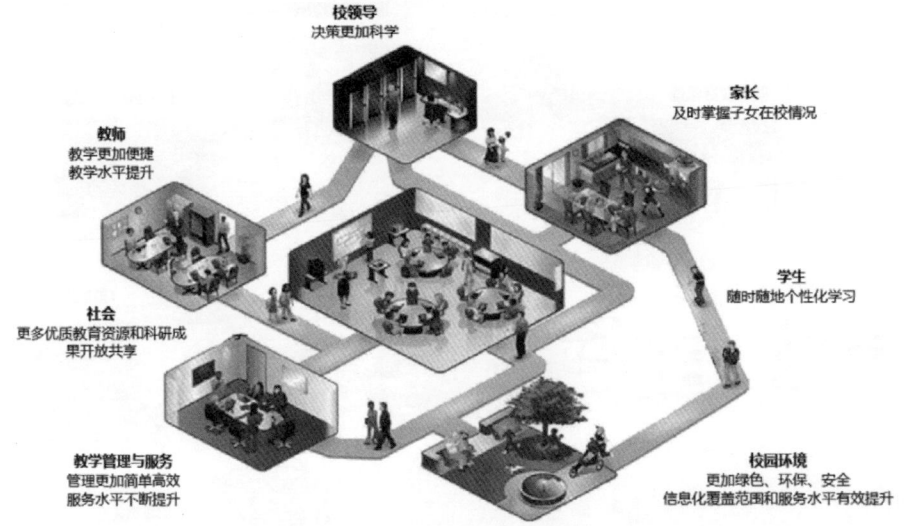

图 6 智慧服务框架示意图

四、创建举措

"学习场"的构建是依据《教育信息化 2.0 行动计划》《上海市教育信息化 2.0 行动计划（2018—2022）》和《上海市教育信息化应用标杆学校创建工作实施方案》文件精神，基于学校现有信息化基础和新校区新建信息化项目，围绕学校"十四五"发展规划，以及"适性发展、出彩西南"校园文化建设，对学校整体工作进行流程再造。创建举措如下：

（一）完善智慧学习基础环境，夯实"学习场"构建基础

智慧学习基础环境的建设最重要的就是构建一个平台。平台的构建是通过信息技术与教育教学融合创新，将教学、学习、技能实训等工作整合为一个整体，为创设"3A"的教学模式，即"人人皆学（Anyone）、处处能学(Anywhere)、时时可学(Anytime)"搭建虚实结合的网络学习空间。应用云计算、大数据、物联网、移动互联网、社交网络、人工智能等新一代信息技术，建成能够感知环境、识别情境、记录行为、联接社群的教育教学环境，实现物理环境与虚拟环境的融合，提高从基础设施、教育资源服务、师生交互到教育教学活动的智能化水平。2019年学校借助都会路新校区的建设，对学校信息化基础环境作了升级、改造和优化，进一步完善智慧学习基础环境。

(二)搭建共享学习服务体系,营造"学习场"应用生态

以整体规划顶层设计为抓手,通过整合优化现有的信息化应用,分步建设新的应用,实现教学应用覆盖全体教师、学习应用覆盖全体学生、数字校园建设覆盖全校。共享学习服务体系是通过建设个性化学习空间、体系化资源超市、协作式学习社区和虚拟化实训工厂 4 个模块组成的"互联网+教育"信息化服务大平台。通过这一平台,在学校、老师、学生之间架设了交流互动的会计通道,实现教育服务供给方式、教学和管理模式的变革,提高师生的获得感和教育教学质量。营造无处不在的个性化学习环境,为学生的终身学习提供服务。

(三)建设智慧校园核心应用,发挥"学习场"服务功能

学校的教学业务有规范的流程,为了精准地发挥"学习场"的功能,学校需要在"互联网+教育"信息化服务大平台上,根据学校业务需求开发对接需求的专项信息化应用是发挥"学习场"服务功能的关键。每一所学校都用自己特色的管理模式和规范,为此学校经过梳理和研究,定制开发了智慧教研、智慧评价、智慧管理、智慧服务 4 个核心应用,直接对接教学业务的核心应用的建设,使信息技术与教育教学核心业务深度融合,推动教学方式的变革与创新,实现标准化、精细化、智能化的教育管理和科学决策。学校的教育教学模式、管理决策模式、生活服务方式都在智慧型应用的支撑下发生了重大变革与创新,学校整体上实现智慧运行,智慧管理的功效得到充分显现。

(四)对接教学双需求,助力师生共成长

"学习场"的构建是信息技术与教育教学融合创新。通过"学习场"将教学、学习、技能实训等工作整合为一个整体,准确地对接教师和学生的实际需求,便捷地服务两个实施"教"与"学"的主体——教师和学生。通过信息的沟通与交流,引导教师教学行为和学生的学习行为,形成一种高收益、低代价的"线上、线下"混合式教学模式,满足自适应学习和因材施教的需要,最终实现信息技术的"助教"和"助学"功能。推动信息化应用与教育教学的深度融合,促进学生学习方式和学校教育模式的创新,打造"互联网+教育"信息化应用新模式。

五、建设成效

(一)无处不在的"学习场"受欢迎

学校充分发挥信息化应用标杆培育校的优势,按照教学的需要,对接学生、

教师的需要定制化的开发核心教学应用，按照教学的流程与规范，将学期计划开设的课程与工作同步到"学习场"中，方便教师线上制定导学案，引导学生自主的个性化学习。试运行半年来，得到了老师和学生的普遍肯定和好评。特别是，在这次疫情下的线上教学中"学习场"的创建成效得到了充分体现。

（二）"学习场"开启全新学习模式

信息化应用项目的实施为我们带来了崭新的教育理念、崭新的学习方式、崭新的校园文化、崭新的生活观念，改变我们传统的学习方式和手段。我们或在网上选择学习的科目，或在听千里之外老师的授课，或在查阅资料，或利用虚拟实境洞察微观世界，或在聊天室里交流广泛多样的兴趣爱好，等等，这一切都成为课堂学习的有力延伸。

（三）数据"驱动"教学管理精准化

在学习场中，线上教学师生互动的数据统计十分便捷，学生出勤、课堂互动、课后作业完成及教师批改与反馈、优秀作业的推选、未提交作业的温馨提醒等，都能轻松地实现。从时间和效率的角度看，教师省下更多的时间用于备课和录播，教学的效率提高了。从教学评价角度来看，易于教师对学生学业的过程性评价，易于自我诊断教学效果。"学习场"后台产生的大数据实施反馈到教师和学校领导，便于教师及时调整教学策略和学校实施精准化管理。

（四）"学习场"让学习变得更轻松

信息化全覆盖的应用，为师生提供丰富的学习信息和创造更多学习机会的同时，也给我们的工作、生活带来了便利。无纸化办公使学校的各项行政管理工作更加便利快捷。"学习场"让数字化的工作、学习、生活方式不断改变着我们的思维和行动，启发我们对未来的希望与憧憬。

六、结论与展望

随着信息技术的发展，线上教育将成为线下教育的有效补充。构建不受时间、空间限制的自适应学习环境是满足教育变革诉求的智慧学习生态的重要组成部分。通过虚实融合的"学习场"的构建，既保持了传统教学的现场氛围，又发挥了线上教学的优势，使教与学的过程都达到更为理想的状态，促进了学生个性化自主学习。置身"学习场"的学生不管在哪里都可以获得虚拟校园的智能服务，虚实交融的泛在学习无处不在。在泛在化学习中，学生学习将从有限的教学时空，转向无边界的知识构建。

"学习场"让学生可以超越可视、可感的物理空间，超越时空的隔离，实现大规模个性化的自主学习，让学习变得更轻松。信息技术助力的精准化教学实现了数据驱动下的大规模因材施教。虽然"学习场"构建是有一定难度，它的建设需要一个磨合的过程，诸如围绕师生"教"与"学"行为的程序化开发、符合规律的教学流程改进等，但是我们有信心，随着信息化应用的不断更新迭代，不断完善和优化。

未来的校园不仅仅是物理概念上的校园，更是虚实融合、无处不在的"学习场"，这样的校园一定充满着无限灵动和生机，必将成为伴随学生一生的心灵栖所！

参考文献

[1] 中华人民共和国国家标准智慧校园总体框架（GB/T 36342-2018）.

[2] 2020年教育信息化和网络安全工作要点.教育部办公厅.2020.2.26.

[3] 关于统筹做好教育系统新冠肺炎疫情防控和教育改革发展工作的通知.中共教育部党组.2020.2.28.

[4] 疫情下远程教育解决方案 Distance Learning Solutions.联合国教科文组织(UNESCO).2020.3.16.

[5] 弹性教学手册：中国"停课不停学"的经验.北京师范大学智慧学习研究院.2020.3.16.

[6] 中共中央国务院.中国教育现代化2035.[J].人民教育，2019(05)：7-10.

[7] 张岩."互联网+教育"理念及模式探析[J].中国高教研究，2016(2)：70-73.

[8] 王卫军,蒋双双,杨微微.基于协作学习的在线课程设计探讨[J].电化教育研究，2016，37(02)：68-74+101.

[9] 宋亚峰,王世斌,潘海生.一流大学建设高校的学科生态与治理逻辑[J].高等教育研究，2019，40(12)：26-34.

[10] 刘佳."直播+教育"："互联网+"学习的新形式与价值探究[J].远程教育杂志，2017，35(01)：52-59.

[11] 黄炜,刘璇,石沛,李岳峰."互联网+"背景下的在线教育模式评价研究[J].情报杂志，2016，35(09)：124-129.

[12] 骆晶晶,叶义成,曹楷等.高校实验室安全教育及实训管理系统构建[J].实验室研究与探索，2017，36(11)：297–301.

（作者：武文彪）

中本贯通培养模式下中职化工仪表课程的教学改革探索

上海石化工业学校

近年来，在中本贯通培养模式的推动下，中职学校加大教学改革的力度。本文主要分析了化工仪表课程在中职阶段的实施情况及教学现状，然后结合实际提出了相应的教学改革策略，如融入信息技术和思政教育、开发教学资源、设计工作任务等不断优化课程教学内容、教学方法以及考核方式等。

一、前言

为了积极响应"国务院关于加快发展现代职业教育的决定"，贯彻上海市中职—应用本科贯通培养试点文件精神[1]，为学生提供一条进入大学校园的新途径，2014年我校与上海应用技术大学开启了化学工程与工艺专业"3+4中本贯通联合培养"。符合中职阶段学业成绩要求、技能考证要求并通过转段考试的同学才能顺利升入上海应用技术大学[2]。

《化工仪表及自动化》是我校中本贯通化工专业的核心课程之一，涵盖学科较多，应用广泛[3]。该科目借助理论知识的学习和实践操作的锻炼帮助学生深刻理解化工生产过程的仪器仪表及自动化控制技术，进而培养学生的工程意识和工程应用能力。

伴随着化工产业信息化程度的提高和产业结构的调整，先进生产工艺、高科技产品和新型装备不断投入使用，企业对一线技术人员的技能水平、综合能力及职业素养提出新要求。为真正达到与就业市场紧密结合的教学效果，防止教学与应用脱节，中职化工专业教师应在教学内容、教学方法、考核形式等方面作出调整与优化，推动课程教学改革步伐，为培育具备较强的创新能力和实践能力的多样化人才打下坚实的基础。

二、中职化工仪表课程的实施情况

"3+4中本贯通"的教育模式是前3年以文化基础和专业实践能力培养为重心，以体会感悟为重要支撑，锻炼动手操作技能。后4年加强专业理论基础积累，由实践上升到理论，毕业后成为行业生产一线的高级应用型工程技术人才[1, 2]。

为了达到中职阶段专业人才培养要求及本课程的教学目标，本课程以厉玉鸣主编的《化工仪表及自动化》为教材，教学内容设置了理论学习和实验操作两大环节，总课时可接近150课时。理论知识涵盖自动控制系统的基本概念、过程特性、检测仪表、控制器、执行器、简单控制系统、复杂控制系统的分析与设计等。实验内容包括压力、流量、液位、温度四大工艺参数检测仪表的使用，液位/流量定值控制系统、液位串级控制系统、单闭环/双闭环比值控制系统等。

三、中职化工仪表课程的教学现状分析

《化工仪表及自动化》的应用性、实践性较强，其接触的领域与实际生产密切相关。笔者根据平时课堂教学情况，分别从以下角度分析当前教学情况。

（一）教学方式传统

目前，化工仪表及自动化课程大多采用是教师讲解结合PPT展示的传统教学形式，更多的是教师在讲台上讲，学生在下面听，被动接受知识灌输，久而久之降低学生对学习的主观能动性。尤其是基本概念和理论内容较多的章节，如检测仪表、控制器等，纯理论讲解较多，脱离现实应用，学生不易理解，进而导致学习兴致低下，积极性不高。

（二）课程内容滞后

伴随着科学技术的迅猛发展，先进的生产工艺、高科技产品和新型装备不断投入使用，化工自动化技术领域的一些新概念、新系统、新方法、新工具等层出不穷。但是化工仪表及自动化教材内容无法及时结合企业生产实际，更新这些新技术和新动态，所以常常呈现教材内容滞后，与实际脱轨的问题[4]。

（三）实训项目陈旧

目前，中职化工仪表实训项目主要包括检测仪表实训和过程控制实训，具体内容包括压力、流量、液位、温度四大工艺参数检测仪表的使用及DCS、PLC定值控制系统和比值控制系统等。随着新方法、新工具被逐渐开发应用起来，导致部分实训内容不再满足企业需求，逐渐被淘汰[5]。

（四）考核形式单一

当前中职化工仪表课程考核主要以理论考核为主，期中、期末考试卷面成绩占比达到了70%，对于实训操作考核占比较低。这样单一的考核方式无法满足以

就业为导向的人才培养要求，不能考查学生的知识应用能力和方法、态度、创业、自主更新等综合素养能力，不利于学生的可持续发展[6, 7]。

三、中职化工仪表课程的教学改革策略

（一）借力信息技术，激发学习兴趣

《国家中长期教育改革和发展规划纲要（2010—2020年）》明确指出要深化教育体制改革，创新教育教学方法，这就意味着传统的填鸭式教育方式要被淘汰，教师应做到启发式、探究式、讨论式、参与式教学[8]。随着现代科学技术突飞猛进的发展，越来越多的信息技术被开发出来，应用于教育教学中，用于提升教学质量和效果。微助教、云班课、雨课堂等信息化教学助手能够克服传统课堂教学的不足，便于师生、生生之间的互动交流[9]。

在《简单控制系统》教学中，教师提前将与课堂相关的PPT、授课计划、教案等上传至云班课，便于学生课前预习，并借助"通知"功能为学生提前布置学习任务。课中，利用摇一摇功能随机点名，或借助云班课开设"简单控制回路设计"讨论区，学生可以通过截图或文字等多种形式提出问题，由教师或其他同学进行解答，充分调动课堂氛围，激发学习兴趣。此外，信息技术也丰富了课堂信息的来源，如文字、图形、动画等多种媒体的运用不仅扩大知识信息的含量，还充分调动学生的多种感观，为学生提供一个良好的学习情境，获取知识和保持的同时也增强了学生的学习自信，进而提升学习内驱力[10, 11]。

（二）更新教学内容，夯实理论基础

为了紧跟时代发展的步伐，满足化工专业学生学习的需要，在实际教学过程中教师要及时加入化工仪表方面的新技术和新动态，更替教材中的陈旧内容，着重展示与化工生产实际相关的仪表自动化控制技术，使课堂教学内容尽量贴近企业生产。此外，精简课程内容，让学生们重点学习和掌握化工生产应用较广的仪器仪表，对于其他应用较少的化工仪表及自动化控制技术，学生们了解和熟悉即可。这样可使学生们更好掌握课程内容的重点和难点[12]。

化工仪表教师大都具有扎实的专业理论知识，但是缺乏企业生产实践经验，对行业、企业生产一线的新技术、新工艺、新方法不太熟悉。为了保证新增内容的正确性、适用性和前沿性，必须邀请相关企业专家的深度参与。（1）和企业专家合作编写教材，开发教学资源，如 2D 动画、3D 动画、视频、微课、互动小游戏等媒体素材，让纸质教材视频化、动态化，完善课程的线上线下配套教学资源，拓宽学生的学习视野。（2）定期开设"企业专家进课堂"活动，向同学们展示真实的化工仪表及装置日常，把真实生产的知识搬进课堂，让学生收获了课本上难以获取的宝贵专业知识，帮助他们更好地了解化工，了解实际生产，从而明确未来的学习目标。

（三）设计工作任务，促进知识应用

在学习了四大参数（压力、温度、物位、流量）检测仪表、自动控制系统内容并进行了相应的实训操作后，可设计 4 个基本工作任务，分别是：电压力锅压力自动报警系统设计、鱼缸（或电火锅）温度控制系统设计、鱼缸液位自动控制系统设计、流量检测仪表选型报告，来考查学生此部分内容的理解和掌握程度及应用知识解决问题的能力强弱[13]。

教师在分别讲授四大参数的检测仪表之前，发布相关设计任务。比如在讲述压力检测之前，先发布作业：电压力锅压力自动报警系统设计，要求学生从人工控制过程分析开始，确定人工操作的每一个步骤，然后在学习压力检测的过程中，逐步由教师引导，选择合适的检测和控制仪表，确定控制方案，最后通过方块图和 P&ID 图表达出来。每一个设计任务以小组为单位，通过分工合作，讨论交流，完成工作任务，最后选代表进行汇报，计入小组成绩。一个学期内，每个小组的组员都会代表自己小组进行一次汇报。这种方式利用了学生具有较强集体荣誉感的特点，促使每位学生认真学习。

（四）加强实践教学，强化操作技能

为了确保本课程的顺利开展，实践教学必不可少。在实践教学中，应进行合理的教学设计。教学导入时，可通过创设项目情境，营造较为真实的情境，吸引学生的注意力，了解项目任务的具体环境要求以及任务实现所涉及的相关知识内容。接下来，引导学生复习理论知识，学生分组，进行实践操作练习。操作期间，教师先将操作过程拆分成多个技能点，一一进行实训教学，并通过一体机循环播放操作视频。随后，学生进行模仿操作，忘记之处可以通过一体机反复回看。最后，教师对学生操作过程中的"技能误区"和"技能盲点"进行归类，并选取典型错误案例进行回放和纠错辅助，强化学生的操作技能[14]。此外，该课程还可充分利用学校现有的实训装置，增加贴近实际操作内容的实训项目，如正确安装和使用差压计的三阀组、检测仪表的选用、安装和维护、气动薄膜调节阀的安装及调试、控制阀的气开或气关的选择等，达到实训装置的有效利用率。

（五）优化考核方式，增强教学实效

本课程传统的考核方式一直以闭卷考试为主，理论知识的掌握占总成绩的70%。然而《化工仪表及自动化》是一门实践性很强的课程，有必要提高对实验教学的重视，才能使学生的实践能力得到更好的锻炼。本课程考核方式的改革要以学生为主，考核应从培养方式、培养理念出发，把课程考核看作人才培养的重要组成部分。因此，对中职仪表课程的考核，将实验与理论并重，各占总成绩的40%，其他20%为出勤、课堂表现和作业。在理论考核中，有意识的增加综合题，针对某些实际问题，利用理论知识加以分析，并提出相应的解决办法。对于实验考核，选取实验方案答辩、抽签选题、现场口试、现场操作演绎等方式来考核学生对所学内容的理解与运用能力，从而激励学生多观察、多思考、多查阅书本文献、总结运用知识来解决实际问题[15]。

（六）融入思政教育，提升职业素养

专业课程是思政教育的基本载体，深入挖掘课程思政元素，有机融入课程教学，可进一步提升学生的职业道德素养，达到润物无声的育人效果。绪论部分以课程相关领域代表性人物方面，如钱学森设置课程思政元素。其次也可结合生态环境及新冠疫情挖掘思政元素。另外在文化素养、家国情怀、道德修养等方面也可进行思政元素的探讨[16]，还可以从职业素养的角度挖掘思政元素，通过典型的事故案例引发学生思考，师生共同探讨如何预防事故发生，引入思政教育，如合格的技能人才要以人民为中心，具有家国情怀，具备爱岗敬业、精益求精的职业态度，坚守职业道德和匠心精神[17, 18]。

四、结语

《化工仪表及自动化》是一门知识抽象且复杂的综合性课程，为了更好地开展化工仪表课程教学，在实际教学中，教师应针对课堂教学中存在的问题深入分析，然后结合实际，通过融入信息技术和思政教育、开发教学资源、设计工作任务等方式不断优化课程教学内容、教学方法及考核方式等，改变原有的教学现状，

从而提高课程教学质量，引导学生积极参与课堂教学，鼓励实践创新，为培养有创新能力的应用型人才打下坚实的基础，以适应我国经济发展的需求。

参考文献

[1] 上海试点中职本科贯通培养 [EB/OL].（2014-11-14）[2017-10-25].http://sh.people.com.cn/n/2014/1114/c138654-22903246.html. [J].

[2] 朱嫣嫣. 上海市试点开展中等职业教育 - 应用本科教育贯通培养模式实践的思考 [J]. 职业技术教育，2018，39(12)：69-72.

[3] 厉玉鸣. 化工仪表及自动化 [J].

[4] 朱佳龙. 新工科背景下化工仪表及自动化课程改革与实践 [J]. 石化技术，2019，26(12)：125+44.

[5] 程华，陈蕾，董雄辐. 应用型本科高校"化工仪表及自动化"理论和实验教学方法改革的探索 [J]. 合肥学院学报（综合版），2018，35(05)：132-5.

[6] 邓进军，刘达，宋宏明，et al. 新工科背景下化工仪表及自动化课程改革与实践 [J]. 教书育人（高教论坛），2018(15)：69-71.

[7] 刘勇，王建红，肖亚辉，et al. 新工科背景下化工仪表及自动化实验教学改革与实践 [J]. 广东化工，2019，46(06)：226+32.

[8] 范福兰. 我国教育信息化实证测评与发展战略研究 [D]；华中师范大学，2016.

[9] 牛亚杰，张海霞. 中职化工安全课程信息化教学探索与应用 [J]. 中国教育技术装备，2019(21)：109-11.

[10] 董彦辰，姜安民，陈蓉芳，et al. 基于翻转课堂教学模式的信息化教学设计研究 [J]. 考试研究，2019(01)：105-10.

[11] 许丽梅，陈建中，林若川. 化学实验课程的信息化教学设计——以实验项目"水中化学需氧量 COD 的测定"为例 [J]. 大学化学，2017，32(07)：37-43.

[12] 谷德银，刘作华. 化工仪表及自动化课程教学改革与探讨 [J]. 广东化工，2020，47(03)：213.

[13] 齐洋. 应用 CDIO 模式的"化工仪表及自动化"教学改革 [J]. 现代盐化工，2021，48(02)：155-6.

[14] 毛金春. 中职实训教学的信息化改造及教学策略 [J]. 职业教育（下旬刊），2020，19(09)：50-2.

[15] 秦向前. 一体化模式下《化工仪表及自动化》的教学优化与改革 [J]. 当代教育实践与教学研究，2015(09)：195+4.

[16] 黄卫清,方嘉声,彭若斯,et al. 化工仪表及自动化在线教学及课程思政探索 [J]. 广东化工, 2020, 47(13): 210-1.

[17] 叶美满. 工匠精神培养与中职思政教育的有效融合分析 [J]. 现代职业教育, 2021(37): 170-1.

[18] 苏建土. "三个结合"推进机电专业课程思政 [J]. 现代职业教育, 2021(44): 68-9.

（作者：牛亚杰）

浅议中职商务英语教学中后进生的转化对策

上海石化工业学校

后进生就是指在班级中学习成绩比较落后的那一部分学生，这一群体在每一个班级中都是普遍存在的。形成学生成为后进生的因素也是多种多样的，根据苏霍姆林斯基的观念进行详细分析，一般会将后进生定义为以下3种类型：第一种主要是学生的思维还没有打开，大脑处于沉睡的状态，对学习没有兴趣，主要表现为学习态度消极并且思想迟钝等特征；第二种是学生在不良的成长环境下，比如家庭的关系给学生的心理造成一定的创伤，学生的思想及世界观将会被扭曲，不利于学生学习；第三种是学生具有先天性的疾病。促进后进生的转化，对整个班集体的全面发展有十分重要的意义。所以教师在教学过程中一定要注重后进生的转化。本文就中职商务英语学习过程中班级内后进生形成的原因进行分析，然后进行相应对策的提出。

一、后进生形成的原因

（一）家庭因素

中职所处的年龄阶段的学生本身就有些叛逆心理，因此，需要家长及整个家庭的用心呵护。家庭是学生成长的第一课堂，父母是学生的第一位教师，家庭在学生的整个成长中起着举足轻重的作用。可以这么说，家庭环境的好坏直接影响着初中学生的成长，什么样的家庭环境就会培养出什么样的学生。而导致形成后进生的家庭因素是多方面的。主要表现在：

（1）有的家长对学生过分疼爱，对学生的所有事情都是包办的态度。学生收拾书包、整理作业等。家长对学生的溺爱导致学生各项能力减弱，长此以往对学生的发展非常不利。

（2）有一些家长平时虽然不忘加强对学生的教育，但对自己的言行要求却不高。父母的言行会对学生起到潜移默化的作用。比如有些家长喜欢搓麻将，一有空就邀上麻友到家里打上几圈，在这样的家庭环境中，学生根本没有心思学习，学习成绩自然落后；相反的，有一些家长会给学生很大的压力，在他们学习的时候不问过程，只在乎学生的成绩，时间长了就会给学生很大的压力。适当的压力可以转化为动力，但是当学生长时间处在消极的情绪中时，不仅是学习，身体方面也会受到影响。在这些消极情绪的驱使下，学生会感觉到失去学习兴趣、没有动力，造成成绩低下的状况。

（3）随着时代的不断发展，人们的幸福指数有的在增加，有的却在减少。有很多家庭中，父母离婚了。在这样的家庭环境中，学生感受不到家庭的温暖和父母的关爱，同时，学生的心理也会受到极大的伤害，时间一长，这部分学生对学习也就逐渐失去了勇气和信心。

（二）教师因素

在学校教育中，学生是教育的主体，也是教育教学的主角。教师在学校中是引导者，也是重要的教学者，必不可少。因此，教师的一言一行和一举一动都影响着学生，尤其是教师的教学方式。如果教师采取简单粗暴的教育方式，学生就会对商务英语学习失去兴趣。教师不可能对班级的每个学生的学习状况都有十足的了解，所以在授课的时候，大多数都是以中等成绩的学生为基础进行授课，这就会造成一些后进生在学习的时候他们的学习进度受到影响，旧的知识还没学会，教师又开始进行新的知识的教学，这样学生就会处在一个迷茫的处境中，长此以往，会影响学生对于商务英语的学习兴趣。

（三）学校因素

原苏联教育家苏霍姆林斯基曾说过："只有创造一个教育环境，才能收到预期的效果。"学校文化，也就是我们所说的校园文化，为学生的成长所创造的一个教育环境。学校文化不论是物质文化还是精神文化，都是一种教育资源，都对学生的成长和学习有着重要的意义。学校的几乎所有文化环境都会对学生的思想心理和学习产生影响。楼道和教室内的充满浓郁文化气息的标语、名人名言、格言警句等，就能催人奋进，让人精神焕发，陶冶性情，能促进学生良好道德品质的形成，同时也能给以学生启迪和教诲，促进高尚人生观和世界观的培养。校园里干净的路面、美丽的花草、漂亮的楼房，能让学生获得美的享受，培养学生高尚的审美观念，学会发现生活中无处不在的美，从而使学生热爱生活，热爱人生，热爱学习。

二、中职商务英语教学中后进生的转化策略

（一）以生为本，实施赏识教育

高尔基说过："谁爱孩子，孩子就爱他。只有爱孩子的人，他才可以教育孩子。"教师不仅仅要爱"好学生"，更要爱"后进生"，对这部分学生要主动在情感上亲近他们、心理上理解他们、生活上关心他们。如每日一问候、每周一谈心，亲切的语气、关切的眼神、甜美的微笑、轻拍肩膀、握握手等，都会在他们内心激起自尊、自强、积极向上的强烈欲望。苏霍姆林斯基曾说："在每个孩子心中最隐秘的一角，都有一根独特的琴弦，拨动它就会发出特有的音响，要使孩子的心同我讲的话发生共鸣，我自身就需要同孩子的心弦对准音调。"我们要坚持每个学生都有闪光点的理念，要用心去发现他们的优点，从各个角度、各个方面去重新定位班级中的后进生，让后进生有较强的存在感，给他们搭建展示亮点的平台，多为他们喝彩，让他们不断收获进步，脚踏实地一步步往前走。

（二）激发学生的学习兴趣

兴趣是最好的老师，只有激发了学生对商务英语学习的兴趣，才能让学生主动去学习，掌握知识。

1. 帮助学生明确学习商务英语的目的

中职生一般还没有成年，学习目的不明确，特别是对为什么要学习商务英语更是十分不清楚，他们把学习商务英语当成通过考试的一个科目。要使学生懂得学习商务英语的目的，要靠我们老师慢慢地引导。我们要告诉学生商务英语的用途和未来的职业：很多国家讲英语；世界上四分之三的书籍是用英语来写的；全球官方的通用语言是英语；很多国际贸易信件是用英语来写的；我们日常生活用的电器说明书要有英语说明。可以肯定地说，某些学生希望从事相关方面的职业并非是这方面的专业能力较强，而是对于商务英语知识或者与英语相关的其他国

家文化精神的向往，催促着他不断地去学习英文知识和商务知识，才能更好地了解背后所代表的文化及风土人情等一系列的人文价值。教师可以利用"体验性教学"模式，让学生体验与商务英语相关的职业。教师也可以让学生观看相关商业的"生涯人物访谈"，既可以帮助学生放松时刻绷紧的学习神经，同时在一定程度上也能够对学生的英语学习和商务知识及未来从事相关商务英语行业的职业起到一定的鼓励作用。明确了目的，就会使学生产生强烈的求知欲望，并推动学生去努力学习。

2. 利用语言的学习规律

美国语言学家克拉申（S.D.Krashen）在20世纪80年代初提出了著名的二语习得理论，该理论通常指母语习得之后的任何其他语言学习。它一共分为5个假说，即：习得与学习差异假说、监控假说、自然顺序假说、输入假说、情感过滤假说。在这5个模式中，习得与学习差异假说和输入假说是这一理论的重点，克拉申认为语言学习是有意识地学习、记忆、练习外语的过程，而语言习得是无意识地、自然而然地获取外语知识与技能的过程，和儿童母语习得类似，因此他认为语言习得比语言学习更重要，在习得理论的基础上，他又提出了输入假说理论，这一观点认为教师的主要任务是给学生提供略微有难度但又能被学生理解的学习材料，他认为，只有当学习者接触到"可以理解的语言输入"（comprehensive input）的情况下，才能够习得语言。克拉申还指出了最佳语言输入要具备的几个特点：能够理解的，有趣的又密切相关的，不以语法为纲的，足够输入量的。教师在中职商务英语教学的过程中，尤其是教授英语知识的时候，要充分地考虑语言习得的规律。做到可以理解地语言输入（comprehensive input），保证学生可以理解地学习。

3. 开展丰富多彩的竞赛活动

根据美国心理学教授霍华德·加德纳提出的多元智能理论，中职生的运动智力比较强，我们可将竞争机制引入商务英语课堂中来。例如，可将全班学生分为若干小组，每一次课堂回答问题时可以抢答，分别记分到各个小组，每一次测验的平均分可以取前6名进行加分、表扬、鼓励；还可以采用讲故事比赛、背书比赛等方式。商务英语的阅读课，要进行组与组之间互相问答，具体的做法是每个组先找问题，看哪一个组的问题多，哪个组的问题有价值，然后这一组的学生指定另外任意一组回答，看哪组能答出问题，回答正确的可以加分。学期末，累计本学期来哪一组分数高，前 6 名可以得到奖励。课堂上适当的竞赛，使学生乐于参与，乐于学习，调动了全体学生学习的积极性。

4. 启发学生善于观察和总结，力求使学生自主发现兴趣

教单词学谚语。单词如果不融会于句子当中是很难记牢其含义的，为了便于识记，我教单词时，力争用上通俗易懂、妙趣横生的谚语或词组帮助学生理解、识记这个单词，效果非常好，学生课堂非常活跃。如 An apple a day keeps the doctor away.（一天一个苹果，医生远离我。）Like father，like son.（有其父必有其子。）等等。学习名词 dog 时，我又告诉学生，含有 dog 的词组或谚语也不少，而且很有趣。如 a lucky dog（幸运儿），hot dog（热狗），Every dog has his day.（凡人皆有得意之日。）Love me，love my dog.（爱屋及乌。）It rains cats and dogs.（下倾盆大雨。）等等。并尽可能用最简单的英语去略作解释，让学生明白和吸收。课后有几个后进生问我：老师，英语的狗比中文的狗强多了，中文的狗多是贬义的。我高兴地回答：对啊！只要多看些英语课外书，就会发现更多更强的狗。

（三）一生一策，建立学习档案

商务英语专业是集英语知识和商务知识于一体的综合性专业，有的学生英语不错，但是商务知识欠缺，有的学生懂得商务知识，但是英语基础薄弱，所以，一个班中后进学生的数量少则四五个，多则十多个。在学科教学实施中，我们要尊重差异，因材施教，一生一策，精准建立后进生的学习档案，全程跟进学生学习过程。在档案里，以一个学期为时间轴，记载学生每一课时、每一单元的课堂、作业、考试情况。同时，要充分利用好学习档案，每个学期总结分析试卷情况和单元学习情况，明确学生学习中的不足之处和点滴进步，然后对其进行针对性地指导，适当解疑辅导，从而确保学生在学习中具有更加明确的方向、更为强大的目标动力，步步为营，不断提升商务英语学习成绩。

（四）家校携手，合力转化教育

正如第一部分所述，后进生的形成，学校教育、教师教学只是其中的部分成因，家庭教育也是非常重要的因素。在转化后进生方面，教师要利用线上、线下家访等形式，组建专项微信群，多与家长沟通交流，深入了解学生的成长环境。要利

用好家校合作育人平台，多给予家长专业的家庭教育指导，多向家长推送商务英语学科的方法和资源。特别是要多在家长面前对后进生给予充分的尊重，引导家长对孩子多劝导、多鼓励、多关爱，让家长从内心感受到老师的善意，他们才会用行动来回馈老师的善意，从而达成共识，形成合力。

（五）利用翻转课堂，将课堂的主导权交给学生

在学习商务英语的过程中，教师一定要保证让学生进行课前预习，因为课前预习可以让他们对这节课所要学的知识有基础的把握，在授课的时候也就更加容易进入知识。在进行一些简单章节学习的时候，教师可以利用翻转课堂，让学生站到讲台上去讲，教师在下面听，等学生讲完之后老师再给学生点评，然后在这种基础上再去延续接下来比较困难的部分。这样做一方面可以让学生主动地学习课本知识，另一方面，在上课前学生会做充足的准备，确保预习效果，此外还可以锻炼他们表达能力。学生之间因为年龄相仿，所以他们所用的表达方式也能让同学之间更容易进行理解，当同学在讲台上讲课时，也更能引起其他同学听课的兴趣。

（六）捆绑评价，构建成长共同体

一个人可以走得很快，一群人可以走得更远。我们要着力构建和推行捆绑式评价机制，让学生互帮互助，实现共同进步。教师可以根据学生能力组建小组，实施强弱搭配，根据班级人数，5到8个学生为一个小组，每一个小组"带上"1名后进生，并让这名后进生"隐藏"在小组中，避免以往简单的一对一帮扶造成后进生"不好意思""自卑"等情况。每个小组指定1名成绩较好、乐于助人的学生作为后进生的"小导师"，实施全程跟踪帮扶。小组之间引入竞争机制，教师定期结合小组学习、作业、考试情况给予考评，后进生成绩进步作为考评的重要指标。考评成绩好的小组给予精神鼓励或适当的物质奖励，以小组的共同进步拉动后进生的进步。

（七）定期测试，掌握学生的学习情况

除了课下布置作业外，教师可以在每一章知识讲授完毕之后针对这部分知识进行一个小型的专项测试，了解对于这部分知识的学习情况。然后在授课的过程中可以采用复习与教学互相穿插的方法，让后进生在学习新知识的同时也能巩固旧的知识，而不是学习了新的就对旧的知识比较浅了。

三、结束语

总而言之，后进生也是班级内非常重要的一部分组成，教师不能为了优秀率只在乎那些学习好的学生，也要注意到这些后进生，给他们足够的关心和教导。教师要对后进生多一点宽容，少一点责骂；多一点鼓励，少一点讽刺；多一点表扬，少一点处罚；多一点方法，少一点说教。教师要用真心对待每一个后进生，用爱心和方法关注每一位后进生的成长，用真情打动每一个后进生的心灵。

参考文献

[1] 陈琦，刘儒德主编．当代教育心理学[M]．北京：北京师范大学出版社，2003．

[2] 李东伟．互动让课堂默写更精彩[J]．辽宁教育，2009（11）：53-54．

[3] 金淑华．恰当地把握小组合作学习的时机[J]．教学研究，2012（04）：22-23．

[4] 章凤花．Krashen 二语习得理论框架下的商务英语写作教学探索[J]．宁波教育学院学报，2014，16（5）：92-94．

[5] 潘露．基于图式理论的联想模式在高中英语词汇教学中运用的实证研究[D]．北华大学，2015．

[6] 刘利娟．浅谈中职英语教学的现状及对策[J]．才智，2017(1)：57．

[7] 邱昌华．学困生的成因、认知特点及转化策略研究[J]．文渊（高中版），2019（1）：371．

（作者：薛飞）

浅谈"三扶"视角下的学生教育管理
——以上海石化工业学校沪滇办学为例

上海石化工业学校

教育扶贫是脱贫攻坚的重要内容，也是脱贫的长效举措。党中央指出，必须坚实做好"三扶"工作，即扶志，扶智，扶技，让贫困地区的孩子们接受良好教育，是扶贫开发的重要任务，也是阻断贫困代际传递的重要途径。在诸多扶贫策略中，职业教育参与扶贫，较其他教育扶贫方式，具有产业相衔接、技能易上手、工作有需求、脱贫见效快的独特优势。"一技在手，终身受益"，职业教育在促进扶贫、防止返贫方面具有根本性、可持续的作用。

2017年教育部办公厅印发《职业教育东西协作行动计划滇西实施方案（2017—2020年）》的通知（教职成厅〔2017〕4号）。方案明确了上海等东部4省市和10个职教集团对口帮扶滇西10州市职业教育发展，精准识别和组织动员滇西地区建档立卡贫困家庭"两后生"到东部地区省（市）接受优质职业教育。上海石化工业学校从2017年开始至今已连续5年招收累计300余名滇西地区学生。学校通过分析滇西学生的现实状况，制订针对性的培养方案，从教育、教学和管理上采取一系列措施。通过3年时间，促进滇西学生在思想观念、学习方式和行为习惯发生了巨大的改变，达到了培养目标，学生实现了异地就业或返乡就业创业，为对口帮扶区域的脱贫攻坚提供了坚实保障。

一、分析现状，找准突破口

（一）滇西学生初入学校的基本情况

滇西地区学生与上海本地学生相比有明显的差异：第一，生源成分复杂。学生中有应届初中毕业生，也有辍学多年的社会学生，进入学校时，年龄最大的有24岁，最小的只有14岁。生源中有傣族、彝族、哈尼族等10多个民族，不同的民族有不同的习俗。第二，家庭收入低，生活困难。他们大都来自滇西地区偏远山村，家庭全部是"建档立卡户"，家里一般没有固定收入，全年靠零散收入和农耕提供生活保障，全年全家收入只有几千块。

（二）起始教育教学中实际面临的难点

通过分析，滇西地区学生在教育教学上存在着许多困难之处，主要表现在：

第一，学生学习基础薄弱，文化水平参差不齐。部分学生已经完成初中教育，但个别学生文化基础课水平停留在小学水平，个别学生语言表达能力较差，在同一个环境里学习，共同推进学习进度十分困难。个别学生对所学专业也并不感兴趣。调查问卷显示，刚入学校的滇西学生更愿意选择餐饮行业作为他们的落脚点，学生从根本上抵触自己所学的专业，对自己未来也没有明确的目标，教学难度较大。

第二，生活和行为习惯较差。学生宿舍卫生较差，垃圾混投，个别学生甚至连续一个星期不洗澡洗漱，穿着鞋子直接上床睡觉，思想上没有良好的卫生习惯意识，存在"懒汉思想"。个别学生在金钱支配方面较为薄弱，有些学生在每月拿到父母及国家补助的第一个星期就几乎将补贴全部用完，后续通过老师和同学帮助维持生活。大部分学生时间观念薄弱，存在各类活动迟到现象，待人接物也缺少基本的文明礼仪，缺乏感恩意识。由于滇西地区种植烟草，几乎所有学生都有抽烟史，从小的习惯随生活环境变化较难改变，据调差问卷分析，甚至有班级吸烟率高达95%，教育难度较大。

第三，身心素质普遍薄弱。滇西地区过来的学生身体大都瘦黑，身体素质较差，容易感冒生病。在与老师沟通方面，个别学生语言表达能力弱，不善于表达，个别学生不会说普通话，需要靠其他学生进行翻译，学生比较内向，碰到挫折容易逃避。

二、精准施策，合力培养

针对滇西学生在教育教学上普遍存在的问题，我们感到要结合滇西学生的特点"因材施策"，寻找适合他们特点的教育。确立了"转观念，树目标，纠偏差，强技能，重关怀"的培养思路，提出培养策略是：在思想教育上，以强国需要高素质技能人才为重点，教育引导学生树立为振兴云南，改变生活现状而学习技能的观念；在行为习惯培养上，以合格职业人和社会人所应有的素养与习惯为基点，纠正自身偏差，锤炼形成良好习惯，培养优良素质；在学习上，通过优化教学内容，实施针对性教学，提升学生的综合技能；在生活上，注重人文关怀，帮助解决生活困难，以消除学生心理障碍，融入学校环境。通过学校培养，使滇西学生能够突破自我，掌握基本技能，顺利就业，真正地实现一人脱贫，全家脱贫。

（一）课程精心设置，转变学生观念

入校一学期后，学生想踏入餐饮行业的想法逐渐开始转变，这与学生工作管理者、班主任及任课教师的引导密不可分。班主任大多数为本专业任课教师，他们将自己的切身经历融入日常管理与教学中。以化工专业为例，任课教师在阐述云南作为"西部能源中心"和"有色金属王国"是西南地区最重要的门户，而化学化工行业是云南更好实施"一带一路"倡议的重要物质基础[1]，是学生们通过奋斗可以改变命运的地方，激发学生的成就感。再以机电专业为例，课程中融入中国为何被称作"基建狂魔"？问题引发学生强烈的民族自豪感。将思政融入课堂，学生的学习兴趣就容易被激发，对自己所学的专业充满信心。学校同时根据滇西学生的文化基础，量身定制教学方案。学生与班主任老师每天沟通交流，班主任组建任课老师群，将班级学生的学情与任课老师进行交流，根据学生的学情调整教学进度，有效维持学生的学习积极性和诉求。针对学业成绩特别薄弱的学生，由科室党支部组织结对，党员教师通过不同的方式提升学生学习成绩[3]。

（二）严格落实管理，改善行为习惯

滇西学生是学校的一个特殊群体，为了让其养成良好的行为习惯，在新生入学教育中，组织学生学习《学生手册》[2]。入学后，面向全体在校滇西学生，不定期召开纪律教育大会，让学生公约、学校纪律条例扎根于学生心中，让每位学生明白做每样事情的正确与否。例如教师日常强调吸烟的危害性并通过学校纪律处分条例约束学生；学生管理工作者利用晨会，班会课走入教室，开展各类主题教育工作，诸如文明礼仪教育、感恩教育等。各专业科行政领导与各班级结对，同时开设校级、科级"信心"班，会同滇西班主任一起帮助违纪学生，查找原因与差距，提出对策，鼓励学生积极向上。经过长时间有效的管理，学生能够辨别是非，作出正确的判断。教师们深入寝室关爱学生。针对个别学生懒惰不起床等行为，班主任每天一大早到寝室跟踪并教育，在物质奖励方面予以减少，从而让学生改善懒惰行为。寝室每月会开展内务评比，针对综合评价优秀的寝室给予洗发水等物质奖励。经过一段时间管理，就餐满意度和寝室卫生整洁程度显著提高。

（三）着重技能培养，提升综合素养

职业教育以面向市场，实现就业为导向，与产业发展升级、经济结构调整密切相关，在课程设置、技能传授上凸出应用性与实践性特点[4]。在专业课教学过程中，着重培养学生的动手能力和思维能力。通过努力，学生取得化工总控工（高级）、电工（高级）等相应职业资格证书，帮助他们在未来就业道路上迈进一大步。在专业技能提升的同时，学校每周四下午开设60余个不同类型的社团课程，供学生选择，例如烘焙、插花、舞龙、舞狮、交谊舞等特色课程，全面提升了学生的综合素养。学校通过各类课程积极动员和鼓励滇西学生参加市级、区级各类比赛和志愿者活动，学生在各类活动中也取得了优异的成绩。学校创设星亮学分评价体系，该体系能够很好地判断学生进校到毕业的综合素养的提升。每学期每位学生的基础分为3分，滇西学生参与市级比赛获奖，获得的各类职业技能奖项与证书，参与各类社会活动、志愿者活动均能加分，而违反学校校纪校规、仪容仪表不合格等则在基础分上减分，星亮学分恒定可以给班主任和学生提供一年以来综合素养的参考依据，随着技能提升、参与比赛的增加、年龄的增长、行为习惯的转变，每学期的学生总分呈递增趋势。

（四）注重人文关怀，保障学生生活

来沪就读的学生每年能够享受云南当地政府的补贴（雨露计划），国家助学金（每月补助 200 元），优秀学生在校期间还能享受国家奖学金，上海市奖学金等各类奖学金奖励。学校和企业还设立各类帮困奖励金，毕业学年，每人还能享受每人 6000 元的创业补贴，学生从进入学校直至毕业，不会因贫困而失学，真正消除了学生家庭经济上的负担。除了各类资助外，为了不让一名学生因家庭经济困难而辍学，学校还为家庭经济困难学生提供食堂勤工助学岗位，通过自身的努力缓解经济压力。教师为每位学生配备记账本，针对生活支出有计划地进行分配，引导学生养成记账习惯。

滇西学生背井离乡来到一个陌生的地方，心理上会有生疏和些许的恐惧。学校安排心理老师和社工开展学生团体辅导活动，帮助学生正确面对入学适应、各类民族文化和而不同等问题，合理疏导心理压力。结合节假日特点，学校会组织清明祭扫活动、端午节包粽子等活动，传承中华传统文化，学校也会根据学生的口味调整菜单。学生也会走访参观上海东方明珠电视塔、烈士陵园等场所，激发学生民族自豪感及国家认同感。每月全校滇西学生会相聚一堂，学校会给当月生日的滇西学生举办集体生日，让学生感受到家的归属感。每年冬季，党支部组织科室教师捐赠衣物给予滇西学生，让他们真正从心理感受到温暖。每逢假期，相关教师护送滇西学生返乡，开展家访活动，教师和家长们面对面进行沟通交流，更好地掌握学生的深层次的情况。

三、教育扶贫，成效丰硕

职业教育肩负着服务地方产业发展、促进个人就业的重担，上海中职学校就应根据云南当地产业需求，增加相关专业对接云南当地的产业能力，改革人才培养模式，实现学生的精准就业。职教贴近市场，紧跟市场需求，培养出的技能人才符合实际需求，能够实现"毕业即就业，就业即脱贫"的预设目标，从而更好地让学生在上海与云南间进行择业。

我校连续5年对口滇西地区进行招生，针对滇西学生的特点，学校在教育教学实践过程中不断完善，学生通过3年时间学习，思想观念和意识不断得到改变，行为习惯不断地改善，综合素养和各类技能不断地提升，达到了教育目标，成效较为显著。滇西学生也逐步适应了上海的生活，并爱上了上海，有70%以上的毕业后选择留在上海就业，由于滇西学生就业目标明确，就业心态稳定，拥有了更好的视野和创新的思维，养成了良好习惯和学习工作作风，同时掌握了一定的专业技能，因此更受到企业的欢迎，截至目前学校两届滇西毕业生，学生毕业后进入宝钢、巴斯夫、虹桥迎宾大酒店、新昇半导体等知名企业工作，他们的薪资待遇远超同类院校毕业学生，实现了"一人就业，全家脱贫"。也有一部分学生选择回到家乡，他们发挥在校培养的开阔视野和先进理念，运用学到的知识技能，就业或者自主创业，有的学生经商已然成为了小企业家；有的学生创业成为了茶商，开发当地资源，将家乡的茶叶出售到中国各地。他们不仅实现了自身脱贫，更为家乡的脱贫作出了贡献。

全面建成小康社会后，《东西协作行动计划》告一段落，而乡村振兴计划随之而来。滇西家庭长期固有的观念要发生改变，走出滇西看看世界的愿景，还需要靠上海与云南政府的大力保障与支持。因此，乡村振兴如何持续开展，职业教育如何在乡村振兴中发挥更大作用，需要及早谋划。教育帮扶需要坚持不懈、稳扎稳打、层层推进，乡村振兴攻坚战定会胜利，共同富裕的目标必将会实现。

参考文献

[1] 刘志萍.一带一路下云南化工教育发展思路[J].云南化工，2018，45(S1)：67-69.

[2] 金学文.中职精准扶贫项目班学生管理的实践探索[J].汽车维护与修理，2019(18)：52-53.

[3] 王官发，孙雨萌.基于精准扶贫下贫困大学生管理教育模式的探讨——以贵州大学科技学院为例[J].现代职业教育，2017(10)：60.

[4] 李尧磊，韩承鹏.东西部职业教育协作参与滇西扶贫的模式研究[J].中国职业技术教育，2018(09)：5-8.

（作者：唐辰炜）

2022上海职业教育事业蓝皮书

深化大赛效能　推动教学改革　建设特色专业

上海电机学院附属科技学校

"普教有高考，职教有大赛"是大家耳熟能详的"流行语"。职业技能大赛对我国职业教育的发展具有重大促进作用，是展示职业教育成果、进行经验交流、提高技能水平的重要平台，技能大赛的成绩逐步成为一所职业学校办学好坏的重要标志。

一、坚持大赛引领，关注全面发展

技能大赛是智能人才的竞技场、办学实力的展示台、专业发展的助推器、教师成长的加油站、学生进步的发动机。技能大赛的成绩逐步成为一所职业学校办学水平的重要水准，如何以大赛为引领加强教育教学改革，将大赛纳入正常的教学培训体系中来，不断调整教学计划和内容，搞好教学方式与方法改革，加强校企合作，加强师资队伍建设是我们职业教育教学改革中遇到的热点和难点问题。但从目前的情况看各个职业学校为了取得一个良好的成绩，往往把大赛看成是一个突击性、临时性的工作，功利化倾向严重，投入了大量的人力、物力和财力，把资金集中投入在几个学生的身上，推行"精英教育"，师资、设备等教学资源不计成本向参赛学生倾斜。把大赛看成是一个独立的体系，以赛代考、以赛代学，没有把大赛纳入到正常的教学培训中，严重背离了职业教育面向全体、全面发展的教育方向。因此，必须打破技能大赛这种应赛教育体系，以技能大赛为引领，加强教学实践课程体系改革，开展一体化教学，加强校企合作、工学结合，加强双师型师资队伍建设，使大赛真正成为职业学校教学改革的推手。

上海市临港科技学校数控技术应用专业作为学校"龙头"专业，是上海市首批精品特色专业，在学校专业发展中起到了引领带头的作用。近年来，学校不断深化大赛效能，推动教学改革，全面建设专业特色，提升专业核心竞争力。

二、搭建竞技平台　促进师生成长

为提高学生职业能力的培养、探索职业教学的发展，展示职业教育改革发展的成果、展现职业院校师生风采，立足"以赛促学、以赛促教、以赛促改"，多次承办、组织、参与市区级各类竞赛。

（1）2017年11月承办由上海中华职业教育社主办的2017年中国技能大赛第五届上海市"中华杯"教师职业技能竞赛"现代加工技术"赛项。上海市政协副主席周汉民亲临现场，浦东新区教育局副局长郁时炼出席开幕式并致词。学校专业教师金继荣、张宏分别获得一等奖、二等奖。

（2）2018年6月承办由上海中华职业教育社主办的2018年中国技能大赛第六届"中华杯"学生职业技能大赛"数控综合技术"项目。3人获得二等奖，3人获得三等奖。

（3）2018年12月承办由上海市职业技能鉴定中心主办的2018年中国技能大赛上海市"计算机辅助设计"项目竞赛，并获得一等奖1人，二等奖2人，三等奖1人。其中闵行人社局的顾焱哲获二等奖、李龙祥获三等奖，他们也是学校优秀毕业生。

（4）2019年1月承办浦东新区第五届中等职业学校学生职业技能"零部件测绘与CAD成图技术"项目，喜获"零部件测绘与CAD成图技术项目"团体一等奖。

三、深化大赛效能，推动教学改革

回顾数控技术应用专业建设走过的发展之路，有感恩之心，有感激之情，有过迷茫彷徨，也有立志梦想，但无论技能大赛有怎样的艰难曲直，其对学校的特色专业形成具有促进作用。不仅深化对专业内涵建设的认识，也带动了校企合作、课程改革、师资培养等内涵建设的关键内容，形成了以技能大赛为核心的专业建设与发展格局。在专业的建设过程中，坚持专业建设与发展的差异化战略，通过以技能大赛为纽带，着力培养学生的全面素质，增强学生的就业能力，不断提升专业核心竞争力，取得了明显的成效。

（一）注重大赛过程，提升教学水平

1. 落实"一个基础"

技能大赛设计以数控技术应用专业岗位需求和人才培养方案为基本依据，以发现教学问题，提高教学水平为主要目的，时刻关注竞赛过程，选拔优秀选手参加校级技能大赛，同时对接市级和国家级竞赛项目，选拔优秀选手参加市级、国

家级技能大赛。

2. 加强"两个联合"

鼓励与行业、企业共同举办技能大赛，建立企业冠名举办技能大赛制度，形成校企合作办赛机制。比赛期间安排行业、企业技术人员、兄弟学校教师共同参与技能大赛命题、指导及评判工作，把技能大赛作为深化校企合作的突破口。

3. 强化"三个意识"

一是"问题意识"：通过比赛，使教师在比赛过程中发现理论与实践中存在的问题，教师不再把下企业看作负担，而是积极要求到企业学习，以弥补技能大赛中暴露出来知识结构性缺失的不足。二是"成功意识"：通过竞赛，让教师体验到成功的喜悦，从而激活团队力量。技能大赛是行业与企业合作的平台，更是教师与教师、教师与专家合作的契机，为了共同的竞赛目标，团队力量得到彰显，在享受成功中感受职业教育的魅力。三是"工匠意识"：通过竞赛，师生在竞赛过程中认识到精细化是职业技能的灵魂，从而逐步培育和形成师生的工匠精神，引领学生树立成为大国工匠的理想和信念。

（二）细化大赛内涵，引领教改方向

技能大赛项目内容紧扣企业的生产实际情况，贴近行业先进的发展技术；比赛规程贴近企业生产岗位规范，强调学生职业道德、职业精神、专业知识、专业技能和职业综合能力的培养。因此，技能大赛已经成为职业学校改革的方向标。通过大赛拓展了学生视野，丰富了知识，提升了学生综合素质，大赛对人才的评价和选拔起到了一种制度性和引领性的作用。

随着技能大赛的常态化、制度化、企业化，职业教育教学改革必须适应大赛要求，注重学生动手能力和创新意识的培养，不断探索创新型高技能人才培养方法，大力开展专业课程改革，以技能大赛为重要载体，以赛促练，使课程改革和教学模式改革与技能大赛实行直接对接，使课程改革更好地服务于技能大赛。

（三）详研大赛规程，指导教学改革

技能大赛规程是基于专业基础和国家职业技能标准和企业岗位能力要求而设计的，它体现企业、行业一线现代生产工艺，同时还体现了企业文化、文明生产、安全生产的规范要求。在整个比赛过程中，由于企业的参与，他们派出了既懂得生产实际，又懂得一定教育教学理念的专业人员参加命制比赛题目和评分标准，代表着企业生产实际和技术发展动态。而比赛项目和评分细则正是专业未来培养学生的能力目标和考核标准。

为了深刻领会大赛的内涵，学校成立了专业指导委员会，由来自企业的高级工程技术人员和社会上的专家学者、院校教师组成。针对比赛规程我们进行广泛的讨论，从命题的指导思想、比赛的内容和比赛规则等，结合企业生产实际情况，归纳出系列知识、技能要点和评分标准，然后整理成系列项目课程标准，这些标准正是指导专业课程改革的依据。例如在数控铣的技能大赛规程中强调：基本技能、综合技能，强调精度保证与效率优先的有机结合，注重细节，注重工艺能力考核，体现工艺制作中的创造性。强调零件典型要素的快捷加工、自动编程的熟练使用、装夹方式的选择与快速装夹、工艺综合能力与整体性考虑、零件的精度保证与配合保证，等等。针对这些要求，结合企业实际生产情况，整理出数控铣编程与加工技术项目训练的课程标准。

（四）修订课程标准，调整教学内容

根据课程标准，调整专业教学计划和大纲。通过对职业技能大赛项目分析归纳总结，梳理出理论知识和实践要求，适度调整专业课程的设置，根据技能大赛内容和标准对原有教学内容进行简化、提炼、转化为实施性教学项目。做到不仅要强化学生基本技能和职业技能，还要培养学生具备较高的拓展技能，更应注重对学生综合素质及团队合作精神的培养。例如数控专业教学计划一般每两年都要调整一次。在调整中，通过对职业技能大赛规程和内容的分析，结合企业发展需求、岗位规范和标准，加强了专业基础课程的整合。有针对性地加强专业基础课中制图、液压和测量等内容，采用"精简、压缩、增加、综合"的方法。精简重复交叉的内容，压缩不必要的内容，增加与技能大赛密切相关的知识和技能训练。

（五）深化教学实施，丰富教学方法

技能大赛重在实践技能，因此在教学方式上，打破传统的"以教师为中心、以课堂为中心、以知识为中心"的模式，实现从遵从教科书的被动学习到指向职业行动自主学习的转变，从单纯的知识技能学习到综合知识和复合技能学习的转变。建立起课堂教学与实践教学相结合、以技能训练为主的教学方式，促进学生职业能力的提升。

在教学方法上，要广泛采用项目式、情境式、案例式教学方法，着力形成以项目教学法为主要特点的新的教学体系，把生产方式、岗位标准、比赛规程物化到教学过程中，通过多种途径，让学生深刻体会完整的工作情境和工作过程，并通过提出、分析和解决问题来实现知识和技能的关联。在教学组织形式上，采用小组学习、合作学习和实践学习。为了提高项目教学效果，我们加强了一体化教学，使课堂教学转向车间，教师车间教室完成了必要的理论知识讲解之后，进行项目实训。课堂搬到车间后，做到了车间教室一体化，理论教师和实训指导教师一体化，时间和空间一体化。教师不但能够进行理论指导，而且还能对学生操作进行指导，及时发现学生存在的问题。为了提高训练效果，开发了以工作任务为主体的模块化项目教材。

（六）加强校企合作，提升综合能力

要培养高素质的技能型人才，特别是行业和企业发展急需的人才，必须加强职业学校与他们的联系，联合办学，合作培养，建立行业、企业、学校共同参与的机制。推行"校企合作、工学结合、顶岗实习"人才培养模式，进一步密切校企关系，用企业标准引领技能大赛标准，实现教学与职业岗位需求的对接。企业人员参与评判，可以及时发现人才培养过程中存在的问题。为了使技能大赛环境更加贴近企业生产环境，按照企业提供的企业一线题目、企业标准、企业评判规则进行操作，指导教师也是按照企业的全部规则进行指导，学生用的是生产设备，加工的是真产品，用企业真标准进行评价。近年来学校在大赛的综合训练中，根据比赛的工种不同，聘请当地知名企业岗位技术能手进行指导。通过合作，学校及时了解就业市场职业岗位和岗位群的变化，以行业技术标准引领职业学校教育，进一步推进学生职业能力与企业岗位要求的"零距离"。

（七）加强师资培养，打造双师队伍

要想在职业技能大赛和教学改革中取得理想的效果，必须加强"双师型"教师队伍建设。教师直接参与和指导学生参与技能大赛，必须全面掌握行业和企业对高素质技能人才培养需求及相关职业岗位的技能要求。针对这种情况，为教师们量身设计提高技能方案：对于新进的教师采取了校本技能培训，学习理论知识和专业技能，通过学习提高专业知识和技能水平，考取相应职业资格等级证书；对于毕业了几年的教师分批进行下企业锻炼，掌握企业先进的生产技术、生产加

工工艺、设备操作技能、岗位规范和企业文化等,提高实践能力,把企业生产要求带到教学培训之中,让教师在生产中成长,全面掌握产品的加工要求,提高分析问题解决问题的能力。

竞赛有输赢,技能有高低;学好真本领,步步可为营。职业技能大赛作为我国职业教育改革的新兴产物,把大赛纳入到正常的教学培训中来,以大赛引领搞好当前职业学校教育教学改革,是职业教育发展的需要,是学校教学之魂,实力之根,魅力之源。

(作者:于海洋)

中职《网络营销实务》课程中直播营销教学存在的问题及破解

上海市贸易学校

根据中职电子商务专业的人才培养要求,各中职学校均将《网络营销实务》列为核心课程,教学时数一般计划为72—108学时。近年来,随着直播行业的兴起和高速发展,有关直播营销教学内容用时不断增加,其所占的比重由原来的不到4%增加到了14%以上,有的中职学校甚至将这部分内容从《网络营销实务》课程中剥离出来,形成了独立的课程。不管是增加直播营销的课时占比还是独立成课,它在教学实施中存在的问题当引起专业教师的重视。直播营销本质上仍属于网络营销范畴,它的课时占比增加或独立设课,均说明其对电子商务专业的人才培养的影响在加大,学校对这部分教学内容的重视程度在增加,因此,对当今直播营销教学中存在问题,进行分析和破解思考,显得更有必要。

一、直播营销在《网络营销实务》课程中的地位及教学实施中存在的问题

(一)直播营销教学在《网络营销实务》课程实施中的地位

直播营销作为新的经济活动模式,正在快速地发展,尤其在新冠疫情首度出现的2020年,各行各业纷纷参与,出现了爆发式增长,仅2020年淘宝通过直播营销实现的销售额就达4000亿元。随着抖音、微信等APP直播功能的开通,加之传统电商平台直播销售模式的形成,越来越多的企业和个人参与其中,涉及的

营销内容也更为广泛。

由此可见,直播营销是如今最热门、最有效的网络营销方式之一,而整个电子商务行业对于通过直播这种方式开展营销活动的新型电子商务人才的需求,也在进一步加大。就目前中职学校电子商务专业,直播营销教学内容已伴随新经济活动模式的发展,成为了该专业核心课程《网络营销实务》不可缺失和替代的重要教学内容,对人才培养的质量影响在加大,教学的课时和成本投入也在增加,其教学的有效性也越来越被专业教师所重视。

(二)直播营销教学实施中存在的主要问题

不同于软文、图片、音频、视频这些以承载营销内容为主,且带有广告色彩的营销方式,直播营销有着视听兼备、播出过程不可复制、即时互动性强、直播话术需动态调整等要求,具有预先策划和现场制作相呼应的特点。

目前在中职学校电子商务专业《网络营销实务》课程中有关直播营销教学,笔者认为主要存在3个问题:一是不少教师过于强调教学装备的配置而忽视因地制宜的教学场景设计,把直播设备设施的更新和教学环境的硬装置于过高的位置;二是不少教师过于倚仗现有教材提供的案例而忽视教学内容的开放性遴选、优化和充实,把教学准备过程中的主要精力消耗在教材提供的可能过时或难接地气的案例解析、重构上;三是不少教师拘泥于挖掘课堂教学时间段内的效能,没有拓展学生在课前预习和课后巩固时间段的教学功能,客观上降低了学生堂外耗时的价值贡献。

二、问题破解及举例

(一)摒弃硬件束缚的负面影响

随着我国对职业教育的进一步重视,国家、地方和学校在人财物上,对专业和课程建设进行了大量的投入,在新发展理念指导下实施的"三教"改革,进一步激发了师生教改和提升教学质量的积极性。随着各专业专项资金的不断增加,教师对设备设施投入的要求和期待在不断提升,也伴随出现了没有设备设施的及时更置,专业与课程的建设和教学改革就难以创新的现象。

过于拘泥设备设施配置具有一定的负面作用,它至少可以表现在3个方面:一是教学投入过密过大,尤其是过密的教学设备设施投入,在实践中会出现"消化不良"而"穿肠过"的现象,表面看资金浪费是主要问题,实际上是对教师的创新精神和严谨治学带来一定的负面作用,这是更可怕的。二是把教师的精力过渡引导到教学设备设施更新和期待上,诱发教师把教学质量提升的问题聚集到教学实施条件上。三是因各种原因导致设备实施配置不能如愿或如期到位,会削弱教师的工作紧迫感,导致一些课程建设和改革的时机被延误或被错失。

结合专业、课程建设实际,教师对"三教"改革中的教材、教法改革都有了新的认识,"教什么""如何教"才是教学改革的两个核心要点,尤其在教学设备设施更新随着产业发展而加快的今天,新的投入和原有配置改进的空间始终存在,但要紧随其后动态改善或提级,不管是在教学经费支出上还是在实际操作上都是不现实的,作为一线教师不能因拘泥于教学设备设施改进而等待,适度配置教学装备并借助虚拟技术运用平台是不错的选择。笔者所在学校的直播教学设备设施配置如表1所示,它具有相关课程共享性强,教学开出率高,课程分担成本低,使用后的能级提升较易实现等优点。

表1 直播教学装备设施配置情况一览表

分类	名称	备注	
直播教学专用	设备设施	直播间(专业实训室前部)、多功能直播台、直播专用灯具、直播背景、道具、手机支架、平板支架、商品货架	直播教学设备设施可专项更新部分
	软件	电子商务直播实训系统、合作企业直播交互接口、抖音"校园小卖部"直播账号	借助学校和企业现有资源
相关专业和课程通用	设备设施	专业实训室、电脑、希沃屏、音响、空调	
	软件	图像处理软件	
学校通用	设备设施	智慧教室、摄录像机、网络	
	软件	学习平台	

表1可见,可用于直播教学的设备设施在配置时,充分考虑了借用已有相关专业、课程,以及学校可共享资源,使得仅用于直播教学的设备设施投入和更新在整个教学投入中的占比就大大降低了,专业实训室的使用率也大幅提升。有校企合作条件的,还可借助企业的资源,如利用企业兼职教师参与直播响应、反馈的合作企业所能提供的直播交互接口等资源。

(二)聚焦内容整合的课前准备

教学改革对教学装备配置及其改进确实是有一定要求的,但"教什么""如何教"才是教学改革的两个核心要点。课程实施中很重要的一个环节是课前的教学准备，笔者认为，教师要尽力摒弃以设备实施配置为重点的教学准备工作，把课前准备工作的重点放在借助现有教学设备设施，围绕教学目标和要求的教学内容整合上。

这样的教学准备，可以包含以下 5 个方面：首先，根据课程标准中原定的课程目标，尽力结合行业产业的新要求，优化和制定包括教学模块或教学单元的教学目标；第二，通过遴选、优化和整合等方法，形成对应教学目标的教学内容；第三，分析和可改善的课程实施的现有教学设备设施条件、可调用的教学资源，确保教学内容的可实施；第四，分析学情，其主要包含学生的学习基础、认知结构和学习习惯 3 个维度；最后，设计适合学生习得的教学环境、教学方法、教学流程和主要教学评价。在这些教学准备方面，教学内容整合是聚焦点。

（三）进行整体关联的教学设计

目前中职专业课程结构大多采用模块化，都配有课程标准。在模块化课程结构的课程标准中，一般都可以解读出 3 个层次的教学目标，即课程总体教学目标、各模块教学目标和单元教学目标。总体和模块教学目标、模块和单元教学目标均具有上下位的逻辑关联关系，各模块间和各单元间，存在或并列或上下的逻辑关联关系。有些课程虽然由于其特殊性，在课程结构的设计时，存在或没有模块只有教学单元或仅有模块没有教学单元的现象，但它们各层次间的教学目标关系，基本和前者是相同的。

就模块化结构的课程而言，需做好三级教学设计，而这些必须在课程实施前完成。三级教学设计的总体思路可以概括为：首先，厘清模块化结构的课程的 3 个层面教学目标及其相互间的逻辑关联，即分析获得相互关联的课程总体目标、模块目标和教学单元目标；其次，在此基础上梳理出对应的教学要求，并将重点落在可检可测的单元教学要求上；第三，以单元教学为单位，挖掘教学资源，遴选、优化和整合出教学内容；第四，在分析学情的基础上，借助可用的教学设备设施，结合教学目标和内容，设计出教学环境、教学方法、教学流程和主要教学评价。概括起来，就是在提出基于目标的单元教学要求后确定教学内容，在分析学情基础上借助可用的教学设备设施完成教学环境、方法、流程和评价等 4 个方面的设计。

（四）整合兼顾"四因"的教学内容

撰写教案是不缺教学内容的，但它必须通过遴选、优化和整合来实现。教学内容在遴选和整合过程中,要充分兼顾"四因素",体现"四符合"。即在遴选和整合教学内容过程中,要考虑教学目标、难度梯度、内容展开和学情承载等4个因素,所确定的教学内容,能充分体现与行业产业发展变化、与单元教学要求、与学生认知基础、与现有教学设备设施支撑条件相符合。

由于近年来主播及相关直播人才的社会需求增加,引起了职业教育界的高度重视,有关直播营销的教材和教辅资料的大量出现,为教师提供了丰富的教学资源,成为了不少教师汲取教学内容的渠道。但如何应用好这些资源,为未来定位在学校所在区域、定位在学校专业接口行业中从业的中职学生,做好具有针对性的接地气教学服务,是专业教师需要思考的问题。笔者认为,充分兼顾"四因素",体现"四符合",采用基于"遴选+优化"组合的工作方式,来整合、组织教学内容,是可取的方法。如笔者学校所处上海市,该专业依托是食品行业,专业合作的主要企业是集食品生产、加工和营销为一体的世界500强光明集团,便形成了如表2所示的"6+2"的系列化教学内容,"6"为直播营销的基础教学内容,"2"为直播营销的综合教学内容,是基础知识和技能的实践运用。

表2 直播营销"6+2"的系列化教学内容简表

课题名称	课时	营销对象	单元教学内容及其间关联关系
品牌营销	2	大白兔奶糖	1. 各类营销的定义、要素和特征——处相对独立和并列关系
事件营销	2	大白兔奶糖	2. 各营销商品的特点与品牌故事的要素及其契合点——不同营销商品间处相互并列关系,相同营销商品间处递进深化关系
体验营销	2	冠生园蜂蜜	
活动营销	2	冠生园蜂蜜	
比较营销	2	云南蓝莓	3. 营销文案策划——处不断递进深化关系
粉丝营销	2	云南蓝莓	4. 营销场景设计——不同营销商品间处相对独立,相同营销商品间处递进优化关系
综合实训一	2	方便与休闲食品直播营销	5. 课程思政——不同营销商品间处相对独立,相同营销商品间处递进深化关系
综合实训二	2	生鲜食品直播营销	6. 职业意识和规范——处不断递进深化关系 7. 话术运用和直播营销实践——处不断递进深化关系 8. 吸粉技术与营销效果测评——处不断递进深化关系

直播营销的基础教学中的营销对象选用大白兔奶糖、冠生园蜂蜜和云南蓝莓,不仅这些食品深受学生喜爱且都具有生活体验,还在于前两者是我国的民族品牌,文化积淀浓厚,闻名于上海及华东地区,均为光明集团旗下品牌产品,后者是因上海与云南结对帮扶后,成为了光明集团的助农产品。这些产品被引入到教学中,

也为课程思政提供了丰富的素材。综合实训教学中的营销对象选用方便与休闲食品、生鲜食品，是因为它们贴近学生的生活体验，适合的营销受众广泛且具有较高的品质保障要求，在实训教学中的参与者较易实现带入感和易于在营销体验中融入职业意识和精神。可见，通过这种"遴选+优化"组合后，易于形成接地气、可承载教学要求、能吸引学生学习的成组教学内容。

（五）运用前后延伸的教学过程

《网络营销实务》课程中的直播营销教学，既包含了基本概念和基础知识的教学，又包含了直播策划、文案撰写、场景搭建、软文弹幕和直播作业等操作性特征十分突出的教学。由表2可知，笔者所在学校曾实施的直播营销"6+2"系列化教学内容，共有8个教学单元，前6个单元各对应一个基础性课题，后两个单元对应的是两个营销商品存在较大差异的综合性课题，且每个教学单元仅计划给予2个学时的课堂教学用时，显然，沿用以有限的课堂时间为主来安排教学的习惯做法，要想完成任何一个完整的课题都是困难的。

采用"前后延伸"的教学过程设计，是解决这个问题的一种有效途径。"前后延伸"的教学过程设计，又可称为"BIA三段贯通式"教学过程设计，即课前（before class）、课中（in class）、课后（after class），图1为"BIA三段贯通式"教学过程设计模型图。

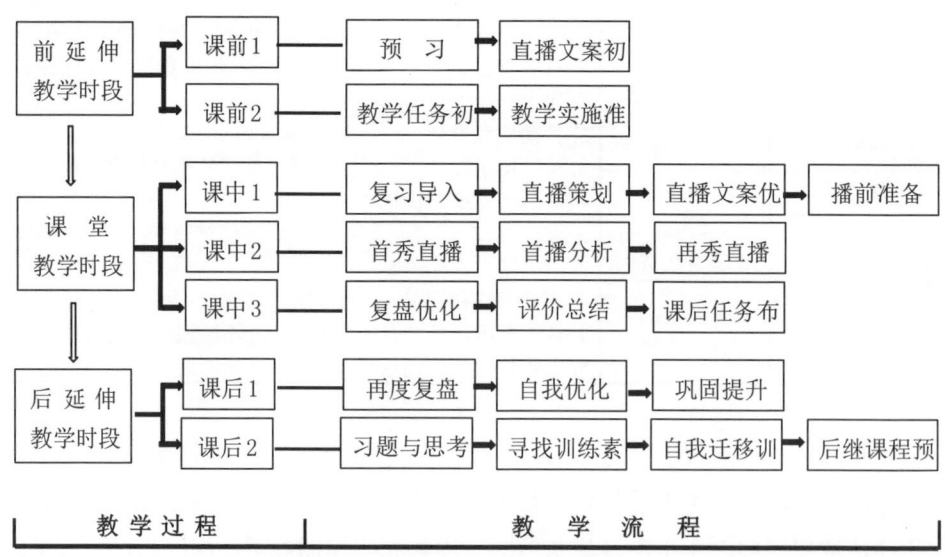

图1 "BIA三段贯通式"教学过程设计模型图

"BIA 三段贯通式"教学过程设计,是将任一课题的教学过程,分解后安排在前延伸、课堂和后延伸 3 个教学贯通的时段内,而在每个教学时段内又设计了 n 个次级教学过程,如"课前1""课中1""课中2",等等。所谓"贯通式",有两层意思:一是 3 个教学时段的内容学习,必须紧紧围绕课题,并在逻辑上要求前后紧密关联和逐层支撑;二是每个教学时段内的 n 个次级教学过程,都有各自的教学流程,这个流程通常是按学习要求的逻辑顺序串接起来的。关于 3 个教学时段的所用时间,需要教师进行总量控制,学生在课内与课外的用时,一般可设定在 2∶3 左右。要求教师严格把控的是课堂教学时段用时,本案例中均为 2 学时,前后两个延伸的教学时段,也需要教师给予预估,一般前延伸段在 1 个小时左右,后延伸段在 2 个小时左右。学生课外用时的总量,教师可通过给出任务的多少、难易和要求的多少、高低来调节。前后两个延伸的教学过程,实际上是以学生学习小组自主学习为主形式展开的学习过程,期间,教师要做好的是 3 件事,即给出任务和提出相应要求、提供资讯和获取信息渠道、在线延时解疑和启发。学生在前后两个延伸教学过程中的学习,充分体现了他们的主体地位。要让中职学生在两个延伸教学过程保持足够的兴趣,有坚持下去的动能,并能获得成就感,教师所给出的任务、要求必须明确,提供的资讯要有吸引力,给予的信息渠道要能获取有效信息,在线释疑要延时有度并充满激励。

三、结语

总之,任何中职课程在实施中,都会遇到一些困惑,只要找出问题后给予积极的面对,这些问题终会得到破解。对中职直播营销教学存在问题的思考及其破解实践,使笔者深深体会到:在教学实施中,总会存在一些教师想改变而改变受限的条件,但也总会客观的存在另外一些可改变而有待挖掘的活性因子,关键还在于教师怎么看和如何做。

参考文献

[1] 梁根琴. 新时代背景下网络营销教学改革初探 [J]. 才智,2020:122.
[2] 黄莎莉. "岗课赛证"融通的高职直播营销课程教学改革 [J]. 科技经济市场,2022(03):125-127.
[3] 楼晨燕. 项目教学法在中职网络营销教学中的应用分析 [J]. 现代营销(信息版),2019(02):79.

(作者:施翌昀)

第四部分

上海中华职业教育社事业报告

第四部分
上海中华职业教育社事业报告

在市委、市委统战部的领导和中华职业教育社的指导下，上海中华职业教育社以习近平新时代中国特色社会主义思想为指导，保持和增强政治性、先进性、群众性，发挥"统战性、教育性、民间性"的特色和优势，继承弘扬黄炎培职业教育思想，与时俱进、开拓创新、积极作为，2021年以来继续推进组织建设，打响"中华"品牌，取得了新的佳绩，为新时代职业教育和经济社会发展作出了积极贡献。

一、抗击疫情，投身大上海保卫战

（一）闻令而动，在病毒肆虐面前体现组织担当

今年3月以来，上海遭遇空前严峻复杂的新一波新冠疫情，广大市民的生命安全和身体健康遭受巨大挑战。3月28日，市中华职教社发出"致全市各级职教社组织及广大社员的倡议书"。3月30日，为贯彻上海市委市政府坚决打赢疫情防控攻坚战会议精神，周汉民主任连夜进行部署，要求全市广大职教社社员、团体社员单位，坚决贯彻习近平总书记重要讲话和党中央关于疫情防控的指示精神，坚决贯彻落实中共上海市委和市政府关于疫情防控的重要部署，积极响应市委市政府"致全市人民的一封信"，发扬职教社百年来的光荣传统，统一思想、坚定信心、积极行动，强化各级职教社组织作用，强化职教社社员责任担当，团结并组织广大社员，全力以赴、众志成城、共克时艰，积极投身疫情防控攻坚战。4月1日，胡卫常务副主任主持召开视频会议，对疫情防控工作进行再落实，并着重了解社员单位上海启传锐博公关公司疫情防控、相关业务等工作开展情况，给予积极指导和帮助。市中华职教社机关党员干部闻令而动，实现100%到社区报到，积极承担社区各项志愿者工作，做到亮身份、见行动、显素养。各级基层职教社组织、党员、社员也踊跃向所在社区报到，服从社区组织安排，奔赴抗击疫情的各个战场。

（二）逆行出征，在抗疫一线绽放人生光彩

疫情暴发后，众多社员积极请战，置个人安危于不顾，踊跃奔赴抗疫一线。

他们中有很多医护人员，白衣为甲，逆行出征，在抗疫一线与病毒抢时间。如，一工委社员、普陀区妇婴保健院主管护师徐虹在疫情爆发之初，就立足本职岗位，依靠共享单车，骑行奔波于工作的医院和居民小区、办公楼宇之间。还有众多志愿者，坚守在测核酸、忙流调、运物资、配送药等抗疫一线，如徐汇社社务委员、上海徐汇区房地产职业技术培训学校副校长陈坤鹏，因在地下密闭室内进行空气消杀时，吸入大量三氯异氰尿酸释放出的气体，出现体力不支、头晕目眩情况，不时要到室外扶靠花坛休息后继续投入工作。

为确保小区封控措施落实到位，物资保供是重要一环。很多社员投身保供大军，千方百计为社区有效封控创造条件。如，一工委社员、和记小菜区域总经理杨海，作为抗疫保供单位负责人，积极参与抗疫保供工作，其中经他牵线，由浙江浙餐商贸有限公司向留守的少数民族学生捐赠价值6万元的预制菜；浦东职教社社务委员金丽萍、社员陆慧等积极组织居民团购，变身为这个特殊时期无数小区"团长"的一员，成为居民的贴心人，为"守得云开见月明"提供了坚实保障。

（三）守望相助，在抱团守"沪"中彰显无私大爱

本轮疫情暴发伊始，广大社员积极响应市中华职教社倡议，上下同心、众志成城，有智献智、有物出物、有钱出钱。在城市按下"暂停键"后，部分学生不得不留守校园，很多职校的校长、教师们坚持留校，和学生们一起守护校园。特别是市中华职教社组织开设系列空中公益讲座，截至7月底，已举办5场，市政协副主席、社主任周汉民带头讲第一场，目前此项活动还在持续推进中，是对疫情下的学生乃至社员的真心陪伴。前青浦区职教社副主任、上海科泰电源股份有限公司董事长谢松峰第一时间联系所在街道和园区，询问防疫物资配备情况，捐赠食品、饮用水等生活物资。崇明中华职教社社员黄永兵提交的社情民意《关于规范抗疫志愿者招募及管理的建议》，为政府有效控制疫情，实现精准防控和精细化管理出谋划策，受到副市长宗明的批示。上海城市科技学校汪清华老师利用专业特长参加教育部华中师范大学心理援助热线平台、教育部心理健康援助中心（筹）的志愿咨询工作，为有需要的学生、家长、教师及其他人员提供心理支持。据不完全统计，个人社员和团体社员累计捐赠大米、蔬菜、食品等生活物资以及款项，共计180余万元，防护服、防护面罩、N95口罩等防护物资7万多套；共

收到抗疫类社情民意 20 余篇，其中 14 篇上报市委统战部，部分进一步转呈其他市领导。

（四）笑对疫情，在漫漫居家期坚持乐观奋进

疫情封控期间，广大社员识大体、顾大局，自觉遵守防疫要求，坚持"宅"家，配合管控，用静默和坚守践行职教人的爱国心、责任心。为缓解特殊时期易出现的焦虑、烦躁、抑郁等负面情绪，许多社员运用诗、画、戏剧、经典读书会等多种形式，为抗疫一线的奋战者点赞致敬，用坚定乐观感染他人，笑对病毒，"以艺抗疫"。如，黄浦职教社社员夏闻忻面对疫情，欣然题诗《忆江南/抗疫记事》等 5 首，创作抗疫书画 8 幅。还有的社员，坚信疫情阴霾终将散去，大上海保卫战必将胜利，想尽办法克服居家困难，继续专注于本职工作。如上海市机械工业学校，灵活运用在线授课方式，充分利用"互联网＋教育"信息化手段，打造高效精准的线上教学模式，借助腾讯会议、腾讯课堂、在线开放课程、超星学习通、问卷星、微信群等多个平台，多渠道打造线上多维立体教学，实现"停课不停教、学习不延期"。这本蓝皮书的编撰也是乐观抗疫、专心工作的最好例证之一，编委们通过互联网、电话等工具，搜索资料、开研讨会、推动研究等，尽可能把居家和办公最大程度结合起来，这才保证了本书能够如期出版，真正做到工作不停滞、事业不停步、病毒晾一边。诸如此类，使得社员们坚定乐观的心态在人群中蔓延，为营造众志成城、共克时艰的社会氛围，发挥了上海中华职教社的积极作用。

二、职业教育思想理论及政策研究

(一)出版《2021上海职业教育事业蓝皮书》

2021年3月份启动编撰工作,前后历经7个月,于同年10月下旬由上海科学技术文献出版社正式出版。上海市政协副主席、上海中华职教社主任周汉民担任主编,上海中华职教社常务副主任胡卫及副主任张岚、毛丽娟担任副主编。这是上海中华职教社连续第8年编撰职业教育事业蓝皮书,从第三方的立场和视角记录、透视、研究上海职业教育问题,提出上海职业教育改革与发展的战略思考与对策。《2021上海职业教育事业蓝皮书》聚焦"十三五"收官和擘画"十四五"开局,紧扣新冠肺炎全球蔓延、世界百年变局错综复杂、国内改革发展稳定任务艰巨的特殊形势,突出新发展阶段、新发展理念、新发展格局,突出职业教育体制机制创新,为上海职业教育高质量发展献计发声,反映了上海职业教育教育的最新探索成果。全书47万余字,分上海职业教育改革发展报告、专题研究、案例分析、2020年上海中华职业教育社职教理论与实践探索报告4个部分,在"专题研究"部分特别增设了"党的领导与百年中国职业教育"专题。《2021上海职业教育事业蓝皮书》是上海中华职教社给中国共产党百年华诞的献礼。

(二)深化调查研究和建言献策工作

积极组织社内专家学者围绕职业教育改革发展、统一战线工作,以及群众关注的社会问题深入开展调查研究。

一方面参政议政建言献策工作成绩斐然。2021年向各级"两会"提交提案议案、大会发言近200项。全国两会期间,社主任周汉民获全国政协委员优秀履职奖,常务副主任胡卫《推动更多青年由"空巢"转"向筑巢"》的提案受到央广网专题采访。举办职业院校长沙龙2期，形成《推进新型（五年一贯制）职业院校建设重在"新"》《建议我市加强职业本科院校建设》等9篇建言报告，受到市领导批示。社领导带队走访调研费列罗贸易（上海）有限公司、光大证券股份有限公司等16家企业、团体社员职业院校，并向市委市政府等有关部门提出针对性建议。

相关链接

解决职业教育"急、难、愁"问题 推进上海职业教育高质量发展
——上海职教社第六期职教沙龙

近年来，习近平总书记和党中央高度重视职业教育建设，相继出台了《国家职业教育改革实施方案》《职业教育提质培优行动计划（2020—2023年）》《关于深化技工院校改革大力发展技工教育的意见》等一系列政策，促进职业教育"提质培优、增值赋能"高质量发展。有着104年历史的中华职业教育社，聚焦当下职业教育界最关心、最迫切的问题，于9月10日，由市职教社主任周汉民主持召开了第六期职教沙龙，与会的职业院校长、企业负责人和专家学者围绕上海"抢抓职业教育发展新机遇"深入交流，旨在为上海职业教育发展中的"急、难、愁"问题问诊把脉，对症开方。

一、当前上海职业教育改革发展面临的问题

在沙龙上，大家认为，上海的职业教育已经步入加快构建现代化体系，培养更多高素质职业技能人才的新阶段，构建与上海城市地位相适应的高质量职业教育迫在眉睫，"急难愁"问题刻不容缓。

急： 一是上海职业教育从体量、质量还是升学通道均呈现金字塔形，转型发展缺顶层设计已落后兄弟省市，既不利于职教院校自身发展也不利于学生选择规划；二是公办职业教育本科院校探索进展缓慢、五年一贯制新型院校有硬伤。

难： 一是中高职专业设置重复度高、特色度低、结合上海产业转型升级度弱，服务社会经济发展契合度弱；二是上海尚无职业技师院校，技工类职校转型升级遇瓶颈。

愁： 一是高职院校招生情况不理想，生源单一管理难度高；二是双师型教

师面临引进难、培养难、留住难，校企融合与产学合作不够密切等；三是"1+X证书"的实施推进冷热不均，受到评判标准不确定、财政资金不扶持、企业社会不认可等因素制约。

二、推进上海职业教育高质量发展对策建议

第一，建现代职教体系，优结构。在"十四五规划和2035年远景目标"新时代的背景下，当务之急就是理清理顺上海职业院校中的中等职业学校、高职职业院校、职业本科院校与应用型本科大学的关系、占比，以及在经济发展中所起的不同作用。一是要针对上海经济社会发展、产业结构、行业布局进行院校的顶层设计。对标对表上海先进制造业高质量发展需要，完善技工院校高技能人才培养体系，布局合理的技工教育体系，应尽快成立上海技师学院，形成技师学院、高级技工学校、技工学校梯次发展与有序衔接；二是要科学合理地确定中等职业教育的功能定位和中等职业学校的发展走向，在做精中职的基础上，更需做强五年一贯制高职，建设若干新型职业院校；三是在充分调研的基础上，继续推动多部门联合、择优择强，率先试点推进1至2所公办高职院校升级成职业本科院校，建立职业教育完整的成长上升通道。

第二，稳职业教育质量，提水平。作为我国职业教育的发源地，近代工业崛起的中心地，上海一直走在全国前列，这些"金字招牌"不能褪色。有鉴于此，需要进一步整合区域内一切能为教育教学服务的资源为职业教育服务，汇聚力量下真功夫提高职教质量，试点职业院校进行"纵向贯通、横向融通"。纵向贯通，深入探索职业教育自身的"新高考"模式，针对不具备直接升级为职业本科的高职院校，瞄准上海九大产业群，拿出优势特色专业试点举办本科层次职业教育专业，打通职业教育与学术教育互通的通道；横向融通，一方面走出单纯技能、职业培训的狭窄天地，在师资互聘、课程互享、学分互认等方面加强与普教的衔接,就职普融通对创建上海新型综合（特色）高中模式的可行性，在中小幼学校开设职业教育课程模块化定制化的必要性，进行探索分析；另一方面对学校聘用长期在企业一线工作且具有高级工以上职称的技能人才研究制定特殊政策，打破招聘中教师资格证、上海市居住证、师范专业等限制，并在教师考核晋升中进一步提升企业生产实践经历、业绩成果转化等评价标准比重，培养一批复合型精专特的学科领军人。

第三，立职教社会地位，行政策。世界技能组织的使命就是提高技能人才的形象，展示技能在实现经济增长和个体成功方面的作用。为此，以2021年世界技能竞赛在上海举办为契机，进一步改善技能型人才的社会形象，营造劳动光荣的社会风尚，引导崇尚工匠精神的社会氛围，提升职业教育的吸引力；对接国际技能人才培育标准，将全球化视野、新技术潮流贯穿技能比赛、双师型教师培育、技能证书"赛、岗、证"的人才培养创新体系中；推动行业优质龙头企业主动融入"1+X"证书政策制定、高技能人才培训标准制定、现代职教课程设计制定中，提升证书的含金量与社会认可度，给予企业一定的政策倾斜，形成校、企、生的共赢。

最后，市职教社将始终关注职业教育的发展趋势，组织相关专家学者、院校长代表就各自领域核心问题、掐脖子难点，赴长三角、职业教育改革前沿地区等实地调研，持续为市委市政府决策提供科学有力的依据。

周汉民率队走访上海部分企业（图为在费列罗贸易公司调研）

另一方面课题调研工作全面开花。一是积极参与总社课题。由我社申报的华东师范大学教授、博导马庆发领衔的《中华职业教育社2020年重点调研课题》子课题《长三角实施＜国家职业教育改革实施方案＞调研》于2021年11月完成结题，被总社评为优秀课题；发动全市职业院校申报第一届黄炎培职业教育思想研究规划课题，上海共有1项重大课题、3项重点课题、3项一般课题被成功立项；上海市工程技术管理学校等6所上海职校成功取得参与总社《中等职业教育高质量发展模式》课题研究资格。二是稳步推进社各基层组织课题调研工作。2021年度，各单位紧紧围绕庆祝建党100周年，统筹推进疫情防控和经济社会发展工作，大力提升城市治理体系和治理能力现代化，积极践行长三角一体化国家战略，聚焦上海统一战线和职业教育持续发展，坚持推进课题调研和理论研究，形成调研报告37篇。其中，松江中华职教社提交的《区级职业教育校企合作基地深化产教融合的探索》（见附录）等17篇课题分获上海中华职教社一、二、三等奖。另外，中青委撰写的《推动上海职业教育高质量发展，服务长三角区域一体化发展战略研究》课题报告获评市统战理论政策研究创新成果奖。

三、推进职业教育高质量发展的实践

（一）着力推进"中华"品牌实践

中华职教社的事业始终与"中华"紧密联系，打造"中华"品牌是事业的鲜明标志。上海中华职教社结合上海实际，不断开发"中华"品牌，对上海职业教育及经济社会发展具有重要意义。

1. 举办第九届"中华杯"职业技能竞赛

第九届"中华杯"物联网云平台开发应用项目竞赛现场

2021年9月26日竞赛启动，历时3月有余，市职教社、市人社局、市教委共同主办，得到江苏、浙江、安徽三省中华职教社的合作支持。竞赛在全市设14个赛点22个项目，数量为历届之最。379名本市及部分长三角地区的职业院校专业教师和社会培训机构相关专业培训教师参赛。赖明娟等150名选手取得竞赛名次，获得"中华杯"奖项。竞赛专门设计了获奖项目登记表，作为获奖凭证收入个人档案，成为老师们晋升评优的参考依据。奉贤中华职教社、嘉定中华职教社获评突出贡献单位，浦东中华职教社等20个承办单位获评优秀组织单位。本次"中华杯"职业技能竞赛是上海中华职教社连续第九年举办，规模上进一步扩大，项目上进一步优化，新民晚报、上海教育电视台等多家媒体进行了报道，对于营造"劳动光荣、技能宝贵、创造伟大"的社会氛围，逐步克服职业教育长期存在的吸引力不足的瓶颈具有重要意义。

2. 发放第九批"中华助学金"

2021年12月19日，年度"中华助学金"发放仪式在市科学会堂举行。市政协副主席、上海中华职教社主任、上海中华职业教育温暖工程基金会名誉理事长周汉民出席并讲话。共有本市59所职业院校的250名困难学生得到资助，资助金额50万元。其中上海本地学生145名，来自新疆、西藏、贵州、云南、四川、青海、重庆、湖北等对口支援中西部地区学生及民族学生105名。解放日报、新民晚报、人民网等多家媒体进行了报道。2013年至今，上海中华职教社已举办了9批"中华助学金"发放活动，累计资助447万元，惠及职业院校学生2245名，为部分寒门子弟插上了梦想的翅膀，实现了以温暖工程推进职业教育实践的初衷。此外，上海中华职教社提交的《打出温暖工程组合拳 助力脱贫攻坚新发展》实践创新材料也获得全市统战工作实践创新成果优秀奖。

2021年度中华助学金发放仪式

（二）多管齐下提升职业教育质量

近年来，职业教育高质量发展成为一个高频词汇，作为志在发展职业教育的组织，上海中华职教社也为职业教育质量提升竭尽全力。

1. 充分体现先进典型的示范效应

通过树立典型带动职业教育发展，是被证明行之有效的常用方法。上海中华职教社常常开展先进表彰或推荐，不断放大先进典型的示范效应。2021年，为做好总社第七届黄炎培职教奖评选工作，上海中华职教社根据总社要求自5月起在社官网、社微信公众号动员社团体学校积极参与评选，经过复审、公示及异议处理等环节，上海信息技术学校获得优秀学校奖，上海市经济管理学校沈汉达获得优秀校长奖，上海港湾学校胡桂军获得杰出教师奖。同年组织推荐9所学校参加总社第五届创新创业大赛，发动全社各级组织参与总社"最美职校生"评选，为广大社员搭建了交流经验、展示技能的平台。社基层组织嘉定中华职教社开展2021年度"嘉昆太"中等职业学校青年教师教学法改革交流评优活动；青浦中华职教社举办第七届"中华杯"职业技能竞赛，设置8个竞赛项目、4个体验项目，以现场开放展示的方式竞赛，打造具有青浦特色的技能竞赛品牌项目。

2. 大力强化职业教育办学能力

根据市中华职教社三定方案及社六届四次主任会议关于"中华"牌学校尽快恢复办学的意见，2019年起，市中华职教社针对各学校的具体情况分别进行了整改。截至2021年11月11日，上海中华职业技术学院取得恢复办学许可，标志着陆续停办的5所"中华牌"学校，全部完成恢复办学工作。同年组织"中华牌"学校领导参加总社"学习习近平总书记对职业教育重要指示批示专题学习班"，着力提升办学能力。闵行区中华职教社联合群益职校，与上海机器人产业技术研究院、中国机器人产教融合专委会、达闼机器人有限公司、上电科集团等负责人举行智能机器人技术专业建设研讨会。青浦区中华职教社配合区人社局选派了骨干社员赴云南德宏州开展首席技师传教结对、技能大师讲座分享、岗位技能培训等对口帮扶职业培训系列援助工作。2021年6月21日，为贯彻落实全国职业教育大会精神的重点工作，上海中华职教社中青委成员赴上海市工业技术学校交流学习，该学校以"以人为本，发展为纲，特色为魂，品牌兴校"为办学理念，践行"匠心文化"内涵建设，秉承"厚德精技"的育人目标，不断完善教学设施，双方交流对学校提高职业教育办学能级大有裨益。

3. 最大化发挥职业教育功能

一是发挥上海中华职教社校企联盟桥梁纽带作用，为政府、学校、企业、科研院所和第三方力量搭建有效沟通平台。二是在"毕业申"平台设常年校园招聘职教社专属站点，2021 年组织团体社员单位的 16 家企业参与，为应届高校毕业生提供近 400 个岗位。同时和宝山区人社局、宝山职教社联合在宝山举行线下招聘专场，为促进高校毕业生就业和企业招聘人才贡献力量。三是促进海内外职业教育交流合作，2021 年 2 月接待日本驻沪总领馆新闻文化部部长西野幸龙领事来访，6 月与来访的芬兰驻沪总领事何朗明等，达成团体社员职业院校与芬兰的职业教育合作项目，7 月在沪举办澳门大学生研习营。另外，市中华职教社一工委组织赴山西省中华职教社、淮安市淮嫂职业培训学校等地进行学习考察交流。

芬兰驻沪总领事何朗明一行到访上海中华职教社

四、上海中华职业教育社自身建设

上海中华职教社作为一家群众团体组织,其事业发展除了自己为之奋斗的事业不断进步外,组织自身的发展壮大和升级优化也是重要衡量指标。

(一)环境建设——软硬兼顾

1. 硬件建设大力推进

2021年以来最大的硬件建设就是完成市文物保护建筑中华职教社旧址大楼的修缮工作,此楼同时也为上海中华职教社现在的办公之地。大楼建造于1930年,承载着中国职业教育的百年发展历史,同时为上海中华职业指导所、中华第一职业补习学校、比乐中学,以及邹韬奋创办的知名进步期刊《生活周刊》杂志社的办公旧址,民主建国会曾经办公点,入选上海市第一批革命文物名录,因年久失修,楼体倾斜,存在严重安全隐患,给上海中华职教社推进事业发展带来了极大障碍。2021年3月,在各方努力下,大楼大修工程全面启动,当年底基本竣工,楼内布局、设施重新调整,办公环境焕然一新,市中华职教社机关干部精神面貌呈现出新的气象。

2. 软件建设持续向好

2021年以来,上海中华职教社品牌影响力继续扩大,方方面面的支持力度进一步增强。事业宣传全面出击,2021年向市委统战部报送信息25篇、建言14篇;出版社讯12期,网站刊登稿件450余篇,微信公众号"上海中华职业教育社"的关注度得到了进一步提升。浦东中华职教社创编黄炎培和中国共产党故事剧进学校,进机关宣传。虹口中华职教社开展了以"职教社员心连心,同心共筑中国

梦"为主题的书画摄影活动。通过对社事业的大力宣传，中华职教社的社会影响力、知名度不断上升，社员的认同感归属感日益增强，广大知识分子、热心职教事业的人士对中华职教社的向往日益强烈。

（二）队伍建设——质量并举

1. 建党百年夯实党建工作

思想建设坚持不懈。开展多种形式的"党史"学习教育活动，社微信公众号推出"党史上的今天""党史撷英""党史公开课"条目，社网站开辟"庆祝中国共产党成立100周年"专栏，组织庆祝建党100周年主题征文活动。2021年新年伊始，市社第一工作委员会即与上海青少年国际交流中心在中国共产党发源之地和创建初期重要活动场所渔阳里纪念馆开展党史联组学习；黄浦区中华职教社积极开展爱国主义教育，组织各小组社员观看纪念抗美援朝胜利71周年电影——《长津湖》；长宁中华职教社与民建长宁区委联合举办"百年初心、风雨同舟"——庆祝中国共产党成立100周年文艺汇演；市社中青委组织社员走进第十届中国花卉博览会，现场参观体验"献礼建党100周年"的花博盛会；等等。

机关建设屡获佳绩。2021年，市中华职教社坚持围绕中心、建设队伍，开展工作、比学赶超，积极打造学习型机关。开展了党的十九届六中全会精神、习近平总书记考察上海重要讲话精神等学习交流活动；开展公文写作培训，进一步提升机关干部文字处理能力。机关党支部被评为2021年度统战系统先进基层党组织，提交的《创建社史展厅责任岗，锻造党员讲解员队伍》案例被评为市统战系统不忘初心、牢记使命十大行动优秀案例。

2. 壮大优化社员队伍

继续加强组织建设。完成5家"社员之家"授牌，将团结社员、服务社员的触角最大限度延伸至基层。加强市级直属组织建设，为深入开展黄炎培职业教育思想与理论研究，增进交流与合作，成立了中华职教社上海出版印刷高等专科学校支社。区级组织进一步完善，其中普陀中华职教社积极推进工作委员会建设，以工作模块和服务内容聚合社员和社会力量，主要是筹建5个工作委员会：调研建言、人工智能+、"四创"/创新创业创意创造、乡村振兴/城乡融合、"乐·活·康·慧"/大健康等5个方向。

稳步提高社员队伍质量水平。聚焦社员发展，2021年净增个人社员153人，增长率为3.29%；净增团体社员16家，增长率为5.06%。截至2021年底，上海中华职教社共有个人社员4799人，团体社员332个。着眼提质优化，举办第十期中青年骨干社员培训班和新社员入社仪式，48名骨干社员参加培训（其中党外人士30名），700余名新社员线上收看周汉民主任的专题报告；徐汇中华职教社推进组织建设工作平衡发展，将近两年发展的新社员充实到各支部委员会，同时将区职教社业余大学社员小组33人从第四支部委员会转入第二支部委员会。

（三）功能建设——主次协同

弘扬黄炎培"大职业教育"思想，除了要注重以之起家的"职业教育"，同时还应顺应时代发展，积极开发中华职教社新的功能，实现主次协同发展，不断提高百年社团的生命力和贡献力。2021年以来，上海中华职教社不仅在大上海保卫战中展示风采外，还在扶贫帮困、对口支援及应对其他社会突发事件上作出了积极努力，不断开发拓展社会服务功能。

2021年7月，河南省多地遭遇强降雨天气灾害，为响应市中华职教社发起的积极援助河南救灾救援倡议，徐汇中华职教社社员耿文杰第一时间牵线上海美浮特生物科技有限公司并代表公司，紧急委托中华思源工程扶贫基金会向河南省人民医院捐献了价值150万元美浮特公司生产的医学急救消毒杀菌物资，用于奋战在抢险第一线的医护人员、武警官兵和广大志愿者的自身医学安全防护。

总之，上海中华职教社着力聚焦统一战线、职业教育高质量发展，从理论、实践、自身建设3个方向同时发力，围绕中心、服务大局，大力弘扬众志成城、守望相助的抗疫精神，着力开展理论政策探索，积极推进职教发展和民间交流合作，加快发展社员队伍，努力开发社会服务功能，积极推动长三角一体化发展，为推动中华职教社事业的全面发展，构建具有世界影响力的社会主义国际大都市，实现中华民族伟大复兴的中国梦作出了积极探索。

附录：区级职业教育校企合作基地深化产教融合的探索
——从"点对点"到"多点协作组"校企合作的实践

松江区职教集团　张丽华

摘要： 本文首先通过论述国内外校企合作、产教融合的发展现状，结合对国家产学研协同发展政策的分析，对上海市松江区产教融合、校企合作的现状进行了详细介绍；其次针对传统单一校企合作模式的缺点进行了深入剖析，根据政产学研合作中的创新理论、协同创新理论、三重螺旋协同创新理论和生态系统协同创新理论适用性和优缺点的对比，我们提出了适合现阶段松江区的非线性、非对称的开放式网络化政产学研协同合作模式；然后介绍了今年松江区协作组开展的具体情况和成效，并通过成果考核和定期评估的形式建立对协作组工作的反馈运作机制；最后针对协作组开展的工作中所存在的难点和痛点进行了总结，利用宏观和微观、静态和动态、辩证和统一、时间和空间相结合的分析方式对协作组存在的问题提出了可能的解决方案。本文利用文献调研、调查问卷、理论对比分析、实践案例分析、归纳总结、建立模型等多种分析方法对松江区政产学研协作组存在的主要问题提出了可能的解决方案，梳理出了进一步激发校企协同参与产教融合、校企合作的动力因素。研究结果为我们构建的新型网络化协同创新模型中各环节的非线性、非对称、可量化、可平衡的深入研究提供了基础，为激发校企合作的内生动力，为政产学研协同发展提供了参考和借鉴。

关键词： 政产学研　协同创新　协作组　网络化　生态化

一、课题背景

（一）国内外校企合作和产教融合的发展

迄今为止，人类在历史上经历了4次技术浪潮，分别是：水力机械化技术变革带来的棉纺织业家庭作坊式的生产组织方式；蒸汽机的使用诞生了现代工厂，技工阶层；电气化技术将生产流程不断分割，促进了岗位技能不断细化和标准化；

目前人类已进入了一个全新的技术化第四次浪潮——数字化转型。信息化技术的普及,降低了信息沟通成本,激发全产业链、跨企业、跨行业的生产组织网络的出现。

每一次技术变革带来的是技能人才培养模式的转变,水力机械化技术变革带来的是基于社会关系的学徒制,现代工厂带来的是职业教育的兴起,岗位技能标准化革命带来的是更为精准的校企合作及订单式的培养;而数字化转型的革命带来的是生产组织模式进一步的复杂化,刺激了个体从岗位技能逐步向高端复合型技能的发展。

为进一步提高人才培养的质量、职校教师的科研水平和企业的效益,为实现人才、信息、资金和技术的资源共享和优势互补的目的,产教融合和校企合作的模式已成为国内外为进一步促进科学、教育、经济等领域发展所采用的普遍形式。而且随着信息技术的发展和创新形态的演变,政府在开放创新平台搭建和政策引导中的作用,以及用户在创新进程中的主体地位进一步凸显。

产教融合是生产与教育培训的一体化,在生产中教学,在教学中生产,是一个双向发力双向整合的过程,企业和各类职业院校、培训机构都是产教融合的主体。产教融合是产业与教育的融合,企业与职业院校都是人才培养的主体,两者是你中有我,我中有你的双向关系。在地位上,产教融合是国家发展职业教育的战略决策与制度。

校企合作中校是指学校,企是指企业。校企合作,主要是指职业院校为了实现人才培养目标,主动寻求与企业的合作。学校是主体,企业只是配角。校企合作是产教融合战略实现的一个初始阶段、起步阶段。各类职业教育(中职、高职、应用型本科)是支持地区创新创业发展,提供技术技能人才的重要阵地,校企合作是建设产教融合型城市的主要抓手。

产教融合、校企合作是培养技术技能人才的必要途径,是国际上职业教育的成功经验。我国职业教育是以职业院校为主体,培养初入职的技术技能人才,职业院校对产教融合、校企合作共同育人有着强烈需求。同时,产业升级转型、创新驱动的现代产业体系正在确立,企业对复合型和创新型技术技能人才的需求也同样迫切,但"校热企冷"的现象还是普遍存在。

在传统制造业中往往遵循"从模仿到创新"的模式,这一模式中职业院校、研究机构和产业界之间相互分离的、线性的产业组织方式能够适应这种产业发展的需求。而当工业经济从以劳动密集型发展到以研发密集型产业为主的阶段时，需要与职业院校和研究机构建立更紧密的联系、进行持续的互动以获取研发知识和技术。传统的教学方式中，教材的编制、课程和专业的设置往往建立在借鉴国外教学方案和教师们多年教学经验的积累而制定的，随着国家经济和科技的高速发展，随着市场化和信息化的凸显，传统教育培养的职业人才已经不能满足社会上对创新应用型人才的需求，所以深入广泛地开展产教融合、校企合作的工作已成为目前国家经济、教育和科技发展的重要而又迫切的任务之一。

企业转型升级需要以产业组织方式的转型为基础，以进一步提升企业效益为目的；产教融合需要以市场需求为导向，以培养创新应用型人才为目的。为加强和推进产教融合、校企合作工作的开展，国家领导人、教育部、科技部、发展改革委等先后发布相关的通知和出台了相关政策。

（二）国家政府有关产学研协同创新政策的制定

创新是民族进步的灵魂，是国家经济发展的核心驱动力。从国际角度来看，创新模式由传统的线性创新模式走向非线性创新模式，从闭合式创新模式走向开放式创新模式。而产学研协同创新已成为非线性开放式创新的典型模式，并成为世界各国特别是发达国家提升创新能力的有效途径。

2011年4月，胡锦涛总书记在清华大学百年校庆大会上首次提出协同创新，指出要积极推动协同创新，鼓励大学与企业、科研院所开展深度合作，建立协同创新战略联盟。

2015年3月《中共中央国务院关于深化体制机制改革加快实施创新驱动发展战略的若干意见》中，鼓励构建以企业为主导、产学研合作的产业技术创新战略联盟。可见，政府已将产学研协同创新提升到国家战略高度。

2017年10月在党的十九大报告中明确提出："深化科技体制改革，建立以企业为主体、市场为导向、产学研深度融合的技术创新体系，促进科技成果转化。"

为主动应对新一轮科技革命与产业变革，支撑服务创新驱动发展，2018年以来，国家层面加大力度推进产教融合工作，相继出台多个红头文件：2018年教育部、发改委等多部门《职业学校校企合作促进办法》。

2019年国务院《国家职业教育改革实施方案》；2019年发改委《建设产教融合型企业实施办法（试行）》。2019年2月，中共中央、国务院印发的《中国教育现代化2035》是我国首次以教育现代化为主题的中长期战略规划。该规划在战略任务中明确提出，要"加快信息化时代教育变革，建设智能化校园，统筹建设一体化智能化教学、管理与服务平台"，"探索构建产学研用深度融合的全链条、网络化、开放式协同创新联盟"。

2020年1月，科技部、发展改革委、教育部、中科院及自然科学基金委联合印发《加强"从0到1"基础研究工作方案》，鼓励企业与高等院校、科研院所等基础研究机构合作，提升自主创新能力。以企业为主体的产学研合作体系对于提升中国基础研究能力、加速实现创新驱动发展的重要性不言而喻。上海市发改委于2020年推出《上海市建设产教融合型城市试点方案》。

2021年，全国人民代表大会表决通过的"十四五"规划中进一步提出，形成以企业为主体、市场为导向、产学研用深度融合的技术创新体系。从建立到加强，到深化，到深度融合，也是三源流汇合后，不同主体间资源、行为、信息协作共享的政策调整过程。

上海市松江区紧跟世界发展趋势和国家政策，围绕G60科创走廊建设，从2016年开始先后开展了3个阶段的相关工作，并取得了良好的成绩。

（三）松江区校企合作、产教融合开展的现状

G60科创走廊是上海科创中心和长三角一体化国家战略交融发展的重要承载区。其发展历程经历了4个阶段。2016年5月24日，松江区贯彻落实市委市政府要求，推出G60上海松江科创走廊建设总体方案，大刀阔斧推进转型发展，走出一条新路，拉开了"松江制造"迈向"松江创造"的大幕；2017年，松江与杭州、嘉兴签订《沪嘉杭G60科创走廊建设战略合作协议》，共同打造"沪嘉杭G60科创走廊"，探索创新链、产业链、价值链区域协同机制，G60科创走廊步入2.0版时代；2018年G60科创走廊"三级跳"，由松江提出以沪苏湖合高铁建设为契机，深化拓展G60科创走廊从"高速公路时代的2.0版"迈向"高铁时代的3.0版"，3.0版在沪嘉杭的基础上，向沪苏湖宣芜合拓展，形成"一廊一核多城"的空间布局规划，辐射范围扩大至金华、苏州、湖州、宣城、芜湖、合肥。2021年，G60科创走廊写入国家"十四五"规划。

产业升级相对应是人才配备，根据北京大学、南开大学等联合发布的《中国制造业2025与技能短缺治理》报告指出，中国劳动力市场的技能短缺包括技工总量短缺、技能质量滞后和技能供需不匹配的三大困境。这些困境在G60科创走廊的建设过程中也同样显现。在具体的场景中表现为一些企业的生产项目已经

日趋个性化和定制化,在新的项目初始,招聘不到足够的技术技能人才;一些企业在新设备的使用上,应用性的人才极度匮乏,导致新设备成为摆设;而一些企业具有新产品的构思,却不具备新产品的研发能力。同时,职业院校的专业设置、课程设置更新远远落后于行业企业的迭代更新速度,但职业院校苦于没有区域行业企业大数据支撑。如上海市城市科技学校在新型五年一贯制新专业的申报中,需要机器人专业松江地区相关企业的有关数据作为课程设置的研判依据,但政府部门条线切割、侧重不同,无论发改委、人社局、还是总工会、经委等部门,均没有完整性的新鲜的数据提供。最终,学校专业系只能从互联网上查找一些数据填补这一空缺。

松江区职教集团自成立起初,以产教融合、校企合作为己任。集团坚持以"合作交流、资源共享、多方共赢"理念为先导,在区教育、人社、财政和总工会等4部门牵头下,4年累计建设42个区级校企合作基地,共培育了344个项目,评出20个优秀校企合作基地,3家优秀基地获评上海市产教融合型企业培育单位。先后投入区级财政经费(教育附加费)1591万。基地在校企人才共育、资源共享、标准共建、成果共享、文化共融等诸多方面作了有益探索和实践,取得了丰硕成果,实现了合作多赢的局面。产教融合、校企合作的松江方案初步形成。

纵观区级校企合作基地建设的发展历程,共经历了3个阶段。

第一阶段(2016—2017) 以政府为主导的职业教育校企合作基地初创阶段。以职业教育集团为共同平台,主动服务 G60 科创走廊建设,在产教融合、校企合作道路上大胆创新实践,开辟了一条创新性新道路。基地挂牌到企业,院校和企业双主体,年末通过绩效评估工作激发基地活力。此举极大改变了之前校企合作仅停留在推荐实习生、毕业生,以及基于学校和企业"私人交情"上的互换利益,从而让校企合作走得更远、更深成为一种可能。

第二阶段(2018—2020) 大学城职业院校的参与及项目化推进。2018年20家企业与5所院校建立了合作,2019年30家企业与6所院校合作,2020年32家企业与9所院校合作。校企合作基地在数量和质量上,均呈现逐年上升的趋势。通过总结 2017 年至今的 G60 人才培养报导,形成词语云(见图1),在这个阶段出现频率很高的词语是合作、技能、人才、竞赛、基地等。"十三五"期间,松江区职教集团基本完成了建设一批高质量的区级校企合作基地,聚集行业、企业和政府部门等广泛资源,完善产教融合、校企协同育人机制,充分发挥优秀企业对于各级各类技能人才培养过程中的参与和指导作用,主动应对经济发展新常态、主动把握新技术发展,以深化产教融合、校企合作作为突破口,将新技术应用人才培养的优势凸显出来,努力为G60科创走廊建设、松江新城发展培养高素质劳动者和知识型、应用型技术技能人才。

图1 G60科创走廊建设校企合作词语云

第三阶段(2021—) 2021年有33家企业与7所院校参与,并成立了相应的协作组。合作协作组建设旨在充分发挥优秀基地的引领作用,分享基地建设的丰富经验,加强基地间的团结协作,达成强强联合,共同打造校企合作基地"区块链",以此进一步推进校企合作基地建设工作,更好地为本区职业教育及区域经济发展服务。职教集团按先进制造类、城市建筑类、现代服务类、城市交通类、现代农林类等专业类别成立6个校企合作基地协作组,同时聘任组长12名,聘期一年。

二、区级校企合作协作组的提出

(一)单一校企合作存在的问题

我们梳理研究前4年区级职业教育校企合作基地建设的成果同时,也调查分析其中的短板和不足。得出以下结论:

1. 一校一企的基地项目建设效益上需要提升

从4年各基地申报的技能竞赛类、课程资源类、技能培训类项目上,不难看出打破围墙的紧迫性。如城市交通类 3 家基地，连续多年申报现代学徒制课程资源类和汽车维修竞赛类项目，分散"经营"项目，无论规模影响力还是质量效益都需要 3 家同类企业"报团取暖"达到 1+12。

2. 学校间缺乏学科信息共享

纵览为培养 G60 走廊的技术技能人才的区级职业教育校企合作基地的历经阶段可见，校企合作项目建设以年度为单位持续开展，每年项目进行 4 部门联合的绩效评估，但一校一企的基地建设模式是线性发展而非网状发展。院校之间的围墙并没有打破，资源也没有得到共享。尤其在 2018 年后，职业院校的加入，同类专业不同层次教育教学从内在需求上，需要院校和院校之间有一个整合的学科信息交流共享平台，加以沟通协作。

3. 企业间缺乏技术技能切磋

一方面，在同一产业内，竞争是企业间互动行为的普遍准则。企业作为经济主体，在市场上实现自身的经济利益和既定目标必须不断进行角逐。另一方面，产业内企业间分工与协作是一个过程的两个方面，它们互相联系、互相制约、互相依存，同步发展。专业化分工越细，专业化程度就越高。因此，分工是协作的前提和基础，协作也是分工发展的保证和归宿。企业间的"竞合"成为新常态。

以 2021 年为例，松江区职业教育校企合作基地中，先进制造业企业有 22 家，仅机器人为企业名的就有 3 家；现代服务类酒店 3 家等。企业与合作院校共同申报项目因机制所限，缺乏统领性和全局观，企业之间在职教集团这一大平台中，也缺乏相互的交流合作。

4. 未能形成创新的系统协作机制

通过 4 年来的基地实践，合作院校和企业之间的单一技术需求一定程度得到满足，但未能收集同类企业生产一线的技能信息，对现有对应专业技能进行重新"整合""赋能"，形成技能供给体系；合作形式较多样化，但以项目为引导的深度合作仍然处于探索阶段，开拓性的研发项目数量并不多，一校一企申报的创新项目不多。

产学研深度融合是一项复杂的系统工程，是各要素相互融合、配套的过程。经营、技术、资金、人才、政策、组织、场景、氛围、环境等缺一不可。单一的校企合作形式导致的产学研协同创新力度不够、产学研合作效率不高、企业挑选合适人才的余地较小、学生实习和工作选择的岗位有限，为解决单一校企合作存在的问题我们首先从相关国内外产学研理论上入手，然后根据目前开展的产学研合作工作中现状的分析，最后从静态动态、微观宏观的角度、建立非线性、非对称的开放式和网络化的政产学研协同发展模型，为今后相关工作的开展提供参考和指导。

（二）理论分析

随着国内外经济、科技、教育、文化等领域的发展，产学研合作的理论也逐渐发展成熟，具有阶段性和系统性的特征，先后出现的理论为创新理论、协同创新理论、三重螺旋协同创新、生态协同创新理论等，并不是所有理论或某个理论适合现阶段中国产学研发展的需求，深入的分析相关的产学研理论，寻找继而创新性的提出适合现阶段具有松江区特色的政产学研合作理论，这对于指导实际国内政产学研工作的开展同时具有重大的意义。

"创新理论"首先由经济学家熊彼特于1912年提出，他认为创新是组合生产要素开发新技术、新产品、新工艺、开拓新市场，并获取经济效益的过程。创新理论主要是将外部知识转移至企业内部，并以其创造价值、增强企业竞争优势；而协同创新则是全面整合知识、资源、行为和绩效，以知识增值为主要机制，强调战略协同、知识协同和组织协同的相互促进，参与主体间的优势互补、强强联合。

20世纪70年代德国物理学家哈肯创立了协同理论，该理论认为复杂系统内各要素之间的互动会产生超出其单独作用的效果，从而形成整个系统的联合行为，即协同效应。但是产学研协同创新从本质上仍然是一种知识生产活动，其外溢性特征会引发创新生产的"市场失灵"。而且，各主体的利益诉求和出发点往往存在差异，会造成产学研协同创新系统的不稳定，难以实现共赢。

"三重螺旋"协同创新理论产生于20世纪90年代，源于西方学者埃兹科维茨对大学与产业关系和劳伊特·雷德斯多夫对新发展规律周期生成的演进模式的持续研究的共同结果。三重螺旋模型将创新系统的边界局限在职业院校、政府、企业之间，忽视了多重因素对知识转移带来的影响。三重螺旋模型对于解释产学研结合的创新体系具有一定优势，但对于企业地位的强调使其较难解释政产学研结合的协同创新体系，对于具体的协同机制也不能提出更具体的建议。三重螺旋创新模型仍属于传统的合作创新，合作路径仅限于作为技术需求方的企业和技创造方、供给方的大学和科研机构之间的技术转移。

在新时代经济社会背景下的区域发展对当前职业教育的政产学研协同创新模式的构建和升级带来了新的挑战。如：人才的流动性、成果的多样性、技术的创新性、产业的融合性等。政府、企业、高职院校、科研院所要主动适应经济新常态，紧密对接区域经济发展和产业升级等需求，平衡资源供给与发展需求体系，因此，亟须构建一种区域职业教育政产学研共生态新模式。

政产学研协同创新生态系统概念由 Moore 于 1993 提出，他将创新生态系统定义为一种"基于组织互动的经济联合体"，并进一步认为"创新生态系统是一种由客户、供应商、主要生产商、投资商、贸易合作伙伴、标准制定机构、工会、政府、社会公共服务机构和其他利益相关者等利益相关主体构成的动态系统"。此后，政产学研协同创新生态系统理论得到进一步的完善和发展，创新环境的重要性逐步凸显。

根据产学研协同创新的合作形态不同，可将产学研协同创新分为 4 种模式：（1）点对点模式，即"某一特定企业与某一职业院校或科研机构建立的一对一合作创新关系"，主要特征为直接性，参与主体少；（2）点对链模式，即"一个企业与多个职业院校/科研机构或一个职业院校/科研机构与多个产业链上的企业开展合作创新"，主要特征为协作性、互补性，且对单个研究机构或企业有较高要求；（3）网络模式，内涵为"行业内或产业链上多个企业、职业院校、科研机构共同参与的合作创新模式"，主要特征为复杂性、主体数量较多，合作规模较大；（4）中介协调型模式，内涵为"以中介服务机构为纽带，广泛收集产学研合作的供需信息，多形式传播信息，主动促成产学研合作的创新模式"，主要特征为媒介性与间接性。由企业、职业院校和科研院所等研发主体、政府部门和中介组织等服务机构共同组成的创新主体，以及各类创新环境和资源要素共同形成的复杂生态系统，主要特征为主体多样性、共生性、复杂性及动态性。

与创新系统理论不同，政产学研协同创新生态系统强调创新需要依赖外部环境的变化及各主体的参与合作，各创新主体间不再无视系统的整体利益，而是有意识地组成利益链条，将自身利益与生态系统紧密联系，努力实现共生演化。

从以上相关产学研理论的对比分析来看，各理论都具有局限性和针对性，为最大化地实现产学研工作的资源共享、优势互补，为进一步推动松江校区政产学研工作开展，我们结合松江区该工作开展的实际情况和以上理论的分析，创造性地提出适合松江区校企合作、产教融合的理论模型。

（三）模型的建立

松江区职业教育校企合作基地实现以协作组形式校企多点合作共同发展的模式，进一步挖掘校企方的潜力，解决存在的共性问题，实现更为深入、持久和广泛的产教融合。

（1）通过前4年松江区职业教育校企合作基地建设以校企点对点合作的研究方法，过渡为从2021年起校企多点合作的以协作组形式开展产教融合项目的研究方法。实现了从线到面研究思想的转换，实现了从微观到宏观研究观点的转换，这样可以更为具体更为广泛地发现产教融合、校企合作中存在的问题。

（2）协作组在人才培养方面，表现为产学研协同育人。以培养全面素质的应用型人才为主要目标，在教学过程中，通过多家产业（企业）、多家学校、多家相关研究机构，以及政府政策的协同合作，在保证学生获得扎实理论基础的同时，极大地扩展了学生选择实习和工作岗位的机会，全面提高其专业技能及实践应用能力。这一产学研协同培养模式充分有效地利用了协作组内各种优势资源，在保证理论教学质量的同时，同时也满足了企业对人才培养的特定需求，不仅有助于学生理论创新及实践能力的提高，还为企业培养了综合性的人才，极大地提高了其就业竞争力。

（3）更大程度上满足了企业对不同领域不同专业与学校的技术对接，单一的校企合作形式无法满足企业对多种创新技术的需求，而对于学校存在的多种技术成果也无法在单一的合作模式中得到有效转移，协作组的出现已经初步形成了跨企业和学校之间可能的合作，比如在原单一校企合作范围之外，发明专利转让、技术合作、共同申请国家项目等领域已达成了初步的合作意愿。

（4）结合国内外产教融合案例分析、相关产学研理论的对比，我们认为目前我国在经济、科技、教育等领域的发展和一些发达国家之间还存在一定的差距，照搬国外的先进产学研理论是行不通的，基于我国经济的发展以供给侧和结构转型为主；产学研的合作以政府引导、企业为主；科技的发展以市场为导向以创新为主；教育的发展以培养创新应用型学生为主的前提下，松江区的产学研发展应以创新理论为主、"三重螺旋"协同创新理论为辅逐渐过渡为政产学研生态协同创新理论的运用，从而实现以企业为政产学研主要动力，以学校和研究所为主要推力，以政府为主要拉力的现阶段产学研协同发展的需要。

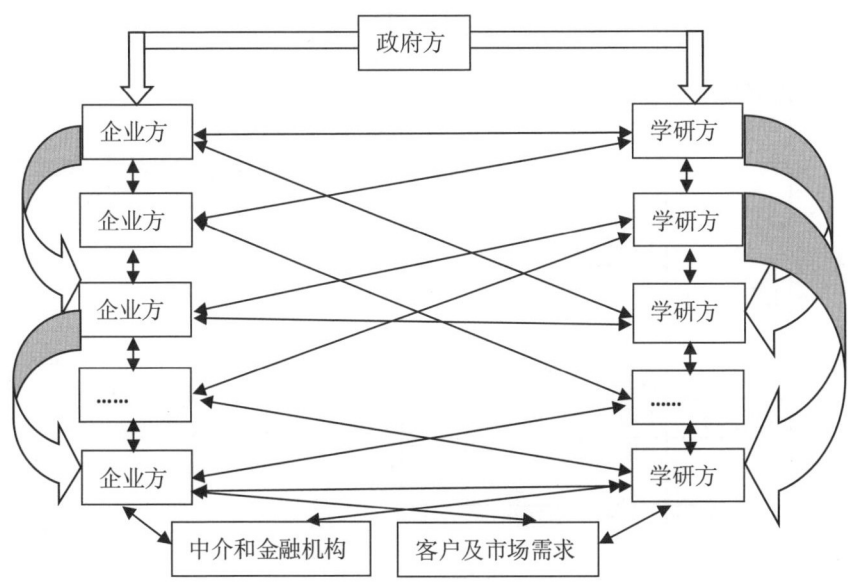

图2 网络化政产学研协同合作模型

基于以上分析我们提出由传统的单方校企模型转换为多方校企网络化模型，通过开展相关实践使得模型得以实现，为深化产教融合奠定基础。如图2所示是我们建立的网络化政产学研合作模型，该模型具有非线性和非对称的特点，通过学研—学研、企业—企业、学研—企业多方位多角度的协同合作，从而超越传统单一校企合作模式以达到 1+1>2 的目的，根据实际资源的共享和对接，这种协同模式又是一种非对称的形式，该协同的模型不强制所有的企业和学研方之间都发生合作，根据实际各协作方输入和输出、供给与需求的对接，有效地利用资源和信息建立非对称的协作合作模式才符合实际的情况。

三、区级校企合作协作组的建设

（一）协作组工作的具体开展

2021年3月初，6大协作组通过牵头单位申报年度建设项目获批后，开始了此项工作的实践探索（见表1）。

表 1 2021 年度松江区职业教育校企合作基地协作组建设项目情况

分类	学校名称	企业名称	申报项目	项目内容
先进制造类（第一组，11家）	新桥职校	组长：柯马（上海）工程有限公司 世格流体控制（上海）有限公司 斯必能通讯器材（上海）有限公司 美尔森电气保护系统（上海）有限公司	数字化机加工沙龙—新能源汽车专场	聘请专业平台提供数字化机加工沙龙整体方案，和平台方做方案细节确认；邀请业内知名专家一同探讨；邀请业内知名媒体上进行广泛的宣传及推广；铸造沙龙举办场地，线上线下软硬件准备工作；举办沙龙。
	上海市城市科技学校	上海航天精密机械研究所 库卡机器人制造（上海）有限公司 永大电梯设备（中国）有限公司	智能制造工程师工作室建设	智能制造工程师工作室成立；今年的工业机器人竞赛支持或者通讯方向研究课题；形成或者展示工作室的技术研讨成果。
	东华大学	上海一达机械有限公司 上海音锋机器人股份有限公司		
	上海工程技术大学	上海航平自动化科技有限公司		
	上海松江开放大学	伟本智能机电（上海）股份有限公司		
先进制造类（第二组，11家）	上海工程技术大学	组长：上海欣诺通信技术股份有限公司 上海新阳半导体材料股份有限公司	教学（培训）竞赛	企业和学校首先通过内部选拔（初选），每个基地分别推荐一名老师和一名工程师参加教学（培训）竞赛决赛；基地（校方和企方）入选的一名老师和一名工程师参加总决赛，20名参赛成员，分为两组，评委打分，按照分数选出一、二、三等奖。
	上海市城市科技学校	上海华铭智能终端设备股份有限公司 上海至盛信息技术股份有限公司 上海中科教育装备集团有限公司		
	新桥职校	延锋伟世通汽车电子有限公司 上海临港人才有限公司 威图电子机械技术（上海）有限公司	到各企业交流参观并组织相关技术交流报告	到各企业参观并作深层次交流；企业方针对文化、管理、技术、生产、政产学研中的经验等作报告介绍，校方针对政产学研中存在的问题和建议等作报告介绍，各参与者互动交流。
	东华大学	上海元彩科技有限公司		
	上海松江开放大学	上海汇聚自动化科技有限公司		
	立达学院	上海久壬信息科技有限公司		

（续表）

分类	学校名称	企业名称	申报项目	项目内容
城市建筑类（第三组，3家）	上海市城市科技学校	组长：上海隆古建筑装饰工程有限公司	建筑专业师资培训	做好项目工作准备；组织专业教师进入施工现场参观实践；组织组内企业技术骨干及行业、协会专家针对专业教师开设培训讲座；开展校企师资培训专题汇报活动；
		巴特勒（上海）有限公司		
		上海科瑞真诚建设项目管理有限公司		项目建设中期总结汇报及项目终期工作，包括汇总过程资料、梳理形成建设成果、完成项目总结与案例等。
现代服务类（第四组，3家）	上海市城市科技学校	组长：富悦（上海）酒店管理有限公司	联赛	研讨项目实施方案、评分标准；参赛方内部选拔赛；技能比武联赛。
		上海佘山茂御臻品之选酒店	课程资源建设（中餐热菜制作）	项目策划与方案制定（烹饪营养与工艺中高贯通专业《中餐热菜制作》课程资源建设）；调研数据采集、分析与汇总，菜品设计可行性交流；
		上海东方索菲特大酒店		菜品研发、试制、定标；研发菜品展示交流。
城市交通类（第五组，3家）	上海市城市科技学校	组长：上海松广贸易有限公司	新能源汽修师资培训及研讨	松广广汽本田皓影锐混动车型师资培训；东联一汽大众纯电高尔夫车型师资培训；培训总结+成果展示+技术研讨。
		上海东联北松汽车销售服务有限公司	新能源汽车企业参观调研	考察上汽新能源企业、海恒大新能源汽车集团上海分公司、上海景格科技企业，了解企业文化，以及企业对新能源汽车技术人才的需求；根据调研情况，研讨优化新能源汽车技术专业人才培养方案，课程体系，撰写总结报告。
		上海超越汽车销售服务有限公司		

(续表)

分类	学校名称	企业名称	申报项目	项目内容
现代农林类（第六组，3家）	上海农林职业技术学院	组长：上海创宏生物科技有限公司	引智计划	线上专题培训——丹麦农经学院，Niels Erik Jespersen 等（现代农业技术管理系列培训）。
		上海仓桥水晶梨专业合作社	G60走廊生物医药与农业相关企业技术技能人才需求调研	调研 G60 走廊生物医药、检验检测及现代农业相关企业 5—10 家（考察企业概况，召开调研座谈会、问卷调研等）；撰写调研报告；邀请专家就调研报告研讨、定稿。
		上海爱之果农业科技有限公司		

以上项目的实施，是在协作组牵头单位的引领下，不同层次职业教育院校与同类企业之间的"同频共振"，协作组组织的竞赛就有"小国赛"的档次，能邀请到更高层次的业内权威作为命题专家和比赛评委，能产生更好的技能比武氛围。由于今年是起始年，各协作组申报的项目以交流调研为侧重，相信未来，协作组的项目建设会层层深入。

（二）协作组工作成效

为突破区级职业教育校企合作基地"点对点"（一校一企）的弊端，协作组需要在以下几个方面作出有益探索，通过项目建设实现预期效果。

1. 开发校际专业（学科）信息共享通道

建议构建相同（同类）专业的校际信息交流共享平台，方便政府、院校教师、行业专家、学生的交流，通过交流找到共性的问题，帮助各方更快地进入合作状态。平台不仅能促进同类专业的院校企业专家进行交流，也能使相关专业的专家获取信息，应用型本科院校、高职、中职不同层次职业教育的同类专业教师、企业专家在协作组项目建设中，更容易产生创新的思维火花，更符合技能人才培养的规律，更能使不同类型院校教师之间取长补短，使相同类型企业之间互通有无。在具体措施上可以举办面向应用型本科和中高职院校同类专业教师的专业学术交流会，定期公开合作过程和成果，开展同行评议，促进学科交流。

2. 产学研方面的组内和跨组交流合作

在前4年"点对点"校企合作基地建设中，"一校一企"共同产生了近20个产学研合作项目，有新产品专利、有产线改造、有产品优化，也有基于生产车间的技能培训课程开发、相关课题研究等。但毕竟囿于"一校一企"的单薄力量，产学研往往在几个科研能力比较强的职业院校和高新技术企业中开花结果，使双方受益。对于区域中职高职院校，产学研项目的申报往往是心有余力不足，即便个别基地申报了，产生的成果也是略为逊色的。这就需要打破围墙，变"点对点"合作为"多点"合作，让"上中下游"职业教育类型学校都能在产学研项目中找到自己的定位，发挥所长，激出火花。

3. 逐步形成创新协作机制

协作组的成立，可以逐步形成创新的协作机制。从合作的内容来看，应该不局限于技术合作创新，也可以通过商业模式创新合作，将技术创新的成果加以转化。协作组应始终立足于为合作双方寻求合作的基础，形成一个以院校、企业和各方高效协作的技术技能人才供给生态链。

在商业模式合作创新中，通过创新项目研究、创新创业比赛、人才互聘形成合作成果，根据合作成果开展传统课程结合应用实践的二次课程开发、创新创业案例库的打造，以及培训项目菜单，并且定期开展评估，最终以这些成果回馈校企合作的双方，即企业和院校，形成闭环。

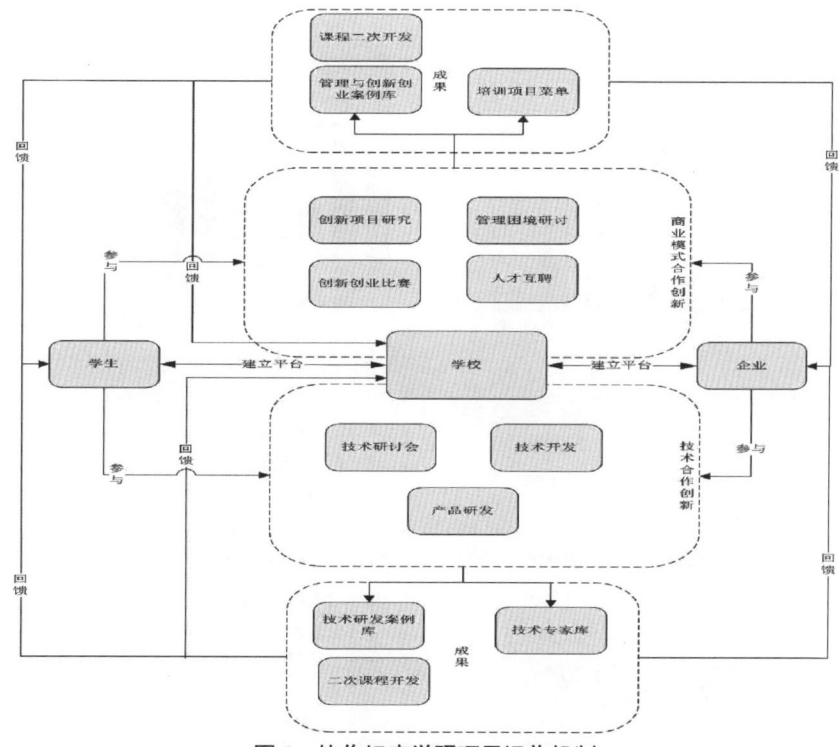

图3 协作组产学研项目运作机制

在技术合作的创新中,通过交流学习、技术研讨会、技术开发、产品研发开展合作,形成合作成果,根据合作成果开展传统课程结合应用实践的二次课程开发、技术研发案例库和技术专家库,并且定期开展评估,最终以这些成果回馈校企协作的双方,即企业和学校,形成闭环,具体见图3。

四、协作组建设需要突破的问题及可能解决的方案

(一)协作组活动存在的难点和痛点

1. 协作组活动时间难于协调的问题

课题组向协作组成员发放50份调查问卷(问卷星),收回48份。其中一题,"您觉得目前的协作组推进还有哪些不足",有81.25%调查对象认为时间难统一。确实如此,在"一校一企"的基地建设中,时间上的协调也存在一定的困扰。如,企业可能双休日没有固定休息,学校可能工作日有教学任务等。协作组有3—11家企业和1—5家学校需要抽出相同时间共同完成一项任务,难度很大。

2. 成员积极性不高的问题

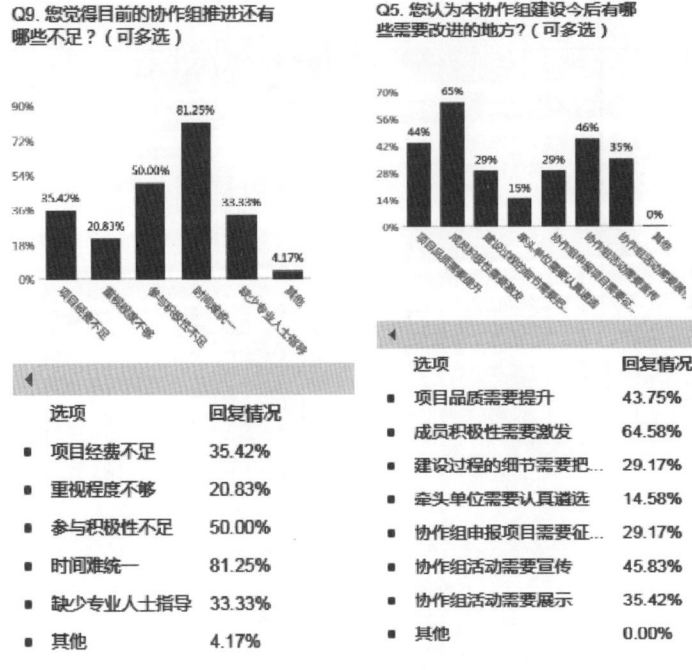

图4 课题调研问卷

调查问卷如图4中反映出，大家还是一致看好协作组的发展前景，高达97.92%的调查对象认为看好协作组。但同时，又表示参与协作组活动的积极性不足，分别有50%和64.58%的调查对象觉得成员积极性需要激发。

3. 协作组可能带来负面效应的问题

可以预见，随着合度广度的变化，合作广度对企业创新质量的正面和负面影响力度也将随之变化，从而使得合作广度对企业创新质量呈现出非线性影响机制。当合作广度较低，由于此时企业的产学研合作对象还较少，合作广度的上升还不需要企业耗费过多的搜寻成本和沟通成本，而知识来源的多样化则可以大幅提升企业的知识宽度和创新能力，此时合作广度的正面作用大于负面作用，因而更可能促进企业创新质量的提升；当合作广度已经较高，由于企业自身的吸收能力有限，即使进一步地增加合作伙伴、提高合作广度，产学研合作对创新质量的正面作用也不可能持续提升，而搜寻成本和沟通成本的耗费则将持续扩大，此时合作广度的负面作用将超过正面作用，因而更可能抑制创新质量。

同样当协作规模扩大后，对于人才培养和企业用人方面也会存在正面和负面的影响，比如某个企业从校研方大量选择了优质的学生，势必导致剩余的企业可选取的余地有所减小，校企规模的扩大意味着可提供的实习和工作机会的增加，如果学生在岗位的对比中存在这山望着那山高的心态，也必将导致出现学生利用现有资源频繁跳槽的现象，从校研方培养人才来看，培养复合型人才是社会的趋势，但是面对纵多的企业实践机会和资源，一味地追求让学生多接触岗位多从事实践活动，也偏离了产学研合作对学生理论联合实践培养的初衷。所以有效地协同多方的资源和需求，不管对于技术合作还是联合培养高质量的人才都至关重要。

面对协作组以上可能的难点和痛点，我们提出了以下可能的解决方案。

（二）可能解决的方案

1. 时间的协调

借助"互联网+"，实现各方信息互联互通，线上线下互补交流，搭建"永不落幕"的产学研协同合作对接机制。一是规划建设产学研协同创新中心，招引知名职业院校院所分支机构入驻，集科技研发、技术成果转化、创业创新孵化、科技金融服务、高端人才引进、一体化中介服务转化平台，实现技术链、资金链、人才链、产业链"四链合一"的更为高效的产学研协同创新模式。二是建立"产学研合作移动智能对接信息平台"。

解决时间协调这一难点还需要职教集团、牵头单位及所有成员单位共同努力。就职教集团来说,需要从中做好协调,同时在政策允许范围内,对牺牲休息时间的参与者给予合理的工作量报酬;对于牵头学校,需要合理科学安排时间,使每次活动都有比较好的出勤率,高质量的活动也能吸引人留下人,让参与者觉得"不枉此行"才是留人的不二法门。

2. 积极性的提升

产教融合、校企合作工作尽管得到政府部门的高度重视,但推进此项工作并非易事,它是一个系统工程,是政府部门、院校、教师、企业多方形成共识的一个渐进性的漫长过程。协作组的凝聚力,更多是靠项目成果吸引成员单位的参与。因此,年初协作组申报的项目本身就十分重要,甚至起决定作用。为激发协作组成员单位的积极性,职教集团应建议政府部门在校企合作基地建设方案,对绩效评估考量的指标体系中,增加对协作组的评价,从政策上鼓励参与面广、成果优秀的协作组,树立标杆,以优秀协作组带动和辐射全体。

与市场作用转变相适应的是,政府部门也要转变角色,从全能型政府向服务型政府转变。政府部门应该建立相关的法律法规和市场监管条例,为科研人员提供适宜的工作环境,并制定保护知识产权和专利的制度,保持市场秩序和谐安定,引导良性的市场竞争机制,打击一切不正当不合法的竞争行为。为保证产学研协同创新的政策有效运行,政府及科研机构应由当前的主导角色向引导角色转变,发挥企业家的带头领导作用。共建协同创新平台,共享多元创新主体的资源;构建利益与风险共担的产学研结合机制;建立风险投资机制;建立有效的校企科研人员绩效考核机制;完善职业院校科研成果知识产权管理等方式都是提职业院校企成员积极参与到政产学研合作工作中可能的措施。

3. 弱化负效应

优化产学研协同合作模式,寻找合作广度与合作深度的平衡。产学研合作广度对企业创新质量具有倒"U"型影响,产学研合作深度对创新质量则具有显著的促进作用,但是企业在进行产学研合作模式的选择时,不应当盲目地与过多职业院校和科研机构寻求合作,而应结合自身资源和实际需求,展开适度的广泛合作。在产学研合作过程中,则应避免浅尝辄止,尽可能地与职业院校和科研机构展开深度合作,从产学研的深度融合中汲取先进技术和关键信息,从而实现高质量创新。

对故步自封的教学模式进行大刀阔斧地改革,把培养出具有批判性精神和创新型复合人才作为教育的首要，培养出符合当今社会需要的高端、强竞争力、综合型的现代化人才，以美、德、日等国为学习案例，借鉴他们的成功经验和成熟的教学评价体系，在学生发现问题、探究问题、处理问题并创造新知识方面着重培养，同时也要让学生进行清楚的自我认知，才能培养出多学科共同发展的综合型人才。

重视企业牵头的大学生创业比赛等实践活动。目前，我国职业院校大学生创业活动大多以参加政府组织的创业大赛的形式开展，优秀的创业团队也可以进入学校的创业园区进行创业实践。由于名额限制，受众面积有限，而一些企业发起的大学生创业竞赛又不在学校人才培养方案学分的认定范围，使学生的参与积极性不高。事实上，企业支持的大学生创业竞赛有明确的市场指引，都是以解决实际问题为导向的，参与这些竞赛，对于大学生创新创业能力的提升有很大的帮助。所以，应该重视企业开展的创业大赛，通过政府支持，学校学分认定，推动大学生广泛参与，以这些创业实践活动作为大学生创新创业能力提升的平台，培养符合市场需求的高素质创新人才。

五、结束语

本课题通过文献调研、理论分析、项目实践、案例分析等方法，从 G60 科创走廊建设产业升级对应技术技能人才需求这一视角出发，提出了区级职业教育校企合作基地深化产教融合的探索——从"点对点"到"多点协作组"校企合作的实践、校企合作基地建设。调查结果发现，建设校企合作基地协作组能进一步打破围墙，释放产教融合的能量，大家一致看好。但同时，要使协作组持续合作，发挥优势，多方的利益保障是保证长期运转的核心；搭建更开放的平台、促进资源、信息共享是促进合作的根本；配套管理机制的建立，形成技术技能人才供给的生态链是保障。

愿促进 G60 科创走廊建设的区级职业教育校企合作基地建设可以不断完善，加速高素质技能人才的培育，赋能产业创新和高质量发展，成为区域协同创新、新作为、新成就的重要力量。

参考文献

[1] 于良.进一步完善产学研深度融合组织机制[J].中国科技论坛，2020，7：8-9.

[2] 潘福林. 探索产学研深度融合新路径 [J]. 吉林日报，2020，1：1-1.

[3] 唐不不. 地方职业院校产学研合作现状及对策 [J]. 吉林日报，2020，10：32-33.

[4] 课题调查问卷（问卷星）[DB/OL]，https://www.wenjuan.com/s/iUZruuE/.

[5] 刘良灿，刘昌年，李毅心，张渊. 产学研协同创新研究综述与评述 [J]. 价值工程，2020，2：298-290.

[6] 武洋，徐治立. 清华大学"产学研医"校企协同创新案例分析 [J]. 科学管理研究，2021，1：28-32.

[7] 黎友焕，钟季良. 国内外政产学研协同创新生态系统研究评述——内涵、运行机制与绩效 [J]. 经济研究导刊，2020，2：55-60.

[8] 徐宏. 中国产学研协同创新的问题与对策 [J]. 科学管理研究，2020，6：2-7.

[9] 吴恺. 产学研联合培养研究生的多主体协同模式和策略 [J]. 黑龙江高教研究，2021，8：92-97.

[10] 吴中超. 国外产学研创新网络研究回顾与前瞻 [J]. 技术与创新管理，2020，2：107-113.

[11] 张聪. "一带一路"背景下的文创设计产学研协同育人体系构建研究 [J]. 南京工程学院学报（社会科学版），2020，3：46-49.

[12] 宾厚，马全成，王欢芳. 政产学研协同创新模式与产业技术创新质量 [J]. 湖南科技大学学报（社会科学版），2020，4：70-79.

[13] 胡绪华，王儒奇，余思勇. 区域产学研合作中各类主体创新效率的空间溢出效应研究 [J]. 江苏大学学报（社会科学版），2021，4：112-12.

[14] 李林，王艺，贾佳仪. 产学研协同创新项目成功度研究——基于政府介入和利益分配方式的协同作用 [J]. 湖南大学学报（社会科学版），2020，1：49-57.

[15] 李丽. 协同创新背景下产学研合作的演化博弈分析 [J]. 安徽师范大学学报（自然科学版），2020，3：223-229.

[16] 陈怀超，张晶，费玉婷. 制度支持是否促进了产学研协同创新？——企业吸收能力的调节作用和产学研合作紧密度的中介作用 [J]. 科研管理，2020，3：1-11.

[17] 肖振红，范君荻，李炎. 产学研协同发展、知识积累与技术创新效率——基于动态面板门限机理实证分析 [J]. 系统管理学报，2021，1：142-149.

[18] 段勇倩，陈劲. 风险投资、产学研合作与区域创新效率—基于 DEA－Tobit 两阶段模型的实证分析 [J]. 工业技术经济，2021，7：3-11.

[19] 刘卫红，王傲冰，孙祥云，赵良伟. 区域职业教育"政产学研"合作瓶颈与模式升级研究 [J]. 邢台职业技术学院学报，2020，4：31-33.

[20] 陈伟，王秀锋，曲慧，魏轩，林超然. 产学研协同创新共享行为影响因素研究 [J]. 管理评论，2020，11：92-101.

后记

上海中华职业教育社自2014年起,按期发布年度《上海职业教育事业蓝皮书》,今年已是第九个年头。《蓝皮书》力争站在第三方的立场,突出专业性和独立性、客观性和实证性,通过科学判断时代背景,梳理年度成绩,深入剖析问题,提出策略建议,为推进上海职业教育现代化提供政策性咨询和理论与实践性参考。

《2022上海职业教育事业蓝皮书》由上海市政协副主席、上海中华职业教育社主任周汉民担任主编,上海中华职业教育社常务副主任胡卫,以及副主任张岚、毛丽娟担任副主编,并得到市教委、市人社局等有关部门的支持与协助。上海中华职业教育社机关承担本书的组织协调工作,机关干部参与书稿校对。

全书共分上海职业教育改革发展报告、专题研究、案例分析、上海中华职业教育社事业报告4个部分。改革发展报告第一、二节由张晨、郭文富、肖鹏程、王琴负责编写,第三、四、五节由罗尧成负责编写,马庆发为编写顾问;专题部分由郭扬、张晨负责组织统稿;案例部分由董奇、雷正光负责编辑整理;上海中华职业教育社事业报告由黎同炎组稿;上海中华职业教育社机关的同志对全书进行了最后统稿。

上海科学技术文献出版社对本书的出版给予了支持,在此一并致以衷心的感谢。

编者

2022年8月